四川人在澳洲

澳洲梦·中国梦

黄勇◎著

巴蜀书社

图书在版编目(CIP)数据

四川人在澳洲 / 黄勇著. —成都:巴蜀书社,2014. 2

ISBN 978-7-5531-0396-9

Ⅰ. ①四…　Ⅱ. ①黄…　Ⅲ. ①黄勇—自传Ⅳ. ①K836. 115. 38

中国版本图书馆 CIP 数据核字(2014)第 013756 号

四川人在澳洲
澳洲梦·中国梦

黄　勇　著

责任编辑	陈　红
出　　版	巴蜀书社 成都市槐树街 2 号　邮编:610031 总编室电话:(028)86259397
网　　址	www. bsbook. com. cn
发　　行	巴蜀书社 发行科电话(028)86259422　　86259423
经　　销	新华书店
印　　刷	成都蜀通印务有限责任公司
版　　次	2015 年 5 月第 1 版
印　　次	2015 年 5 月第 1 次印刷
成品尺寸	210mm × 148mm
印　　张	16. 375
字　　数	500 千
书　　号	ISBN 978-7-5531-0396-9
定　　价	38. 00 元

致　谢

首先要感谢的是萨拉·桑得斯小姐，以及勇集团的不少其他成员，在2005年至2008年三年繁忙的日常工作外，她们对我英文自传的录音稿和手写稿反复打印，并作了进一步的修正，最终完成了此书的英文稿。

非常感谢淳恩·凯特小姐进一步完善了英文的编辑。如果没有她孜孜不倦地努力和专业的态度，我在如此繁忙地照顾一个大公司和大家庭的情况下来完成我的自传几乎是不可能的事。

我也十分感谢我英文自传发行商戴维及编辑罗纳德对我人生经历及事业成长的极大兴趣和热情。同时也感谢另外五家英文发行商同时对发行我的自传的兴趣，使之能成功于2009年在澳洲发行。

在洪丕柱先生及我公司的康雅绫小姐等人的协助下，我将我花了三年时间写成的英文自传又花了另外六年时间最终翻译成了中文。此书也将会翻译成多种语言文字在不同国家发行。英文版和其他语言的书名为《澳洲梦和点石成金的房地产投资策略》，而中文版的书名则为《四川人在澳洲》，意在我对祖籍的思念以及作为一个在海外创业的中国人的自尊、自豪。

当然，我更是十分感谢我的中文编辑、巴蜀书社的侯安国总编和陈红编辑，他们以极大的热忱和专业精神，使此书能受益于全球华人。

我希望我的远见和认知，以及我不少失败和成功的亲身经历能够让世上更多的华人及我的子孙后代受益。

再次感谢所有在过去帮助、共事或相处的家人、同事、客户和朋友们，我将永远记住你们。

黄　勇

目　录

序言　挑战默多克

2005 年 8 月 22 日

当你穿越地狱的时候，继续向前走。

——丘吉尔

2005 年 8 月 22 日下午两点，由当时全球最大媒体之一新闻集团，同时也是澳大利亚布里斯班《快递邮报》的发行人提出的调解有关《快递邮报》和《快递周刊》联邦法院诉讼案的庭外协商正式举行。

作为勇集团和勇地产的创始人，以及创刊仅六个月的《快递周刊》发行人的我，正面临此生最大的挑战之一。尽管勇集团已成为昆州私营企业 400 强排名最高的房地产公司，新闻集团强大的媒体垄断及雄厚的财务实力，对我们这个创刊初期的媒体公司来说，其打压的力度犹如劈山倒海。

众所周知，澳洲布里斯班市《快递邮报》是由国际媒体大亨默多克及他的新闻集团所控制。默多克本人生于澳洲但现已是美国公民。尽管澳洲传统上对外国人拥有澳洲媒体有严格的控制，但他仍成功地控制了澳洲大多数的主流媒体。

默多克的媒体王国源于他的父亲。他父亲于 20 世纪初期在澳洲创立媒体生意的时候，不断地批评和挑战当时传统媒体的垄断。具有讽刺意义的是，在过了不到一百年以后，他的儿子成为了全球最大的媒体垄断者之一。据说默多克的公司控制了澳洲主流媒体近70%的市场。他为了完成收购美国福克斯网络的雄心计划，不久前把他私人家族拥有的《快递邮报》以24亿澳币转让给了仍是由他控制的上市公司新闻集团。据说此转让也是为了增强他进军中国媒体市场的实力和雄心。

不久前，默多克与他结发三四十年的妻子离婚，继而在七十岁的高龄娶了来自中国大陆的年轻女孩邓文迪。在过去的十来年中，默多克在中国的媒体市场已投入将近10亿人民币。由于中国对媒体市场的控制，他的投资仍主要局限于卫星电视和体育频道，所以至今也很难有多大的盈利，一直处于进退两难的尴尬局面，他与邓文迪也于不久前离婚。

在进行正式独立仲裁那天的下午两点钟，我和我的律师彼得进入了仲裁律师的办公室——迪根律师行。与我们首先见面的是新闻集团的律师罗文、他们的大律师多米利和新闻集团的总经理开布尔。开布尔最近才被悉尼的总公司派到布里斯班以进一步加强他们在这里的实力。我们在门前一一握手并寒暄以后，仲裁律师行的戴维带我们走过一个长长的走廊，进入了仲裁会议室，并给我们提供了饮料、糖果和饼干。戴维是迪根律师行的股东及董事。他们公司也是这栋新建的坐落于七十一号老鹰街河边大厦的第一个主要租客之一。它坐落于布里斯班商业区的金三角，是布里斯班汇源开发公司的又一杰作。此开发公司后来也被另外一家基金管理公司兼并。迪根律师行的新办公室装修华丽，展现了他们事业的拓展和成功。

仲裁律师戴维首先讲述了仲裁的程序与他期望的结果，然后把话题交给《快递邮报》的团队，以便他们能够首先作出陈词。

《快递邮报》的大律师多米利的开场白仍然控告《快递周刊》侵犯了她的客户于1982年注册的商标权，因为在她看来，《快递邮报》和《快递周刊》的名字十分接近。新闻集团从一开始就动用了大律师和高级大律师来受理所有的法庭文件，以显示他们强大的财政实力，以及对任何挑战者不会视而不见的态度。此独立仲裁，原本也是由他们的高级大律师彼得·安倍加来亲自受理，但当天由于他要处理昆州政府关于帕得医生在昆州北部医院的全国丑闻事件，所以不能参与仲裁，而转由大律师多米利及他们的律师罗文代表他来参加。

在前几个月的诉讼和反诉讼的过程中，除了我的律师彼得·卡倍以外，在他的劝说下我还同时动用了大律师戴维和高级大律师安德鲁。他们不仅帮我防御新闻集团的联邦法庭诉讼案，同时也帮我防御由当时阳光银行拥有的霍克地产公司总部对我公司"勇做得更好"专利权申请的反对。非常明显，新闻集团有意选择了这种耗时、耗资的高级法院的联邦法庭诉讼，而不是用区级法院或简单地向专利权办公室提出对《快递周刊》商标权申请的反对，目的就在于严重消耗我的财力。

我们的商标权申请已经通过了最初的评审，当时正进入公共广告阶段。他们之所以选择联邦法庭诉讼，是因为他们知道如果只是向专利权办公室申诉，他们的胜算几乎是零。但是如果他们采取联邦法庭的行动，他们则有可能耗尽竞争对手的流动资金，因为一旦进入联邦法庭的诉讼，其成本是普通律师成本的四倍以上。普通律师准备文件需要大约每小时250澳元，相当于每小时1500元人民币左右，而此文件通过大律师检查和审核则需要每小时300澳元，此检查过的文件再通过高级大律师检查，又需要每小时500澳元。如果正式进入法庭诉讼，高级大律师的法庭费用每天5000澳元，普通大律师每天3000澳元，普通律师每天2500澳元。若三人同时出庭，每天需10000多澳元，至少三天，而如果在之前进入独立仲裁，高级仲裁律师收取的费用大约为每小时400澳元。

针对控方的陈词，我方律师作出回应并重申通过联邦法庭反控新闻集团货真价实的仿冒商标行为，以及他们对联邦公平贸易法的违背。他们在我的媒体公司开业后马上注册了两个网站，www. courierweekly. net以及www. courierweekly. net. au。此两个网站都与我最初注册的www. courierweekly. com. au的主体名称几乎一模一样。很明显，其目的就在于将我方媒体网站的业务转移到他们的网站。

经过将近半个多小时的极力辩论，双方都没能取得任何的进展，所以仲裁律师建议双方分开，《快递邮报》的团队被换到了另外一间办公室。二十分钟以后，仲裁律师回到我方办公室并说，控方通过非常仔细的讨论，决定并希望双方庭外和解，并愿意与我方签署一项秘密的和解协议。在此和解协议的基础上，我方需把我方的生意名称、网站以及正在申请的商标权转让给《快递邮报》。

作为反方，在我和律师商量以后，我们最终同意转让以上的生意名称、网站和商标权，但是不同意他们所提出的补偿金额。一个新的返还价正式提交给了控方。仲裁律师感谢了我方愿意谈判的姿态，并马上回到了《快递邮报》一方，进行下一步的谈判。我本预计双方的谈判将会持续二至三个小时，但是双方激烈的谈判反反复复，持续无数次，到晚上八点半左右，谈判还在进行。六个半小时就这样快速过去了，整个谈判没有停过一分钟。我们喝下一杯又一杯水，其中唯一的中止就是我们去了一次洗手间。

到晚上八点半，双方的异议已经很少，但还是没能达成最终的协定。很明显，新闻集团是一个管理有方的公司，而他们的高级经理、律师和大律师也都训练有素。他们的谈判能力非常专业，而我的谈判也同样顽强，甚至连这位老牌的仲裁律师也非常惊讶，像新闻集团这样一家大型的财团，他们每一次的让步都非常之少，让我们整个的谈判过程持续了很久。

在内心深处，我已确定了一个希望对方赔偿的金额，因为在此之前不久，我已经做了一个连我的律师都没有通知的决定。我已决定关掉《快递周刊》！我决定在此次仲裁协商会议以后，不管结果怎样，都将结束媒体生意，以便我可以全力以赴专注于自己最了解，最专业也是做得最好的事业，那就是房地产——我的主流业务。我最终同意与控方谈判就是为了争取得到最大限度的赔偿，同时又不能让对方知道我真正的意图，否则他们不仅不会赔偿我一分钱，同时还会迫使我们改名或关掉生意，损失自己至今为止近 6 万澳元的律师费用，以及赔偿他们估计约 10 万澳元的律师费用。如果一旦开庭，而我方败诉，我方所需承担的费用将会高很多，因双方正式进入法庭诉讼的日期已经定为 2005 年 10 月 17 日至 19 日三天时间。

最后仲裁律师回到我方办公室，向我们提出对方律师的最后报价。我坚决地告诉他："绝没有可能。"我知道对方有很大的可能会进一步妥协，因为一旦我们进入法庭诉讼程序，他们有很大的可能会输掉，尽管他们一再声称他们有很大的机会赢。最后，仲裁律师严肃地警告我们双方，如果我们不能马上达成一致，他认为双方都有可能结束今天的谈判而不会再回到谈判桌上。我郑重地考虑过这种可能性，但最终还是决定进行一次大赌博，而由我先离开谈判桌。我站起来收拾好所有的文件，与我的律师和仲裁律师一起走出了我们的办公室。但当我们一起经过对方办公室的时候，我们发觉对方的大门敞开，他们已抢先一步离开了谈判桌。这连仲裁律师都觉得相当惊讶和难以置信。他的表情尴尬，明显感到对对方的行为有些不满，因为对方并没有给他任何的通知，特别是在双方的协议几乎要达成一致的时候。

很明显，对方的谈判技巧非常精密。他们也是绞尽脑汁，想尽一切办法让我妥协。当我们三人一起走到电梯门口的时候，整个《快递邮报》的团队正站在电梯里面，而电梯门也是大打开的。明显的，他们有意想显示他们先离开谈判桌，但却在电梯里等我们。我与他们在电梯里礼貌地一一握手，谢谢他们的时间并祝他们幸运，他们也微笑着与我们握手并说谢谢。然后我们一起走出电梯，穿过长长的走廊，而他们紧随我身后。当我们接近大楼自动门的时候，他们似乎有意地停下来，希望我们改变主意并进行现场协商。尽管在我的内心深处我知道我必须妥协，但我还是继续前行并保持沉默。在内心深处，我告诉自己："不要停下，不要回到他们的身边，不要妥协!"

我希望能够在当天达成协议，但我不能接受不公平的条款。但万一他们的行动和意图是真的，其后果将不堪设想。尽管如此，我还是不断地向前走。当我和我的律师走出大门一百米左右，我们同时转身，发现对方的律师罗文以及他们的大律师多米利还站在大楼的门口观看我们。我们继续前行，走进了旁边一栋公共停车大楼。当我们走向我们的汽车的时候，我的律师彼得告诉我也许当天应跟他们达成协议，但我认为《快递邮报》团队很有可能明天会继续联络我们来作进一步的妥协。带着这种信念，我们继续向前走去，进入我们的汽车并出发离开。

我们的车开出来时，我发现《快递邮报》的大律师多米利正站在停车场的门口，也许在假装打电话或是向《快递邮报》的总经理寻求进一步的指示，或许希望我们可以停下跟他们妥协。但我们没有停止。我继续开车，并对她招手说："晚安!"

正如我所预料的，第二天下午，我的律师打电话通知我说《快递邮报》的律师已与他联络并原则上同意了我最后的报价。我在电话上沉思了不到十秒钟，马上让我的律师接受此报价，并确定把所有有关的书面文件在那个星期五之前签署。双方律师又马上开始了交换有关的文件。在星期五那天下午，也就是2005年8月26日，双方的保密协议正式由《快递邮报》的董事麦当劳与我共同签署，那笔数目保密的资金也同时转入我律师的账户。当天下午六点钟，我《快递周刊》的总经理罗迅尔也打电话通知我《快递周刊》的营运一切正常，当周的印刷稿也如之前一样按时送交印刷。我邀请他在那个星期日的中午与我在报社旁边的购物中心共进午餐，他很爽快地接受了。

8月28日，星期日，中午十二点，我们在购物中心的炸鸡店会面。午餐后，我问罗迅尔："你知道我只是这家媒体公司的财政支持者，它的营运是完全委托给你和销售经理的。因为从第一天开始，我们就印刷20万份高质量的彩色蜡光报刊，所以至今为止我们每个月还亏损将近20万澳元。我知道此媒体生意有提高的迹象，但你认为，在不远的将来你们有可能会完全扭转财政状况并开始盈利吗?"罗迅尔回答说："不，也许没有那么快。这将会是一个比较漫长的过程，因为我们必须还要克服几个难关，这其中包括我们的印刷数量从目前的二十四页，到三十六页，直到五十二页，我们才可能有利润，而这期间成本也会相应地增加。也许我们需要六个月，一年，或许更久的时间来达到收支平衡，如果我们幸运的话，并一切如我们所愿。"我问他："假设《快递邮报》进一步打压我们，或者马上发行一个非常类似的产品呢?”罗迅尔回答说:“那很有可能。”

我的销售经理哈维正在海外一个小岛上享受他两周的豪华假期。手机不开机，也不回复，所以我直接对罗迅尔说:“我们无法按目前的经营状况继续经营下去。如果你认为没有其他办法可以迅速改变我们的经营状况，我们除了关闭别无选择。除你以外，所有的员工将马上解散。我希望你能够再留下二至三周的时间作一些交接，以便我把生意从媒体转型为房地产公司。”罗迅尔默默地坐着，脸上的表情很沉重。过了一阵，他平静地对我说:“彼得（我的英文名），我知道今天也许会有些事情发生，但我没有想到会如此戏剧化和突然。我完全能够理解你目前的处境，并尊重你的决定，因为在不久以前，当我关掉我的两个小型媒体生意的时候，也经历了同样的事情。我会尽全力把交接过程办得顺利。”

第二天星期一早上七点半，我到达了《快递周刊》在罗根路上的办公室，开始着手媒体公司的关闭以及转型。八点半的时候，整个媒体公司的销售人员、行政人员和平面设计人员已经到齐。在我的要求下，罗迅尔把每个人汇集到我们的会议厅开会。我的开场白是:“各位早安。我希望能够利用这个机会感谢所有在座的各位，在过去几个月，甚至有些从筹备初期起就已跟我奋斗了一年多的员工对此媒体生意的努力和贡献，我将永远记住你们。首先，我非常高兴地向各位宣布上周刚出来的尼尔森独立调查报告显示，我们《快递周刊》的读者群已经高过新闻集团的小区报两个百分点。考虑到他们已经在市场有近三十年的历史，而我们正式的发行才只有六个月，这个成绩归功于你们所有的付出。”他们听完，都一起鼓掌，脸上露出常有的笑容。

我继续道:“尽管我知道我们有最好的产品，最好的员工，我们产品的质量、信誉以及可靠性没有任何的瑕疵，但是下面我将要做的，却是我人生最困难的决定之一。由于众所周知的来自我们竞争对手的明显的原因以及大多数广告客户仍然还在观望，我们没有办法继续这个媒体生意。我们在过去一年多的准备过程，以及在过去六个多月的营运过程中的损失，让我们无法继续下去。这当然是我绝对不希望发生的事情，但不幸的是，我必须做出这个决定。我对能有你们如此好的员工，能与你们一起共事打拼感到非常的荣幸。尽管我们志在为消费者创造一个更好的选择，但是他们需要时间来认识我们的产品对他们长期的利益。我们的媒体生意将从今天正式结束，你们每一个人都会得到政府规定的全额补助。”

那一刻，会议大厅的温度似乎降到了零度。其中两位女员工泪流满面，马上跑出了办公室。过了一会，她们情绪平静了些，又回到会议室继续聆听我最后的讲话。有几个销售人员建议道：“我能够理解你的决定，彼得，如果我们变成佣金制，你觉得怎么样?”马上，另外几个销售人员就高声反对，不同意这个建议。所以我继续说道：“按照澳洲对媒体的法律规定，政府不允许我们这么做。即使允许，我们在座的各位也不可能达成共识。如果只有几个人变成佣金制，也不能改变多少我们目前的生意状况。我会尽我所能帮你们找到好的出路，同时也会跟其他的媒体公司老板联络。我知道昆州第二大小区报，《报导周刊》的几位职员刚离职到克利弗兰郡去开了一个新的周刊，所以此刊物应该会招募新的职员。我与它的老总麦克尔很熟，我会向他极力推荐的。”

之后我让我的总经理罗迅尔讲话。他讲完之后，《快递周刊》会议厅正式打开了。我的行政总监、乔瑟芬小姐已经等在门口，与罗迅尔一起收起每个人的钥匙，并安排把媒体公司转换为房地产公司。大约半小时之后，几乎每位员工都已收拾好他们的个人用品，不少人与我和其他同事照相，握手，然后离开。有些人过来跟我说，也许他们会考虑加入房地产，会进一步与我联络。

当时我们的广告客户仍然欠我们将近30万元澳币的账单没有付。当我们最后一期报刊在2005年8月30日发行以后，我知道向这些广告客户收取过去几个月的欠款并不是件容易的事。我们所有的客户都有三十天的缓冲期来付这些账单。我让罗迅尔打印出所有的欠款账单，以便他们尽快与这些广告客户联系并追回这些账款。同时我也详细指示乔瑟芬小姐如何把媒体生意变成房地产生意，由她来负责所有有关新设备的定购和安装。我希望在一个月之内，一个新的房地产公司将会从那个办公室正式开业。

在之后的一周中，我和妻子一起飞到新加坡度了一周短暂的假期。自从一年半以前我父亲被诊断出肺癌以后，我们取消了两次出差和旅行的机会，留下来照顾我的父亲，而我父亲在《快递周刊》刚刚开业的一个月以后就去世了。过去的十四年，在澳洲这块新的领地，我们经历了无数创业的艰辛，双方都已筋疲力尽。我们希望一旦把我妻子的父母接过来以后，可以做一次全球的旅行，去考察我们还没有去过的国家，以进一步完善我们的房地产体系。

2005年10月8日，勇地产在花园城市区的分公司正式开业了。当时的昆州警察局局长朱迪、布里斯班运输部的主席格瑞翰以及中国领事馆的杨刚和周芹等领事，还有很多其他贵宾来参加了分公司的开幕仪式。与此同时，我开始计划勇地产的全球拓展，并专注于我们的主流业务，致力于房地产的营销、管理、投资和开发这四个强项。在营销方面，包括民宅、商业、高端物业、投资物业及项目工程的中介和营销；而在管理方面，包括民宅、商业物业以及房地产开发的管理。房地产的投资和开发业务也包括了民宅和商业两个方面。同时我也决定借此调整之机在下一步冲刺之前来完成我计划已久的自传的撰写，以总结我的人生，同时也以此作为我自身和子孙后代最宏大的人生计划书。

在过去的几年中，我在《快递周刊》及其他几个零售业生意上的投资超过了500万澳元现金，而那些与房地产无关的投资的损失超过200多万澳元。这不仅浪费了我三年的光阴，其机会损失将超过一个亿的澳元。我必须认真地反思并修正，以总结我过去的成就和失误并汲取其价值连城的经验教训，与我的子孙后代及亲朋好友分享，以便他们不再犯同样的错误。这样的话，他们将有可能会节约不经意浪费的二十到三十年宝贵的光阴及数百万千万的财产和机会。如果能达到这个目的，我为写这本书而花去的无数的时间和精力也就值得了。

我记得一位叫弗莱德的讲演者在澳洲房地产大会上讲的一个故事。历史上有一位智者，他把一块大的岩石放进一个大的罐子里，然后问他的弟子们："你们认为这个罐子已经快要满了吗?"他的一个弟子说："看上去很满了。"然后这位智者在这个罐子里又加上了很多的小石子，再问他的弟子们："你认为这个罐子满了吗?"这些弟子答道："是的，老师，看上去已经满了。"然后这位智者又往罐子里加了很多的沙子，摇一摇又问："它看上去满了吗。"弟子答道："这次是很满了。"然后这位智者又往里面加了很多水，问道："现在它满了吗?"弟子们开始犹豫，不敢回答。这位智者又问："你们从中学到了什么呢?"沉默了一会儿，其中的一位弟子说："我们人类的潜力是无限的。"智者回答说："只有一半正确。另一半是说明只有先把大的岩石放进去，你才有机会把其他的小石子和沙子一步一步地放进去而达到完美。假如你先把小石子和沙子放进去，你将永远没有机会把这个大岩石放进这个罐子里，而大岩石是我们人生最重要的一部分!”

什么是我们人生最大的岩石呢？这就是我们生活的目标、目的和意义！在现代西方社会中，为什么有高达70%的人离婚呢？为什么即使在高度发达的西方也有95%以上的人退休时几乎一无所有主要靠政府救济过活？为什么如此多的人去吸毒和犯罪？为什么大多数人缺乏远见和人生的目标而盲目从事？为什么不少人因此失去了宝贵的光阴和财产，或因一些浅薄、虚无缥缈的东西而庸人自扰，甚至自杀？我们人生的意义到底是什么？我们活着是为了什么？我们从哪里来的，又将向何处去？

所有以上的疑问，都促使我尽快完成我的自传。其主要目的就是为了暂时的休整、思考，并总结我的过去，筹划我的蓝图，为下一步的腾飞打下基础；同时也能帮助我的子孙后代，和其他所有志同道合的人，让我们的每一天充满希望和丰收的成果；去感谢我们和谐和睦的生活环境，对我们的人生始终充满感激之心；去宽容和包容其他人；去拥有一个幸福美满的生活，因为我们知道人生的目的是什么，什么是人生最重要，最珍贵的东西，知道什么是我们人生的“大岩石”，最重要的是知道我们的人生不止是为了自己，更要对家庭和子孙后代负责。只有这样，我们的行为才会更勤劳而不是无聊，我们的人生才会更充实和丰富多彩，因为我们不仅尊重自己的生活，更尊重他人和后人的生活。这样负责的人生同时也会帮助我们取得更大的成就和更愉快，让我们和我们周围人的每天充满希望和有精彩的人生，而不是过着乏味、无聊、虚无缥缈和幼稚的生活。因为我们不仅给自己带来希望，也给别人带来希望。透过这种持之以恒的复利的效益，衷心地热爱自己的家庭和工作，这样才能使我们的家庭和事业得到更多的和谐、平衡和完美。

如果我们希望没有虚度人生，有自己热爱的职业和事业，有最佳的投资策略，我们必须在年轻的时候就不断地完善技能并持之以恒，从别人的失败教训中汲取精华，因为人生太短暂，不可能有足够的时间由我们自己来犯所有的错误。从开始就找到人生的“大岩石”，也就是我们的人生目标、目的，以便我们所做的一切都有源动力，我们的家庭、生活和事业能够源远流长。衡量我们人生的真正成功不仅在于我们自身财富的创造，更在于我们为人类、他人和子孙后代贡献了什么！

这本书是我自传的第一辑。它包括了我的祖先以及我个人前半生这五十多年来的历程。为了利用我在家的业余时间尽快完成我的英文自传以及后来在英文版发行后英文对中文的翻译和校正，我把原来在公司每周六到七天的工作时间缩短为每周只工作五天半。我深信，好的书籍是人生最好最忠实的朋友。工作和事业给予我最大的享受和回报，也是我人生最大、回报最丰盛的一场房地产实战游戏，远胜过虚度光阴帮电游厂家创造财富的电子游戏。我计划即使到了六十岁以后，我也会至少一周工作五天，七十岁以后至少一周工作四天。如果我能够活到八十岁以上，我希望我可以每周至少工作三天，直到我平和地离开这个世界，直到我对我们的人类和家庭创造并留下了不少有价值的东西。通过帮助我的家人和朋友，通过房地产的投资、开发或联合投资开发来为我的家人和朋友创造财富是我的梦想和持之以恒的热情。我很难想象提早退休，每天无所事事，漫无边际地闲聊，说三道四，或靠看电视打发时间、等死会更有趣，或会是更好的人生选择！

作为一家聘用一百多名员工并在昆州排名最高的房地产公司

的总裁，我人生的前五十多年几乎都是在寻求生存。就像处女航空的总裁、世界首富之一理查德德，在感觉到他也许会在另一轮环球世界的热气球挑战中死去时，开始在他四十几岁的时候书写他的自传，或者是像2010年时已八十多岁的澳洲首富之一、购物中心王国西领地的总裁法兰克，在他四十几岁感觉到疾病开始袭击他的时候，开始记录自己的人生并发行他的自传，以及世上很多靠自身努力而成功的非常出色的人士，他们撰写切身经历的自传不是为了那寥寥无几的稿费。对他们来说，写书所花的时间、精力和成本远远超过那区区的收入。他们主要的目的就是为了给这个世界及后代子孙留下一些珍贵的东西，以便他人能真正受益良多。

我此生受益最多的就是阅读世界上最成功企业家的自传，比如处女航空的理查德德、西领地购物中心的法兰克、新闻集团的默多克、2008年以前的澳洲首富帕克家族，电器行业哈维诺曼的哈维先生、美国通用电器的杰克先生、美国创普集团的创普先生以及其他房地产投资的书籍，比如简·菏门的《通过房地产投资致富》等。因为这是真人真事或真的国家统计局的资料，所以我们能学到的真实有用的经验也就更多。其他纯粹理论性的书籍和虚无缥缈，甚至是瞎编的小说让我完全没有兴趣。他们不仅浪费我们的人生，也会让我们失去方向和很多通过创业或房地产投资来改变和创造美满人生的机会。

虽然大家都公认我是澳洲白手起家创业及和谐家庭生活最成功的新移民之一，但我认为，我的上半生，仅是侥幸生存下来而已。如果我在2004年至2006年之间完全致力于房地产投资和开发，那么，我的成就会远远超过现在，其财务对公司和家庭的压力也会小很多。大多数早期的华人移民主要以经营面向华人顾客为主的小生意，比如中餐馆，杂货店，免税店，旅行社，保险代理，移民代理等为主。我深感作为一个海外华人，在整个的澳洲华人小区，甚至全球西方国家的华人小区，我们真真切切地缺少能帮助我们进入西方主流经济社会的导师和楷模。犹太人在这方面就比我们做得更好。从个人家庭生活的和谐平衡，以及事业的经营之道，我都是通过自己一步一步摸索，从不断地犯错误，到自我纠正而不断地完善自己。

尽管在此过程中，我付出了很多代价，但我相信我的经历通过此书可以让全球更多的华人受惠。不管是从自己的婚姻、家庭、职业、事业还是财富创造方面，只要他们能切实地从我过去的经验教训中学到一些有益的东西，不去重蹈覆辙，他们一定可以受益良多。人生如果所有的错误都要自己来经历，这样的代价太大了，时间太长了，而这种代价也不是每个人都能承担得起的。如果我们可以从别人的经验中学习，并悟出道理，我们就能够在最短的时间内取得最大的收获。谦虚、谦卑是为人之本。不管是在澳洲，或是其他西方国家，甚至是新兴发展中的亚洲，竞争都非常激烈。任何一个小的错误，对不少人来说或许终生都不能弥补，而我们的人生，特别是可以有效创造财富的事业人生，又是如此的短暂。对大多数人来说，就那么三十到四十年左右而已。

2008 年开始的世界金融危机风暴对我来说是价值连城的人生经历。在我无数的投资物业和开发项目中，尽管每一个物业或项目都有向银行贷款，但我的目标是尽量把我的房地产开发和中介业务及长线房地产投资之银行总贷款始终都控制在不超过自己总资产的 20%。在我当时创办媒体公司的时候，我最初的设想是逐步投入大概 1500 万澳元，把《快递周刊》办成澳洲最大的媒体上市公司之一，但我不愿在当时房地产价格不好的时候，廉价卖掉自己的投资物业而把资金投入到媒体公司。我单枪匹马，想靠我个人的力量天真地为房地产中介行业的竞争对手们创造一个最佳的营销媒体。在我妻子的说服下，我尽快地结束了媒体生意，因为我们不想让此生意伤到我们的主流房地产业务，以及我们价值数千万的房地产投资和开发物业。尽管在过去几年中，在媒体、零售生意比如录像带店和杂货店等非主流业务方面的损失数百万澳元，但我从不同的行业中学到的经验和教训对我的后半生及其他愿意从我的经历中去汲取经验的人来说，价值至少一个亿澳元以上。当时我也曾经计划把我的“七到十点”杂货店变成全球型的连锁店，但我最后还是决定专注于房地产主流业务。

同时，我当时也非常欣慰和自豪地看到澳洲的另外一位中国留学生施正荣，在我进军媒体的同年于 2005 年底在中国成为首富，当时身家 180 亿人民币。在澳洲的前 200 名首富中，他当时名列第四，仅次于帕克家族、罗威家族和法拉提家族。在 2007 年，当他的太阳能生意股票从 2005 年的 30 块美金涨到 2007 年 90 元美金的时候，他的身价接近澳洲的首富，尽管后来的全球经济危机使他的股票也受到很大的影响，最后可惜公司也被清盘。

与我类似，施正荣也是只身一人在 1988 年几乎身无分文的情况下从中国来到澳洲留学。十二年后，当他获取了澳洲公民权以及多项太阳能方面的专利权后，在中国无锡市代表团的说服之下，他携带世界领先的科技，澳洲先进的管理技能和到澳洲十二年来所积累下的几十万澳元于 2000 年回到中国创业。在当地无锡政府对外资企业的大力支持下，他和他的国有企业股东们于 2001 年用 800 万美金的原始资金开始了太阳能板面生产的合资企业。他最初的入股方式是占有 5％的资金股以及 20％的管理及技术股。就像绝大多数其他成功的企业一样，他的太阳能企业前两年也是异常的艰辛，经常连工资也发不出。他从澳洲带回中国的几位同事在他最困难的时候几乎都离开了他，因为不少西方的员工们只能看到眼前的利益，而没有与企业共存亡的文化和理念。此合资企业终于在2003年开始盈利，到2005年底，他们正式在纽约证券交易所上市，从而使他马上成为当时中国的首富和亿万富翁。

施正荣采用了澳洲的先进技术、管理技能以及西方证券交易所的资金来为中国创造了大量的就业机会，尽管澳洲工党前领袖比日立当时很不满意他把工厂设在了中国而不是澳洲。施正荣成功的法宝就在于利用了当时中国低价的劳动成本、员工勤劳工作的态度及澳洲先进的科学技术和管理技能。作为澳洲公民，此节能产品最终受益于中国、美国、澳洲以及世界各国。让近200亿人民币的财富在五年之内就成为现实，这也许只能通过澳洲、中国和美国这种奇妙的组合，才更有机会实现。

这个奇迹当然也归功于中国新一代领导班子的改革，中国的经济腾飞。与此同时，中国也于2005年在我所定居的布里斯班市建立了领事馆。2006年，此领事馆又进一步升级为总领事馆。同时，中国铝业集团也于2007年在我所在的昆士兰州投资30亿澳元（相当于180亿人民币），这也是中国当时最大的一项海外投资。大批中国其他主要的公司包括中石油、中海油、中铝、中冶、五矿、中国银行、中国工商银行、中国交通银行、南方航空、东方航空、四川航空、中联重科和不少房地产投资家和开发商包括绿地集团、富地集团等等也纷纷跟进，抢占昆士兰州的能源、零售和房地产市场，因而在2008年由美国而起的席卷全球的金融风暴中，尽管中国的出口业也受到严重打击，中国经济的整体腾飞及在矿山和其他行业的海外投资，对中国、澳洲和世界各国经济的相对稳定也起了相当大的作用，最近就连中国的新首富万达的王健林也亲自来昆士兰州的布里斯班黄金海岸考察并与政府官员会谈。

我有许多的梦想在这个西方世界自由地发挥，但我当时需要做一个短暂的调整，以便我能全力以赴集中于我的强项业务。钱对于我的日常生活来说没有任何实际的意义，除了有能让我目前平时八口人、周末十一口人的大家庭安居乐业的一栋实惠、实用的豪宅和几部性能十分安全、可靠但又不过分奢华的汽车外，我过着非常简单、平凡又平和的生活。我的口袋里很少有多过200澳元的现金。我现在甚至对全新名贵的汽车也不再感兴趣，因为它们贬值太快。就像世界首富之一、宜家家具店的老板，他至今仍开一部十四五年的普通汽车，照样坐经济舱旅行。当经历过某些所谓的豪华和西方名牌以后，我觉得过分热衷于那些全新的、名不副实的欧洲汽车或所谓的西方名牌，付那些高额的高消费品的消费税和所得税是一种愚昧和无知的行为。我们全家现在宁愿买物美价廉的中国制造的产品或买一部价值不会十分离谱但性能十分可靠的日本汽车，比如像世界上最成功的汽车制造商丰田（Toyota）所拥有的凌志或雷克萨斯（Lexus），通常我都买几个月新的试车，因为它可以马上节省近2万澳元。

我很高兴地看到最近中国的汽车行业也开始走向世界。我真切地希望在不久的将来，在中国汽车制造业的质量、国际营销和服务网都全面提升和拓展的情况下，我能在澳洲也自豪地开上中国制造的高质量汽车。澳洲并不是只有西方人才能独自占有的人间乐土，中国人和其他民族也有权利分享，因为这是一个多元文化的国家。作为中国人、亚洲人，我们应该为我们中国人或亚洲人背景的品牌努力和自豪，而不要盲目崇洋媚外，被不少徒有虚名的欧洲或美国天价“名牌”所愚弄。身在海外，我们能更真切地感到，尽管不少西方人表面礼貌，但在有些人的眼里，亚洲人就是亚洲人，都是黄皮肤、黑眼睛、黑头发，他们无法也不会分别你是中国大陆人、台湾人、香港人，或是新加坡人、马来西亚人、韩国人、日本人、越南人。当个别西方人因种种原因有种族歧视的时候，我们所有亚洲人都是他们针对的对象，所以我们一定要团结一致、自强不息、不卑不亢、扬长避短、精益求精、勤劳奋发、自尊自爱、互利互惠并遵纪守法。

我为身为一个有诚信和积极向上的中国人或华人而骄傲，也为目前中国改革开放取得的成果而自豪。不管我们生在哪里，身在何处，不管因为什么原因背井离乡，我们都是黄皮肤、黑眼睛的华人，是龙的传人！所以我们应该，也必须自尊、自爱、互助。即使个别年轻人因种种原因已不认为自己是“中国人”或“华人”，但在大多数西方人眼里，我们都是 Chinese（中国人或叫华人），所以一个有诚信的、强大、富裕、开放、自豪和不卑不亢的大中华是我们所有海内外华人的福祉。中国目前政局的稳定和持之以恒的改革开放已使中国的国民生产总值在 2010 年底正式超过日本，尽管目前中国人的平均生产总值仅是日本人的十分之一，这还有待于提高。

以上已变成我公司和家庭的文化，以使我们的企业和家族可以立足安全的澳洲，放眼世界，源远流长，代代相传。我要求我所有的家庭成员都养成同样的家庭和公司文化，把我们所有的精力和能量专注于我们的健康、家庭、事业和财富，学会宽容，忘掉过去恩怨，面对现实和未来，对未来的投资只专注于那些可以增值的财富产品上，而不去一味追逐那种虚无缥缈的假相或者不少名不副实的所谓名牌，同时这也是对他们的未来和子孙后代负责。个别完全靠所谓名牌来装饰的人，内心和实力也许很空虚。我们应真正寻求的名牌，是那种质量高服务好、价格合理但又不十分离谱的品牌。我实在很难想象为什么会有个别人花几万元人民币去买一个人造革的西方手提包，而不是花几百元去买一个货真价实的国产的真皮手提包，是虚荣还是愚昧？

我目前几乎连领带都很少打，每天只穿公司制服，尽量随意，低调，不再去投资或购买任何高风险或快速贬值的极端高奢侈品。我只相信通过适当的组合及冒一定我完全可以控制的风险而专注投资于可以长期增值的物业，进而得到最大限度的复利回报，因为这是减少资金贬值和减少风险的最好方法。这最终也是为了让银行和我未来的投资家或股东们双赢，因为我几乎所有的物业投资都有银行乐意参与。我不相信把现钱放到银行或者家里会更安全，所以我从来不用担心那些偷窃、抢劫之类的事情，尽管澳洲是全球最安全、幸福、和平的国家之一。

作为衡量我人生价值的标准，我总是问自己，我为自己的家庭和社会做了什么？我能如何进一步帮助别人？在我们的人生中，我相信，快速完善我们人生的最好方法之一就是首先要宽容和帮助别人。我能明显地看到，至少在澳大利亚这个很小的市场范围以内，把我《快递周刊》的知识产权和权益转给《快递邮报》而专注于我的强项——房地产，是一个战略上的正确决定。把我公司变成全球性房地产中介、营销、管理和开发公司，是我后半生的里程，也将是我自传的续集。也许这本《四川人在澳洲》的续集会在我六七十岁以后或由我的子孙后代来完成。

澳大利亚需要竞争或选择。在布里斯班这个很小但也非常富有的华人小区中，尽管只有大约两万多个华人家庭和八万人口，我们就有至少九份华人的免费小区报纸和杂志同时存在，加上还有多份付费的全国华文日报。但在布里斯班英文的传统媒体中，尽管布里斯班有将近四十万家庭和一百多万的人口，这里的主流媒体只有《快递邮报》一份，小区报也几乎只有一份，而他们都由同一个人默多克控制。当时唯一小区报的竞争对手就是号称发行量为昆士兰州第二大的《报导者》业主麦克尔，他也是我的一位房地产客户之一。尽管此报纸已有将近二十年的经营历史，其每周发行量也只有八万七千份。即使这样，此报纸也在2006年被迫卖掉后从布里斯班撤退到了附近的小城市洛根市，其发行量也大减，因澳洲的成本太贵。我的《快递周刊》从第一天开始，其发行量就是20万份，而且是用彩色蜡光纸，不是用普通有味有毒的铅粉印刷。

麦克尔的媒体王国包括好几份从依普斯韦奇市到凯恩斯市的小区报以及广播电台。他的生意也在我的《快递周刊》的产权转让给《快递邮报》的几个月后遇到麻烦。即使在把他价值600万澳元的豪宅卖给我原来的邻居傅显达先生后，他的生意也被迫卖掉。台湾来的傅先生当时是澳洲华人首富，其身价近7.5亿澳元，2014年排名第59位。目前，澳洲华人首富是中国来的世茂集团老总许荣茂。2013年，其身价为328亿人民币，在中国排名第9位，在澳洲排名第7位，约48亿澳元。2014年排名第6，约63亿澳元。东方印刷厂的黄炳文排名第26位，身价为12亿澳元，而上海仲盛集团的叶立培排名第58位，身价为7.5亿澳元。绝不言输，绝不放弃的态度创造了世界的伟人。不久后，麦克尔在与我商讨如何选择一个幸运的手机号后，又开始了他的全球媒体生意的拓展计划。

更为震惊的是，不久后，澳大利亚历史最悠久的杂志《公报》在经营一百二十八年之后，也因为来自因特网和其他媒体公司的竞争而被迫关闭。它由澳大利亚当时的首富帕克家族所拥有，而这个杂志也是当时他父亲最自豪的刊物，但每年近400万澳元的亏损对当时的澳大利亚首富来说也难以承受。

这种媒体垄断的牺牲品当然是媒体的消费者和广告客户。在布里斯班当地华人小区的大约两万户家庭中，华文报刊的数目从十年前的三份增加到九份。每页彩色广告的价格也从过去的1000多澳元一页降到现在的大约160澳元一页。然而由默多克控制的英文媒体每年的七月一号都会保证增加4%到5%的广告费用，目前每页广告的价格已达到两万多澳币。唯一例外的一年，就是当我推出《快递周刊》的那一年，因为我的媒体公司对他们的竞争压力。当我的《快递周刊》从市场消失以后，他们对这种西方媒体的垄断，我们又只能有这种无可奈何的感觉了。

我的《快递周刊》在某种程度上确确实实地震惊了默克多的媒体王国。他们对我在促销策划中提出的关于传统媒体的种种缺陷作出了极其快速的响应。《快递邮报》作为新闻集团利润最高的生意之一，经常被称为黄金河流，因为布里斯班是世界上少有的几个由一个媒体垄断的大城市。

在悉尼、墨尔本，默多克的《每日邮报》和《墨尔本邮报》都遭到了菲尔·范克斯很受欢迎的《悉尼早报》和《墨尔本新报》非常强烈的竞争，特别是他们的房地产专栏，几乎都被菲尔·范克斯的媒体垄断。在我《快递周刊》诞生的几个月之内，这家几乎是百年老店的《快递邮报》突然在每周六的报纸中夹发了一份免费的名叫《Q周末》的彩色杂志，《快递邮报》的尺寸也从原来的很不方便的大版面缩减到了普通小报的尺寸。在房地产的广告栏目也新增了中心区的栏目以及不少其他应变的地方。

当我勇地产的分公司在市中区开业的时候，我曾向他们提出了增设这个栏目的想法，但他们却毫不妥协地拒绝了。在我过去十三年的房地产经营历史中，他们首次于 2006 年 7 月 1 日没有增加广告费用。他们也首次在从《快递邮报》价格的 10%或者说每页约 2000 澳元的情况下，把《快递邮报》的彩色广告刊登在他们的姐妹刊物《布里斯班新闻》上面，而《布里斯班新闻》传统的价格一页在 9000 澳元。此新的价格正好与我们《快递周刊》的价格相当。他们另外还投资了 5000 万澳元以更新印刷设备，提高他们的印刷质量。他们控制的小区报，也快速地扩大了他们派发的区域。在他们的夹报中也快速地引进了一份杂志，叫做《形象》。在我们与《快递邮报》达成前面谈判所提及的协议以后，他们又主动提议买下了我剩余的 340 个报架，以便他们能把他们的小区报和《布里斯班新闻》放在我们专业设计的报架上面，而不是像以往一样，把他们丢在地上，任人去拿取。我总共订了五百个这样的报架。其中的一百多个先卖给了其他的中文媒体。他们甚至也开始了与我们的派发商进行磋商，以探讨其派发功能外包的可能性。他们在我《快递周刊》发行以后的一两年之内作出的改进，也许远远超过他们在过去近一百年内所做过的改进的总和。

由此可见，世界上没有一位成功的伟人是故步自封的。不管我与《快递邮报》的经历和结果怎么样，我仍然非常欣赏这一家世界最伟大的公司之一。在与他们的战争之中，我不管从财政实力还是媒体经验都远远赶不上他们。他们实力雄厚，而且最重要的是他们能够，也愿意面对任何挑战，并作出快速的反应，而不是自以为是。他们对我的公司一点也没有掉以轻心。他们对媒体领域及源源不断的利润进行了严格的管理，以便他们能继续垄断澳洲以及世界上其他国家的媒体市场。如果不做任何的改变，任何东西都不能改变。任何悲观的人都害怕或惊恐改变或提高。他们只会找借口，或者纯粹是抱怨市场或其他因素，而乐观、积极向上的正能量人总是集中他们的精力去找寻好的解决方案来进一步提高自己。这也许就是失败者与成功者之间，庸人与智者之间，智者与无与伦比的真正伟人之间的差别，不管是家庭和事业的成长都是这样。

当新闻集团在2007年11月接手美国道琼斯《华尔街杂志》的时候，我记录下了他们在《快递邮报》上的整版广告，其主标题是："七十多年来从来没有循规蹈矩。"接下来的是："一次又一次，众人都认为这不可能。一次又一次，我们却做到了。在这个过程中，我们给予了世界上数十亿的人新的选择。如果我们听信普通人的信念，而没有激起轩然大波，也就不可能有我们的今天——一个雇佣53000人和300亿美金营业额的全球性企业。"

也就在《快递周刊》权益转让给《快递邮报》的一个月之内，被称为百万富翁制造工厂的麦克利银行、澳大利亚最具有创新精神的投资银行也正式宣布成立了价值10亿澳元的麦克利媒体基金。相同的是麦克利银行和我本人都预测到了这种媒体的趋势并敢于挑战，但差别是麦克利银行已经在西方世界扎根多年，有远远多于我的资金，并有几十万富有的低息存款客户、投资客户和基金公司支持，而我当时完全是只身一人，没有邀请任何股东和投资者。

2007年4月，在联邦参议院拥有绝大多数席位的自由党联邦政府正式通过了交叉媒体的法律，允许不同媒体之间的直接竞争，因此创造了更多媒体之间相互并购。在此法律生效的一个月内，菲尔·范克斯媒体合并了澳大利亚乡村媒体，其价值达28

亿澳元。在菲尔·范克斯和乡村媒体合并一个月之内，乡村媒体作为澳大利亚最大的乡村和农业区域的媒体发行商，同时又以6450万澳元的价格收购了雷弗雷那媒体集团。这个交易打破了新闻集团对澳大利亚第二媒体集团菲尔·范克斯媒体集团控股的梦想，所以他们马上把在菲尔·范克斯媒体集团中7.5%的股份卖给了其他的基金公司，而同时进行了对美国道琼斯集团的并购。美国道琼斯集团是美国《华尔街杂志》的发行人，其收购价值达60多亿澳元。

在过去几年中我在媒体和零售业学到的经验是无价之宝。只有真正经历了各种不同的行业，才能明白不同行业之间的实质差别。如果我愿意重新开始的话，我相信每一个层面的准备和运作都会更完善和空前的成功，不管是媒体、零售，或任何其他方面的投资。然而，至少在可以预期的将来，我必须按照美国通用电器总裁杰克的名言："要么做大，要么就完全退出。"

美国通用电器在目前聘用四十万人的情况下，仍然不断关掉或者卖掉一些非主流或非盈利的生意。在过去的二十年中，在杰克的带领下，美国通用电气公司从美国第十大企业变成了第二大企业。为保证企业的竞争力和活力以便能为客户提供更好的服务，他们每年都通过打分的形式把公司10%的表现不良的员工替换。在全球电气和飞机引擎产品的市场几乎达到饱和的情况下，他们开始把他们的业务拓展到财务公司。但在2008年的世界金融危机当中，他们把在澳洲和不少其他地区的非主流业务——通用财务公司也卖掉了。

从今以后勇地产将会变成有其独一无二特性的国际性房地产品牌，主要专注于仅仅四项主流业务，那就是房地产中介/营销、管理、投资和开发，以及对投资和开发方面的相关服务，比如大型项目工程的全球营销、房地产开发的合资、合作及专业房地产开发管理等等。公司业务的发展将始终建立在维持家庭生活和事业的最完美和谐、平衡之上，能让我们全家平时的八口人，周末的十一口人和睦、幸福地生活在一起，在任何时候，都能以我们的健康、家庭、事业、财富和业余爱好为优先级，这也始终是我们勇系统在过去多年来贯穿一致的文化。

同时，我也正在规划大约价值20亿澳元、近三千个地目的项目，包括在布里斯班到黄金海岸金三角旅游区占地五千亩（822英亩）“水陆空”应有尽有的近10亿澳元的综合生态旅游、休闲养身及退休养老的大型度假村，315园丁路近亿澳币的综合开发项目以及其他包括从布里斯班北区到伊普斯韦奇市的多个不同的大小项目。我在2004年以270万澳元在315园丁路所收购的8.05英亩，或者说32000平方米的土地，其潜在市场价值已达2500万澳元左右。州政府已于2008年早期把这块原来的农地变成了高密度的商住两用的开发土地，其容积率最多可达1.8，也就是说其建筑面积可达将近58000平方米或约560间公寓和商铺。

在2007年底到2008年初，我独资在雷普利区买的五块土地也被新规划成中高密度的商住两用的开发项目，其土地的总面积将近一百英亩，或者说四十万平方米，其建筑密度是每公顷，或者说每10000平方米可建三十五到五十个物业或商店，总共可建一千个复式洋房或土地分割。同时此地也包括一个主要区域性的大型购物中心。此购物中心将以两个超级市场和两个大型的家电日用商场为主要租客。

2009年，我的英文自传《澳洲梦和一元钱的物业》在澳洲成功发行。同年，我捐资近40万澳元作为种子资金成立了勇慈善基金。

在全球金融危机后期的2010年，我又独资以300万澳元的超低价买下了雷普利区另一块州政府已初步规划批准改变土地用途的168英亩或近68万平方米的大地，未来有可能建一小型购物中心或分割成至少500块较大的民宅用地。当以后的污水管道到达此地时，其完工价值可达3亿澳元以上。如果到时能进一步增加密度，其完工价值将大幅增加。同年，我又帮州政府在布里斯班黄金海岸及其他三个城市分别建了一幢社会保障房。

2014年，我又以很低的价格独资抢先从清债公司那里买下了原日本人开发的大型度假村。据说，其原几位业主在此度假村的总投资已达3亿澳元左右，包括私家飞机场、五星级酒店、一流的高尔夫球场、一流的马球场等等。

我在房地产投资和开发方面点石成金的策略使我获益匪浅，这将是我和我的子孙后代在未来唯一感兴趣并将全力以赴专注的强项，特别是在我的开发公司于2007年9月从原来的“顶峰物业”正式升级为“翠丰恒房地产开发集团”以后。

在房地产中介业务方面，我将会像目前的丰田汽车、三星电器一样做全球的拓展和加盟业务，包括在中国、美国、欧洲和世界任何其他国家都会选定一位德高望重的总加盟主。我的目标是把勇地产全球领先的澳洲房地产加盟业务输入世界各地并建立一家全球最大的全方位服务的综合性房地产加盟公司，聘用至少三十万以上的员工，每年销售价值至少一万亿以上的物业，使公司成为一个价值至少10亿澳币的全球综合性房地产公司。

在我的主流业务仍是私人控股的前提下，为了以后能帮助小股东们也能达到长期的复利效应，我公司一部分有稳定高收入的纯投资项目，包括商业物业、度假村、退休养老村等等，特别是未来相对保守稳定的房地产投资基金也许会在任何情况下，银行综合贷款的总比例都会在35％－50％之间的前提下，单独上市成为上市房地产信托基金公司，尽管这不会是我和我的子孙后代的优先选择。

与澳大利亚二千二百万的人口相比，中国目前已有十三亿的人口，而预计到2030年，其人口将达到十五亿。邻居印度的人口更将于不久之后超过中国。中国、印度、日本、美国和欧洲将是我未来全球业务拓展的五个主打市场。我在澳大利亚过去的十多年中磕磕碰碰，学以致用，走过了一条非常艰辛曲折的道路。我希望从今以后，我发明的非常有吸引力的、世界上最完善和先进的勇房地产系统和我自己总结出的二十八种不用或花小钱就可赚大钱的房地产投资和开发的点石成金策略，能让我的子孙后代和世上所有愿意分享我的理念和智慧的人从创业初期就从中获益，而不需要通过几十年不断的挫折，走过无数曲折的弯路来学会其中的一小部分，因为人生太短暂。这样他们将不仅有一个成功的事业和永恒的财富，同时更重要的是能达到家庭和事业的持久、和谐与平衡。

第一章　1949 年前的黄氏家族

1949 年前

当我们失去的时候，绝不要失去从中能学到的教训。

我的祖先源于中国四川省什邡县的一个叫洛水镇的小城镇。这个城镇位于龙门山脉地震断层带的山脚底，离 2008 年 5 月 12 日四川大地震的震中汶川不远。当时的地震让八万多四川人和其他省的人死亡。“5·12”大地震也波及全国及部分东南亚国家。

作者出生于中国四川

中国拥有五千年悠久、神奇而又多灾多难的历史。早在几千年前的盛唐时期和几百年前的成吉思汗时期，中国已是全球最强大的民族，地域一度已接近欧洲。即使到了一百六十年前清朝末期的 1850 年，中国的制造业和国民生产总值仍是世界第一。在此之后，英国、美国、日本及其他欧洲国家，因不久前的工业革命及信息互通，于 1850 年后快速超过了中国。

当时腐败、自大的清朝政府自以为是，唯我独大，以为有几千年强盛的根基，有众多“刀枪不入”的“天兵天将”保他们的皇权，而不是像当时的日本等国家全面开放，马上向西方国家取经，把快速发展的工业革命技术全面引进，包括自动化制造业、造船业和随之而来的军工产品和军用武器的制造，在不同的当权者一念之差中，很快就全面超过了还故步自封、以小农经济为主的传统大国——中国。当然，这种靠大刀、长矛维持的传统政权很快就被西方八国联军和日本的飞机、大炮和军舰所打败。

一直到有远见卓识的曾法国留学归来的四川人邓小平从 1977 开始倡导全面改革开放，中国人民的国际地位和生活才又一次得到了真正的改变。到三十三年后的 2010 年，中国的制造业再一次成为世界第一，超过美国，而国民生产总值则成为世界第二，超过日本，仅次于美国。预计在二三十年后，如果没有什么大的社会动荡，中国的国民生产总值将会超过美国，再创中国新的辉煌。

我本人能够记得或亲身经历的只是我自己在洛水镇的家族生活，特别是我奶奶给我带来的爱和温馨。我奶奶总是期望我能重新振兴我们的黄氏家族。她是我写这本书的力量源泉。此书将记录，作为人类的一分子，我从哪里来，又将到哪里去，我们人生的目的到底是什么？

在中国成百上千的姓氏当中，黄姓是百家姓中最常用的一个大姓之一，其基本意思是黄色。黄色也是古代中国帝王将相所钟爱的颜色，同时也是我房地产公司在初期所用的名片和广告的底色。当后来我把此底色变为中国红，黄色也继续保留作为我们公司徽章地球标志的颜色。

我家族的家谱由以下二十个中文字组成：

忠明光上士，
思文念永昌，
大道乾坤定，
怀远镇春邦。

我爷爷的名字叫做黄思勤。与西方的传统相反，中国的姓始终放在名字的前面，所以黄是我们家族的姓，而思勤是我爷爷的名。名通常由两个字组成，其第一个字，也就是中间那个字，是承袭家谱的名字，所有那一代的人都将共享那一代家谱的名字。

继我爷爷“思”字辈以后，我父亲是“文”字辈，所以我父亲的名字叫黄文久，其中间的名字“文”也是沿袭家谱。我子女一代沿袭的家谱名字是“永”，所以我女儿的名字是黄永恒。对我这一辈来说，我的家谱沿袭的名字是“念”，所以我最初的名字是黄念勇。由于当时“文化大革命”的原因，沿袭家谱中的名字被视为是封建和落后，所以我中间的名字“念”，也因此在我出生三年后被去掉。等我来到澳大利亚以后，按照当地的习俗，在英语中，我启用了我在受洗后牧师给我的英文名彼得，因而我在澳洲的英文名被称为彼得勇黄，后来简称为彼得黄，因为西方通常把姓放在最后。在华文中，我仍叫黄勇。

在20世纪初期，我曾祖父开创了我们黄家的家族生意——翠丰恒，所以我爷爷生长在一个非常富裕的家庭，拥有好几十亩土地以及两个非常成功的锅铺零售店。我爷爷有一位非常能干的哥哥，名叫黄思汗。像我爷爷一样，我也从来没见过他，但我知道他是一位瘸子。我曾祖父去世以后，他的两个儿子决定分家。他们用掷骰子的方式决定谁会留在农村做一个大地主或农场主，谁会留在城里去经商。我爷爷的哥哥，也就是我的大爷得到了留在乡村经营农场的骰子，所以他的全家也就搬去了农场。

在1949年新中国成立初期，我大爷的“阶级成分”被划分为大地主，所以他全家因此而遭受了严厉的惩处和批斗，并与全国其他大地主一样，全家都变成了一无所有的真正的贫农，并被视为阶级成分最不好的第三层的人物。在分家之前，我奶奶每天在农场耕耘，喂养几十条猪以及管理其他农作物，而我爷爷和他哥哥则在城里经营锅铺。非常幸运的是我爷爷最后拿到了在城里经营锅铺生意的骰子，而幸免了我大爷所遭受的种种批斗和全部资产的没收。

我爷爷性情乐观，而且非常乐善好施。当他接受家庭生意的时候，他们家族在两个城镇开有黄家锅铺，一家是在三河，另一家在洛水镇。洛水镇的生意由三间店面组成，相互肩并肩。此洛水镇在新中国成立初被改名为永兴镇，直到最近才又改回洛水镇。这两家生意在当时的镇上都属于最繁忙的生意之一，因为铁锅在当时的社会是每个家庭最需要和常用的基本用品。在我的童年时代，我奶奶经常提起我爷爷的为人善良、慷慨，被当地人称为大善人。因为我爷爷的影响，我奶奶一直到八十岁去世的时候一直也拥有这种非常难能可贵的品格。尽管在1949年以后，她几乎变得一无所有，但她乐善好施、好客的品性从来都没有改变过。

我奶奶是一位医生的女儿。我从六个月开始一直到十五岁一直和我奶奶一起生活。全家三代同堂，完全没有其他收入。1949 年后，全家五口人仅靠我父亲寄给他们的每月六元钱人民币生存。直到今天，我仍能够清楚地记得，当任何访客，或是我小姑的同事，或是我的同学来到我家的时候，几乎都会被强制性的劝说下来和我们一起分享午餐和晚餐。1949 年前后，在当时极端贫穷的年代，被要求留下来共进午餐或晚餐被认为是最高的礼节。当年，我爷爷和奶奶还在经营他们成功的家族生意的时候，每天中午、晚上都至少有两桌到三桌的客人或者员工共进午餐或晚餐，所有的员工几乎每天三顿都和他们一起共餐。大多数的员工都是来自远方的农民或远亲，所以他们的吃、住都由我爷爷和奶奶包办。至今为止，我仍然能够清楚地记得我奶奶的高声劝阻声："留住他们，留住他们，不要让他们走了，让他们留下来吃了饭再走。"甚至是那些不太熟悉的农村来的相识或我孃孃（姑妈）的同事，他们因为两周一次来我们小镇赶集而临时把他们的自行车停在我们家，也会受到我奶奶同样的劝阻，强行让他们留下来共进午餐。

我奶奶在我小时候总是告诉我，从前，当我们能够聘用几十位员工的时候，只要我爷爷能够负担得起，他总会对那些有真正需要的人伸出援助之手。他乐善好施的性格，在我的老家，家喻户晓，因为他也来自于农村。尽管他不时被人欺骗或利用，他也首先信任别人。我奶奶曾经告诉过我一个关于他的一位"侄儿"——其实是我爷爷的第一位妻子的儿子的故事。我爷爷曾经结过三次婚，他的前两位妻子都英年早逝，所以我奶奶是我爷爷的第三个妻子。尽管这三个妻子的家族彼此并无亲切的关系，我奶奶总是把他们的子女当成是自己的亲子女。其中一位"侄儿"

也在黄家锅铺工作。像其他员工一样，他每周周日都在我爷爷奶奶的家里吃住。在那期间，他偷去了大量钱财，这也是我爷爷和奶奶的生意最终关闭的原因之一。在我参加我奶奶葬礼的时候，其中一位非常忠实的员工也同样告诉我说，当他和我奶奶的“侄儿”晚上一起睡觉的时候，他经常发现我奶奶的“侄儿”的双腿上在发工资以前已绑满了纸币。

我爷爷奶奶共有九个小孩，到了 1949 年，只有四位幸存。我父亲是长子，其他都是女儿。当年，我们家族在洛水镇的三幢非常豪华的建筑都坐落于最繁华的商业地段。其中每幢建筑的前面都被用作商店，而后面用作住家。每个豪宅后面至少有四到五间大的卧房。中间的豪宅有两个内院及后院。而两边的建筑每间有一个内院和后院。不幸的是，因为当时极差的医疗水平以及长期吸鸦片烟的坏习惯，我爷爷在五十五岁的时候就离开了这个世界，留下他仅有四十四岁的妻子来照看整个家庭生意及年幼的四个儿女。我奶奶没有再婚，对她丈夫及家庭忠贞不渝。1985 年的时候，就在我即将大学毕业的前两个月，我奶奶在八十岁时去世了。

1949 年后，我爷爷奶奶的家庭生意基本已经濒临关闭，其主要原因有以下六个：

第一，十二年的战争对社会和经济的影响；第二，由于西方和日本的军事侵略而带进的大量的鸦片烟，让我爷爷、奶奶都染上了吸鸦片烟的这种坏习惯；第三，他们对员工和他人极大的信任、慈善和给予，让他们自己所剩无几；第四，我爷爷的突然去世；第五，我奶奶不沾亲的“侄儿”的偷窃；第六，因为解放战争期间，为了争取更多的农民参军，共产党给所有的农民许愿会永久性地免费分发所有大地主的土地给他们，所以绝大多数员工都去参军或回到农村去“打土豪，分田地”了，而到了 1949 年，整个生意只剩下了三幢几乎是空空如也的建筑。

尽管后来地方官员一再想证明我奶奶依然是大资本家，但生意已经几乎关闭的事实和我父亲是中国人民志愿军的事实让他们逃脱了进一步的迫害和批斗，因而让我的奶奶张心秋及她的四个儿女黄文久、黄文英、黄文成、黄文槐都幸运地生存了下来。在我记忆中，我直系亲属也从我爷爷的思字辈开始，到了我父亲的文字辈，再到我的念字辈，并顺利地遗传到了我三个儿女的永字辈，黄永翠、黄永丰、黄永恒，重新传承了我爷爷、奶奶的生意商号：翠丰恒。

第二章　解放初期的黄氏家族

1949 年—1963 年

AG95 法则——上进乐观的态度和感激之心注定了我们 95%的快乐和成功。

——黄勇

美国讲演家路易斯曾经说过："在我们胜利之前，永不会结束。"我相信在我们的人生中，不管发生什么样的事情，都必须有感激之情，并从中汲取经验教训。当解放的时候，我奶奶的四个儿女还年幼。我父亲作为长子仅十六岁，而大女黄文英九岁，次女黄文成四岁，幼女黄文槐仅仅一岁大。自从我爷爷于 1948 年去世以后，我奶奶承担起了照顾生意和全家的重担。尽管她的"侄儿"大量地偷钱，以及员工们逐渐回到了家乡去"打土豪，分土地"了，我奶奶还是继续维持生意，同时照顾她四位年幼的子女以及我的母亲。我的母亲因为双方家庭指定的婚姻从小就住在了我父亲家里。

1950 年的九个月内，我们家的生意已几乎完全关闭，因而也逃脱了当时对大资本家的惩处。同年，我父亲黄文久和母亲沈先惠正式结婚了，当年我父亲十七岁，我母亲仅十五岁。当时婚姻都是由双方父母安排，其媒人是大谭妹，她很多年前就介绍了这门婚姻。大谭妹是我外婆的姐姐。我母亲的家庭沈家也是当地的大地主。当我父母还年幼的时候，双方父母在大谭妹的安排下黄家和沈家就已经决定了联姻。

左起：作者父亲黄文久，母亲沈先惠、小孃黄文槐、奶奶张心秋、四孃黄文英、朋友蒋小姐、外婆罗洪清、八孃黄文成。

1949 年后，我父母双方的大爷家（我奶奶和外婆的哥哥家）所遭受的灾难都远远大于我奶奶和外婆家本身，而我外婆家遭到的镇压厄运又远超过我奶奶家。我外婆的妹夫谭保真和他的儿子谭金华都被枪毙，因为他们不仅是大地主，同时也是当地的国民党高级官员。在他们俩被枪毙的前一天晚上，小谭妹也就是我外婆的妹妹出于对她丈夫和儿子的真爱而上吊殉情。我外婆的哥哥罗长兴不久之后也被枪毙，我外婆也在年仅二十五岁的时候就变成了寡妇，当时我母亲只有一岁。我外婆的丈夫在战争期间被当地的土匪打死。我外婆一直到九十一岁去世，她也没有再婚。

当黄家锅铺生意完全关闭以后，我奶奶和他的四个小孩以及一个媳妇，一家六口人没有任何的经济收入，也没有政府补助。他们只能靠过去的积蓄和卖掉一些珠宝来生活。当珠宝和古董家具也所剩无几的时候，我奶奶唯一的选择就是卖掉在洛水镇的三幢建筑中的两座，而只保留中间那幢大型的豪宅来维持全家的生活。由于所有的儿女们还非常年轻，又没有任何政府的补助，卖掉房产和珠宝首饰的钱也不能维持此六口之家多久。尽管我奶奶希望我父亲在长大以后找到一份政府工作，但他当时毕竟还太年轻。

作为一个年轻的男孩，当时唯一能够找到有保证收入的地方就是参军。所以当1950年朝鲜战争爆发的时候，为了全家，包括他妻子的生存，他决定参军到朝鲜前线去与美国人作战。当我奶奶听到我父亲的决定后，她非常恐慌，因为在全家六口人中，我父亲是唯一的一位男性。她难以想象万一我父亲在战场牺牲的后果，所以不管我父亲如何坚持，她都决不动摇。她坚决地认为不管我们全家如何需要钱，只要我父亲与他们同在，他们总会想到办法生存下去，而最终有一个美好的未来。然而由于我父亲男性的责任心，不允许他在家里坐视全家五个妇女儿童没有收入，没有政府补助。他开始反抗，决意要离家，在我奶奶能够抓住他之前，半夜翻墙，离家出走，加入了中国人民志愿军，他坚持要找到一个振兴家族的方法。

仅十七岁的年纪，父亲认为参军是最快也是唯一的方式可以让他有稳定的收入。他将把所有的收入寄回给家里，以抚养他的母亲、妻子和三个年幼的妹妹。中国人民志愿军是共产党为了朝鲜战争而给予的一个特殊名称。因为我父亲来自于富庶之家，拥有高中毕业文凭，他在当时的军队里被认为是接受过最好教育的人之一，因此他被送到南京炮兵学校去进一步进修，而不是直接送到朝鲜前线，因而使他成为了共产党领导下的第一批炮兵学校毕业的军官。在他毕业的时候，朝鲜战争已经结束，所以他被部队送去边疆剿匪。

父亲首先在警卫连工作，然后加入了骑兵连，在青海边界的丛林中穿梭。当他们的军需供给不能及时被供应的时候，他们有时被迫煮他们的皮带和树皮充饥。就算如此，他仍按时把他几乎所有的收入寄回给他母亲。我奶奶是个虔诚的佛教徒。每当她收到儿子从远方寄来的生活费时，她总会在我们家中很大的中心庭院里跪下，向菩萨祈祷希望保佑她儿子和全家的安危。

作者的父亲黄文久于 1950 年加入中国人民志愿军

就在这个期间，我父亲的爱马染上了肺结核。不久以后，我父亲也被传染上了。我父亲含泪把他的爱马枪毙，并现场安葬，然后他被送去附近空军医院接受治疗。此肺结核也许是让他在晚年转移成肺癌的原因之一。

1954 年，土地从私有制变成公有制的改革已完成，政府把重心转移到了对城镇资本家和私营业主的私有变公有的改革上。1950 年初，所有的大地主，包括我大爷家和我外婆家，除了大批被枪毙镇压的人以外，幸存下来的家族成员也不断地被批斗。在一年四季开任何大型集会的时候，所有的大地主们都会被强迫到前台罚跪或罚站以惩处他们以前太富有的“罪过”。五年以后，所有的大小资本家也开始被批斗。我奶奶也被叫去批斗大会“坦白从宽，抗拒从严”，让她承认曾经是一个大资本家。她勇敢地站在台上，把手掌拍在桌上反驳道：她在解放的时候，资产已所剩无几，生意已几乎关掉，而且她的儿子也是光荣的中国人民志愿军，所以何罪之有？最后也正是因为我父亲参军，而生意也的确在 1949 年后不久就彻底关掉，我奶奶的全家才幸免了被进一步的镇压。

当时，我奶奶的三个女儿以及媳妇还比较年轻，她还是让她们去寻找工作和出路。在当时的年代，特别是 1954 年开始清算大小资本家的时候，因为私营企业被逐步取缔，想找到一份像样的工作就变得十分困难。多年以后，我奶奶的第四个女儿黄文英最终也在托人找关系的情况下在政府拥有的供销社找到了工作，而她的第八个女儿，也就是我的八孃（八姑妈，当地对姑妈和孃的称呼没有严格的区分）黄文成最终也在政府拥有的理发店里找到了一份当学徒的工作。我小孃黄文槐，当时还年幼，不能找到任何工作。

随着子女们年龄的增长，所有人都开始白天黑夜地忙里忙外。我父亲，仍像我奶奶家的第二父亲一样照顾着他的三个妹妹，同时，我的四孃在我父亲不在身边时，像二妈一样承担起了家庭中另一部分的义务，和我八孃一起，勤劳工作，以换取一部分额外的收入，维持全家六口人的生计。因我母亲也出生于富裕的家庭，所以她的小学文凭能够让她有机会在 1949 年后被录取进入医学院进一步学习。我四孃最后也与一位非常能干的年轻人李洪武结婚。然而，在有限的快乐时光到来之前，在当时极端贫苦的岁月，由于当时天灾人祸而引起的三年“自然灾害”导致严重的营养不良，她在 1960 年，年仅二十岁，就英年早逝，成为了当时数百万因饥饿，或饥饿引起的疾病而不幸死去的中国人之一。

从那以后，承担全家生计的义务又一次落在了我父亲的肩上。我父亲仍然把他几乎所有的工资收入全部寄回给他的家人。

他当时已被调到了中国首都北京的军区工作，但我母亲因为不习惯北京寒冷的天气，最后他们决定一起回到四川省的首府成都。1962 年，我父亲被正式调到了成都空军空字 028 部队。自从我父亲于 1950 年结婚并于同年参加中国人民志愿军后，十四年的光阴很快就这样过去了。他已接近三十岁的年纪，当时经济环境也开始相对稳定，所以我父母决定安顿下来，要他们的第一个孩子，因而我于 1963 年出生。这也是人类历史上人口出生最多的一年，因为在 1959 到 1962 年的三年饥荒年代里，没有多少人家里敢多生小孩。

奶奶当时偷偷地告诉我，由于当时几乎所有的居民缺乏最基本的油、盐、米、菜和肉，绝大多数四川人当时都面黄肌瘦，眼圈发黑。她不时可以在街上看到一些偏偏倒倒行走的乡亲，突然因为饥饿而倒在地上，不再生还。

共产主义的真正理念，也是希望创造一个富有的充满希望的国家，也是鼓励“多劳多得，少劳少得，不劳不获”。但可悲的是，这种真正共产主义的理念被不可避免地扭曲成了极端公有制下的平均主义制度，因为“多劳多得”的人实际上就是“富人”，这“富人”与当时普通人认为的“共产平均主义”理念又相悖。到头来，因为这种公有制下不公平的“多劳少得，少劳多得，不劳而获”的平均主义和随之而来的贪污腐败而使当时几乎每一位中国公民都变成了真正的无产阶级。

在这三年期间，这种可悲的现象变得更为突出。在假大空的文化背景之下，没有一个人敢说人民公社有任何可以改进的地方。几乎所有政府控制的宣传机构都拼命地鼓吹人民公社在私有制转换成公有制之后取得的伟大成果。在这种虚构了人民公社伟大的生产能力和成果的情况下，绝大多数农民和工人的收入被拿去支付前苏联的庞大战争债务，或捐献给全球其他的共产主义联盟，而当时大多数的中国人没有任何讨价还价、罢工或选拔新的、好的雇主或政府官员的机会和权利，更没有自由创业、自由掌控自身命运的权利，不少人只能靠吃野草、树根和数量非常有限的大米来生存。这期间，每个中国人仅能凭票供应微不足道的一点大米和清油，而几乎没有多少蔬菜和肉。即使有一点米票或油票，每天政府的供应量也十分有限，稍去晚点，当天的供应就没有了。在当时中央政府严格控制媒体的情况之下，其发布的消息主要只有一个，那就是因为“自然灾害”。1962 年后尽管情形有所好转，但“凭票供应”的政策一直就这样延续下去直到邓小平改革开放政策之后。

第三章　农村小镇上的小伙子

1963年4月—1978年

有钱难买童年苦。

——中国谚语

我于1963年4月出生在中国四川省的省会成都市。我的名字原来是“黄念勇”，这个名字是按照我们家族的家谱来取的。可是，在当时，我的父母担心我的名字可能会被看成是陈旧的习俗而不够“革命”，于是他们取消了中间的那个“念”字，就变成了“黄勇”。

那时候，我的母亲是一名厂医，在立兴鞋厂工作。虽然我的父亲也在同一个城市工作，可是他不得不住在部队的营房里，只有在周末才回家同我母亲团聚。我们的房子是在洗面桥，是我母亲的单位分配给我们的。那是一个小小的单间，大约二十五平方米的面积，带有一个小小的厨房，它建在房间的外面。唯一的水源是一口井，它在房子外面大约好几百米的地方。我们也没有淋浴或者洗澡间。我们洗澡的办法是，坐在一块放在一个很大的洗澡盆里的木板上，用一块潮湿的毛巾擦洗身体。

像当时中国的很多家庭一样，我父亲在每星期里都得全职为空军服务，我母亲也有平等的权利“顶半边天”，在鞋厂里全职工作。这对他们来说，要同时照顾他们的婴孩是很困难的。因此，在我出生六个月之后，我父母就把我送回到我祖母所住的那个乡下的小镇上，小镇的名字叫“永兴”（意思是永远兴旺），它以前的名字是什邡县洛水镇。

作者是黄家这一代人唯一一个男人（左起妹妹黄伟、表妹彭霜梅、刘刚、刘红、作者及夫人张源）。

我祖母和我的两位当时还健在的姑姑，出于对我的爱，很想照顾我。于是她们就收留了我，并将我们家族的所有的希望都寄予在我的身上，把我叫做黄家的红公鸡。我永远忘不了她们对我的关爱，因为她们对我就像养母那样。

在我出生两年之后，我的妹妹黄（念）伟出生了。她也被送回到乡下的小镇去寄养。可是，一年之后，我母亲又决定将妹妹带回到成都，这样，我妹妹是由我父母在成都带大的，而我仍然继续留在永兴我祖母和我的两位姑姑那里。

我母亲是一个直爽的人，她的心思总是全部放在家庭上。在我们逐步成长起来的时候，我们对家庭的关系更加看重。我永远对她出于她的决心和爱心为我们所做的一切感到非常的感激。我理解女人有时候比男人会更加动感情，而“理解和宽容”正是我祖母所教会我的。这源于她的佛教徒的信仰。从佛教徒和基督徒中可以发现宗教信仰的“宽容”和“宽恕”，但在当时的中国是不允许的，当时使我们只有同“阶级敌人”作不妥协的“阶级斗争”才行，否则就会被认为是立场不坚定的“右派分子”。

在过去的年代里，因为没有这种被称为政府福利的事情，每个家庭都不得不依靠家里的儿子来承担家庭的责任。所以很自然并且很容易理解的是，为什么当时大多数的家庭都把他们的儿子当作家庭的希望。他们被盼望来承担继续并光大家庭的生意的重任，在家谱里将家庭的姓氏传下去，而在父母年老时，赡养他们，因为孩子代表着他们唯一的养老金。同时，家里的女儿呢，需要学会经营一个有效的家庭所需要的全部必要的技巧，并且执行必要的任务，这样她们就可以在嫁人之后轻易地履行她们的责任，对家庭的大多数人提供一种和谐的平衡。

虽然我相信同等教育，可是在现代的家庭里有相当多的冲突的起因是由于缺乏平衡，妻子不仅仅在外面要做一份全职的工作，而且也要做家务。在旧时代，并不是母亲对女儿的爱比较少，而是在现实社会中，一个女人的责任更多地着重在照顾家人和家里的任务方面，因此所需要的教育就比较少。尽管这样，我母亲在学校里所受到的教育，要比 1949 年以前的绝大多数的女性多得多。这对在新中国成立以后她需要出去工作并且在“顶起半边天”之后成为一名医生有很大的帮助。

我从出生以后六个月开始就一直住在乡下的小镇上，直到十五岁为止。在最初的六年里，我连一次也没有叫过我的真正的母亲“妈妈”。我每天看到的就是我的祖母，还有我的两位姑姑，所以我对“妈”这个字很不习惯。

当时觉得像我们那样的乡下小镇上所能感受到的友谊，在大城市是无法感受到的。大城市的居民已经被改造成非常“革命”的、会计算的又很商业化的了，特别是那些在成都出生的人。当时人们并不或者不能彼此信任，彼此间也很少有沟通。彼此之间的怀疑来自多年的阶级斗争的影响，而且，在贫困的情况下，具有极端的自私性。在当时，钱是大多数家庭纠纷的最大起因，所以，我对自己说，等我长大之后，我要挣足够的钱，可以让我的奶奶和家人过上天堂般的生活。

我的祖母，在她去看我的母亲时，总是要想尽一切办法要让我叫自己的母亲“妈妈”。我是一个很文静的人，我总是喜欢学习新的事物，而且喜欢采取行动，而不善谈论。我从自己的内心里是很努力地设法要叫我的母亲“妈妈”的，可是，当我见到她的时候，就是没法张开我的嘴巴叫她“妈妈”。我记得非常清楚，有一天，在我满六岁之后，我祖母又一次带我来到成都，我们都在我父亲的空军基地见面，晚上我们在一起团聚，我父亲和母亲两人都坐在我的面前。我祖母再次鼓励我同我的母亲说话。就像以前一样，我张开了嘴巴，可是嘴里却没有话吐出来。我不知道如何对她说话，不管我有多努力地试图叫她“妈妈”。我母亲对我微笑着，说：如果你叫我妈，我就给你吃一颗糖。我继续努力尝试，可是我就是没办法说出这个词。然后我父亲生气了。他第一次，也是一生中唯一的一次打了我，直到我说出了“妈”这个词。那以后我就叫她“妈妈”了，而且也习惯这样叫她了。

生活如常地进行着。在学校放假结束之后，我又回到了我的乡下小镇。我在这个大约只有一万人的小镇上长大。我只是在学校放假的时候才回到我父母那里。我有和我祖母和姑姑同样的感觉，每次我回到成都，我都感到孤独。当地有些人开玩笑似的说："那个农民回来了。"而这种歧视到处都存在。我觉得这个城市太大了，那里的人太不友好。

这部分原因是因为人们之间继续不断地进行着阶级斗争，他们都想保护自己，又想把自己隐蔽起来。我感觉不到人们之间彼此的信任。所以每当学校的假期结束之后，我就很高兴地回到我那乡下小镇上去。

我的祖母总是叫我宽恕别人，要慷慨，先为别人的利益着想，心眼要大，将军肚里能跑马，宰相肚里能撑船，滴水之恩必以涌泉相报。可是很伤心的是，看到在新的革命时代，人们之间的宽容和感激是缺乏的。相反，对别人总是有一种仇恨的感觉，或者从别人那里拿了什么之后，就是不肯以任何东西回报。在那个时候，使人致富是一种被禁止的概念，因此，最后人人都由于"精神鸦片综合征"而变得十分贫穷，直到我的四川老乡邓小平在1977年开始改革开放为止。

祖母的房子位于镇上最繁华的地区，离我上的小学只有两百米远。很不幸的是，那个小学在2008年的地震中被震塌了，造成几百名学生的死亡。我的同学们和朋友们都住在彼此步行能够到达的地方。我童年的生活是简单的，我的家庭是贫穷的，但是我们相对来说还是开心的。由于我父亲多年之后被提升为营长了，工资也增加了，这就使他能够每个月多寄40元人民币给我们来支持整个家庭的生活费用。后来，我的最年轻的姑姑也开始寄钱给家里了，因为她开始工作了。

像其他以前中国的比较有钱的人家，我的祖母从前曾习惯于吸鸦片，这是由日本和其他西方国家的经济入侵所带来的恶果。新中国成立之后，政府禁止吸鸦片。她被“戒烟中心”关押了一小段时间。为了最终帮助她戒掉这个坏习惯，我经常会在街上捡香烟头给她。她将香烟头拆开了，取出烟丝，用纸重新卷好，再吸这些自己做的香烟。

在度过了“自然灾害”时期进入“比较宽松的时期”，每个月，政府对每个家庭的每个成员有 250 克的肉、250 克的菜油，还有 13 公斤半到 20 公斤的大米的配给量。这些食品只能用配给券才能买到。成年人的大米配给量是按照他们的工种来决定的，儿童的配给量要少得多。每天我们的主食都是大米，偶尔，在米饭里再混有一些菜。有时我们连蔬菜都买不起，那时，我们只能用一点点菜油把米饭炒一下吃。

因为我的出生证显示我是在成都出生的，我在我的家乡永兴镇就不能享受任何配给的肉食，因此我只能吃我祖母和姑姑的那些配给量。以今天西方的标准来看，250 克肉只能给一个人提供一餐饭的肉食量，可是这点量在当时的中国要让一名成年人持续吃上整整一个月。但同当时有些农民或所谓的农夫相比，我仍然感到高兴和“富足”，因为我的祖母在管理家务中就像一个魔术师。我们连自己都几乎没有什么肉食可吃，可是，不管什么时候，如果有一位朋友或者亲戚来到我们的家里，我的祖母就会请他们留下来吃午餐或晚餐，她可以马上做出五六个不同的菜来，每个菜里面都会有几根肉丝。所以我总是盼望有客人来到我们的家。

每年一度的春节期间（按中国的农历是传统的中国新年），菜简直是异常地丰富，有十几个不同的菜，猪肠子、猪舌头、猪耳朵、猪肝，还有其他的肉食，这些肉食都是在几个月里面积累起来的，挂在屋檐底下风干。这些肉食吃起来都非常鲜美，所以我们总是盼望新年的到来。在新年期间，我所有的好朋友们的家庭都会请他们孩子的同学们到家里吃饭。这样，孩子们每年至少能吃上六七顿大的“宴会”，由不同的同学的家长请客，在我们家呢，就由我的祖母做菜。

每年我过生日，我可以吃到两个鸡蛋。每次在学校放假的时候，在我回到成都去之前，我的祖母会在早上五点钟左右就起床，为我做几个非常好的菜，同时收集一些很好的礼物，让我带到成都去给我的父母。

我的祖母几乎每次都会把我送到火车站或者是公共汽车站，淌着眼泪对我说再见。当我从成都回到我的家乡时，我得从火车站或者公共汽车站步行十五到二十分钟回到我们的家。从我下公共汽车或火车（这种火车的车厢里没有座位，因为它是用来拉牲口的）的时候，到我走回到祖母的家之间，我得从小镇的一头穿过，走到另一头。街上有很多的人，他们都会和我打招呼，欢迎我回来。当我走到我祖母的屋子的时候，通常在十五分钟到半个小时之间，自动就会有好几位同学来我们家串门，分享我从镇外带来的消息。在那个小镇里，任何消息对他们来说都是真正的新闻，在没有电话，更没有手机的年代，所有这些消息都是口口相传，而且传播得非常之快。

由于营养不良，又缺少阳光，我小时候的身高比同龄的男孩的平均身高要矮一些，同时体力也不是很强。我常常感冒，也经常发烧，因为我们的饮水和食物都不是太清洁，而我的消化系统又很弱。有时，我上厕所的时候，我的小肠会从身体里流出来，有时，在我睡熟的时候，蛔虫也会从嘴巴里跑出来。那真是很可怕的事情！

我小时候，小镇上还没有电，所以我们读书时通常用一盏油灯照明，当然，我们也没有电视机。在我过了十岁的时候，政府才在街上装了一个路灯，这是我们乡下小镇上的第一盏路灯。我记得，那个晚上，有那么多的人从家里跑出来，跑到街上，来欣赏路灯，路灯以外的一切，依然都笼罩在黑暗之中。

在我很小的时候，我的身体很差，可是我有一位好朋友叫段利平，他的父亲是一位体育老师。段利平也喜欢参加体育活动，每天早上六点钟的时候，他会敲我家的门，请我同他一起在清晨沿着街去跑步，那时街上还很黑。早上跑完步以后，我们还会一起和许多小学的同学们打篮球或者乒乓球，打完球我们回家吃早餐，然后去上学。后来我被选拔进学校的乒乓球队，成为一名队员。

1962 年之后，中国曾经有过几年的太平。可是到了 1966 年，“文化大革命”就开始了，在中国的不同的地方，出现了不同派别的人们之间的武装冲突。另一个灾难就是全中国所有的大学都完全关闭了，持续十年之久，大学生们，包括我的小姑姑，全都被送到全国各地去接受“再教育”。在这个期间，城乡之间也出现了武装冲突，很多人被杀死，全国都变得一片混乱，我们常常可以听到空中有枪声。为我的安全担心，祖母有时让我在厨房里靠近炉灶的地方睡觉，那里堆着木柴、树皮，或者如果情况变得更糟的话，我会被送进储藏室里去睡觉。

这时，甚至年轻人之间也开始打架了。这些年轻人组织了不同的组织或派别。我们组织的头头是蒋培林，他成了“将军”，而且他很会打架。我是他的一个很好的朋友。他知道我在身体方面不是很强壮，所以他总是叫我同他待在一起，作为他的卫兵，并且教我武术。他命令所有其他的十几岁的小伙子们去同从其他的乡镇来的“敌人们”作斗争。最后我家乡的这个小镇就变得很危险了。因此我祖母决定将我送回成都去，同我的父亲一起待在空军部队，这是一个比较安全的地区。我进入了成都的洗面桥小学，在那里待了一年左右，然后，当情况变得比较平静一点之后，我又回到了我的家乡永兴，继续我的小学学业。

在接下来的时期里，政府没收了我们家庭的最后资产，即我们屋子前面的杂货铺。在他们接管了私人的生意之后，地方政府想要占有，并且进而控制在小镇的热闹地区的所有私人拥有的店铺和住宅，建造政府拥有的零售商店，而且他们想不付任何补偿就没收这些资产。我的祖母不愿意没有任何补偿就交出这么大的一栋房子，因为这房子几乎花去了她一生的积蓄，还有她的好多年的生命才盖起来的。那房子还不仅仅是她所至爱的有形财产的本身，而且它是充满了那么多的我们家庭的记忆。她跑到政府的各部门去上诉这个决定，甚至让我的父亲从他的部队回来同负责人谈。那负责人是他以前的同班同学之一。最后他们提出以每平方米两元人民币的价钱，补偿房子以及房子前面的那块土地，那块土地的面积有好几百平方米。可是我祖母不同意。

那一天突然来到了，我至今还清清楚楚地记得那天。当时我祖母和我正在我们这栋房子的后半部，没有经过批准的行动就开始了，要将我们的房子拆掉。我们突然听见巨大的响声，是什么东西在毁坏我们的外墙。我祖母冲出去，竭力要阻拦那些人拆房子。可是那些强壮的乡下汉子根本不理她，继续拆房。他们说他们是奉地方政府的指示来拆房的。在我祖母同地方政府作了最后一次谈判之后，她没有能得到他们的进一步的妥协。我们不得不将我的姑姑们叫回来，赶紧帮忙将我们的财物搬进我们房子的后面，搬到房里的第二进内院的后面。我们不得不放弃我们的第一

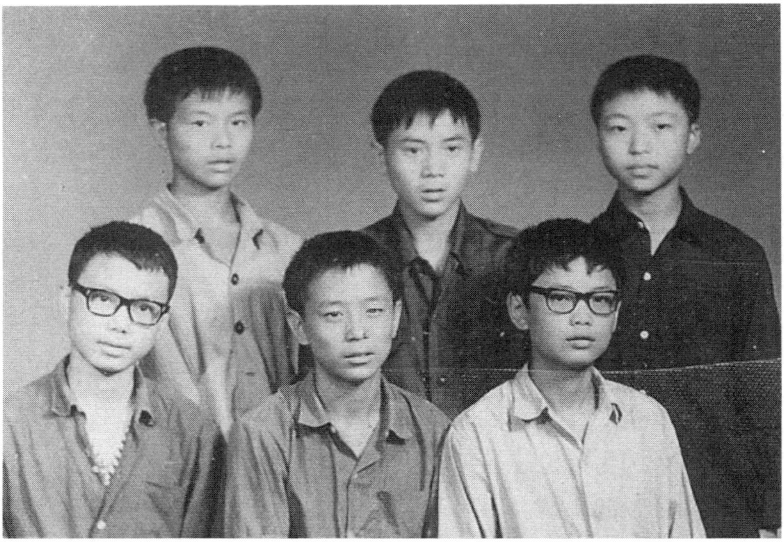

作者（第二排右一）与小学同学

进内院前面的那部分房子，被他们野蛮拆毁。我们的房子从原来的前门到临时的新的前门，被整整推后了三十米，而我们总共只得到几百元人民币的补偿。

从我的童年上幼儿园的时候开始，然后上小学和 1975 年上中学，我的生活就这样地过着。我上的中学是为附近若干个乡镇提供教育服务的，所以学生们来自当地不同的乡镇，它离我们的镇有四十分钟步行的路程，坐落在田野的中间。因此每天早上，我得很早就起床，走很远的路去上学。我们不仅要沿着很狭窄的石子路走，路上经常有卡车很贴近地开过我们的身旁，而且我们还要将卡车开过扬起的灰尘照单全收，我们还要穿过一条很危险的铁路线。有时候我们也会去追一辆拖拉机，然后爬上拖拉机，免费搭乘一段路程，可以节省一些时间。第一次去爬拖拉机的时候，我几乎让自己给跌死了。那是在乘坐拖拉机走过一段路之后，我想跳下来，可是我没有惯性定律的知识，所以没有意识到我应当在跳下来之后，跟着拖拉机再跑上几步，然后再停下来。我从拖拉机的左边就那么一跳下来马上就站定，其结果如何你就可以想象了。我被惯性的力量猛烈地扔倒在地上，差一点被拖拉机的车轮压着。

那个时候，铁路的两边没有那种能关上的栏杆，或者警告火车即将来到的红灯，可能直到今天，在大多数的乡村地区，情况仍然是这样。好多人，特别是小孩，被开过来的火车碾压死，而且这种地方也是比较多的穷人或者被困难困扰的人去自杀的地方。有一天，在我去中学上学的时候，我看到不远的地方，有一列火车在开过来，而一辆卡车正在拼命地想冲过铁路线。巨大的火车在几秒钟之内就撞上了那辆卡车，它被撞飞出去，就像一只小鸡，摔进了路边的沟里，卡车司机当场就被撞死了。对一个小孩来说，亲眼目击这场惨剧的现场，真让我害怕。

每次我坐火车或汽车去成都，或者从成都回我的乡下小镇永兴，在那短短的两个小时的车程中，路上总可能会有一两件死亡的事故发生。路上到处是血，因为那时的事故很少会牵涉两列火车或两部汽车相撞。可是最经常的是，一列火车或者是一辆汽车撞上了一个人或者一辆自行车。如果考虑到我在童年来回于家和学校之间的所有那么多次的行程，而能够幸存下来，我算是很幸运的。在中国，有许多人没有像我这么幸运。

我在小时候从来不是很顽皮的，可是有时候，在从学校回家的路上，如果我是同我的同学们在一起回家的话，肚子饿的时候，我们会从农民的果树上摘下一个果子，大家一起分食，因为我们没有钱能买水果。

因为中学在离家这么远的地方，我们一般就在学校里吃午餐。午餐的时候，我们永远只有米饭和一些蔬菜可吃，通常是土豆，或者一两样别的蔬菜，从来没有肉食。每份由不同分量的米饭和蔬菜组成的午餐，分别卖三个不同的价钱，即每份卖二分、三分和五分钱。我通常只买得起二分钱一份的午餐吃。可是，偶尔有些时候，如果我感到肚子相当饿的话，或者想稍微享受一下，我也会买一份三分钱的午餐吃。我对我们有些同学真的是非常的羡慕，他们的家长在我的小姑姑的工厂里工作，因为他们有时候会买一份五分钱的午餐吃，里面有更多几样的蔬菜。

虽然我小时候家里的条件很穷，有时候甚至会有很凄惨的情况发生（比如像政府来拆掉我们家的房子），我却并没有真正地受到大的苦难或仇恨的打击。那是因为，在大多数的时候，我周围有很多关心或疼爱我的人，包括我的祖母和姑姑们。我在同学们和其他的朋友们中间也享有很多孩童时的友谊。我对生活充满着希望，因为我知道，在我长大以后，在外面有一个更大的世界要我去征服。

我们从来也没有很多的钱。除了我父亲寄来的钱之外，唯一的收入来自我的祖母。她会画画，也会做一些枕头套子，她能从中赚到一些额外的钱。我们也以一毛钱一桶的价钱，将我们的粪便卖给一些农民，给他们用来做农田的肥料。每过两个星期，在我们的镇上会有一次集市，那时整条街都是人。每年一次，我们也会将我们家的果树上长的一些水果在这个集市上出售，卖得一些额外的钱来贴补生活。我们家的后院和内院都种了一些果树。为了这些小小的额外的收入，我们都得很努力地工作。

就像我们这个地区的很多其他的家庭一样，厕所就在我们家的后院。它不仅是非常简单的，也可能是很危险的，如果我们不小心的话。盛粪便的坑基本上是一个在地上挖出的很大的坑，上面放几条横跨这个坑的木条，人们就蹲在木条上解大便。我们得很小心地走上木条，然后蹲下。如果不小心，就很容易会掉进粪便坑。（今天，在中国，公共厕所已经比较安全了，但还有水泥的坑，可是大多数来自海外的人仍然不习惯蹲下来解大便。）我记得，在我们回家乡去为我母亲做七十岁大寿的时候，有一天，我儿子和我一起去上厕所，我看到我的儿子很快地脱下鞋子，赤脚站在很脏的水泥上，准备全部脱下他的裤子。我问他："丰儿，你准备做什么?"他回答说："我想把裤子全部脱掉，这样我可以蹲下来，不会把裤子弄脏。"

虽然我比有些我的同龄的男孩矮小和瘦弱，我在年轻时仍然想尽我最大的努力，要帮家庭创造一些额外的收入。因为那时没有私营的企业，要想找到一份工作，赚取一些额外的收入，几乎是不可能的。你必须达到十八岁的年龄，而且对政府的官员有一些关系，才能找到一份政府的工作。我在小孩的时候所能找到的唯一的工作是到很大的河岸上，去采集一些石灰石，在附近的石灰窑里可以将这些石灰石烧成熟石灰。我们每收集一百公斤的石灰石，可以拿到两毛钱。我得花两三天的时间去找到并收集这些石灰石。因为我比较瘦小，同其他的男孩们比较，我一次只能担一点点石灰石。我有时也会参加到其他的朋友们为一家砖厂卸砖块。我们必须从卡车上卸下一千块砖块，才能挣到一毛钱。到了工作结束的时候，我的手掌上经常会充满血泡。然而，我没有哭，也没有抱怨。我很开心，因为我能赚一点额外的收入来帮助我的家庭。

在我的整个童年，我从学校里学到的东西很少。可是我学到很多有关生活的知识，我相信，这些知识对于我生命的余生是极其有价值的。总要关心和帮助家庭和其他的人，这个思想是更为有价值得多的。有这么一个说法，就是有钱难买童年苦。这是一个正能量的观点。那时在我们生活的地方没有电视机，每过几个月我们才有机会看一部露天电影，那是在我们中学的操场上，或者在靠近山区的我的小姑姑的轴承厂里放映的，到那里也得步行四十分钟。因为在当时，看电影是很稀有的事，真正的电影胶带必须在各个乡镇之间周转，因此放映电影的时间不可能是一个固定的时间。它可能在第一个镇开始放，比如，在晚上六点钟的时候，然后到下一个镇去放已经是晚上九点半了，等拿到最后一个镇去放的时候，可能已经是第二天凌晨四点钟的时候才开始了，到天亮之前结束，因为电影总是在露天放映的。这些电影可能是前苏联电影、阿尔巴尼亚电影，或者是朝鲜的电影，也有国产的电影，而且这些电影当时都是黑白电影。

当电影到达我们镇的时候，哪怕时间已经是半夜，几乎每一个人，特别是小孩，都会起来，去看电影，因为它是几个月里唯一的娱乐活动。为了避免错过开始的时候，我通常同我的小姑姑待在一起，或者，如果电影是在我们的小学里放映的话，我就待在我最好的同学家里，因为他姐姐在那个小学里做老师。在那个时候，在我们这个小镇里，还没有像闹钟那样的东西，所以我只能依靠我的同学，因为他通常能在一个指定的时间醒过来，相当准时。我自己呢，如果没有人来叫醒我，我可以一直睡到中午。当我在他那里过夜的时候，我们俩不得不挤在一张小小的单人床上睡觉，在半夜里，床上没有足够的地方能让我们两个人翻身。我记得，有一天凌晨，在他把我叫醒的时候，我们俩几乎都哭了起来，因为那部电影是在凌晨两点钟开始放的，现在已经结束了。

在放电影的时候，银幕前的那一大片空地，常常还不够大，容不下那些赶来看电影的观众。这样有些人不得不跑到银幕的后面去看电影，并且需要去猜测电影的意思，因为他们没法从反面来看清银幕上打的字幕。他们所看到的画面和画面上打的字都是相反的。

虽然我们都对电影很着迷，因为它是我们每个月主要的娱乐生活，我的祖母和我的小姑姑却对我非常严格，因为他们不想让我看得太多。她们宁可叫我读书，并且帮助她们做家务，这还包括照看我的表妹们。有时候，如果他们说我不可以去，我会设法逃走，可是我的小姑姑总会把我抓住。在那时候，她总是好像能够跑得比我更快。这样我不断地做早操，并且练习短跑，以便能跑得更快。当我不得不待在家里读书的时候，总是让我感到非常的不开心，因为镇上其他的人都出去看电影了。我当时并不领会或感谢我祖母的一番好意，在那时，她要教我学会严于律己。

我的第八个姑姑，在理发店里当了短短的一段时间的理发员之后，进了一家糖果厂工作直到退休。我最开心的记忆之一就是，当糖果厂在每年一月份或二月份的春节休假期间关门时，所有的工人都必须加班工作，直到中国新年的除夕的前一天晚上八九点钟。到了那天工作结束的时候，工厂都会给每个工人发一些月饼、饼干、糖果和煮熟了的肉。我的姑姑会把发给她的所有的东西都带回家，同全家分享。

我祖母把这些饼干、糖果和月饼之类如此的当作宝贝那样来对待，她会将它们藏在不同的地方，这样就会让我们在整个一年里都可以吃到。她有时会把它们埋在大米底下，有时放在厨房里的树皮里面，或者放在卧室里某一处，或者放在我们宝贵的中国瓷器里面。有时当我们饿得不行的时候，我的三个表妹，还有我，会试图去寻找这些东西被祖母藏在哪里了。我们有时候很幸运，能够找到它们。有好几次，我会挨我祖母和姑姑的打，因为她们觉得是我偷了一些糖果什么的。而实际上，那时这些东西是我表妹偷的。我记得有一次，我反抗了，威胁着要用一根大扁担打她们，她们就赶紧找地方躲起来，并且对我道歉，然后开始打我的表妹刘刚。

童年时的大家庭（前排右起：表妹彭霜梅、表妹刘红，中排左起：父亲黄文久、奶奶张心秋、八姑父刘朝友、表妹刘刚，后排：小孃黄文槐、作者、八孃黄文成）。

我的第八个姑姑的丈夫，名叫刘朝友，他们有两个女儿。刘刚是最大的一个女儿，另一个叫刘红。我的最小的那个姑姑嫁给了一名军人，名叫彭桂武，他们有一个女儿，名叫彭霜梅。我的姑姑们在我年幼的时候照顾我，作为回报，当我到了足够年长的时候，我就照顾我的三个表妹。放学以后，我会帮助洗菜准备晚饭，或者洗我表妹们的尿布，这些都是在同一条河里洗的，在冬天的时候，河水真的是非常的冷，尿布又非常的臭，而那河水也是我们的饮用水来源。那时在中国还没有一次性的尿布，因此我们必须用手把尿布洗干净，然后晾干，以便一次又一次地重复使用。在晚上，我会把我的表妹放在膝头，或者背在背上，摇她们入睡。在我姑姑们做完了家务之后，我就把那些婴孩交还给她们。我和我的表妹们一起长大，我们就像兄弟姐妹一样。

在1977年的时候，我已经十四岁了。那一年，政府恢复了高校入学考试。从1967年到1977年，中国的高等教育被终止了整整十年时间。这十年中没有高等教育，因为疯狂的“文化大革命”将所有的高等教育的学院和各大学都关闭了。那年，中国历史上最重要的改革家邓小平先生宣布了他的改革政策，以及向外面的世界打开门的决定。在1978年我十五岁的时候，我的父母要求我回到成都去，完成我的中学学习的最后一个阶段，并且准备参加全国性的高考。我很不愿意离开我家乡所有的朋友和同班同学们。可是我的母亲是个意志坚决的女人。她命令我回成都去。这是我一生的转折点。我会终生感激我的母亲，她决意为我做出了这个决定。

第四章　第一场战斗

1978年—1981年

这一切不会在第一个一百天里完成，也不会在第一个一千天里完成，也不会在这个政府的全部任期里完成，也许甚至不会在我们在这个行星上活着的一生中完成。但是，让我们开始吧。

——约翰·肯尼迪

1978年，当我的父母把我叫回成都的时候，我起先犹豫不决，可是最后同意了。我奶奶也鼓励我回到大城市去，考进大学，因为她把这个看成是我们家庭复兴的最好机会。尽管她的娘家姓张，我们家乡小镇上的每个人都叫她黄婆婆，因为她接受了她丈夫的姓，而且总是把自己看成是黄家的一部分。我几乎是淌着眼泪同我的奶奶和姑姑们在火车站彼此挥手道别。看到我奶奶的脸上满是泪珠，我知道，这次离开她会是一个很长的旅途。就是这位女人，将我从婴儿一直带大，成为一个十五岁的小伙子，现在我要走出去，进入大千世界，为自己的未来和家族的前途奋斗。

当我在成都定居下来之后，我母亲为我安排了在成都第十五中学入学。在这个中学中，我们同年级被分成十二个班，每个班有大约五十名学生。因为我过去的学习成绩并不是非常出众，我

作者（后排左二）与成都十五中高中同学毕业合影

就自然地被送进这个挺平常的中学，而不是进入一所重点中学。这所中学也是离我家最近的一所中学。

在 1975 年，我父亲在军队服务了二十五年之后，从空军部队复员了。我的整个家庭搬到了我父亲转业后的工厂宿舍里去住了，他在工厂当车间主任，同时又任高级工程师。我们的家住在一栋旧大楼的四层楼上，面积只有五十平方米，但要容纳我们全家四个人。

在这两个卧室的房间里，我的妹妹不得不睡在起坐间和餐厅相结合的那个小房间里，这样我可以拥有一个十平方米大的卧室兼书房，单独归我所有，使我可以专心学习功课。我肩负着我们全家生活中的最重要的责任和使命，而我也下定决心达到我奶奶和父母亲对我的期望。我要让他们开心并感到骄傲。

我一住下来就制订了我的“作战计划”。我决心对自己实行最严格的要求，并全心专注于学习。我知道，在这个特殊的历史时期，高考是我人生转折的重要关头，因为高考成绩是当时决定我们到哪里去、做什么工作的一切标准。我在成都并不认识多少人，自从我在童年第一次探望我的父母亲以来，那里的人也没发生多少变化。我当时很想念我生活的那个乡下小镇里的人的友谊和真诚。有一天，在我从学校回家的路上，我问我的一位新同学他住在哪里。他用他的手指着一个同我后来发现的他的真正的住址不同的方向。看到那时那里的人们彼此怀疑，真是叫人感到伤心。他们都那样地自我保护和对人猜忌、算计和保密。有幸的是，自从改革开放以来，人们的物质和精神生活已经有了很大的改进。

有了一个明确的目标和严格的计划可以遵循之后，我每天早上六点整起床，晚上十一点钟准时上床，每天十七个小时全力以赴。在我两年的中学学习期间，我从来没有同任何同学或朋友出去玩过、聊过天、议论过别人，或把时间花在任何与学习无关的活动中，因为我要将丢失的时间找回来，为参加全国的高考做好充分的准备。我每天花十几个小时专心致志地学习，来为自己打基础，并把我比较落后的课目领域赶上去。在我刚入学的时候，尽管这个学校还只是一个中等水平的学校，我要求将我分进最快的班级，因为我的成绩，以我在乡下小镇的水平来看，仍然是高的。入学之后，在我参加入学考试的时候，我不清楚我是否学过化学，而我的英文成绩只有百分制的五分而已，而我这五分的考试成绩也只是因为靠运气猜到了几个正确答案而已。我知道，如果我要进大学的话，我有很多的领域需要快速全面提高。

在那时的中国，吃完午饭睡午睡是一种习惯，学校允许我们在中午到两点半之间有午休。在这段时间里，我们可以回家吃午饭，然后休息。在此午休期间，我是我们班级唯一的一名学生，自带午餐，继续在学校里学习而不睡午睡。有时我感到实在太累了，就会趴在桌上睡个很短的午觉，通常只有五到十分钟，然后继续学习。

早期的我是个似乎永远也睡不够的人。如果要我在早上六点钟自己醒过来，在当时是永远也不可能的事，所以我只能依靠一只很大、很响的闹钟。在最初的几天里，这个闹钟声音很响，当它在六点钟闹起来的时候，吓得我几乎从床上跳起来。但是，很奇怪的是，几天之后，这同样的一只闹钟，它已经不能把我闹醒了。最后，我只能强迫我母亲每天早上在六点钟把我叫醒，确保我能准时起床。很有趣的是，同样的闹钟没把我闹醒，但我母亲哪怕只是在门上轻轻地敲一下，或者仅仅是把门打开，我就会马上醒过来，很快开始学习，而我母亲则同时为我做一切其他家务，包括帮我洗衣服，以便我能专心地学习。

在这两年的时间里，我唯一的娱乐是花一点时间，在学习疲劳时，自己吹吹口琴或弹弹吉他，尽管这样我的父亲也不乐意。我对音乐的爱好同对体育的爱好相同，有时在我学习的休息时间会练习一会儿，让自己的头脑能清醒一下，换个脑子，给自己充充电。

在我开始上这所中学的时候，我几乎是班级里成绩最差的学生。可是，在一年之后，我已经是名列全班成绩最高的百分之十的学生了。我记得我的班长写了一篇文章，描写我是如何勤奋地学习，我是如何每天待在学校里学习的唯一的一名学生，也是经常提问的学生。到了这年的年底，我的英文成绩和化学成绩已经有了极大的进步，我的数学和物理也有了进一步的提高，这两门功课是我在家乡的中学学习时就比较强的。经过无数次练习，我已经可以把整个化学元素周期表在十秒钟之内全背出来了。在高中学习的第二年，我参加了数学奥林匹克比赛，成为亚军，即全校成绩第二高的学生，而我的同班同学张津则获得了冠军。

在1980年，最后考试的时候到了。我一天接一天地用功读书，除了吃饭等的时间，每天十五六个小时学习。因为我学习得如此用功，我的信心也很强，我相信一定会有很好的成绩被大学录取。在那时候，全国的高中毕业生只有百分之四的人能够有机会进入大学，其中只有百分之一的学生会被重点大学录取。

我的父母亲将他们全部的支持都给了我，远在我家乡小镇的奶奶和姑姑们也是一样。我继续不断地学习着，对我的前途感到兴奋，并且感到有义务尽最大的努力，进入我生命的新纪元。当高考的时间到来时，我已经为考试做好了充分的准备，虽然我知道在很多地方我还不太完善。

我并没有学习方面的天才，可是我的确很用功，我严密的纪律性补偿了我在这方面的不足。我的信仰是，不管我做什么事情，不管它是体育运动、业余爱好还是学习工作，我都可以在几个月之内成为这方面最优秀的人才之一，而且在大多数的情况下，我都能达到这样的目标。在高考期间，我尽可能地要做得完善。考试结束之后，我就焦急地等待结果。一个星期过去了，然后又是一个星期，最后考试结果总算公布了。大学入围的分数是370分，可是我的考分只有363分，因而失去了进入任何大学的资格。我们学校的同级高中十二个班的六百名学生中，那年只有一名学生进入了大学。这对我们这一代的人来说是很悲哀的。

此时我的奶奶也来了，在我高考的失望之际赶来安慰我。我以为完全没有希望了，可是在成绩公布的几天之后，我突然收到成都陆军步兵学院的电话和入学通知书。通知我说，尽管我的成绩不够进入一般大学的资格，但仍然可以进入陆军学院。我感到很兴奋，因为至少有人认同了我，并且欣赏我的努力。我父亲在军队里工作了二十五年，是一名老共产党员，我为他感到骄傲。他是一个极为谦卑、诚实的人，而且很容易同人相处，他对于我收到这封通知也很高兴，同意让我去参加部队学院，如果我愿意去的话；我母亲有点犹豫我是否应该去参军，所以她让我自己做出决定；可是我的奶奶，她是个个性很强而且很有决断力的女人，却拼命地反对我进入陆军学院。

我奶奶一生的大部分时间都是自己一个人挺过来的。她儿子于 1950 年参军后，她每天都为儿子担心，怕他可能会在剿匪和战争中死去，因为他是她和我们家族全部的希望。她不希望看到她的孙子又去参军，尽管在 1980 年代，世界的大部分，包括中国，都处在相对和平的环境里。我奶奶在我们大家的面前泪流满面，很激动地反对我去参军，因为她已经下定了决心，这次绝不让我离开家，也绝不会让步。在 1950 年的时候，她也是同样的态度，想要阻拦我父亲离家去参军，可是我父亲违背了她的意愿，半夜爬窗口逃走了，可是这次我却不能爬出窗口逃走，因为我们住在一栋水泥大楼四楼的一个小小的两卧房单元里，两个或者三个成年人需要合睡在一间小小的卧房里，要不就合睡在餐厅里，特别是如果有客人来我家的话。因为我的奶奶从小把我带大，为我做了那么的多事，我不想让她伤心。最后，我做出了让步，决定不去陆军学院。

那时，我对进入陆军学院也不是完全的满意，因为这违反我最初想进入一家重点大学，以便使我的前途更好的梦想，尽管进入部队在当时的中国仍然被认为是一个光荣的事业。我有我自己的使命感。我真正想做的是进入一家商务学院学习商务，以便重建我爷爷奶奶的家族生意。我奶奶生前总是希望我成为我们家的“红公鸡”，她的话永远存留在我的心里，我不想让她失望。有趣的是，即使是在这个相对和平的时期，在两年以后的 1982 年，中国的西南面仍然爆发了越南和中国的中越战争，成都陆军步兵学院的很多毕业生被派遣到战争的前线进行战斗。如果不是我奶奶的决心，我也许已经在越南战场上牺牲了，或者，即使我能幸存下来，我会变成一名部队的普通复退军官，就像不少其他人一样，在中国的某个地方默默地度过一生。

我奶奶马上把我又带回了我的家乡小镇，恐怕我会改变主意，再跑去陆军学院。她决定带我去什邡县，住在我父亲的好朋友廖叔叔的家里，她要我在那里准备明年的全国大学考试。在那里待了一个月之后，我的小姑姑来看我。虽然廖叔叔的一家对我都很好，在她看到小县城的教育水平之后，她知道，这对我想通过明年的高考可能性不大。当她在成都见到我母亲时，我母亲也一直有这样的想法，想马上将我带回到成都去，让我有更好的环境和学习辅导。我立即就被再叫回到成都，虽然我有些不太愿意。在我母亲的帮助下，我从成都锦江中学的夜校转到盐市口中学进行白天的突击学习。这又是我母亲帮我做的我人生最重要、最关键的决定之一。

又经过了另外几个月每周七天、每天十五六个小时的学习生活，我成功地考进了成都科技大学（后并入四川大学），那是中国的一家重点大学，在那里的金属材料系学习化工冶金专业。

第五章　成都科大（现四川大学）的学习、工作及婚姻

1981年—1989年

没有人欠你的人生。成功的因素在于我们自己！

——麦克·菲利

在我从前的大学入学申请表里面，我填写了好几所重点大学，包括成都科技大学，但我实际上入学的专业是金属材料系的化工冶金专业。这个专业并不是我期望想考进去的，也不是我所寻求的，因为它并不是一个热门专业。我进入这个专业的主要原因是它的系主任是吴医生的丈夫。吴医生是我母亲的同事和要好的朋友，她们一起在同一家鞋厂的医务室里工作。我母亲请求吴医生来帮助我，她的丈夫田常滏教授然后就拿了我的申请表，将我招进了他的系科——金属材料系。

一经入学之后，就又是四年的大学学习生活在我面前延伸。我在学术上并不是十分有才华的人，尽管我在每一门功课上的学习都尽了最大的努力，但对此学科并不是十分的渴求。相反，我对中国的文化和历史、书法、音乐、诗歌和体育运动很感兴趣。我的班上有二十五名学生，六名女生和十九名男生。当中只有苏平和我是成都人，其他的学生都是从全国的其他城市和省份来的。

作者（第一排左三）与成都科大（现四川大学）81级同班同学毕业合影

我们都住在学生宿舍里，那是一间18平方米的房间，每间房里有四个双层床，住七名学生，其中有一个空床，用来放我们的行李、洗脸盆和其他的东西，比如我的吉他。两排床之间有一个长条形的桌子，那桌子是让我们做功课和进餐时公用的，我同其他六名学生一起共享这个桌子，他们是：黎德才、周励、苏寿华、李强、马林和张澜。

在我的班级里，所有的男女同学从一大早到晚上很晚都在非常用功地学习功课，然而，我却有时在看一些其他的书籍，比如历史书籍、美妙的诗歌集还有日本现代工业企业管理的书籍。每天早上，我起得很早，练习短跑，然后吃早餐，再去上日常的课程。在下午四点半左右上完课程之后，我总是安排一些时间来参加运动，包括打篮球、踢足球或者打排球，特别是排球。我们的化学老师吴老师，排球打得很好，因此，我们几位同学罗文忠、谷立岗、吴云、马林还有其他几位同学，就同吴老师一起打排球。吃过晚餐，我们又回到教室去参加晚自修。晚上九点半左右，我们回到宿舍，洗脸、躺在床上在蚊帐里昏暗的灯光下看看书或者聊聊天。很多中国的大学毕业生都戴眼镜，原因之一就是灯光太昏暗。在周末，我通常回到父母亲的家去。

就在这段时间里，当打排球的时候，我认识了我未来的妻子张源。她很喜欢运动，特别是排球和游泳。因为我和我的同学们几乎是每天都打排球，她就经常加入我们，同我们一起打排球，因为在她自己的班级里，只有她一个人喜欢打排球。她和我在同一金属材料系里学习，比我低一年级，她学的专业是铸造。她父亲是一名高级工程师，他也同负责这个系的系主任田教授也就是吴医生的丈夫非常熟悉。由于这样的关系，张源的父亲请求田教授帮忙让女儿能上大学，所以最后她也被分到他的系里来学习了。

张源经常会在下课之后在运动场里等我们。等我们一出现，她就加入到我们的排球运动中。后来，我成了我们班的文体委员，而她也在系里担任类似的职位。偶尔，我们会在班级之间组织比赛，包括我们两个班级的女子排球队之间的比赛。虽然我们一起打排球打了好几年，我们彼此之间却很少说过一句话。我们仅仅是参加运动，让自己身心健康而已。

在我空余的时间里，我仍然喜欢音乐，还写些诗歌，自己作曲，弹弹吉他，吹吹口琴和长号。我为我们大学的诗社以“云星”的笔名作曲一支名叫“夙愿”的歌，而“云星”是我老家永兴镇的谐音。“朋友啊朋友，世界终将属于我们。让我们展开翅膀遨游，遨游在云天。”这首歌至今还激励着我。诗社的负责人是王劲松，他后来也移民澳大利亚，是我非常要好的朋友。我也喜欢中国的书法，在大学的书法比赛中，我的隶书得过二等奖。在大学的公开演讲中，我也得过第二名。虽然我在公开演讲中总是感到紧张，张源甚至记得我讲演时不断发抖，但我敢于上台，不断地尝试和练习，因这是克服恐惧和害怕的唯一方法。

我的体格不是很强壮，身材也不是很高大，身高只有168厘米——同拿破仑一样高，我为此而感到骄傲。由于从小所养成的习惯，我喜欢跑步和跳高，是我们班级里跑得最快的短跑选手，能用12.9秒跑完一百米，虽然这个速度在全校并不是最快的。我们班里的另三名同学谷立岗、吴云和李强在一百米中只比我慢0.1到0.2秒，因此在我们大学的各班级之间的四人百米接力赛中，我们总是能赢，不是第一名，就是第二名。

四年很快就过去了，我在我的专业上并没有学到很多的东西，可是在组织能力和团队精神方面，却学到很多。同时我也确立了自己的雄心壮志，要成为未来中国的成功企业家。我的同学们努力用功的态度和上进精神总是激励着我，在未来事业上要大有作为。因为当时我并没有去海外留学、移民的意图，我的专业和英语并不是很好。我当时专心想做的是要在中国建立一个大型的企业，因为我当时认为，我的未来和命运将会是在中国。我想要继承我的家族传统，在巨大的中国市场中营运一个成功的生意。

在我快要从大学毕业进入社会，去赚取我自己的收入来回报我的奶奶，报答她给予我的爱和关怀以及从我才几个月大开始就养育我的恩情时，她突然地去世了，这使我永远也无法用金钱去报答她了，但她希望我振兴家族的愿望却永远铭记在我的心里。那是在1985年3月12日，我们刚刚庆祝了她八十岁的生日，肺癌夺去了她的生命。在她生命的最后几年，她一人孤独地生活着，忍受着肺病带来的不断的咳嗽。我记得，在她七十岁左右的时候，她仍然很强壮，几乎每年清明节期间，她都带我爬上我们家乡附近的一座很高的山头，去给她的丈夫扫墓。在我离开家乡到成都上大学以后，她仍然同我的八姑一起生活，而小姑早已搬到她的工厂里去住了。我奶奶继续同八姑和八姑的丈夫及两个女儿住在一起，直到后来我八姑的一家也搬到她丈夫的火车站宿舍里去住了，这样我的奶奶就只能独自一人生活了。我的八姑也是一个很谦卑又很孝顺的女儿，每天，在她下班回家的路上，她总会顺便去我奶奶的家，帮她母亲买买东西和做些家务。在我奶奶八十岁的生日，我在成都买了一个很大的生日蛋糕，带回我的家乡去庆祝她的八十大寿，可是她当时由于早期抽烟而引起的不断地咳嗽已变得非常衰弱了。由于当时的贫穷，她的生日庆祝会也很简单、冷落，大部分的时间里只有我和她两个人。

不久之后，她在我将要去云南冶炼厂参加大学毕业生一个月的实习之前去世了。在她去世前的好几天，据说她已经人事不知了，而我们直到她去世后才得到通知。接到我八姑家的通知后，我父亲和我马上回到了我们的家乡，去组织我奶奶的葬礼。在我们到达的时候，我的八姑父通知我们说，我奶奶的内衣口袋里只有二百多元的钱，而她在银行里一分钱也没有。我奶奶辛苦劳碌了一辈子，其后半生却没有什么机会享受过任何奢侈，尽管我对我同她在一起的生活留有很多幸福的回忆。

我奶奶一直希望被土葬，而不要火葬，因此我们只能通过我干妈的女婿杨忠荣的关系，秘密地安排将她埋葬在她丈夫所埋葬的同一个山上。杨忠荣当时是那个村子里的党支部书记。在那时，土葬在全国还是绝对受到禁止的，所以奶奶葬礼的安排必须严格地保密。我对奶奶的突然去世感到痛苦、绝望和深深的悲伤。在整整的三天两夜里，我一分钟也没有睡。我的双眼瞪得大大的，心里非常悲伤。在白天，大家都非常静悄悄地、秘密地忙着准备葬礼，到夜里，我坚持要一个人待在她身边守灵。当我触摸着她手上冰凉的皮肤时，我第一次静悄悄地流下了眼泪。我无法想象，这位如此慈祥、慷慨和富有爱心的人，怎么可以在突然之间，在我能有机会和能力报答她之前，就离开了我们。

第二天半夜里，有五个身强力壮的乡下人，加上我干妈的女婿，来到了我们的屋子，将我奶奶的棺材抬走了。这个棺材早在二三十年之前就已经准备好了，它一直被放在我们的一间储藏室里面，有时候我奶奶会把一些糖果、糕点藏在这个棺材里面，不让我们找到这些食物，以便我们有客人来时可以分享。

我同我们家的所有的成员一起在黑暗中走着，爬上了山，把奶奶一直抬到她的墓地。它位于山上的一个马鞍形的凹地里面，可以从那里鸟瞰整个永兴镇。那是一个美丽的地方，非常安静，地势也非常高。每次我回到我的家乡永兴或现在的洛水镇，我唯一的目的就是去给我的奶奶上坟。我通常会同我的姑姑们和我干妈的女婿一起去上坟，而平时我干妈的女婿会非常精心地照管着这个坟墓。我的干妈也是一名工作勤奋、身体健壮的女人，甚至在过了八十岁之后，她仍然每天去农田里劳动，因为在当时的中国，生活在乡下的那些老年人是没有养老金的。不幸的是，这位慈祥可敬的老人家在她八十五岁的时候却跳河自杀了。这是中国农村地区老人的另一个悲剧。

在我奶奶的葬礼之后，因为那时已经没有人住在她的屋子里了，它就被卖给了当地政府，只卖了 3500 元人民币。这是因为在 1985 年的一个小乡镇里，私人企业还很少，那里的大多数人还很贫穷。政府把这个房子改建成了一个幼儿园，因为这栋房屋位于中心地带，又在当地小学的附近，把它用作幼儿园还是比较妥当的。这笔3500元人民币被分成三份，由我奶奶的三位尚在世的孩子分享。我的两位姑姑一致提出我的父亲应该得到这笔现金的大部分，因为他像她们的亲生父亲那样地照顾她们，将她们一手抚养长大。最后我父亲分到了2500元人民币，而他的两个妹妹每人得到了500元人民币，加上我的小姑分到了所有现在很值钱的古董和珠宝，而我的八姑分到了所有的家具。至于我奶奶在几十年中收藏的所有的细木料，本来是为了给我做结婚用的家具的，在她去世后被运到我外婆的家存放。可是很不幸的是，几年以后在那里发生了一场大火灾，将一切都毁掉了，包括我外婆的房子和我的细木料。

之后就是毕业分配。在那时，中国的大学毕业生在决定自己的事业前途上是毫无选择的，因每一个职位都由政府分配，通常是从哪个省来的，就回到哪个省去。在整个成都地区，只有两个职位，一个是留校当政治辅导员，另一个是在一家金属回收公司。由于我的领导能力，以及我在体育、音乐、书法和公开演讲方面的才能，我明显地成为辅导员理想的人选。可是担任这个职位，需要我参加共产党。在我四年的大学学习中，我的同学中有好几位有能力的班上干部都主动申请并被最终接受入党成了共产党员，可是我却从来也没有申请过。由于这个职位的先决条件，系党委书记刘富德，要求我加入共产党。经过了几天的考虑之后，我递交了申请书，并且马上就被接受成为了一名新党员。

成为一名政治辅导员是完全同我原来的创业计划相违背的，可是我并无其他选择。这样我就在大学里又待了四年，在政治、意识形态和道德教育方面管理和教育新的学生，并在他们的日常事务以及一些实验室的工作方面给他们以帮助。

1985年7月，在毕业前的最后一个星期里，我们所有的二十五名同学都在应届毕业生告别赠言册里彼此写了临别赠言，并伤感地道别，因为我们每个人都被分配到几乎全国不同的省份去工作。在四年的大学学习之后，我曾期望我将来应该在一家大型商务公司，或者在一个制造厂工作，可是我最终竟然留在大学里作为一名政治辅导员。我记得我的一位同学、罗康碧对我写的话，她把我形容为一个外表很温柔而内心却很坚强的人。我不会轻易地虚度人生。

我对于在大学里仅仅是当一名政治辅导员而没有什么其他的事情可做感到不愉快。在每年三个月的额外假期里我更是感到无聊，感到它完全是在浪费我的生命，因为我们当时也只能用打麻将或看电视来消耗时间。当时新教师的月薪仅仅是70元人民币，我们没法作任何像样的旅游，即使是国内的飞机票也买不起，我也不想浪费钱和时间去看那些我们可以从电视和书本上看到的东西。我喜欢对有收益的事业挑战，对纯粹的旅游兴趣不大。我晕车、晕船又晕机。我觉得旅游和观光在大多数的情况下是劳民伤财的事，除非我是在业务出差中顺便旅游。每周，我的责任包括参加一些党委的常规会议、帮助学生遵守日常纪律和监督他们学习等等。这个职位要求我在我所住的学生宿舍里办公，因为这样学生可以很容易地找到我。

我的宿舍同一间学生宿舍一样大，即大约18平方米。通常，这样的房间会分给两名大学教师一起合住。不久后，和我同住一个房间的那位老师结婚了，搬了出去，所以留下我独自一个人享受这个房间。这个宿舍楼是一个很大的、陈旧的三层楼的工字形大楼，其中住着所有年资较低的教师，甚至还有一些已经结婚多年、年资较高、较老的教师也住在这里，所有的教师们都住在大

作者与张源在作者分的18平方米的宿舍里

楼的一头，而学生们则住在大楼的另一头。

在教师的那个部分，七八名教师合用一个厨房、一个洗澡间兼厕所。在厨房里大约有七八个炉子，每个家庭都有一个炉子，炉子顶上有一个小碗橱，碗橱里满是蟑螂。厕所和浴室是一个老式的厕所兼浴室，每当我们想要淋浴时，我们都需要提着自己的一桶热水，把它提到淋浴的区域。大楼里有三条走廊连接在一起，这些走廊又长又黑暗，中间有四五级楼梯，整条长长的走廊只有一个昏暗的灯泡，而这个灯泡又经常坏掉，很多新学生或者访客都会在昏暗的走廊里摔跤，因为要让人把这个坏了的灯泡换成好的，往往要花那些吃铁饭碗的大学官僚们好几天，甚至好几个星期的时间。有一次我父亲就摔倒在这些楼梯下，迫使他在家里休息了三个月而无法上班，因为他那时已经是一个五十二岁的人了，他的骨头已经不是那么轻易地恢复正常了。

我是那种闲不住的人。在那些空虚无聊的空余时间里，我会同各不同系科的其他很多政治辅导员和年轻的教师们一起赌博打麻将，因为那时还没有找兼职工作的风气和可能。同时，我继续不断地阅读日本的现代工业企业管理书籍和历史英雄们或成功企业家们的传记，比如《三国志》《水浒传》等。我也在业余时间去四川财经学院上课，学习国际金融，因我相信这个领域要比在大学作辅导员给我更好的前途。

我所管理的班级是从 1985 年 9 月份开始的，这个班有 30 名学生，从全国各地而来，都是学化工冶金专业的。虽然对于留在大学我并不是很愉快，此职位能给我带来的唯一的成就感，就是我能够帮助那么多的年轻学生，在道德和学习态度方面引导他们，我觉得这也是他们未来成功最重要的素质。看到这些十五到十八岁左右的学生们每天叫我“黄老师”，使我能够想起我在大学最初的日子。我就住在他们的隔壁，这样，如果他们之间有任何问题，或者在学习上有任何困难，他们总会来找我，寻求我的指导和意见，因为我所学的专业和他们相同。

这些学生都十分可爱，包括那些从新疆来的学生。像北方人一样，他们性格豪爽，但不时会打架，甚至有时会拿刀子出来炫耀。除此之外，他们是非常友好的，总把我当成他们的朋友来对待，而不是他们的老师。当他们在假期完后从家乡回来的时候，总会给我捎来不少从家乡带来的土特产。

在那段时间内，共产党员会定期开会，讨论学生们当前的动态，还有评估新党员的申请。其中的一次会议，我们评估了一位叫张源的申请书，她就是我未来的妻子。那时，张源仍然还是一名四年级的学生。在这次会议中，有好几个班长、系干部和学生党员参加，同时还有好几位政治辅导员和系党委书记在场。虽然

作者（第二排左一）与所带的成都科大（现四川大学）85级学生毕业合影

好几位干部和学生党员都表扬了她对学习的努力，大多数人却在不同的程度上批评了她，说她同班级的其他同学们缺乏沟通，只专注于自己的学习，还有各种其他的缺点。

在会议上，张源虚心接受了自己所有的缺点，态度非常谦卑。她答应要马上作出改进，这给我留下了很深的印象，因为人生最大的烦恼之一就是与那些自私自利、知错不改的人相处。她说一口动听的普通话，而许多其他的人，包括我自己，却是说典型的四川方言。四川方言的语调一般是比较重的，同普通话相比，听上去很硬，虽然发音相似。从其他省份来的学生们，在我们的大学待了几个月之后，都会很快适应并学会四川方言，因为所有的老师几乎都是用四川话讲课的，可是张源却不能改变她辽宁东北的语调。我觉得她有礼貌，态度诚恳，这第一次在我的心底里触响了一根弦线。虽然我觉得其他班级和系及干部的看法是相当诚恳的，肯定会对她有好处，我却被她的礼貌和温柔所打动。最后，党员们仍然接受了她的入党申请，给了她共产党员的身份。

虽然我已在大学学习和工作多年，我却对男女之间爱慕之心小心地加以保护，从不拈花惹草，因为我们家族有永恒爱情的历史。尽管我的奶奶在四十五岁的时候就做了寡妇，我的外婆在二十五岁时就做了寡妇，她们对她们的丈夫始终不渝的爱情，使她们都没有再嫁，直到她们分别在八十岁和九十二岁去世为止。我总是希望我的爱情也像她们的一样，是纯洁的、永恒的，也是有意义的。我告诉我自己，我希望我的一生只有一个女朋友、一个妻子，我的婚姻必须是百分之百的纯真和完美。看到那么多的人让他们的生活搞得乱七八糟，卷入烦恼的婚外情或三角恋爱，背叛他们的婚誓，真是叫人感到伤心。我相信男人和女人最重要的是能够保持诺言，相互忠诚，正所谓诚信为本。

不幸的是，在整个西方世界（并且也正逐渐地在中国发生），情况正变得越来越糟。其中一个主要原因，就是电影和计算机的影响。婚姻失败的比例正在直线上升，这在很多西方国家年轻的一代人中几乎达到百分之七十，在不少亚洲国家里也达到了百分之五十，因而在不少情况下会摧残年轻人的身心，引起对真诚人际关系的疑虑和损害，对其子孙后代更有很负面的影响。我妹妹就是受害人之一。

尽管我渴望真正的爱情，但我对于选择我第一位而且是唯一的一位女朋友是非常小心翼翼的。我不会考虑任何一位正在同另外一个男人恋爱的女人。我没有兴趣卷入三角恋爱，因为那样的爱已不纯洁。我相信男女朋友之间的关系应当最终导致婚姻和家庭的建立。一旦我们做出了决定，并选择了正确的伴侣，他们就成为我们生活的一个组成部分了，就像我们的父母、姐妹和兄弟一样。虽然我们没有血缘的联系，精神和信念上的联系应当同样的坚强。我们应当能够彼此信任，并且在今后的生活中彼此忠诚。

在我大学毕业之前，我的头脑里就已经有了这样的信念。我给我们学院金属材料系的一位女同学写了一封信，希望在我发展任何浪漫的感觉之前了解她是否已有男朋友。诚实地说，我现在的确已经记不起她的名字了，因为她和我不在同一个班级，而且我们之间也从来没有讲过一次话。我写信给她，用我的绰号签了名，写了我的家庭地址，我仅仅用一句话问了一个问题：她是否已经有了男朋友。她回信给我，也只用了一个字：是。那就是我对她兴趣的终止。因为我绝对不会同任何已经有了男朋友的女人发展关系，因她的心的一部分已经在另外一个人身上。我不想成为第三方去破坏别人的关系，因为这种爱已不单纯，也不道德。

我不能理解，为什么有个别的人，要拼命地、悲惨地去追求一名异性，或者一位“明星”，当他们知道别人根本就没有诚意或别人的心思是在另外一个人的身上。不管我们是谁，我们都应该充满信心，相信在我们周围最终总会出现一位对我们来说是相匹配的相对完美和合适的男人或女人。相对完美和合适的男人或者女人来自信任和对彼此完全地包容和接受。像吸毒品一样，轻率的爱情或调情的代价也是很高的。如果我们不断地寻找，有耐心，有恒心，并且对上帝和我们自己的能力、人品和信念有信心，最后，我们总是会找到志同道合的真爱，而那才是永恒的爱。在这个现代的社会里，要找到一个真正无私的、永恒的爱已经变得越来越难了，可是，难道不正是因为它的稀有，就像好的珍珠和钻石一样，它也才更加宝贵，更加值得珍惜吗？

就在我毕业之前，有两位同年级的女同学想同我接触。她们都是通过同学介绍来接近我的。一位是通过我的同班同学苏萍的介绍，另一位是通过我们系主任田教授的侄女的介绍。我推口对苏萍说，我对这位女生并不了解，她更不了解我。可是这位女生竟主动找上门来约我散步，想要我对她有更好的了解，所以我只能在这十多分钟的散步中马上告诉她我已经有女朋友了，虽然其实我当时还没有女朋友呢。我这样说是为了免得使她感到尴尬，不伤她的自尊心，同时又能让她了断对我的任何进一步的念头。我们之间的对话很短，没有让双方发展任何不必要的感情。至于对第二位女同学呢，我很简单地在她上我宿舍来的时候就当场告诉她，我已经有女朋友了。我相信这是最公平的、最少让人受到伤害的办法，可以防止他人对彼此产生任何进一步的感觉，而不给他们以任何虚假的、不实际的希望，因而避免由于模棱两可，没有把意图向对方说清楚而让他们在生活里出现混乱。我相信，如果我没有对一位姑娘产生相当的感觉，我就不应该让双方发展进一步的感情。我应该当场对我自己以及对她们把这一点表达得一清二楚，否则她们可能在感情上会有负担，并希望进一步地继续恋爱关系，而这对她们是完全不公平的。

在共产党的党员会议之后，我感到张源使我想起了我奶奶的爱，特别是她的和气与温柔。我邀请她给我的学生们分享她的学习经验，她也愉快地接受了邀请。我们之间的感情并没有进一步的发展，直到有一个星期五晚上。

通常，在星期五晚上，我都会回去看我的父母，可是那天碰巧学校里有一次文艺表演，我请了我的妹妹一起去看表演。当我们到达时，表演已经开始了，因此我们只能站在表演厅的后面观看表演。就在这个时候，张源也来了。她也迟到了，因此就同我一起并排地站在后面观看。因为我们已经彼此认识，就开始随便聊了几句。她想我的妹妹也许是我的女朋友，所以我给她们彼此作了介绍。我们整个的对话很快就结束了，彼此向对方交换了一个微笑之后，就继续站着观看表演。在我同妹妹一起回家之后，我竟睡不着觉了。一般来说，我同任何女性都很少有刻意地接触，可是在我同张源之间，好像有一种联系，一直回溯到多年前一起打排球的时候，然后是那次党员的会议，现在又在表演厅里相遇。我喜欢她那温暖的笑容、柔和的语言和甜美的性格。我发现自己已经堕入了爱河，爱上了她。从那时起，我同她的恋爱发展得很快，我也确信她是我所寻求的纯洁的人。在 1986 年 1 月 18 日，我给张源写了我毕生第一封也是唯一的一封求爱信，坦然向她倾诉我对她的爱。

在那时，作为一名教师，教师和学生之间不能谈恋爱，因此一切都是秘密地进行的。我在我的第一封信里甚至没有公开我的身份，只用了一个遥远的新疆的地名作为回邮地址，地址上没有街道的名字。我只是想对她表达我对她的爱。几天之后，我打电话给张源，给了她学校的舞会门票，因作为大学乐队成员，我会在舞台上吹长号，这是我们第一次约会的开始。那以后，她把她以前所有的日记都给我看，作为同我分享她的过去的一种方法。她希望我在同她的恋爱关系开始之前能充分地了解她，并且接受她的优点和缺点，因为，就像我一样，她也想将此恋爱关系保持得尽量的纯洁和顺利。

张源所顾虑的是她曾饱受惊吓、在贫穷和狭小的空间里生长的童年，对人与人之间友情的交往没有多大的信心和经验。对我来说，她是美丽、温柔和待人和气的，我愿意接受她，并且帮助她克服她的恐惧。最重要的是，正如我所期望的，她从来没有交过任何男朋友，或者同任何其他的男人有过关系，这是我当时恋爱和婚姻的一个至高的条件，我希望我的婚姻是世界上最纯洁的。虽然她总有些忧虑，担心我对她的爱是短暂的，因她的生活很简单，而我的兴趣十分广泛，但是，从我向她表达爱情的第一天起，我已把她当作我自己的生命，以及我的家族的一部分了。

我们很快就开始经常在我大学的宿舍里、在我父母的家里、或者在张源的姐姐家里会面了。很巧的是，张源和我奶奶竟然同姓张。更巧的是，她妹妹和我的生日是同一天，张源和我妹妹的生日只相差三天，而我们双方外婆的生日也居然是同一天。她的外婆独自一个人生活，一直活到九十六岁，而我的外婆也是独自一人生活，活到九十二岁。我觉得张源可以成为我的终生侣伴，虽然我最初并不知道上面所说的惊奇的巧合。

她的家庭对于我们之间的恋爱关系开始有点顾虑。我能理解这一点，因为在他们的思想里，张源是一名学业很优秀的学生，已经肯定会被接受成为科技发展史的硕士研究生，而我的志向和性格却完全不同。即使我有非常活跃的社会生活，我也只是一个政治辅导员，只拥有一个学士的学位，在大学里升级的余地是极其有限的，这样我收入的潜力也同样很有限。在张源最好的朋友曾抗美辅导员的眼中看来，因为我在体育运动、音乐和娱乐活动中很活跃，琴棋书画样样都热爱，这一般是同一个更为浪漫的个性相联系，而这就很有可能使我被其他的女性所吸引，进而引起我的感情变化，因此她也担心我们之间的爱情是否会持久。不管其他人怎么想，我们却彼此相爱，对其他人的观点不十分在意。张源信任我，爱我，并且被我的生活方式和多才多艺所打动，而这正是她的生活里所缺乏的。她对我作为一名政治辅导员的工作以及我当时的低收入并不在乎，她更看重我的人品及在事业上的潜力，所以她总是和我站在一起，渴望我的爱。

在 1986 年的 7 月，张源从大学毕业，继续她研究生学位的学业，专业是金属发展史，导师仍是田常滏教授。在完成了她为时两年的研究生学习之后，她在成都工路机械厂找到了工作，为一名退休的加拿大人比尔·罗伯茨做翻译工作。比尔受雇于这家工厂作为顾问，他以前是加拿大一家大型上市公司的高级主管。在她毕业之后不久，我们就在 1988 年 9 月 28 日结婚了。在那时，我们是没有可能拥有一个单独的房子或者是公寓的。当时没有人能够在学校购买或者租住房子，或者公寓，因为所有的房产都是政府拥有的，也是不可以买卖的。即使可以买卖，我们也买不起。我们的婚礼就在我 18 平方米的宿舍里举行，有十几位同班同学参加。

作者与张源结婚后在此 18 平方米的有组合家具的宿舍安家

像当时中国的大多数老百姓一样，因为我们所居住的房间是那样的狭小，我们所购买的家具被叫做“组合式家具”。它是由几套家具组合起来的，包括梳妆台、书桌、放电视机的架子和衣柜，全都被组合在一件紧凑的家具中了。我们家余下的东西包括一台小冰箱、一张标准的双人床（这个标准，按照澳洲的标准，只比一张单人床宽一点儿）和一个小圆桌加上两把椅子，还有一台非常小的电视机。床和被子都很小，以至于我们在睡觉时想翻身或者把被子拉过来盖住自己的话，都得非常小心，否则就会掉到地板上去。那就是我们所能买得起、又能装得进这个小房间的一切，它也是我们当时财产的一切。我们甚至没有简单的结婚照，那整套的结婚照还是多年之后在香港拍的，那是当我们在澳大利亚团聚之后，去香港探访张源的姐姐并在那里度假的时候所拍摄的。

在大学工作了三年之后，我所赚的工资仍然仅仅是每个月七八十元人民币左右，再加上一些奖金，总数大约是人民币一百零五元左右（相当于每月二十澳元左右，或者是每周五澳元而已），所以我们的婚礼也同当时的许多人一样，非常简单，没有钱请很多人到饭店去举办一个宴席。我们悄悄地登记了结婚，然后买了一些糖果和中等的香烟，在 1989 年春节时分发给我们的同事和同班同学。晚上，我的一些同学聚集在我们 18 平方米的新家，闹闹新房。我的一位高中同学高辽，还从外省搭乘飞机赶回来，特地拜访我们，在半夜里把我们叫醒。

我的父母亲都是很随和、谦卑、容易相处的人，他们尊重并信任我的决定，对待张源就同对待他们的亲生女儿一样。他们也为我们组织了一个小型的聚会，请了我家十几位十分亲近的亲戚朋友来，在自己的家里办了两桌酒席。我妻子的父母不能来参加我们简单的婚礼，因为他们住在泸州市，距离成都有三百多公里的路程。

结婚以后，张源的父母请我们去他们所在的泸州市长江挖掘机厂。这是多年前因为战争而从辽宁省抚顺市内迁而来的工厂。当学校派我去安徽省参加大学招生工作时，我们顺路去拜见了她的父母，然后我们通过重庆，穿过三峡，在长江上航行，经过湖北到达安徽，游览了黄山，那是一座最为神奇和著名的大山。我一生还从来没有看见过这样的景色，那些如画般的山峰，穿插在千变万化的云彩中间，正如著名的中国谚语所说："五岳归来不看山，黄山归来不看岳。"这句话非常真切，对我也很适用，因我不必再劳神去看其他的山峰了。

从我们的蜜月和出差相结合的旅行回来，我继续在大学工作。因为我平时没有多少事情可做，通常我就在家里做晚饭，而这些晚饭总是非常简单。我仅仅是蒸一些米饭，在炒锅里放一些油，然后加一些盐和花椒，再加一点儿的肉，把它炒熟，然后放入一点蔬菜，再把蔬菜翻炒一下，饭菜就都做完了。在那个时期，我的妻子能彻底地享受我做的饭菜，因她那时在工厂里全职当翻译，比我忙，她的工资也比我高一倍，所以我自然地也就成为了家庭主男。

每天在她去上班之前，张源也会自愿地为我刷皮鞋，因为在中国，灰尘和污染变得越来越严重。日子一天一天地过去，尽管我们彼此之间的爱情变得越来越深，我对我的事业到底应该往哪里去却有点儿迷茫了，明显感到人生并不完美。作为一个男人，我还应该为我们的后生和家族做些什么呢？

我继续同我的同事们打着麻将，同时为我的未来发愁，不知道应该做些什么。经常是，当我妻子在半夜里醒来，发现我不在床上时，她会起来，在学生宿舍又长、又黑、又窄的走廊里找我，检查哪一房间的灯光还亮着，然后听听有没有麻将桌上发出的噪声。如果她能够听到这种噪声，她就肯定我会在那间房间里，然后会敲敲门，好声好气地提醒我，不要太晚回家。我继续这样地生活着，感到无聊，也感到失落和伤心，就像是在我事业的旅途中迷失的羔羊，尽管在我的家庭生活中，我还是相对幸福和平静，直到 1989 年的 4 月，学生运动突然在全国范围内爆发了。

第六章　打算出国

1989 年 7 月—1990 年 7 月

将障碍变成跳板。

——富来德·格洛斯

天安门广场学生运动在 1989 年 6 月结束之后，是我一生的又一转折点。我在大学花了四年的时间学习，另外又花了四年时间来教导所有那些学生们。他们已经快要从他们四年大学的学习中毕业了。在这段时间里，我们肩并肩地生活过。他们中的许多人成了我的好朋友，但是他们全都快离开了，将被分配到中国的各地，就像我当年许多大学同班同学一样。从那以后，我们中的绝大多数也许再也没有机会见面。当年与我相处四年的学生们即将毕业。

通常来说，学生们同他们的政治辅导员相处得并不是很融洽，因为他们知道，我们在那里是督视他们的行为，特别是有关意识形态的问题。可我的学生们知道我同其他的政治辅导员似乎有些不同。1989 年 7 月，在学生们的毕业告别聚会上，学生们盛情邀请了我去参加。这是我至今为止生命中第一次，也是最后一次喝得酩酊大醉了。在我人生中，我从来不会过多地抽烟或喝酒，不管聚会有多么重要，不管是我最好的朋友、亲戚或客户，我从来没有这样醉过。然而，这一次，我无法拒绝敬酒。我不断地喝，直到我完全喝醉，并且开始呕吐，我的学生们不得不把我抬回到我的宿舍。从那个晚上之后，我伤心地看他们被一个个派送到全国各地，或者回到他们自己的家乡。在他们给我的毕业合影和留言本里，有几位学生都写道：大学不是我所属于的地方，我应当走出去，拥抱我更大的梦想，因这是我有能力做到的事情！那以后，我很快就出去了。当我在十九年之后的 2008 年为了完成我的英文自传而再次查看和阅读我的照相本和学生们的留言的时候，它就像发生在眼前，将我前后十年在大学生活的全部记忆都带了回来，包括我所带的学生毕业之后的那两年。

当学生们离开之后，我被调到大学的科技开发公司去，只是在名义上做一名合同工。因为没有给我提供任何的工作和职位，在办公室里也没有我的办公桌，我必须自己去外面找工作来赚取一份收入。我的正式头衔也从助理教师改为助理工程师，并且为此给我发了一份新的证书。

在为自己寻找一份合同工的期间，有两家工厂为我提供了技术管理的职位。最后由于我妻子姐姐张雄的推荐，我在成都新星化工厂接受了一个经营副厂长的职位。在那时候，大学生还很少，位于郊区的私营制造业在整个国家还仍然相当落后。这些工厂大多数是由没有经验的农民们建成，在他们遇到麻烦时，就把此工厂通过合同包给一名比较有经验或富有的生意业主，这些业主当时被称为“个体户”。

这位承包商或个体户，名叫杨立，是我妻子姐姐的朋友，为人慷慨、直率，是一名高干子弟。他没有受过大学的教育，需要技术人才来管理他的工厂，因此他基本上是将整个工厂交给我来为他管理，并付给我每个月一千元人民币的工资。这个工资几乎是我在大学基本工资的十倍，这让我更快地开启了一条新的事业道路。我放弃了“铁饭碗”的工作，不能再依赖政府来养我，所以我必须努力奋斗来赚取我自己的收入。

在当时那个年代的中国，对我这样一个有大学学位的人来说“下海从商”仍然是一相当新的概念。那时候在中国，“个体户”仍然不是一个很受人尊敬的名字，因为个体户中间的很多人从前是罪犯或者长期失业者。他们开始也只是小打小闹，还没成为真正的企业家。他们不得不走这条道路，因为他们通常无法得到一个政府的工作。大多数那些有稳定的政府工作（虽然政府工作收入很少，又住在条件相当差的环境里）的人觉得安全，因为他们想至少他们的收入有保障，并且还有一个 18 平方米到 50 平方米的陈旧的政府公房可住。当时，私有化还处于早期的阶段，尽管改革开放已十二年了。当然，不少高干子弟则可以通过不同渠道以很低的价格接手那些经营不良的私营或国有企业。

我在工厂里每星期工作六天，早出晚归。在那家工厂里总共只有十来名工人，那里也没有什么可做，因为当时市场对产品的需求被大大地减少了。我们当时还能卖出去的唯一的产品是锅炉的清洁剂。作为公司的副厂长，我实际是负责整个运作的唯一的人，因为厂长杨立很少到厂里来。我不仅要负责维持现存的生产，而且还要负责开发新的产品。只要有空余的时间，我会常常进入工厂小小的实验室，试图创造一些新的化学试剂，同时监管全厂的营运。在无数次试验和失败之后，我最终生产出了纯度达到百分之九十九点九的化学试剂，这个纯度超过了当时政府所需要的标准。在我正想要从实验室的试验进入大批量的生产时候，有一天，两名看来挺有钱的男人要订两卡车我们生产的清洁剂，他们提出可以在送货现场给我们付现款。

我们对这个大的新客户的出现感到很兴奋。财务部经理马上命令工人们将卡车装满货。为了确保我们准时能够拿到现金，财务经理和我还要求我们跟着他们的卡车去，这样我们可以在到达之后马上拿到我们的货款。这两个人很愉快地同意了。我们随着这两部卡车一起出发，很快就达到了目的地。这是一个叫新津的小县城。当我们开过一家茶馆的时候，他们的卡车就停住了。这两位男人走进去，同那里的某一位会面。很明显，那人就是老板，他正在那里打麻将。然后他打了一通电话就一起回来，把我们带进他们的工厂。

我们一到达那里，就发现有六个身强力壮的乡下工人在那里等我们。老板走回他们的面前，告诉我们，因为我们的厂长杨立欠着他们所提供的原材料的货款，账单很大，又欠了很长时间，他们没有选择，只有将这两卡车的产品扣下，直到我们付清欠款。然后他们命令我们俩下车，让他们的人来卸货，送进他们的仓库。

这对我们的工厂是最后的打击。很明显，厂主陷入了深深的财务困境。在这样的事发生之后不久，工厂就被迫关门了。

在这家工厂工作了差不多一年之后，我再次走入我人生的十字路口。我不知道应当往哪里去，因为我在大学里已经没有工作了，虽然我的名字还在学校附属的科技开发公司，但那仅仅是“开除”或“下岗”国有企业员工的一个婉转的方式。这种事在西方世界不会是一个问题，因为到处都可以找到工作，只要他们勤劳上进，可是当时，这还是比较困难的，因为绝大多数的就业都仍然是由政府控制着，而当时大家对经济前景也看不到多少希望。大多数工作机会不会向公众公布，还是由政府官员分配。经过很多天对我前途的思考，我觉得对我来说，当时唯一能让我的生命发生重大改变的办法是出国留学。就像我好几位同班同学和所有那些在过去的几百年里的流落海外的华人所做的一样，他们被迫背井离乡，离开他们沿海的家乡城市到海外去大展拳脚。这是一个我在此之前从来也没有计划过的决定，可它的结果却改变了我和我的家族的一生。

那就是我们生命的机缘。所谓危机，有危就有机。在任何的时候，任何的情况下都会有新的机会，有时是因为读一本好书，有时是因为遇见一位贵人，有时甚至是因为一件不顺心或突发性的事情的发生。如果我们不抱怨，不无所事事，而是将过去立即抛在过去，站立起来，掸去尘土，向前看，然后马上开始持之以恒的行动，任何奇迹都有可能发生。

第七章　在十字路口的基督徒

1990 年 7 月—1991 年 1 月

我们每天读什么样的书，交什么样的人，想的什么，采取什么相应的持之以恒的行动，也就决定了我们会有什么样的人生。

——黄勇

我离开新星化工厂的时候，天空阴暗又苍茫，就同成都终年多云多雨的天气一样。我当时在大学里看不到自己有任何前途，也看不到去中国的任何其他地方工作会有什么机会。成为一名“个体户”，在街上卖衣服之类的事情当时对我也没有什么吸引力，可是到国外去求学然后自由地开创自己的事业显得是个符合逻辑的选择。出国留学早在当时大学里已经变得十分流行。最新的民调显示有近百分之八十的中国父母希望自己能够有能力送自己的小孩出国深造。我当时的几名同学，像罗文中、马林、向兰和刘凤林等都已经出国，到了美国、日本或泰国。在 1989 年以前，任何人可以不用考当时海外大学学习所认可的托福考试就可去海外先学习英语。托福考试是用于决定学生的英语是否好到可以直接在国外大学或学院学习的入学要求程度。

1989 年之后，因为申请去海外学习的人数量剧增，而且大多去了就不回来，所以大多数西方国家收紧了他们的政策。想要入学的人需要通过“申请签证前的预评估”（PVA），这就需要他们在被海外学校接收入学商务课程或大学学位课程之前就有一定的语言技巧。由于许多国家的不太安定和生活环境的不太理想等多种因素，很多有能力的家长或企业家，先是战后 1950 年代的犹太人，东欧国家及南部西欧的人，1980 年代的东南亚人，后来是 1990 年代的中国台湾、香港人以及 2000 年以后的中国内地人，为了他们孩子们的独立和未来的事业或资金的安全性，大都移民或先把他们的子女送到国外读书，而不是将他们送进他们自己国家里私立的贵族学校读书，因为在这些贵族学校里，他们的子女在很多富家子弟之中也许会被宠坏而变得碌碌无为。

大学时代热爱音乐的作者

我在成都科技大学学习的时候，是个坚定的民族主义者。我从来没想过要出国去读书，或者去国外工作，因为我梦想要在自己祖先的土地上重建一个新的家族所拥有的企业王国——翠丰恒。然而，我在当时那个环境里无法看到我能有任何前途，所以决定重拾我的英文并准备托福（TOFEL，即“英语作为外语”）考试。我在以前从来没有期望或者考虑过要出洋，结果是，我的英语很差。我决定待在家里，集中精力提高我的英文水平，而不是出去再找一份全职工作。我妻子也坚决支持我的留学决定。

同时，出国需要大量原始资金。我开始寻找所有的广告，看看如何通过制造不同的产品能迅速发财。我去参加了各种致富讲座和课程，买下一些样品，并在家里试验，首先在家里实验生产丹红素。广告中宣传，如果它能大批量生产，在短期内就能让我赚一大笔钱，为此我还专门奢华地买了一个家用冰箱，可以让牛胆不会变坏，可我在家里所作的所有试验都失败了。我也试图想发明一种用于眼镜的抗雾布，由于我在大学的化工冶金背景，尽管自己生产出了合格的样品，但我却没有资金可以投入大批量生产。结果，我决定放弃所有的努力，并百分之百地集中精力于全职英文学习。

我在家全力以赴地练习英语阅读，每星期两次我去成都锦江河边的“英语角”练习英语口语。这是一个很多学英语的人都要去的地方。我们在那里碰头，彼此用英语交谈，不少外国人和传教士也常会来这里，帮助我们改进英语口语和进行传教活动。

就是在这里，我有生以来第一次有机会听取外国传教士讲解基督教的信仰以及耶稣基督的一生。

在当时成都的几百万居民中，只有一座基督教的教堂。所有传教士基督教的学习都在私下进行。一般说来，那些传教士会先请我们去他们的私人住所去学习英语，然后学习《圣经》。我觉得基督教的信仰非常接近我奶奶的佛教信仰，所以备感亲切，特别是它“宽容”的理念。我当时觉得，在中国过去的三四十年里，因为一直不断地内部战争和阶级斗争，有太多的阶级不平等和歧视。

按基督教的信仰，每一名基督教的弟兄姐妹都彼此仁爱、信任、宽容、关心和分享，就像一个好的大家庭，不管你怎么富有和贫穷。许多好心肠的中国人因为严酷的现实而变得失望，接受了一种“难得糊涂”的哲学，这是一种无奈的宽容形式。要将这种思想变成正能量的思维，我们在这个世界里真正需要的是“难得宽容”的哲学。当我被问起是否要起一个英文名字以便于彼此记忆和称呼时，我毫不犹豫地选择了“彼得”（Peter），这是耶稣的门徒之一。彼得是个渔夫，我觉得他与我很相似，因为我一直认为自己是个在农村里长大的孩子。

经过学习几个月的基督教的信仰，我同意受洗。一天晚上，这两位传教士，都来自英国，带我去锦江河边。我们一起坐在一个沿河的一处非常安静的地方，他们用一个杯子里小小的几滴水给我作了洗礼。他们对我说，因为中国当时的情况，没有必要每星期都到教会去。基督教的信仰应存于我们的内心，只要我们每天心中有上帝并且每天祷告，只要我们按上帝所喜悦的去做人、做事即可。

从我受洗以后，我养成了几乎天天祷告的习惯，即使只是一瞬间。祷告给我力量并给我面临挑战时的正确思维方法，但这并不一定能解决问题或预防错误本身。在此之外，我们还需要采取决定性的行动并不断提高自己。现在澳洲，我的全家都参加祷告，作为我们家庭团结、上进、和谐的纽带。我鼓励全家八口人每天晚上尽量安排在家一起用晚餐，在开始用餐前先祈祷谢饭。每逢星期一由我祷告，星期二由我太太祷告，我太太的侄子星期三，我的大女儿星期四，我的儿子星期五，我的小女儿星期六，我太太的父母星期天。目前我们全家周一到周五八口人共同用餐，到周末是十一口人，因为我太太的姐姐全家三人也会一起加入我们共度周末，通常我们会一起去餐馆用餐。我在晚餐时间的祷告通常是："我主耶稣，我要感谢你，感谢你给我的一切，一切的机遇，一切的挑战，感谢你给我的力量来战胜一切的困难。求你永远祝福我们的家庭，祝福我们能宽容和爱护他人，祝福我们有好的健康、家庭、事业、财富和娱乐。承您的眷顾，我上周取得的最大成就是……我需要进一步改进的是……阿门!"而子女们的祈祷在以上的基础上通常还有感谢外婆、外公和父母的辛劳并保佑全家平安！从小就有感激之心，长大后不管是家庭、朋友还是事业也才能成为一个大家真正可以信赖和快乐相处的人。

第八章　永恒的爱——“假离婚”但心心相连

1991年1月—1991年6月

任何时候都应有正能量——积极乐观思维。我们从来没有问题，只有考验我们性格的机会。

我第一次考托福的成绩不好。所以我赶紧又报名参加第二次考试。这次考试我得了490分，这个成绩刚够入学一个商学院，仍然不够进一个有名的大学。我同时申请了澳大利亚、新西兰、美国和加拿大的几个大学和商学院。这是四个最主要的移民国家，也是后来才得知的最好的“幸运之国”。在澳大利亚，我选择了一家叫“澳大利亚商学院”的学院。这是他们在海外学生市场的一个特殊的名字，当时是澳大利亚昆士兰州最大的商学院。它的名字和声誉引起了我的注意。它的院区在布里斯班的阿得雷德街。对澳大利亚当地的教育市场来说，它叫“劳兰马丁商学院”，以后简称为“马丁学院”。

在我等待入学通知书时，我和我太太同时也在考虑如何最后移民澳洲。当时我是一个失业的大学助理工程师，虽然我的名字仍然还在大学的工资名单上，我实际已“停薪留职”。在那个时期，要靠这样的资历成功移民，机会是微乎其微的。

当我在按照北京澳大利亚大使馆寄来的移民类别衡量自己的移民选择时，我发现自己什么要求都不符合。我在海外没有亲戚，因此我不可以申请家庭团聚和资助。我既无生意又无财产，更不能申请商务移民。虽然我在大学读的是化学冶金专业，我的实际经验却主要是一名共产党的政治辅导员，这工作当然没法给我专业技术移民的资格。我没有十分特别的才能，也没有全国成就奖，所以对特殊才能这一类也不够格。我不是厨师，不是护士，不是会计师或者计算机工程师之类的人才，所以也没资格申请技术短缺的类别。

由于我有了托福考试的成绩，我在各种海外的大学和商学院都有可能入学。然而，我入学的课程大多数是短期商务课程，这些课程丝毫不能给我希望收到大学的奖学金可以在澳大利亚待得更久或能继续深造的机会。我当时也许够资格的唯一类别是难民身份，但那是澳大利亚大使馆肯定不会希望给中国的每个申请人寄去有关这个类别的资料的，不然大使馆就会很快挤满申请者了，所以当时我也不知道有这个类别

四川成都那时在中国是个相对落后的内陆休闲城市。除了在1949年新中国成立之前，旧中国的国民党带着成千上万的士兵和飞行员从四川重庆去台湾，它的人口中很少有去国外的。在1949年前，绝大多数海外华人都是从沿海省份出去的，他们遍布了东南亚、欧洲、美洲和太平洋地区。许多从福建省和广东省出去的人都去了中国台湾、香港或其他地区。不少上海人也去了中国香港。然而目前的移民热点是澳大利亚、新西兰、美国和加拿大，这四个国家都是纯粹的移民国家，都只有两三百年的历史，都地广人稀，资源丰富，歧视也相对较欧洲国家少，全球通用的英文也较容易沟通。在上面四个国家里，澳大利亚被称为

“幸运之国”，被很多人认为是最好和最幸运的国家，因为新西兰和加拿大太冷，而美国又太危险、太复杂、太拥挤和太过于商业化。澳大利亚人总是全球前三名幸福指数最高的人，其人均自然资源也一直是全球第一，超过石油国家。人均寿命全球第二。

自从邓小平的改革开放政策以来，去海外的移民最初大多数主要是从上海、北京和广东去的，因为澳大利亚的领事馆或大使馆就设立在那些城市。在成都，我们当时对时代的潮流不很了解，那时在城里也没有做移民代理的人，所以我唯一能够得到信息的就是从澳大利亚驻北京大使馆。

我相信无论在我们的生活里发生了什么事，我们不应该看重问题的本身，而应该看重解决问题的办法。在把移民的类别反复看了很多遍之后，我想出了一个唯一能移民到澳大利亚的办法：这就是假装同我的妻子“离婚”，到了澳大利亚，付钱让人给弄个假结婚证，得到那里的永居身份，然后同假结婚的人再“离婚”，再把我的妻子和全家办过来。这看来是一个很长、很复杂而又很冒险的做法，但对我们来说，这是当时唯一的、而且也是最快的办法。

在我妻子张源刚听到我的建议时，她大吃了一惊。但当她意识到我们除此别无其他选择的时候，她表示出完全的理解，并且相信这是为了全家和我们的前途作出的最好决定。接着，我们就计划先在中国生我们的第一个孩子。

除此之外，最重要的是因为我们两人都是基督徒，我们彼此信任，相信我们永恒的爱情。我们相信彼此间的忠诚和信任是真正爱情的基础，而非一纸结婚证书，这将也是对我们纯洁的爱情的考验。尽管在她的心里，作为一个女性，她仍然多少都有点担忧，并且在她独自一人时也为此偷偷地哭了好几个晚上，但在我的面前，她显得十分坚强。她想给我尽量多的鼓励，因为她知道除此之外，我们一无所有，也没有更好的其他办法，而我所做的一切都是为了她和全家。

我们焦急地等待着对我申请去海外学习的预评估的结果。传教士们都为我祷告。为了显示我的决心，我有时也禁食祷告。最后，在 1990 年 12 月，就在我大女儿出生的同一天，我收到了澳大利亚大使馆对我预评估申请的批准书，同时也收到了澳大利亚商学院的入学通知书。虽然当时我对澳大利亚了解得很少（同当时的美国相比），我还是对收到通知书和有机会在“幸运之国”的“阳光之州”昆士兰留学觉得非常的高兴和幸运。

我马上开始作准备并申请签证。因为“假装离婚”纯粹只是让我能作为一个被迫离职的政治辅导员离开中国的策略，为了避免让我的父母有不必要的忧虑，以及避免其他朋友们或同事们风风雨雨的议论，我们以最严格的保密来做这个计划。我们在女儿黄永恒出生刚满月后即去离婚部门取得离婚证书。这在那时非常容易，我们所需要做的只是双方在一名证人面前签字，然后我妻子将它锁进了她的柜子。

我们既愉快又庄严地到了我父母的家里，因为我们已经在我们的大使命中走出了我们澳洲梦的第一步。我们仅仅是告诉我们的父母，我要去澳大利亚学习，然后，在学习完了之后，看看有没有机会留在那里。如果有机会在那里定居，我们全家以后也会一起过去。日子继续过着，直到这本书的英文版于近二十年后的 2009 年在澳洲成功发行，世界上没有任何人知道我们当时的婚姻有什么不同。我们两人都对我们彼此之间的忠诚感到非常骄傲，我们彼此的真爱也由此而更成熟，更坚强了。

然后就到了我海外留学的关键部分了：钱！我当时的钱仍然少得可怜，怎样有可能付得起那笔庞大的学费、生活费和机票呢？那时，六个月的学费大约是3500澳元，这是我必须马上支付的最低的数目。我还得另外再马上付2000澳元，作为六个月在学院的生活费的担保。飞机票（它必须是双程机票，以表明我没有移民倾向）是1275澳元，再加100澳元的启动资金，可以将我从机场接到学院并安顿下来。

这就是说，我开始这次旅程所需的最少的数目是6875澳元，它相当于当时56000元人民币。这是我当时年收入的30倍，是我远远无法达到的数目。我算了一下，它相当于我这一辈子余下的时间在中国不吃也不花一分钱，才能积蓄起这样的一笔钱，因当时我的月薪在工作几年后从70元加到了105元，再加40—50元的补贴。然而，我铁定了心，坚决要找到一个解决的办法，因为我知道，在生活里，没有理由专注于问题的本身。在我们的生活中没有问题，只有考验我们性格的机会。

我的妻子那时作为一位加拿大外国专家的翻译，每月可赚300元人民币，够我们两人非常基本的生活。这就是说，我可以把我管理化工厂所赚的所有的工资都存下来，那就是大约每年12000元人民币，加上我们以前大约有7000元人民币的积蓄，这样我们一共有了19000元人民币。我将所有值钱的东西都卖掉了，包括我们的冰箱（我把它卖给我妻子的姐姐），还有我收集的宝贵的邮票，那是我从中学时代起就收集的。这些东西大约卖了6000元人民币，这样总数就达到了25000元人民币，但是这离所需的56000元人民币还远着呢。

我请求我的父亲（他从空军转业以后是个高级工程师）给我做一辆载人的自行车。到了晚上我就骑车去载送那些有钱的个体户或者高收入的人。那时候，作为一名光荣的大学教师，骑着载客自行车去载人是件很丢人的事，所以我只好暗地里做。我下定决心要做下去，为的是能筹到足够的学费。每天晚上天黑以后，我就悄悄地出去，这样我的大学同事、学生、同学和朋友就不会认出我。我可以整夜在商业区里载客，直到半夜。每夜我结束工作回家的时候，就可以带回家大约 40 到 60 元人民币。

每次当我将那些小面额的纸币、硬币交给我的妻子，让她存进银行时，我们俩对这些额外的收入都是那么高兴，因为它可以让我们实现出国的梦想。工作虽然挺辛苦，但却让人觉得值得。对我的工作量来说，我所赚的钱，用今天的标准来衡量，并不怎么多，但同我当时大学的政府工作收入相比，已经可算是巨大的了。我有生以来第一次感到我花出的辛劳得到了应有的报偿，而不是以我待在政府工作岗位上的时间和年限来确定我的收入。我觉得开心并有价值感。这件地下工作持续了三个月左右，直到一个极其寒冷的夜晚，一名穿着一件长大衣的健壮的高个子走过来要搭乘我的三轮车。我很高兴地将他带上，并问他想要我载他去哪里。他一声不吭，坐上我自行车乘客的座位，慢慢地抽出一条长警棍，开始重复地敲打他的手掌，然后转向我，面无表情地说：“我们去派出所。”

这是我设法谋生的另一个临时生涯的终止。我没有政府颁发的执照而做这样的工作是非法的。我一到达派出所，就被要求将我所有的非法收入交出来（包括我自己的作为找头的流动资金），其总数达 100 元人民币。他们还充公了我的自行车，我只能在半夜里步行回家，心情沉重地面对我所爱的妻子，她还在等我回家呢。虽然从一纸文档来说，我们已经是离了婚的，但我们比过去更加相爱，因为我们的一切来之不易。这件事后使我们更加坚定了出国谋生的决心。

我在夜间非法载客所挣得的钱有 4000 元人民币，这让我的总资金达到了 29000 元人民币。目前的短缺仍然有 27000 元人民币左右。可是我的整个资产和收入的来源已经枯竭。这样，虽然不愿意，我也只好采取最后的办法，即去借我所需要的钱。

我的家庭和我妻子的家庭对我出国的志向都很支持。我很详细地向他们解释了我的计划和需要的全部资金，我也把话说得很清楚，就是我并不要他们把钱送给我，我只是想向他们借钱，作为他们的投资，而且有 20%的书面保证回报。我父亲马上就同意借给我 5000 元人民币，我母亲 3000 人民币，我妹妹1000元人民币，我妻子的哥哥 5000 元人民币，我妻子的姐姐 3000 元人民币，我小姑妈 3000 元人民币，我舅舅 1000 元人民币，一共借了 21000 元人民币。我又从我成都的朋友黄为民那儿借了 2000 元人民币，因他今后也打算去澳大利亚学习。这笔借款总共 23000 元人民币，加上我们以前已有 29000 元人民币的存款以及卖财产所得的，就已经有了 52000 元人民币的巨款了。

我以为我所需要的最后 4000 元人民币并不会太难，因为我在自己老家的乡下小镇永兴/洛水有一大批要好的同窗好友，我还不想惊动我在成都的中学和大学的同学，因为我想他们不会像我儿童时代的朋友一样亲密、真诚或慷慨。

我马上搭火车去我的家乡。我对家乡充满了愉快的回忆，而且有许多亲密朋友的友谊，因为我们都从小孩一起成长起来，一起去上幼儿园、小学，从那儿一直到中学，我们全都住在同一条街上，几乎每天都见面。那个小镇上只有一个小学——洛水小学，几个小镇共有一个中学。因当时每家都没有电视，也没有计算机游戏作为消遣，所以我们几乎每天都一起玩，甚至直到晚上。

因为目前我只需要再借 4000 元人民币就够了，为了减少朋友们的忧虑，同时也是为了不让我的朋友们有太多经济上的负担，我决定把这个数目分成四分，只要求每个朋友借我 1000 元人民币。我先同我四个最要好的朋友谈，我们彼此真是像弟兄一样，而我也是经过仔细考虑才选择这几个朋友向他们借钱的，因为我从来不想长期地欠他人的债。我借钱的对象必须是我最好的朋友，因为他们将永远会是我的朋友，而且也只会因为这种“投资”进一步加强我们的友谊，并因此而长期受益，包括他们的子孙后代。

当时，虽然我们谁也没有挣很高的工资，但生活上的花费也相对比较低。中国人有一个伟大的传统，就是存钱的习惯，这样每个家庭可能仍然会有至少 5000 元到 20000 元人民币的存款，正如借钱给我的我们家的所有家庭成员那样。我们家所有的成员中没有一个人是有钱的人，所以我也假定如果要我的朋友们每人借给我 1000 元人民币，应该不会有任何问题。

我把他们找到一起。当我先谈到我想去国外的宏伟计划，他们都非常激动。然后我谈到我需要向他们每人借 1000 人民币，20%的回报，应该一年左右连本带利归还，他们当时看来这不会是什么问题。他们说他们得先相互讨论一下，同他们的妻子也商量一下，然后马上给我答复。我懂得这种在作出决定前先得向妻子禀告的礼节，但我从来不会觉得这会是个问题，因为在中国，作出最后决定的往往是男人。因为我的奶奶早已去世，房子已经卖掉了，所以我在家乡已经没有地方可住，因此我很需要他们在当天给我答复。

过了不久，他们当天就回到我身边，显然是在相互间经过了仔细的、长时间的讨论，可能也已经同他们的妻子谈过。他们告诉我，他们不能借钱给我，因为这时候他们都非常需要钱。我想，如果确实是这样，他们可以在我提起借钱时一开始就告诉我。对这些老家的人来说，成都可能已是一个非常遥远的城市，尽管当时只有两小时的车程，去海外的思想可能更让他们害怕和感觉遥远，甚至是他们也许无法想象的事。我理解他们是担心如果借了1000人民币给我，如果我跑掉了，他们是没有办法讨回这笔钱的，因为我在这儿已经没有工作，也没有房产留下了。我能充分理解他们的忧虑。

然而，这对当时的我来说，确实是个令我十分震动的打击，我觉得好像是触礁搁浅似的。这是我的祖父母住过的地方，我在那里同我最信任的铁哥们一起长大。我的祖父在这整个镇里是被公认为最慷慨的人，他把他的很多财产借给甚至送给那些真正需要钱的人。我的奶奶经常告诉我，当镇里或者乡下有谁真的需要帮助的时候，只要她能做得到，总是会伸出救援之手。我从小到大即使在最困难的时候，家里最好吃的东西，一定是先留给亲戚、朋友来时才一起分享。

我很失望地悄悄离开了。我搭上一辆公共汽车去回兰镇，见另一位非常亲近的朋友和同学，因为我觉得没有必要再在我的家乡去找另外一些人帮忙，因那些人对我来说，不如那四个朋友跟我的关系更亲近。当他从永兴镇回到他的乡下以来，他一直同我保持着通讯，告诉我他经营的乡镇企业很成功。

和从前一样，我得走很长的路才能走到他的家，因为当地没有公共汽车。我一到达，就受到一如往常的热情欢迎。可是，当我提到我的出国的雄心并要求借钱时，他很快就说他正缺少资金，但是他愿意去见他的姐姐，看她是否有钱。最后，答案还是没有。

天快黑了，天黑之前，作为最后的尝试，我赶回什邡县，去见我父亲部队的老战友，他的妻子也是我母亲的好朋友。他们也很热情地欢迎我，并且要我在他们家过夜，说让他们问问他们的两个非常成功的儿子，要他们每人借我1000元人民币，看来是没有问题。当我第二天醒来时，回答还是没钱。可能他们的担心同我的那些老同学一样，要么就是他们真的没钱。我完全能理解，而且到今天为止还是很尊敬和感谢他们。（我爸在什邡的战友的孙儿最近也到了澳洲留学，希望我能帮他找工作。）他们让我很快长大，变得更懂事，更自强自立，同时更让我把人生的挚友很快从酒肉朋友升华成了真正能同甘共苦、志同道合的忘年之交的朋友。

我谢了他们，悄然空手地离开了我的家乡，再没有向任何其他人借钱筹路费和学费，因为已经没必要了。我感到很伤心，但却长长地松了口气。很多很多年来，我都十分眷恋我的家乡小镇，我很难接受这样的事实，即我现在已经是成都人了，尽管成都和其他更大的城市相比，还是很“乡下”的休闲小城市。由于“大城市”的文化商业性质，我过去总是为自己的背景感到骄傲，即是个在乡下小镇长大的农村孩子，心里总充满着对别人的真诚、爱戴、信任和实在的友情。现在，我意识到，一切都变了。这并不一定是我的朋友们变了。他们仍然还生活在同样的环境里，接受同样的教育，过着同样的简朴又单纯的生活，吃吃喝喝，谈天谈地。我懂得是我变了，因为我们现在生活在两个截然不同的世界里，有着完全不同的梦想和理想。那样的理想对他们来说是太不可思议和可望而不可即了。每年20%回报的“投资”，他们在当时是没法想象的。

幸运的是，我母亲，为了让我面对成年现实，为了准备我光明的前途，强迫在高中时让我回到成都，尽快成长起来，这样我不再有机会沉湎在童年的"一起玩耍"之中。我起先认为，如果没有我中小学同学们在我的周围，做同他们一样的事情，我的生活将会是悲惨的。虽然我仍然非常尊敬他们，当我回到成都以后，以往分心的幼稚想法已经不复存在了，我可以完全地专注于我未来的家庭和事业，从一个男孩成为了一个真正的男人。

十二年之后的2003年，我在父亲七十大寿时第一次回中国。当我去永兴镇给奶奶上坟的时候，我听说我的童年朋友们也大都离开了家乡，搬去了中国较大的城市或者其他较大的县份。然而，永兴小镇几乎没什么变化，可能比以前更加萧条了。只有少数一些我所陌生的脸，在街上打麻将。背街上的店铺很多已经关门，因为，我觉得很奇怪的事，在镇两头进入街道地方的街心，竖起了一道道水泥柱子，将交通分隔，不让大车进入小镇，这样很多店面就失去了生意。这个小镇的名字也作了改变，从永兴镇改回了新中国成立之前的洛水镇。尽管名字改了，但当地地方官员的风格似乎还没有改什么，照样是老样子。

我一回到成都，就决定向另外四个人借钱。他们是：我最要好的大学同学黎德才，他是从相邻的新津县来的；还有我最要好的高中同学高辽，他是我们十五中学毕业的，原先来自青海高原；我小时候最要好的成都朋友李庆。李庆的父亲同我父亲一样都是来自部队的，后来又都转业到同一家工厂工作。最后一个人是我妻子最要好的朋友和政治辅导员曾抗美。这些人每人都当场毫不犹豫地同意借给我1000元人民币，我主动对每一笔借款都签了一份书面协议。我本来把他们当作最后万不得已时才动用的最后的手段，显然时代已变，这些成都朋友对我了解更多，而且也更懂得外面的世界。

当留学费用的问题解决以后，澳大利亚大使馆要求我提供一份担保来支持我的申请。担保人必须住在国外，但不必一定住在澳洲，也不需要有任何经济上的承诺。

然而，我在国外没有任何亲戚或朋友。好在我的妻子碰巧知道她的一位同事，也是她的科长，也姓黄，他有一位哥哥在台湾。她向他求助，他毫不犹豫地答应了。他的哥哥，名叫黄典立（英文名丹尼·黄，他后来也移民海外），正巧同我同姓。我起草了一封担保信，让他照抄一遍，同时又写了另一封信给他本人，这是我主动给他写的一封个人保证书，免于他承担任何可能的财务债务，因为我从来没有想要给任何他人添麻烦，更不用说是那些帮助过我的人。他将给澳大利亚政府的担保信抄在他的信纸上，签了名，直接寄给了我。

看来似乎一切都已准备就绪，还有最后一件要做的事，就是将人民币换成美元，因为澳大利亚大使馆需要我在银行的存款证明，并且是要这种货币的存款。在那个时候，一般的中国公民是谁也不允许在银行里将人民币换成美元或澳元的。因此我们被迫私底下同朋友们换钱，或者去黑市向站在中国人民银行门口的钱贩子们手里换钱。

在同我们的朋友们换了一些美元之后，对所需不足的数目，我就同我妻子的哥哥张丛一道到人民银行的一家分行去见那些钱贩子。我从我 56000 元的资本中将 45000 元人民币换成了 4500 美元（当时在黑市上，1 美元可换 10 元人民币，1 澳元可换 0.8 美元）。我将这些美元中的 4400 美元（相当于当时所需的 5500 元澳币）寄去澳大利亚大使馆，支付学费和担保费，最后我的口袋中还剩下 100 美元，我将它作为到达布里斯班机场后的启动费。剩下的 11000 元人民币的资本，在我最后拿到学生签证之后，用来购买一张去布里斯班的双程机票。

1991 年 6 月 10 日，我将剩下的几张人民币纸币和硬币留给我的妻子，离开了不满 6 个月的女儿黄永恒以及我全部的家庭成员和朋友，在成都登上了飞机，口袋里装着唯一的一张 100 美元的钞票。飞机飞过香港、澳洲的凯恩斯于 6 月 11 日清晨到达澳洲的布里斯班市——目前已是中国重庆市和深圳市的姊妹城市。

第九章　怀揣一百美元来到澳洲

1991年6月11日

人生最大的风险，是碌碌无为！最大的竞争对手，是我们自己！

大约经过了两个小时的飞行，我到达了香港。我需要在那里转机，因为那时从中国到布里斯班还没有直航。直到二十八岁，我不但还是有生以来第一次出国，而且还是第一次乘飞机，包括国内航班。一切是如此令我兴奋，虽然我的心情中还混杂着一些悲伤，每当我的心里想起家人和朋友们、还有家乡的时候。我相信，我所有的家庭成员和朋友们，把他们的希望全部都寄托在我的身上了。我也知道，我没法辜负他们的希望，因为我是他们实现美好未来的希望之一。我对澳大利亚会是怎么样的国家毫不了解，但是我的梦是振兴我的家族，虽然我的第一优先是尽快地付还所有那些借钱给我的人，这样他们就不必担心了。

飞行在香港的上空，在降落到香港的旧机场之前，就好像是飞过一片灰色的水泥丛林，并且直接地降落在水泥丛林的中间。这真有点儿既担心又惊奇，飞行员怎么能发现这条窄窄的跑道，就像在一片高楼大厦的海洋中伸出的一个小小的码头。当时香港的老机场已是世界上最繁忙的机场之一。

我在机场等了四个小时，等待我要转的那班飞机。我不断地检查我口袋里的那张100元的美钞，生怕丢失了或者是被偷走了。当时的中国，在公共汽车上和其他的公共场所中有太多的小偷，而且完全是明目张胆地聚众偷窃。我没买吃的也没买喝的，因为我不想浪费我唯一的一张美金。我知道，登机后，飞机上会供应点心。1991年6月11日早上，在又飞行了11小时，经过昆士兰州全球著名的“大堡礁”所在地凯恩斯之后，我带着三件行李和仍然安全地待在口袋里的100美元到达了布里斯班机场。取了行李之后，我径直去换汇所将那张100美元的钞票换成了125澳元。

我不知道我的学院在哪儿，所以根本没办法搭公共汽车或火车然后转车去学院报到。我很快就在机场到达大厅外找到了一辆出租车。出租车司机微笑着对我打招呼，帮我把行李放进车的后盖箱。我一坐进出租车，就对司机念了学院的地址。一会儿，他就驾着车上了高速公路。

一下子，天空打开了！我可以明显感觉到布里斯班的天空和空气同香港的天空和空气相比有很大的不同。天空碧蓝碧蓝的，很难见到任何的乌云。空气很新鲜，阳光十分明亮，哪怕还是六、七点钟的早上。空间十分开阔，同成都的终年多云的天空和香港的水泥丛林相比，真有天壤之别，每天都像是在度假。在阳光之州，我感到了上帝给这个幸运之国的真正的礼物。澳大利亚房产平均面积全球居首，在2011年一个独门独院的澳洲房产别墅的平均面积是243平方米，而澳洲平均每家人的人口仅2.66人。在澳洲，特别是布里斯班市，绝大多数人都住别墅，而不是像悉尼、墨尔本相当一部分人只能住公寓，其公寓面积大多也就只有60到100平方米左右。在同年英国经济学人信息社每年一度对全球140座省府城市进行的30个方面的综合评分，根据宜居指数选出的全球十大最适合居住的城市中，澳洲七大省府就有五个进入全球前十名，实为人间罕见，当然包括布里斯班。英国、美国等国大城市没有一个能入围，其余入围的都是加拿大、奥地利、芬兰和新西兰等十分寒冷的城市，但只有布里斯班的天气最温暖，人民很友善，居住环境最舒适。如果只以天气的好坏、人民的友善和居住条件三项最重要的指标来评比的话，布里斯班理应超过墨尔本和悉尼等较寒冷的高楼“大城市”而成为世界第一。事实上，在2011年《中国旅游周刊》发起的“年度绿色旅游目的地”的评比中，布里斯班市所在的昆士兰获得420万中国读者的青睐，顺利摘得全球桂冠。正因为如此，改革开放后中国的深圳和重庆都先后正式与昆士兰州的布里斯班市建立了友好姊妹城市的关系，中国的珠海和北海也先后与布里斯班旁边的全球闻名的黄金海岸建立了姊妹城市关系。

到目前为止，澳洲的最低工资仍然是美国和加拿大的二倍左右，澳洲为32000澳元左右，美国为16000美元左右。从综合生活品质来排名，澳洲于2014年已成为十大华人投资移民国榜首，其排名分别为1. 澳大利亚，2. 新西兰，3. 德国，4. 瑞典，5. 新加坡，6. 西班牙，7. 法国，8. 加拿大，9. 美国，10. 英国。

出租车驾驶员，就像机场和海关的员工一样，非常友善，同当时的中国海关人员有非常大的差别。当时中国海关人员差不多是永远也不会露出笑容的。出租车司机不断地同我聊天，我能感觉到他的热情好客。大约在八点钟，我们就到达了布里斯班市阿德雷德街138号的门前，那是我的学院所在地。出租车司机要我付了40澳元，包括机场的收费，这一下子就拿走了我几乎三分之一的钱——我的开创新天地的种子资本。这对我来说是笔巨大的开支，但我不知道还有什么更好或者更快的办法能来到这儿。出租车司机对我微笑着，说声谢谢，就挥手同我告别。我总算来到了学院，感到松了一口气。

我站在这座20层楼高的大楼前面，我的学院应当就在这座楼里，我再次检查了一下我的入学通知书上的地址，它看来是正确的，但我在这座大楼上怎么也看不到这样的字样："澳大利亚商学院"。我只能在墙上的什么地方看到一个小小的招牌，上面写着："萝兰马丁商学院"，这与我在中国想象的"大学校园"很不一样。

我带着我的三件行李跨进这座大楼，问一位当地的西方学生这是否是澳大利亚商学院。她对我微笑着说："不是的。"这笑容很灿烂，但回答让我惊慌。我想我是被哄骗了，因为在当时的中国，特别是在大城市里，我们都是在这样的环境中成长起来的，即大多数人对别人抱着怀疑的心，因为在那些贫穷、无奈的年头里，诈骗和社会暴力太普遍了，虽然由于天性和奶奶的家庭传统，我总是倾向于相信别人。在这种情况下，我不断地对自己说："别担心，至少我已经到了澳大利亚。"我问另一位看上去像亚洲人的学生，"请问这是不是澳大利亚商学院?"她没有微笑，可是她的回答，像是魔术般的，让我放心的是："对的。"

"我总算是到了自己的学院了，阿门!"我对自己说。后来我才发现，"澳大利亚商学院"是这个学院在海外招生的名字，而在澳大利亚，它的名字是"萝兰马丁商学院"或者"马丁学院"。

学院的员工要到早上八点半才上班，因此我得在接待处再等待三十分钟，直到员工来上班。他们热情地接待我，欢迎我来到澳大利亚。他们查点完我所有的文件，就给我安排班级。等这些手续全部办完，已经是十一点钟了。我对那位帮助我的女士说，我是刚刚才来到这儿，什么路都不认识，在澳洲也不认识任何人，也不懂怎样找一个住的地方安顿下来，而这是我第一优先的事。她宁静地对我微笑着说，“别担忧，我会安排让人来帮助你的”。

她马上去找其他学生来帮助我，因学生们刚刚上完了他们上午的课。她找到了凯茜史（Cathy Shi，史可聪）。她对那位学生说：“凯茜，我这儿有一位新生，他刚从中国来到，你不介意帮他找个地方住并安顿下来吗?”

“没问题。”凯茜微笑着说。

凯茜是从上海来的。她在澳洲已经待了一两年时间了，并且已经在这个学院完成了英语课程，现在正在上商务课程，同时半职打工，做清洁工。她是海外学生中比较年资高的，所以大多数教师和员工都认识她。她是一位和气且成熟的女士，在回答我的有关澳大利亚生活的所有问题时十分耐心。我们从市中心的阿尔伯特街拖着我的行李一起走路到达“西端”区（West End），那里传统上是个许多土著、希腊人、意大利人、越南人而现在又是中国人聚居的地方。

大约二十分钟以后，我们走到了南布里斯班区（South Brisbane）的墨尔本街，在那儿我们碰到了另一位上海学生，他叫杰克孙（Jack Sun，孙健）。杰克也在萝兰马丁商学院就读，他同凯茜很熟。她立即问他在他住的那儿是否还有空房间，他的回答又是一个魔术般的“有”。我起先以为至少得花三四天时间才能找到一个住所，或者在我能搬到一个私人住处之前，我可能还得在一家旅馆或者汽车旅馆住上几天。在一家便宜的汽车旅馆里住一个晚上就得付 85 澳元，所以我对能在同一天就找到一个私人住所感到大喜过望。

那时已经快到午餐时间了，凯茜邀请我先在她住的地方吃了午餐，再带我去杰克的屋子。我高兴地接受了。我们再朝前走一会，就到了她的住所。她在十分钟的时间里就为我们两个人煮了一顿午餐。

那时，在超市里，所有的东西都不是太贵，特别是中式食品，如果我们自己煮饭的话。买一个大的处理好了的老母鸡只要1.9元澳币。因为中国人一般不吃很多的肉，一只鸡，如果加些生菜或者其他蔬菜，做成汤，可以吃上三四天。我们的主食是米饭，而大米甚至更加便宜。凯茜和我吃了一些鸡汤和鸡肉，加上一大碗饭，我觉得非常好吃。这种好的感觉不但来自一顿简单的午餐，而是来自一位我素不相识，认识才一个多小时的人的热情的帮助。这就是澳大利亚。我觉得我不是只有自己一个人。我知道我能够战胜挑战，因为在我的周围，我有那么多好人的帮助。凯茜的性格使得她能够从众多同类人中脱颖而出，而且后来，在1994年，在征得了我的建议之后，她在新利班区（Sunny bank）成为了一个最成功的地产中介商之一。

吃完我们简单又味美的午餐之后，凯茜马上带我去我的新家，就是杰克住的地方：西端区，简街（Jane Street）46号。在那个时候，大多数的海外华人住在西端区及其周围地区，因为它就在布里斯班河的另一边，由维多利亚大桥将它同布里斯班市的中央商业区相连接。那是一个社会经济地位相对较低的地区，那时候在中央商业区居住的人不多，市中心的高层住宅楼更少。在中央商业区居住的总人口不会超过3000人，那之前的几十年，那种情况没有什么大的改变。当时大多数的澳大利亚人痛恨在长长的一天辛苦的工作之后继续住在城里，他们喜欢他们那种放松的“澳洲梦”：住在他们自己的天堂——在一片独立的土地上，而不是同其他的人一起住在城里的一座公寓大楼里，只有一墙之隔，分享噪音。大多数平民住在城区的边缘，住在老的木屋里。那些有钱的人则喜欢住得更远一点，住到西部的新潮的豪宅区去，或者北边的汉米尔顿（Hamilton）区，东边的蕾彼湾（Raby Bay），还有南边的罗伯森（Robertson）区和新利班山区（Sunnybank Hills）一带。那是1991年的情况。现在，由于房价的大幅上涨，住在闹市区中央商业区的公寓和城边的房子也变得相对时尚，那里的人口也增长迅速。

在我们到达简街46号之后，杰克安排将我的行李放在起坐间里，然后带我去隔壁简街42号去见女房东。那是位挺和气的年长的女人。她很喜欢将她的投资房租给中国学生，因为一般说来，他们对自己的行为比较注意。他们不会喝太多酒，或者发出很多噪音。更重要的是，虽然他们并不富有，他们有勤劳的好名声。他们把付租金作为他们优先的义务，放在度假、喝酒或吃垃圾零食的前面。

女房东把我带回到简街46号，打开那同时还空着的第三间房间的门说："这是你的了！"它的布置是作为一间学生宿舍的样子，卧室里有一张单人床，还有书桌。电视机、冰箱和厨房是同另外两个学生合用的。那对我来说是最合适的，这就是说，我不用买那些我没钱买的挺贵的家具和家电。最重要的是，她只要我每星期付50澳元的租金，加上两个星期的押金。

我只需付这样的租金实在是很幸运，因为，即使在1991年，这已经是我可能要付的最低的租金了。如果我想去当地的房地产代理商哪儿找房子的话，我一定要通过一个严格的租户遴选过程，光这个过程就可能需要几天的时间，而且按常规是需要付四个星期的押金的，而且在那里我们通常只能租整间屋，至少需要每周150澳元，而不可能只租其中一间卧房。我身边甚至还没有单间卧房的两个星期的押金加上一个星期的租金呢，这些加起来一共需要 150 澳元。付了出租车车费之后，我的口袋里只剩下 85 澳元。因此我问是不是可以先付一个星期的租金，其余的我保证会在一个星期之内付清。女房东毫不犹豫地就同意了我的请求，看来其他中国学生付她的房租没有问题。她立即将钥匙交给了我，然后高兴地离开了。当一切都安排好了之后，我全心全意地感谢了杰克对我的帮助，让我能这么快就安顿了下来。

现在我的口袋里还剩下 35 澳元，需要很快地想出我怎样在我的新家安顿下来。西端区是布里斯班最早开发的居民区之一，由于它离市区很近。这一带大多数是木房，其中很多已经有一百年的历史了。

好多早期的房子没有前花园的篱笆。如果有的话，通常也只是一个高近 90 厘米的铁丝或木头的结构，这样的篱笆，谁都可以轻易地跨过或推开篱笆的矮门，进去通过打开的门窗或纱门同屋主人打招呼。与中国不同，那时候的澳洲很少有所谓的保安门，因为澳大利亚是世界上最安全的国家之一。

我所住的简街 46 号是一栋昆士兰式的三睡房低架结构的房子。从外边看，这栋房子好像有点儿陈旧，墙上的油漆剥落，可是里边有很好的上油的木地板，高挑的天花板。屋子的前部有一个浴室、一个厕所、一个厨房和前面是一个大的起坐间；屋子的后部有三间睡房，睡房里没有建在墙里的壁橱。那儿也没有停汽车的地方，当时我们谁也买不起汽车，因而对我们来说不是一个问题。

沙发、椅子、电视机和电话都由房东提供，所以对海外学生来说非常方便。电话机旁边有本记事本，谁要是打了一个电话就记一下，当电话账单寄来的时候，大家就按照纪录分别付钱。我们彼此都相互信任。

在屋子里面，除了杰克占据了一间房付 50 澳元，另一间房为上海来的另一对夫妻莎伦和基拉德所占据，他们每星期付 60 澳元房租，因为他们所用的水、电等也更多些。我们彼此介绍认识以后，我就开始打开行李整理自己的房间了。

在我到达澳大利亚之前，我知道我刚开始时是买不起任何贵重的东西的，所以我把头发剪得很短，而且带上了几乎所有的日常用品，当然，只有家具没带来。我把主要的衣服都带来了，还有鞋、拖鞋、被子、床单、毛巾、牙膏、肥皂、洗衣粉、梳子、雨伞、闹钟、筷子、炒菜锅、电饭锅、水壶、厨房用刀、切菜板，还有最要紧的书、词典和一个计算器，这些都是我的学习所需要的。十九年以后，直到现在我还在使用着同样的计算器。我唯一忘了带来的是汤匙，因为，在澳洲，我们经常喝很多的汤。

我的新家十分简单，我只花了半个小时就把一切东西安放停当。做完了这个，我需要做的第一件事就是去购物，要买我做晚饭的东西。虽然我有了所有必需的“硬件”，我还需要“软件”——油、盐、酱油、肉、米和蔬菜，能使我生活下去，并能让我开始煮我当天的晚餐。

西端区只有一家超市，在墨尔本街（Melbourne Street）和边界街（Boundary Street）交叉的拐角上，从简街走过去只有短短的一段路。我口袋里只有 35 澳元，所以得非常仔细地计划，确保我可以买到所有必需的东西。室友告诉我，最便宜的货物是标着“No Frills”或者“Home Brand”（家庭牌）字样的货物，标记是黑色的或者是红色的，也有人称它们为“难民”食品。我走进超市，在里面走来走去，反复比较价格，只寻找最便宜的食品和货物买。经过大约两个钟头的“购物”（在正常的情况下，这样的事是我所最不愿意做的），我买到了几乎我准备晚餐所需要的以及下个星期所需要的所有的物品，一共才花了 29.85 澳元，口袋里还剩下 5.15 澳元。为了找工作，我得从这剩下的钱中省下一些去买一份报纸。在那个时候，还没有这样的叫做因特网求职网站的东西，而且我也买不起计算机。

我提着三袋所买的物品步行回家，一路上我不得不停下来休息三次，才最后走到我在简街的新“宿舍”。我的体力并不强壮，离开中国前的体重只有 55 公斤，因为我学习非常用功，从早到晚都练习英语。1991 年 6 月 11 日晚上 5 点钟左右，一切都按我的计划的“最佳”状况进行得有条不紊。

虽然我的口袋里只剩下了 5.15 澳元，我已经有了我在最初几天所需要的物品，知道生存已经没有问题。我有一个梦想的家，拥有自己的睡房，还有同别人合用的厕所、浴室和厨房。

我不断地检查我的那张五澳元的钞票和那些硬币，一切对我说来是那样的新鲜和令我激动，我没有惊慌。我提着所购的物品一回到简街，就希望同我合住的莎伦在冰箱里给我让出一些地方让我放我买的肉、鸡和蔬菜，然后就拿起电话给我的妻子打电话。那时候，由于澳洲电讯公司垄断澳大利亚的电讯系统，打国际电话每分钟得付 3 澳元（同现在的电话费相比起来，用可充值的电话卡打电话，只要 5 分钱一分钟，用微信更是免费了，这是因为同中国的电话卡公司竞争的缘故）。如果我去公用电话打国际电话的话，用我剩下的 5.15 澳元，我只能打一分多钟。因为我现在还不用付费（要等到月底电话费账单寄来时才付），我就用室内电话拨通了我妻子工作单位的电话号码。

中国和澳大利亚之间有两小时的时差，所以，如果现在是澳大利亚下午 5 点钟，在中国才下午 3 点钟。我对我妻子所说的第一句话是："我已到达布里斯班，一切都好，这是个好地方，我会尽快把你和女儿带来这里。"（这个尽快花了我四年零三个月才做到。）因为电话费贵得离奇，我只能控制自己的感情，快快地挂断，否则我的妻子会不停地说下去。

由于有四个人共享厨房，我们不得不轮流地做饭。当我在等待用电炉炒菜的时候，我就开始用我从中国带来的电饭锅煮米饭，同时我把肉和菜准备好。中国烹调的技术主要在准备，你得花很多时间来清洗或切肉和菜，而只需要花几分钟就可以把菜炒好。典型川菜的烹调十分简单。我先把空的炒锅加热到很烫，然后放点盐，搅拌一下，再放点菜油和胡椒或辣椒，再然后，趁它还是热的，我就把切得细细的肉丝加进锅里去。在搅拌几次以后，我把菜加下去，再搅拌几次，就可以吃了。整个炒菜的时间只不过 3 至 5 分钟，但要花 15 至 30 分钟来准备。至于煮汤呢，我只要把鸡、花椒、辣椒和盐加进一锅水里，将它煮沸，然后将蔬菜加进去，一会儿就可以吃了。

吃完我那美味的晚餐，我没浪费时间，马上开始找工作。早期的不少海外来学英语的语言生，大多数一开始是用挨门挨户地去问的"地毯式轰炸"的方法，敲门问人家是否有工作。他们在英语上的困难，使他们受到限制，无法通过打电话或寄履历的方法来求职。我一开始就采用了一个效率比较高的办法，就是通过打电话去那些报上打广告的单位求职，因为我的英文托福考试成绩比较好。那时候，华人小区仍然还比较小，不像今天的新利班地区这么繁荣和兴旺，差不多什么都可以通过说国语来购买，因为那里有大量从中国台湾、内地和新加坡或马来西亚来的说国语的人，甚至从香港来的人现在也开始说国语了，几乎所有的澳大利亚学校都开始教中文。如果世界上只有英文和中文两种语言的话，世界上所有人民之间的沟通，将会变得更容易及和谐。

在中国，我们在街角的报亭里向个体报贩们买报。但同我一起住的朋友告诉我，在这儿我得去“新闻代理商”那里买报。这个词对我说来很新鲜，因为在中国，这类商店被叫做书店或者报亭。吃了晚饭，我按照他们告诉我的方向，在边境街找到了一家“新闻代理商”。我手里紧攥着那 5.15 澳元，生怕丢了，并仔细地检查商店的招牌，可是我怎么也找不到“新闻代理商”这几个字。然后我开始向从我前面一个接一个走过的过路人请教。当时的布里斯班更像是个乡下小城，人民很友好，就像我成长起来的那个乡下小镇的那些人民，唯一的不同是，在我的家乡小镇，我们只对彼此认识的人打招呼。在布里斯班，人们相互打招呼，哪怕同陌生人也是这样，特别是在早上或单独相处的地方。

作者的现居地——澳大利亚昆士兰州布里斯班市和黄金海岸市

在昆士兰，当人们走过一扇公共门的时候，走在前面的人往往会为后面的人抓着门，生怕门弹回去打到后面的人。人们频频地说“早上好”、“谢谢”、“对不起”，对别人表示尊敬。这就是为什么从澳洲的悉尼、墨尔本，更不用说从英国、欧洲、美国、新西兰、亚洲、中东、和南非来的人都喜欢昆士兰，这里不仅有最蓝的天空、最明媚的阳光、价格合理的独立别墅住宅和最吸引人的长长的、干净的沙滩，还有世界上最友好的人民。

虽然澳大利亚被称之为“幸运的国家”，但昆士兰州（“阳光之州”）是幸运之州，而东南部昆士兰，即布里斯班、黄金海岸、阳光海岸（彼此相距一小时的车程）是幸运之州中的最幸运的城市！目前，每星期有 700 到 1000 人从澳大利亚的其他的州移居昆士兰州，大部分集中在东南部地区，使它成为澳大利亚人口增长最快的州。

我被一位路人带到了“新闻代理商”，而不是仅仅是被告知怎么走法。我走进商店，对员工说：“我想找一份工作，请告诉我应该买什么报纸?”

她很客气地回答说：“《快递邮报》。”

“什么?”我说，我想很快地把这几个英文字翻译成中文，以便理解它们的意思。可是我不能，也不能将它们正确地拼写出来。我要求新闻代理商的员工将这些字写在一张纸上，可是，即使她写在一张纸上，我还是不能理解这些字的意思。我不知道这些字，“Courier”的意思是“交通”，“Mail”的意思是“信件”怎么能同“报纸”的意思相联系。我要求她指给我看报纸在哪里，以便我能买一份找工作，并对这个城市有更多的了解。她告诉我，大多数的广告都登在星期三和星期六的报纸上，其余的日子，广告甚少。可是我哪怕一两天也等不及了，所以我仍然花了一元钱买了一份报纸。这样我的口袋里就剩下两个两元钱的硬币，加上一个一角的和一个五分钱的硬币了。

当我再次回到家里时，我同我的屋友们一起看了一会电视，因为我只是想了解一下西方国家里的节目是什么样的。接下来我就开始看起《快递邮报》来，不仅是看招工广告，因为那天没有多少，还看看新闻。我希望尽量多地了解这块新的土地，同时也可以练习一下我的英文。我然后写了我的日记（就像我的业务计划的小结）直到晚上十一点钟。我重新恢复了我在十五岁时，在成都准备高考时的作息时间表，即每天晚上十一点钟上床，早上六点整起身。十三年之后，到了二十八岁，我在另一个全新的环境里经历一生中第二次最大的挑战。我觉得很有信心，即使我现在口袋里只有 4.15 澳元，因为我相信，卓越只能如此达到：即比其他人认为已自足的基础更上进，比其他人认为已安全的基础上更冒险，比其他人认为已现实的基础上更梦想，比其他人认为已必然的基础上更努力。

第十章　洗碗工和专业清洁工

1991 年 6 月 12 日—1993 年 9 月

冲天之前，必须先脚踏实地。

——麦克·范利

1991 年 6 月 12 日，我的闹钟把我叫醒。我一骨碌爬起来，煮我的早餐，然后径直去我的学院。在这个资本主义的社会，我知道我需要钱才能生存。我既没有工作，也没有收入，更没有抚恤金，没有亲戚，除了我刚刚碰到的中国留学生，也没有其他朋友，而这些留学生也在艰苦地挣扎着。哪怕我能在几个星期之内找到工作，我还必须再等上一两个星期才能拿到工资，因为大多数的澳大利亚职工不是拿周薪就是拿双周薪。我现在得想出一个办法去找些钱，这样我才能对我的房东信守诺言，准时付她的房租。我还需要些钱才能付交通费，因为布里斯班面积实在太大，没法到处都靠步行能走得到的。

从地理面积的角度来讲，布里斯班统计区域是世界上第二大的城市，仅次于美国的洛杉矶，然而从人口的角度来讲，布里斯班统计区的人口简直微不足道，仅两百多万人，而布里斯班本身仅一百万人。要是花时间来等公共汽车和换公共汽车，那是不切实际的，特别是如果我要用公共交通来找工作。最快的能让我立刻拿到现金的办法就是去学院，要求把我付的 2000 澳元押金退回来。因此我在第二天早上去见学院的有关人士。

当我到达学院时，学院的员工还没有来到。所以我找了一个空教室，温习一下我的学院的课程表和习题本。到了八点半，我就去找那位负责押金的职员。当然他们希望把那笔钱保存在他们的账户上，留得越久越好，这样他们有担保也有利息可收。我解释了我的情况，说需要把钱还给我，因为我有账单要付，还有义务要信守。我不希望欠别人的债，而且，最重要的是我从来不想不履行自己的诺言。最后他们同意了。他们记下我的电话号码和地址，以防我不回到学院来。我要求他们用现金来退还我的钱，但是他们笑了笑说他们没法取到现金。他们写了一张 2000 澳元的支票给我，支票上写的被支付者是我的名字。

我很清楚，2000 澳元坚持不了很长的时间，因为我需要付押金给房东，还有每星期的房租，其他的最初的安置费，以及不断重复的支出。除此之外，我还需买一辆自行车，或者摩托车，来加快我的旅行速度。听了我室友的建议，那天，在我从学院放学出来之后，我拿了我的护照，以及其他身份的证件来到银行，开了一个户口，这样我就可以取用我的存款。我把支票存进了我的户口。支票的兑现得三天的时间，这就意味着，我还得继续靠 4.15 澳元生活。在这三天的时间里，我连一分钱也不敢花，而且不断地祈祷，希望不会有重大的或者意料不到的事情发生。一当支票兑现，我马上取出 300 澳元的现钱。

口袋里装着钱，我第一件所做的事就是给房东再付 200 澳元，包括我的押金，再预付两周的房租。女房东看到我很高兴，马上写了收据给我。然后我花了 70 澳元买下了孙健的二手自行车。15 澳元付了他那把车锁，剩下的 15 澳元就买了一些其他的基本日用物品。我的室友对我说，我可以在每星期六下午四点钟以后去购物，因为那时候超市就会用较便宜的价格出清剩余的货品，原因是在1991年，澳大利亚的超市是不准在星期天营业的，以保证员工的生活品质。

当我在学院里学习商务电脑计算时，我的脑袋里一直在想如何赚取一份收入，能使我维持生活，同时又有钱尽快地还亲友们的债。时间过得挺快，我还是没有找到一份工作。租金是需要在每隔一星期的星期一付的。我还得有生活费。我得从上午八点半到下午四点全职学习。这样在课后我就只有有限的时间可以打电话给雇主，了解我寄出履历之后有什么进展，虽然光通过用邮件寄履历并非是一个有效的办法，因为我的履历可能会被淹没在其他很多的履历之中而不引人注意。我在澳大利亚没有工作经验，刚开始时可以做的唯一的事情就是干不拿工资的工作，来取得工作经验，比如在布里斯班的西端区的外卖店里，同从上海来的另一位学生一起做。

上海学生在那家鱼和炸薯条店里当炸锅厨师，那家店在西端区，靠近边界街和秃鹰街（Vulture Street）的转角上。我不时地去那里，帮他煮东西和做清洁，希望有朝一日当他不在或生病的时候，他会临时地让我代替他的职位。店主郭太太是从台湾来的，她自己独自在前台工作，有几位中国留学生帮助她做厨房。在我第二次打电话给我的妻子时，我告诉她我现在学会了炸鱼，当她来澳洲的时候，我盼望可以向她显示我的新技术。在我妻子到达澳大利亚之前的四年里，我每星期同她通一次电话，也每星期给她写一封信。

到了第二个星期的周末，我再也等不住了，我不能再做没工资的工作了。如果我在以后的一两个月里再找不到工作的话，我

作者刚到澳洲时买的自行车和后来买的摩托车

就会睡在街上，而我又不能享受社会福利补贴。结果是，我决定半职学习，这样我可以快点儿找到工作，因为我是不可能再回到我的亲戚朋友那儿去向他们再借些钱的，而我能从我在澳洲刚刚认识的那些人那里得到任何经济帮助的可能性也很小。在西方世界里有这么一个说法："你不要从朋友那里借钱，因为可能性很小，也很贵。你应去银行，因为那儿钱多，价钱也比较便宜。"但是以我的情况，当我最迫切地需要钱的时候，银行也不会借钱给我，因为他们需要担保物和长期还债能力。

在我把自己的学习时间减少之后，我花了更多的时间，申请广告上的空缺的职位，还坐公共汽车或骑自行车去面试了几次。因为有些职位离我住的地方很远，我几乎申请了所有我以为对我来说是简单而容易学会的工作。我光是打电话和付邮资就花了200澳元以上，跟随全职或半职的工作，包括专业清洁工和家庭打扫工、厨房的帮手、铲车驾驶员和焊工。我也坐过火车去金圈菠萝加工厂（Golden Circle Ltd. Pineapple Processing factory），看看是否能得到一份搬菠萝的体力工。

我的一生中还从来没有开过摩托车或汽车，更不要说是铲车了。我也没有做过焊工，可是有一个科学学士的学位，又做过助教和助理工程师，我知道我有能力学习任何东西，而且通常是一个学得很快的人。我就是需要碰到什么人，愿意给我一个机会。

我总是把自己的目标设定在高的标准上，不管我从事什么工作，我总是以达到最佳为目标，而且总是能在短时间内就做到这一点。我倾情地投入，不断地练习，而且集中精力，不管我的周围发生了什么事。我去做了每一个面试，说我在中国有相关经验，因为我知道他们是无法去那里检查我的纪录的。对我进行面试的人总是友好、礼貌、脸带微笑、挺尊重人的。虽然我仍然还在学习英语会话，他们总是感谢我的光临面试。我不断地去面试。我想，如果我能得到一个铲车司机或者电焊工的职位，我可以把自己开始上班的时间拖后一、两个星期。我可以付钱雇一个私人教练来训练我。但是这样的事没有发生。我被提供了很多次面试的机会，但总是被其他更有经验的人或者英语说得更流利的申请人打败。

在金圈菠萝加工厂找一个临时的劳工的结果也是同样的。听了我的室友的建议，我搭火车去北门（Northgate）参加此工厂每天早晨的临时工挑选集会。由于水果加工业是季节性的，金圈菠萝加工厂的雇工们大多数是临时工，取决于每天的工作量，可能当天会雇用十几个工人，也可能会削减十几个工人。其结果是，每天早晨有一百多个工人等在工厂的大院里，等待被工头当场选上，就像一个商人在市场上选购马匹一样。

当我们都在那里坐着，渴望地等待着，工头就会在我们周围走来走去，把我们从头到脚打量一番，然后用手指指着我们中的一些人说："你，你，你！"那些被选上的就开开心心地站起来，走进车间里去，而其余的人就灰心丧气地离开，搭火车回家去。第二天早晨又重新回来，试试他们的运气。因为这种工作的性质是大量的搬运工作，他们大多选择西方人，因为他们个头较大，也比较强壮。我搭火车去过那里很多次，可是从来也没有被选上过，因此我就决定把自己的努力放在别的方面，即我们体弱人的强项：清洁工或者洗碗工。

在我放弃了寻找那些像铲车工、电焊工或者重体力等职位以后，我集中精力打电话寻找或跟踪那些兼职或全职的清洁工。一个月很快地过去了，而我仍然没有收入。当我看到我银行的存款不断地减少时，开始有点儿慌张了。在这个月月底的时候，我得到了另一个面试的机会，一个专业的商业清洁工。

在面试之后，那个面试我的人说："恭喜你，我会让你试工。"我松了一口气说："谢谢！"

他要我填写一张雇佣细节表，还要我填上税号。我每次去面试，总是把税号带在身上，万一谁选中了雇用我可以用。我刚到澳大利亚时，我的室友告诉我，我需要从税务局申请一个税号。作为一名海外学生，我每星期只能打工二十小时。几乎所有的澳大利亚公司和单位都需要代他们的雇员赋税，而且他们一般是按照政府的薪资标准给他们的雇员付工资，付的是固定最低工资或者更高些。有些小生意的老板不问你要税号，特别是个别亚洲人老板，他们给他们的雇员付现金，通常付的工资较低，而这在澳大利亚是不合法的。虽然这种办法对雇主有利。但它对雇员很不利。不光是他们被付的工资较低，而且更重要的是，他们不能保持他们付了多少税的真实的纪录。这意味着，这样的雇员很难向银行贷款，因为他们账面上的收入水平较低，因此对他们购买自己的住宅的能力有影响，更影响他们通过投资房地产来创造财富。

鉴于这样的情况，即非法移民或学生很难找到一个体面的工作，他们很多人被迫接受较低的工资或者接受现金作为工资，而雇主给这些员工付现金可以少付或不付税金。这种“黑钱”避税后来被政府引进的“消费税”（GST）在一定程度上有所阻挡，因而公司需要每季度按营业额/销售额来支付税金，而非仅仅是在年底按他们的净利润来赋税。这样的话，生意的业主或承包商不管他们的生意是否有利润都得赋税。这虽然是精明的自由党政府所立的一个聪明的法律，他却对很多诚实的生意人制造了一种负担，所以受到工党和小生意业主广泛的批评，说这是一种“双重税收”。由于竞争，很多业主无法从消费者那里赚回所付的税金。虽然其中有些可以把税金转嫁给消费者，让广大的社区来承担。在2007年，自由党最后在各州和联邦的选举中都大幅失利。工党尝到了消费税巨大税收的甜头，目前不仅不再反对消费税，甚至还在考虑增加消费税。

我对自己在澳大利亚找到的第一个能挣工资的工作感到振奋。我马上给我的妻子打电话。她同我一样兴奋。我知道她对我在一个月里无法找到工作会同我一样感到担忧，这个消息会让她大大地松一口气。

我所获得的工作是在春山区（Spring Hill）的边界路的公路运输部大楼里的一份商务清洁工。我的工作时间是从周一到周五每星期五天，从下午六点半到晚上九点两个半小时的清洁工作。工资是每小时10.70澳币，那是当时澳洲成年人的临时工的工资。我向我的室友们请教我应当怎样做才能给我的雇主留下好的印象，他们告诉我应当专注于看不见的角落，并尽量使每个表面都做得干净。我马上就开始了工作。

从西端区去春山区并不是太远，我可以在晚上骑自行车去那里。我知道春山其实是一个小坡，因此我就早早地动身，背包里带着一本本市的地图册，以便确保我能够比开始的时间至少提前五到十分钟到达那里。地图册是一本500页厚的书，包括了全布里斯班地区。澳大利亚的地图系统承袭了起源于英国的系统，是世界上最好的地图系统之一。对我来说可以比较方便地找到想要去的地方真是一种好的经验。在中国，我们每个城市只有一张一页的地图来指导我们，它并不给人有多大的帮助。我们想到什么地方的话，就得一路上一个一个人地问，来确保我们没有走错路。在澳大利亚，每条路都在带有街名的街道地图上标得很清楚（有些比较主要的道路还标着门牌号码）。地图册每年都作订正，以便跟上城市的发展，其印刷成本是由广告来赞助的。

我走进那座楼，一位长得很结实的、脸色严峻的女士在门厅里同我打了招呼。她是这里的监工。她把我领进清洁工的储藏室，给了我整整一套清洁工的用具。这包括一个吸尘机、一个水桶、一把拖把还有扫帚、鸡毛掸帚、塑料手套、洗涤剂、毛巾、擦除污迹的刷子。她问我是否懂得怎样专业地清洁办公室，我说："是的。"她满脸怀疑地看着我，然后说："跟我来。"

然后她定下了规则和我需要履行的任务。我负责打扫两个楼面，楼面的总面积大约共达1000平方米。大约还有四到五名其他的清洁工，负责打扫大楼的其他楼面。我的第一个任务是掸灰，每个晚上我都得用鸡毛掸帚清洁在天花板上的空调机的出风口的区域，确保那里没有黑的印迹。接下来我得用毛巾擦所有的固定装置和设备的顶面，然后倒空所有的垃圾桶。每个垃圾桶都得整齐地放在桌子的上面，每个椅子都得被推开，确保整个楼面的所有的地毯都能被吸尘机吸得干净。当吸尘吸完以后，我得将吸尘机里的尘土袋倒空，然后清洁厨房、厕所和窗户。厨房和厕所的表面都得擦得光亮，然后擦干，厨房的洗碗槽也得用擦污迹的刷子擦干净。我必须戴塑料手套，因为洗涤剂是有非常强烈的刺激作用。我不时地还得换上一副新的手套。最后，我得喷洒玻璃剂然后揩拭玻璃、镜子，完后再擦地板并把它弄干。

在我工作的第一天，我到了时还没能完成他们期望我能完成的清洁工作。一位年轻人，名叫孙彼得的，来帮助我，救我出了困境。他是一个很好心的人。很明显是这栋大楼的高年资的清洁工。他担任临时监工的职位。他很耐心地一步一步地指导我。没有他的帮助，我很可能在当场就被炒鱿魚了，因为我对专业清洁工一无所知。我想清洁工作是挺容易的，我从来也没想到，清洁工的要求和标准是如此的高，要达到这样的要求并不容易。在中国，我从来没听说过“专业清洁工”这个名字。我所知道的唯一清洁工是马路上扫街的人，他们用一把扫帚扫街，这种工作做的是非常的粗糙。

当我完成了所有的工作时，我几乎快昏厥了。我觉得我好像是马不停蹄似的干活，干得筋疲力尽。我在工作的时候，监工不时地出现，用她的手指在什么地方的上边缘或者一个小小的角落里抹，那是些几乎无法达到的地方，抹到了灰，就显示给我看。当我做完工作的时候，已经差不多是晚上十一点钟了。我的两小时半的工作，花了我几乎四小时半才完成。在我完成的时候，那监工不耐烦地看着我，我也感觉到很不好意思，因为我让她晚了近两个小时回家。

很多年来，我都在设法想找到孙彼得，因为他的帮助是最令我受益的。彼得是从天津来的。他自然地拥有着那种中国北方人天生的豪爽性格。两星期后，当我被炒了鱿鱼的时候，我同他失去了联系，都没有机会同他交换一下电话号码。后来我听见有人说他在赌场工作，但当我向赌场的亚洲部经理大卫了解时，他记不起有一位叫孙彼得的人了，直到十五年之后我再次碰到他和他的太太。那是在 2006 年，在我的一位当旅游代理的朋友吴珏（Jane WU）在布里奇曼低地（Bridgeman Downs）举行的圣诞节聚会上见面，我觉得高兴极了。在 2008 年，即十七年之后，当我碰到我的另一位清洁工同事，另一名中国留学生郭查琳（Charlene GUO）的时候，我也感到非常的高兴。当时她和她的丈夫陈肯（Ken CHEN）打算在我未来的房地产开发项目寻找投资的机会，或作为投资者或合伙人。

当我作为专业清洁工的第一个晚班结束，对孙彼得和我的监工说再见的时候，我既感到疲劳又感到兴奋。这是我在澳大利亚的第一个工作我可以拿到 26.75 澳元的工资。那几乎是人民币 214 元，相当于我那时在中国的大学里工作一个半月的工资。当时澳洲医生和律师每小时的工资是 200 澳元左右，相当于我当时在大学一年的工资！在 1991 年的澳大利亚，我这个清洁工的工资相比在中国不能算差了，虽然当晚它花了我更长的时间来完成。我觉得我不仅是赚到了钱，而且最重要的是，我已经在澳大利亚获得了真正的工作经验！我知道了怎样专业地打扫一个厕所，也知道了监工最可能在什么地方检察我的工作质量，比如黑暗的角落里，或者高墙的表面，她可能用她那长长的手指头去抹那里，然后向我显示她的发现。

下一个晚上对我就容易多了，因为我已经知道哪儿要打扫和怎样打扫，以及打扫的顺序是什么了。我开始在办公室里从一个书桌到另一个书桌半跑步地进行打扫，掸灰尘，放垃圾桶到桌子下，偶尔，当我开始做清洁工作的时候，公路局的一两位努力工作的职员或经理还在办公室里工作，每次我到他们坐的地方去吸尘的时候，他们总是对我说“谢谢”，而我却觉得应该是我向他们说谢谢的，因为是他们付钱才让我有工作的！虽然中国有五千多年的历史，从前也以一个文明的国家著称，有文明和礼貌，近几十年的革命和阶级斗争，很快地摧毁了一代人的文明和礼貌，这些东西已经由仇恨和怀疑所代替，使得人们相互敌视、傲慢甚至彼此以粗暴相待。在中国最近的改革和物质文明之后，再现了孔夫子的哲学，有了不少真正精神文明的复活，实在是美好的事。

在公路局的大楼里做清洁工作的第二个晚上，监工和孙彼得给了我一些进一步的指导，我在大约十点钟就完成了工作，比第一个晚上减少了一个小时。第三个晚上，我在九点半就完成了工作。那以后，我每个晚上完成的时间越来越接近应该准时完成的时间。时间很快地过去了，一切都进行得很顺利。两个星期以后，是我拿工资的时候了，我心里感到真是很激动。我充满了希望和信心，似乎我已经掌握了专业清洁工的技术。那里的人都是很友好的，除了那位监工之外，她总是看上去很严肃，虽然她从来不粗鲁。我很有信心，我想我的工作做得很出色，而且非常的诚实，在我的两个半小时的工作时间，绝没有停止工作过哪怕一分钟。我甚至总是多做一些时间，确保一切都完成得完美无缺，使监工感到满意。

两个星期结束时，在我完成工作并把所有的清洁工具放好的时候，我看到监工向我走来，就欢迎她。她交给我一个信封，面无表情地说："这是你的支票。"我兴奋得几乎要跳起来，可是然后她说："下星期你不用回来工作了。"我一下子就呆了。

我知道我绝对是尽了我最大的努力。我从来没有停止工作，并且加时工作，从来没有要求过超时工资。然而我无缘无故地被解雇了，还没有事先的警告。也许是因为按澳大利亚的标准来说，我做得还不够好，但是我确实是对那些角落付出了特别的注意。可能仅仅是因为我做得不够快，因为我习惯于在中国生活和工作，那儿一切都比较慢，也许那监工有一个好朋友他也想要这份工作，因为当时，澳大利亚的失业率很高，将近百分之十。不管是什么理由，我相信那是出于偏见。当我问她："为什么?"她耸耸肩说："我很抱歉!"

我对她的回答很不满意。第二天我就直接去波温山区(Bowen Hills)那个清洁公司的总部，去见那位"老板"。他个子很高，态度温和，好像是一家大公司的总裁，而不是我心里的清洁工的"老板"。他仔细而耐心地听了我的投诉。当我说完之后，他说："彼得，偏见是一个很严重的指责。让我调查一下。"他拿起电话同那监工讲话。然后他转向我说："彼得，对不起，这是因为你的雇佣已经不再需要。并无其他理由。"然而，我相信，一切的发生都有一个理由。所以，这也许是上帝的意志，他总是在那里指导和保护我。

在做了非常大的、但还是枉然地想保住我的清洁工的努力之后，我马上决定完全放弃我的学习。我确实是想继续学习的，只要能保持一份稳定的晚间的兼职工作就行了。但事实证明这是不可能的。我已经在澳大利亚待了一个半月了，我的存款越来越少，如果我不出去找到一份全职工作，我会很快地处于绝望的状态。

我不再去学院上课，开始将我的全部时间花在设法找到一份全职的工作和几份兼职的工作。我不希望再浪费一两个月，再找到一个两小时的零工，并且在两个星期之后被炒鱿鱼。学院很快地发现了我没有去学院上课，那里的一位女职员就打电话来我家，询问是怎么回事。我没意识到他们可能会把我的名字报告给移民部，我就如实地对他说了真话："我没法再在学院里学习了，因为我必须先找到一份全职工作！"当她问我是否以后还会去上课，我回答说："可能不会去了。"她什么也没说，只是静悄悄地挂断了电话，也没有告诉我作出这样的决定的后果。然后我继续地开始找工。

我有史以来第一次在澳洲已经有了作为一名清洁工的真正的工作经验。我可以骄傲地对任何可能的雇主说我是一名"专业清洁工"，这是一群比"家庭清洁工"更有较高清洁水平的人。在那一周的周末，我买了一份《快递邮报》开始逐个地打电话给招聘清洁工的广告。其中有一个特别引起了我的注意，因为它可以提供住宿和膳食，仍然还付每周 50 澳元的工资。那是一份住家的工作，但是它对我很合适。我提起电话，打了这个号码。

一个响亮而带着浓重口音的声音回答了我的电话："这是保罗·黑李克斯，有什么能为您服务的？"

我紧张地回答说："我要申请你的清洁员的工作。"

"你有什么经验吗？"

这次我以很大的信心回答："是的，我是一名专业清洁工。"

"你在哪里工作过？"他进一步地问。

"我在春山区公路局的大楼里做过清洁工。"虽然我没有告诉他我被炒鱿鱼了。我通过了第一个测试。

然后他问我："你需要在我的地方居住并一星期工作七天，

这你是否有问题?”

“没问题，一点也没问题。”我说，一面设法掩盖我的兴奋，因为我需要一个地方能让我每个星期居住七天，而一个星期工作七天对我来说从来不是个问题。

“为什么?”他进一步地询问我。

“你也许能从我的口音听出，我是个海外学生，我可以在任何地方居住和工作。”

我的这些话好像使他也兴奋起来了，他很快地接着问道：“目前你有没有什么租赁合同把你束缚住?”

我说：“我没跟房东签什么租赁合同，所以我随时都可以搬出去的。”

他又问：“你会不会开车?”

我回答道：“不会，可是我可以骑自行车。你在什么地方?”

“自由街（Free Street）19 号，新市场区（New Market)”他说。

“从西端区到你那里有多远?”我问。

“目前你在哪儿?”

“西端区，简街 46 号。”我说。

他说：“没问题，那不是太远，我可以来接你。”

“什么?”我说。

他重复道：“明天早上十点钟我来接你，你有问题吗?”

“没有，我会准备好的。”

这是我生命中的第二个转折点。我简直不相信我未来的雇主竟然会主动来接我，从我住的地方帮我搬走我所有的行李。我也简直不能相信我的运气，能找到这样一份吃住都包的好工作。很明显，很少有人申请这个工作，大多数的澳大利亚当地居民不会愿意离开他们的家庭，在他们的雇主那里一星期住上七天，也很少有人会愿意一星期工作七天，而且还是个每天一两个小时的兼职工作，所以他直接就选上了我。作为回报，我在那里一直工作了四年以上，直到我的妻子和女儿在 1995 年 9 月来到澳洲。

保罗就像是上帝给我派来的一位使者。星期天早上十点整，他在简街 46 号出现了，把他的汽车停靠在屋前的路边。一个半月之前，我在这里打开我的行李，现在，我再次将一切又重新打好包，准备作第二次搬家。保罗在门上敲了一下，表明他已经到了。我打开门，看到有个长得像一座大山一样的人站在我的面前。他又高又大，挺着个大啤酒肚子，嗓门洪亮地问："你就是彼得吗?"

"是的。"我愉快地回答。

"你准备好了吗?"他问。

"是的。"我再次回答。

他快步走进我的房间，提起我的两个大包，说道："我们走吧。"他连一分钟也不浪费。

新市场区离开市中心大概有四公里。从凯文格罗福路可以很容易就到达市中心。那是个很漂亮的有好多小山坡的住宅区，是退休人士和中层阶级的理想居住区。大概只花了十分钟我们就到达了我的新家自由街 19 号，他让我第一次有了一种真正意义上的自由的感觉！保罗直接把车开进了那座房子的后院，帮我把我的行李提进了我在地下室里的新家。

这是一座很大的昆士兰人式的房屋，坐落在一片面积为 1199 平方米的很大的长方形的地上，房子分成两层楼。地面从街上向屋后倾斜成一个坡度，这样屋子的上面一层的生活区域，包括 12 个房间以及起居室，同街面在一个平面上。厨房在这一层的中间，它通向屋后的饭厅，中间有个室内楼梯，通向楼下的地下层。

保罗在职业上是一位专业的木匠，他把地下层改成了有八个简单的小房间的一个层面。那里的天花板离地面只有大约两米高，这低于政府要求可以居住的房间的最低合法高度。楼上的十二个房间都住满了房客，而楼下只住着三个人（包括我自己），一位相对有点钱的叫佩琪的女士，还有一位叫大卫的谦卑的男士。这两位都是单身的，都不同程度地有点儿精神病症。这座房子被叫做“新市场特别年长人士住所”，实际上就是那些有轻度精神病人的老年退休村。楼下的其他房间都是空的，或者用作保罗的办公室、储藏室。

佩琪所住的那个房间靠近后院，那个房间的天花板稍为高一些，房间里充满着很多颇带感情色彩的物件。楼下的其他房间都相当简陋，分隔墙都是些粗糙的木板墙。每个房间只有一扇小窗，由于地是倾斜的，这些房间看上去就像监狱的牢房。我的房间位于地下室生活区进口处的右边，这是一间很小的房间，只有两米宽三米长，或者六个平方米的面积。它刚好够放得下一张单人小床，一张小的写字台和一个小的衣柜，正好在离地两米高的天花板下面。每当保罗想要走进我的房间的时候，他都得低下头，免得前额撞在门框上。地面上有几块并不是固定在地面上的小小的地毯（40×40 厘米）拼凑在一起，遮盖着冰冷的、潮湿的水泥地板。虽然在澳大利亚，让人住在这样的条件下是不合法的，但我已经相当满意了，而且对保罗非常感激，直至今天。我并无抱怨，因为他对我提供了免费的住宿和伙食，同时每星期还付我 50 澳元的工资，每天只要平均做一到两个小时的清洁工作，每星期七天，最重要的是，他对我的尊重。

在街的对面，还有两座很大的正规运行的退休村。在自由街

19 号这个特别住所居住的大多数的房客都是其他的退休村或精神病医院转来的。这些精神病人中，没有一位精神病的病状会危及他人。然而，他们的不适宜于在其他一般的退休村居住，因他们生活不能自理。他们的病状又不够严重，不必被关在精神病医院。虽然有些地方政府的官员，还有其他退休村的经理们对这间不正规的“特别住所”并不满意，但他们也别无选择，也不能做什么事来阻挡保罗从退休村或者医院把这些人弄到他的“特别住所”来高兴地住在一起。我真是希望中国也有类似的住所，因为我的父母也曾拼命而徒劳地想要为我的妹妹找一个这样的让人可以完全放心的住所。

像很多其他的退休村里居住的老人一样，在特别住所里居住的人当时每星期从政府那里领取 180 到 200 澳元的抚恤金。保罗一般会从他们的抚恤金里每星期收取 80% 以支付住所的开支、食物以及从医生或精神病医生而来的特别治疗。他雇用了一对夫妇，他们住在楼上，一星期六天做饭。星期天，这对夫妇回他们在邦德堡（Bundaburg）的住家，这一天就由保罗亲自做饭。他还负责购物、修理并安排让医生上门为住所的人出诊。除此之外，他还在一家木匠工厂工作。

现在他雇用了我，屋子里就有了两个清洁工。从星期一到星期六，有一位当地的姑娘来打扫楼上的起坐间、卧房、浴室和厕所，我的工作是打扫楼上的饭厅，地下室里的卧房、起坐间、浴室和厕所，并且每个星期天为整个住所清洗毛巾和床单。每隔一星期，我还得割草坪。打扫那个小小的区域是很容易的，我有足够的时间来给每个角落掸灰，揩拭所有的表面，并且很妥当地把灰尘吸干净。第一个早上，这些工作花了我两个多小时才完成。我的第一天的工作完成时，保罗带着我去做一次常规的检查。他移开家具，爬到地板上去查看角落里有没有灰尘及垃圾，结果是完美无缺。他非常非常的满意。

从第二天起，当我熟悉了工作之后，我需要用于完成所有任务的时间减少到一个小时半，周一至周五，而在周末，我得额外每天花两个到三个小时。时间一久，工作也变得越来越容易了。

我吃了二十八年的又辣又咸的世界闻名的美味川菜以后，我首先得习惯吃典型的英国食品，比如吃早餐用牛奶拌着小麦饼干，或者谷物，或者水蒸的蔬菜，加上些调料、盐和胡椒，午餐和晚餐吃牛排或者其他的肉类，偶尔也吃些带蔬菜的鱼，喝茶或咖啡。我不知道这些食物是所有传统的西方人都吃的，还是仅仅是专门为这些年老的房客做的。但它们看上去非常容易煮，也容易准备，因为不用切。我们得用一把刀子和叉子来切盘中的食物，但我知道这种食物至少对那些老人来说是很健康的。那儿所有的房客每天吃六顿：包括带有茶、咖啡和饼干的上午茶、下午茶和晚茶。出于好奇，在我找到其他的工作以前，每当我有时间的时候，我就参加他们的“喝茶时间”，来体验一下这些澳大利亚的生活方式。很多年之后，因为有更多的中国人来到了澳洲，我们可以在老中国城或新中国城——新利班区的中国杂货店里买到几乎所有的中国食品，可以按我们所喜欢的口味来做了。

由于我只需要花比较少的时间就可以完成我的清洁任务，我可以将一天剩下的时间全部用来找另一份工作。这一次，在等待报纸出来之前，我也开始上门挨家挨户地在工业区以及中国城里的中国餐馆找工作。

我并没意识到在那些日子中，昆士兰的阳光十分强烈，所以从来没想到过要抹防晒霜。我从外面找工回来时，鼻子、脖子和手臂的皮肤经常被晒得发红，最后皮肤剥落。

很快，我在中国城的一家中餐馆的底层窗户上发现一张广告，要找一名洗碗工。那是一份全职的工作，每星期工作六天，从星期二到星期天，每星期工资为现金300澳元，或者等于成年人的工资为每小时4澳元。每天的工作时间为早上十点半到晚上十一点半，或者更晚，下午三点到五点有两个小时的休息。如果我把下午丢失的两个小时也算在内，我的每小时的工资只有大约3澳元，比政府规定的工资标准低得多，可是，作为一名海外学生，没有合法的权利打工二十个小时以上，我当场就抓住了这份工作。

这个时候在澳大利亚的中国学生一共有四万人，他们也都急着要找到一份工作，所以我得赶紧。哪怕这工资是大大低于法定的最低工资，每星期300澳元的工资相当于我在成都科技大学作为助教、政治辅导员或者我最后的那份助理工程师的职位的全年的薪水。

餐馆的老板是从香港来的。在那个时候，说普通话是同中国的贫穷、落后和愚昧的形象相联系的，所以，即使他们中的大多数都能清楚地说普通话，他们在大庭广众宁可不说普通话，或假装他们说普通话很困难，还带着浓重的口音。有些早期的移民还将他们的姓氏的尾部加了个e或者y，让他们看起来同西方姓氏更相近。同时那些只能够说普通话的学生不会得到做男女服务员的工作，因为他们需要能说广东话的。所以做厨房里的帮工是我唯一的选择。今天，普通话或国语在旧中国城、新利班区或新利班山区等等地方都已成了半官方语言，仅次于英语，这归功于当地大批早期台湾移民和由于中国的改革开放带来的经济奇迹，以及早期中国留学生们持之以恒的勤劳和创业，而产生的大批有钱的新老中国留学生和近期大量由中国内地来的商业移民。

当我敲了门并等待餐馆的老板时，老板娘一发现我是中国来的，只能说普通话时，便带着有些鄙夷的、疑问的眼光看着我。整个面试只花了三分钟的时间。她问我以前是否有清洁的经验，我说有的。她然后问，“每星期 300 澳元的工资你有没有什么问题?”我很快地回答：“没有。”

“这份工很辛苦，你能不能每天工作很长时间，而且每周六天?”

我说：“绝对没问题。”

她然后说：“明天就开始。”

虽然没有一点表情，脸上没有一点微笑，这一点同其他当地的澳洲人截然相反，我仍然高兴地感谢她，对我的第一份全职的工作感到兴奋。

这是一家挺忙的餐馆，它已经有十来年的历史了，有很多稳定的客人。有四名其他的厨师，由主厨负责，男老板负责采购，同时又作为主厨的后备。老板娘负责管理，而顾客服务由她的侄女负责，还有一位责任经理，几名男、女招待。我是唯一的洗碗工兼厨房帮工。

我每天早上在“特别住所”完成了清洁工作之后，就从十点半开始餐馆的工作。我的第一个任务是帮助大厨们准备午餐和晚餐的原材料。我第一次学会了如何削洋葱，它总是弄得我眼泪汪汪的。大约在早上十一点半，我们有十分钟时间吃一顿快速的午餐，午餐是主厨煮的，然后客人就开始进来了。不久，碗碟就堆积如山了，它们是一大堆一大堆地送进来的。这家餐馆位于中国城的繁忙的三角窗地段，在午餐和晚餐的时间客人总是很拥挤。我不知道他们是否有意让洗碗的员工忙得要死，还是他们想省钱，不去多买些廉价的中国盘子，所以他们永远是碗碟不够。老板娘和她的侄女就不断地对我吼叫：“快手，彼得，你再快手些!”

在我有了在春山区边界街的公路部大楼里的专业清洁工的经验之后，我觉得自己的清洁水平已是良好而高效的，从来不停止地工作，干起活来努力设法要尽可能地快，但看来这还不能让他们感到满意。我任何时候总是感激那些能指出我在哪儿需要改进的人，以便我能够做得更出色，可是任何人都很难接受这种粗暴的方式，没有一点尊重人的地方，在下午三点钟的休息时间之前，绝对没有一点点的停顿。在洗碗的过程中，就算有一点可以空出来的时间，我也总会去快速帮主厨去做一些清洁工作或者做其他的准备工作。在下午三点到五点的餐馆停业期间，因为我回家去休息的时间不够，我只能在中国城游荡，找个座位休息一下，或者看看书。有些服务员或大厨就会跑到布朗士维克（Brunswick）步行街的当地的TAB去赌跑马，或者到中国城步行街的书报亭里买一张金乐透票子，试试他们的运气。这一切的赌博对我来说都是新鲜事物，我当时也不敢去尝试，因为我知道我的首要任务是将那些借来的钱还清。

下午五点钟的时候，同样的运作又开始了，以清洁餐馆和准备食品开始，到五点半钟，我们全体都会很快地吃一餐晚饭，只花十分钟的时间。到六点钟，顾客们就会源源不断地进入餐馆，我的碗碟很快就堆得很高了。我会弯着腰、低着头面对它们，再不停地干上五个钟头，直到晚上十一点钟。然后我和其他的员工一起，很快地吃一餐夜宵，然后再把炉子和地板擦干净，准备明天的战斗。到我把所有的工作都做完，时间已经是将近午夜了，在第一天结束的时候，我几乎是累垮了。这工作实在是很疲劳，但我对工作的本身绝对没有抱怨。我实在是很高兴学习新的东西的，而且对厨房里的工友们的工作效率和工作道德印象很深。

虽然我和厨师们之间的谈话不多，但我知道他们都是挺好的人，并且对他们的工作很敬业。我感谢有机会不仅是赚得一些收入，而且更重要的是能向他们学习。我唯一不开心的是老板和老板娘对我说话的态度。同那些当地人不同，甚至同来自台湾的人不同的是，他们是真正的粗鲁和刻薄，我无法想象这是为什么。是否这是因为他们以前在香港打工的遭遇和在那个狭窄和拥挤的环境中生活的缘故呢，还是他们过于忙着赚钱所以什么都顾不上了呢？在中国台湾和香港，员工和老板的收入差别很大。到2010年为止，台湾和香港的员工的最低工资也才一小时4澳元左右或8000－10000澳币一年，而澳洲员工的最低工资是每小时15－16澳币或年薪30000到35000以上，加上房价相对较低，生活品质较好，一直被称为打工者的天堂。不管理由是怎么样的，当时这对香港老板他们没有时间微笑，特别是对我们这种“低级员工”，没有时间哪怕是对别人给以最少量的尊重。有一件事我心里是很清楚的，那就是我必须忍耐这一切，不管他们对我是怎样地不尊重和漠不关心。我在那一天就对自己说，如果我以后有机会雇用别人，我会付给他们我力所能及的最惠的薪水。除此之外，我还要像对待我的家人或朋友一样来对待他们，不管他们在我的公司里担任什么职位，我都会对他们给以个人极大的尊重，就像我的祖父母在1949年以前对他们的员工一样。

虽然我每天都得忍耐同样的情况，我仍然很愉快地长期继续我的工作。这种一天又一天的不间断的工作持续了大约一个月的时间，直到有一天晚上，大约八点钟左右，正当我专心致志地以我的手所能够的最快的速度洗着碗碟的时候，餐馆老板的侄女突然冲进厨房。她的左手拿着一个盘子，不停地用她的右手握着的一双筷子敲打着它，在我的面前挥舞着，冲着我吼叫道："彼得，快手，快手，喔，再快手喔，没有空碟子了！"

我气得肺几乎要炸了。但我还是镇静下来，我无法想象我还能洗得更快。我相信，不管我快到什么程度，他们还是会不满意的。这一点对我来说是没什么，可是他们的行为实在是令人没法接受。我甚至经常没有时间来更换洗碗的水，可以在我把洗过的碗碟放到一边去的时候用清洁的水冲洗一下。如果再要我洗得更快一些的话，这些碗碟就不会被妥当地洗净，这样就会让顾客闹出健康的问题来。我仅仅回头对她看了一眼，什么也没说，尽量设法克制我的怒气。我表情平静，继续我的工作。

第二天，我马上在我下午两个小时的停工时间里去寻找另一份全职工作。我在另一家餐馆的窗口上看到一份告示，他们出330澳元，工作时间相同，而餐馆要更大些，在二楼，店主也是从香港来的。同以前的那位主厨兼老板相反的是，这位新的男老板是在前台工作的一位投资者，看上去比较有教养。像不少其他从香港来的人一样，虽然他也很少有笑容，他看上去还比较温和一点。我马上就得到了这份工作，这是我在过去的两个半月的时间里，从在西端区的炸鱼和薯条店做我的第一份不拿工资的工作以来得到的第五份工作。我准备从下个星期一开始马上到这个新的餐馆里去工作。

在星期天晚上我的工作结束，我从老板手里一拿过300澳元现金的工资，我就对他说："这是我最后的一天，我不会再回来了。"

在这整整一个月的时间里，这家餐厅的两名东主，几乎从来没有跟我打过招呼，也没有用普通话跟我说过哪怕是一个字，除了对我吼叫"快手，快手，你的手再快些"，没有跟我签过雇用合同，没有让我填过税务声明表格，没有给我发过团体纳税证明，可是，当他们一听到我要离开时，他们用清楚的普通话对我吼叫道："你为什么要离开？为什么你不提前两个星期通知我们?"

我很平静地回答说："对不起，老板，去问你的侄女吧。你现在可以自己赚更多的钱了!"

从我在中餐馆工作以来，我第一次感到吐了一口气，我意识到，在这个民主和自由的国家，我有做出选择的自由——这种选择不光是为了钱，也包括我愿意跟谁打交道、为谁工作，以及我愿意为我家庭的未来创造怎样的生活方式。

在我离开那家餐馆以后，那位很有能耐的主厨也离开了，去开了另一家中国餐馆，就在原来的那家餐馆的隔壁！刘主厨后来成了昆士兰中国餐饮业协会的副会长，我们到现在还时而在社区的聚会上碰头。有时，我还会碰到二厨和其他的厨师和侍应生，他们现在也在别的餐馆工作了。

从我离开西端区的简街 46 号大约一个多月之后，我一直没有时间休息一下，甚至没有打过电话给史可聪、孙健、莎伦和贾拉德。第二天，在我完成"特别住所"所有的清洁工作之后，我拿起电话来给莎伦打了一个电话，想了解一下她们那里的情况怎样。

她一辨出是我的声音，就紧张地问："彼得，你没事吧?"

"我非常好。出了什么事了吗?"我问，一面想着我在第一家中餐馆的不愉快的经历。

"几天前移民局有几名官员来我们的屋子找你。他们想抓你，并把你送回中国。你搬了家，真是很运气。"她回答。

我从来不相信，如果我们不努力，上帝会把我们希望的东西给我们，但我相信，上帝的手总是在那里，在非常必要的时候，会来帮助我们，如果我们不断努力，决不言弃的话。尽管如此，在这个例子里，我完全没有意识到，我曾经需要他的事实。我几乎是在同样的地区，被提供兼职的清洁工作。这一普通的清洁工作仍然需要我搬家，这样，当移民局的官员来找我的时候，我已没有待在我给萝兰·马丁学院的同一个地址了。

当我听到这个消息时，我对下一步究竟应当怎么办感到有些紧张。过去两个半月以来，我的全部精力都放在找工作和每天工作十四到十五个小时了，一点都没有意识到情况的严重性——我现在已经非法在澳洲居留，因为我违反了我的签证条件。我一直以来都没有时间考虑一下我原来的计划，即付钱给什么人来伪造假结婚的证书，等我拿到永居的时候，再同她离婚，拿到离婚证书。不管怎样，我在那时也没有钱来做这件事。

我问莎伦，为什么其他学生好像没有任何问题留下来呢？她告诉我，他们几乎所有的人都申请了人道居留签证。那是一种新的签证类别，其目的是为了保护那两万名在 1989 年 6 月 4 日天安门事件之前来到的和另外两万在之后才到达澳洲的中国学生。这件事在政治上是敏感的，所以没有人会愿意公开地、自愿地谈论这种新的签证，除非我直接地问他们。

这对我来说是个很好的消息。它能帮助我抛弃所有以前的复杂的计划，而这个计划又让我的妻子紧张，尽管事实上我们彼此之间对我们的爱情和婚姻完全有信心。我和我的妻子都充分地相信这一点：不管我们被分开多少年，而且又没有一张可以束缚我们的结婚证书，我们会彼此永远地忠诚对方。

我把这个好消息告诉了我的妻子。她很兴奋，因为这意味着我们可以比我们所期望的更早地在澳大利亚会面了。她也可以申请来澳洲学习或访问，而且可以用同样的签证留在这儿。在这段时间中，她得一直等到我赚到了足够的钱，给她付学费和一张机票，等我付还了我所借的全部借款之后。

心里想着这一点，第二天早晨我就到阿德雷得街的移民部大楼去领取了必要的表格，在餐馆的工作开始之前，我已经把表上的所有格子都填好了，然后在同一天的下午，我将表格寄还给了他们。我知道他们会在中国城的中餐馆或其他华人商店进行突击性的搜查，抓获非法移民，我的名字一定会列在搜查名单之中，因此我必须赶快做此事。

一旦我把申请表格送进去了，我就可以先领到一份过桥签证，合法地在这儿居留，并且在澳大利亚全职打工，一直等到最后我的申请被正式的审理了。因为我本人在中国的确也签署了大学老师们的公众请愿书，我对自己的申请被接受很有信心。最后，他们于 1994 年开始审批，并对几乎所有的在 1992 年 3 月之前来到澳洲的，并且在这以前申请了特别人道签证的四万中国学生都给了永久居住的签证。

在离开中国之前，我在成都科大申请了留职停薪，而不是完全的辞职。这意味着我仍然可以有权保留我那个 18 平方米的旧宿舍，以免如果我不能得到澳洲的永居签证，或者我决定回国创业，投资于中国巨大的发展市场时还会有地方住。那个时候，在中国要想买一套住宅或者单元房还是很罕见或者是很困难的。虽然我最值钱的东西，比如我的家用电器、集邮收藏，都已经出卖了，但我们仍然在那里保留着我们大部分的家具，还有我们的个人用品，万一我回到中国都是可以用的。在我离开以后，我的妻子偶尔还在那儿住，主要是为了集中心思温习英语，为了参加她的托福考试。其余时间，她同我的父母以及女儿生活在一起，住在我的父母家。

当我离开中国不久，另一位政治辅导员（他实际上是我妻子在大学的同班同学和班长）看到那是一个很好的机会，可以弄到一个额外的房间，可以让她的母亲搬进来住。他来问我的妻子，他是否可以占用我们的家。我妻子把这个要求转达给了我母亲，但我母亲不赞同这个主意，因为她担心，一旦我们同意了，我们就永远也不能把它再取回来了。他对我们不愿意把我们的家转变成他所渴望的用途感到非常生气，就向大学的宿舍管理部报告了我们的情况，认为我们只能够占用这 18 平方米的宿舍的一半。

我和我的妻子结婚后在这个宿舍已住了三年以上。当时的一般做法是（这是一条非正式的规则）一名结了婚的教师被允许占有这 18 平方米的房间，而合法地说，他只能占有这个房间的一半。一个结婚了的家庭不可能只占用 9 平方米的半个房间，在房间的中间有个公用的门或分割墙。这简直无法想象，也不可能。我妻子继续受到宿舍管理部的威胁，宿舍管理部甚至说要把另一位男性教师分进这个房间，同我们一起共用这个房间。他们认为这是合理的，因为这是当时的明文政策，可以让我们重新安排家具，让我们让出一半的面积，但事实上这实在是不可能的。哪怕我们把双人床换成了两个单人床，因为其余的家具，包括那个大组合式衣柜、梳妆台、吃饭桌子，也会将其余的面积占满，不会留下可以转身的地方。

我妻子认为这是对自费留学生的一种歧视，而我在那时只出国了几个月的时间。由于我妻子不愿意退让，他就同房管处的领导人一起，在没有事先警告的情况下，将门锁换掉，并在门上加了封条，强迫她离开。我的妻子和家庭不仅是痛心，而且是绝望了。在我父亲的帮助下，他们很不情愿地将家具全搬回了我父母亲的小小的两个房间的单元，把学校的房间全部让了出来。

我妻子从此想尽了办法要同我团圆。她不仅申请来澳洲学习，也设法要得到一份工作签证，但这两个申请都遭到了拒签。很明显，这种假离婚再重新结婚是一种很普遍的做法。这是拒签的一个主要的理由，虽然事实上我们是合法地离婚了，她在递进申请的时候是单身。澳大利亚的报纸不时报道过移民部的官员们经常在半夜里到“新结婚”的人的家里进行突然检查，看看“丈夫”和“妻子”的东西是否都放在一起，而且他们两人对移民官对他们日常生活起居的问题的答案是否一致等等。幸运的是，大多数的中国留学生已经不需要经受这样的检查，这是因为当时鲍勃·霍克（Bob Hawke）总理专门为中国留学生新设立的人道永居的类别。

在这个期间，我的妹妹在中国因为她怀孕而未生下儿子的人工流产而得了精神病。由于西方文化迅速的影响，中国年青一代的离婚率据说也已经达到了50%左右，使他们的身心都受到了很大的打击。今天，令人遗憾的是，越来越多的人彼此之间不信任或不忠诚，他们彼此之间缺乏宽容心和理解心，一有小小的争吵，就把他们的婚誓丢在一边，或者他们的关系就在这样的情况下减弱了。我妹妹和她丈夫之间的离婚，导致了她打掉了她那还未出世的孩子，使她的精神状况恶化，需要不断地服药来控制她的病情。虽然她看上去很正常，一旦停止服药，她就会对别人可能会在她的背后说她些什么感到疑心。这样，我的父亲或母亲就不得不一直待在她的身边，来确保她准时服药。

不久以后，那个同我一起打扫“特别居所”的女士辞去了她的工作。由于我在那儿工作得很出色，保罗觉得再找一个当地的女清洁工并不值得，因为她们好像从来也不会待得很久。他提出要把她的工作也交给我做，再另外付我20澳元。他如果要再雇一名临时的女清洁工，就得每星期至少再付 80 澳元的工资，而她们也很少会工作七天。虽然这只是另外的 20 澳元而已，我却毫不犹豫也毫不讨价还价地接受了，因为保罗对我既信任又尊敬，我非常感激这一点，而且也不会忘记。这以后，每天早上我打扫整座房子，从楼上到楼下。在那儿居住的人都非常友好，虽然他们有些精神问题，在我待在那里的整个四年中间，他们从来没有同我发生过任何争执。他们是世界上最好相处的人们之一。具有讽刺意义的是，从邦德堡来的那位住在那里的男厨师，虽然他也许是个精神正常的人，可是，他却经常容易发怒并且傲慢无理，自以为是。

在布里斯班，从新市场到中国城的距离只有四公里，可是我骑自行车到那里得花半个小时，因为一路上有很多山坡，因此在这个工作上所花的全部工作时间长达每天 14 个小时，再加上我为“特别居所”做的另外两个小时的清洁工作。在我的业余时间里，除了写日记或看看书，我的睡眠时间只有六到七个小时，这在起先并不算是太糟。

当我到达中国城的时候，我一般会把我的自行车锁在一个电灯杆上。就像全世界许多这样的区域，位于布里斯班的福吉求德山谷（Fortitude Valley）区的布朗士维克街是个“红灯区”，那儿活动着一些贩毒的人，还有一些妓女，偶尔还可以看到一两个无家可归的人，虽然他们在附近的火车站或者一个安静的角落里。澳大利亚是一个相对安全和富裕的国家，无家可归的人比其他国家要少很多，当时的福吉求德山谷区也许是我们在昆士兰能在极偶然的情况下看到他们的唯一的地区。虽然在布朗士维克街的步行街有个警察局，我在离那里大约 30 米以外的地方锁上了我的自行车，但还是有人割断了锁链，偷走了我在澳大利亚的第一辆交通工具：一辆二手自行车。

我在半夜下班以后发现我的自行车丢失了，我只得叫了一辆计程车回家，这对我来说是个非常痛心的经验，因为我把所挣的每一分钱都存起来，以便付还给帮助过我的人。第二天，在保罗指导下，我从米琪尔顿（Mitchelton）区的自行车商店里买了另一辆崭新的自行车，花了150澳元，这是我在三个月里的第二辆交通工具。

生活相对平静地过了另外一个月。对比原来的餐馆，新的餐馆有更多的碗碟要洗，因为这家餐馆在中午供应饮茶而且这家餐馆要更大得多。我得自己更努力地工作，但我从来没有抱怨过。我想我会在这家餐馆工作得更久，就像在新市场的那个特别居所。可是有一天，那个老板交给我330澳元现金的工资之后，我同样被告知明天不用来了。我完全被惊呆了。就像我的第一份专业清洁工的工作一样，这位说话温和的老板，没有任何的事先警告，就把我炒鱿鱼了。我猜想一定是另有一位新移民，或者是留学生，也想要这份工作，而且愿意拿更少的工资。我认为我干得很出色，他从来不需要对我吆喝："快手!"

但是这次我不会这么轻易就放弃。我直截了当地对他说："我工作干得很出色，至今没有任何人抱怨过一次，如果你坚持要把我解雇，我就别无办法，只得向税务局检举你对政府逃税的事。"他的脸一下子变得苍白了，很明显的是被我的反应吓呆了，最后他勉强地允许我继续工作下去。

过了另外两个月之后，此餐馆业主突然宣布说，他的餐馆已经卖给一位新的业主了。此新业主已经在布里斯班的中央商业区开了一家很成功的餐馆——饮茶楼，一位年轻人，大约三十五岁左右，被任命为新的经理。他似乎是很有能力、经验的，而且雷厉风行。他通知我他希望我继续留下来工作，但我告诉他我得利用此机会考虑一下。

到那个时候，我已经在澳大利亚待了六个月左右。在那段时间里，我从五个工作那儿所赚得的几乎每一分钱，我都存了下来。除了用来买那辆新的自行车的钱，我几乎没有其他的开销，因为我的吃住都是免费供应给我的。从我最初在西端区的外卖店里的义务工作，直到此时，我积累了可以找到另外一份工作的几乎所有的技术，我希望这份工作至少可以按政府的工资标准来付我工资。我一共存下了大约7000澳元，它能让我付还我所有亲爱的亲戚和朋友们所借给我的钱。作为一个有诚信的人，我不但会满足，而且远会超过他们的期望，永远不会对他们食言或失信，所以我决定乘这个机会，当这家餐馆的管理人员改换时，辞去我在中国城餐馆的洗碗工作。

我一生中最开心的时刻之一，是当我知道我可以比我所答应的时间提早一年就还清我所欠我的朋友们和家庭成员们的全部债务了。虽然这对于他们中的大多数人还只不过是一个口头或没有实际资产作为担保的承诺，它对我却意味着一切。每星期工作八十到一百个小时，在过去那六个月的时间里还没有休息过一天，我感到松了一口气，因此决定休息一天，利用这个时间到银行去一次，取出所有的钱，把它汇给我的妻子。我指示她在一收到我的钱之后，就把它还给每一位帮助我筹齐了我最初资金的人，包括我的亲戚，并且再加20%的利息。在他们借钱给我的时候，没有人主动要我付20%的利息，但我想全心全意地感谢他们对我的信任。多年后，当我第一次回国时，我又对他们的本金加倍奉还。同时，我的妻子张源也开始申请到澳洲来的学生签证。

当我把钱寄出以后，我的账上又回到了零。我得重新开始，尽快地积累我开创事业的资本，这样我就可以资助我的妻子和女儿，也可以将我的事业向前推进一步。在过去的三个月里我没有去找过其他工作，所以我又开始看《快递邮报》上的招聘广告。这一次就比较容易找到一个清洁工或者餐馆的工作了。我现在有了工作经验，在可能是最严厉的工作场所，比如“专业清洁工”或者“中国饭店的洗碗工”那里得到了培训。作为家长，我现在坚持要我所有的孩子在学习期间都去体验一下以上的工作，在他们全职进入家族生意之前。

那时我仍然只有自行车，这样我只能找就近的工作。我把我的申请交给了位于帕丁顿（Paddington）区积温街（Given Terrace）的盖尔美味馆（Gail's Deli），申请一份洗碗的工作，税前工资为 9.5 澳元。我骑了自行车去面试。那位叫盖尔的业主是一位很有礼貌而又有教养的女士。她好像对我的经验印象良好，说她会很快地给我答复。

我离开面试的时候有很好的预期，心想她很快会给我电话，把这份工作给我，但一天又一天地过去，直到一个星期过去之后还没有消息。我拿起电话，给盖尔打了一个电话。她很有礼貌地回答说：“我真的对您的热情有很好的印象，可是很不幸的是，您只是我的第二位最好的候选人。如果我的第一位候选人有什么问题的话，我会第一个考虑您的。”

我觉得很失望，但是仍然对她的专业和礼貌的为人方式表示感激，因此我继续找其他的工作。只过了两天以后，我很惊奇地接到了一个电话，是盖尔打来的。她告诉我：“彼得，我喜欢你的态度，愿意让你开始工作，你明天就可以开始。”

“谢谢您，盖尔，我不会让你失望的。”这是我有信心而愉快的回答。我在那里一直工作了大约一年九个月，直到我开始了房地产的事业。

我在那儿的工作仍然是洗碗和清洁，工作时间是从中午起到下午五六点钟。这家店相当忙，因为它位于位帕丁顿区积温街的一个很时髦而繁华的位置，出售多种美味的食品。除了盖尔之外，还有一名男的大厨、两名女士，她们照看柜台，连盖尔一共是五名职工。这家美味熟食品店在午餐时间和下午四点以后最忙，这个时候正是人们下班的时候，他们一般顺便拐进店里，买上一点好的肉食，回去准备他们的晚餐。在这家熟食品店里工作最令我印象深刻的不仅是我们得到相对公正的工资，而且每个员工都受到信任，受到尊重。每天，不管盖尔是否在店里，她都会留下一张工作时间表，让我们自己填写，这样我们就会根据我们工作的时间得到报酬，因为每天取决于顾客多少，我们有时会早些结束工作，有时会晚些结束工作。每天，当我们结束工作的时候，她总是会对我们说："谢谢，彼得，再见。"我对自己说，虽然这只是一份半职工作，从星期一到星期五，但是工资是相对公平的（虽然并不是非常好，每小时 9.5 澳元，因为这仅仅是份付计时工资临时的工作，没有带薪的假期，也没有假期津贴），我还是会为她尽可能长期地工作。

因为我能把我所挣到的每一分钱都存了下来，这份工作每星期能给我带来 300 澳元左右的收入，我想在晚间再找一份工作。为了能做到这一点，并且扩大我的机会，我需要能够在相对较短的时间里到达更远的地方，因而我决定购买第一辆摩托车。

我花了 300 澳元买了我的第一辆二手机车（电动车），花掉了近一个星期的半职工作的工资。这是我到澳洲大约六个月之后给自己买的第一个圣诞节的礼物。在这辆车的前车主给我显示了机车的基本功能之后，我就直接开始骑着这辆机车上了路。这辆车没有排档，两只脚就放在中间那块平面上。它能开到的最大时速大约60公里左右，所以在道路上骑这辆机车是很危险的，因为我不能很快地加速超过其他车辆。当然，机车是不准上高速公路的。我所真正需要的是在高速公路上行驶，以便能节省时间，但是我总得从某个地方开始才行，而这样一辆机车在当时可以凑合使用。在中国的成都科大工作的时候，能拥有一辆机车就是我最大的梦想了。至少这个简单的梦想现在已实现了，虽然在澳大利亚繁忙的街道上骑一辆机车是一件令人尴尬和危险的事。

澳大利亚人是世界上最文明的驾驶员之一。他们大多数既有礼貌，又耐心，关心别人，并且以遵守交通规则为本分和自豪。我很少听见由驾驶员对其他驾驶员鸣喇叭的。每当我想要离开一座房子开到主街上，或者从加油站开出来，如果那里有长长的车队排在路上，人们通常会招手示意让我先开出来超他们的车，然后他们才朝前移动。如果排在队伍里的那些人严格地遵守交通规则，那些要开出家门或加油站的人会很难开出来，因为他们按理要给直行的车让路。

哪怕是在半夜打工的路上，街道看上去差不多是空空荡荡的，我仍可以看到那些一般被叫做“飞车党”的骑摩托车的人留着长胡须，骑着大马力的哈雷戴维孙牌的摩托车，耐心地在红灯前面等待换灯。他们对交通规则遵守的自觉性对我留下了深刻的印象，因为那时在中国，几乎每个人都会不耐烦地闯红灯，有时就在交通警察的面前。相信今天，在物质条件改善以后，人们对交通规则和法制的遵守已有相当的提高。

当我的确听到有人鸣喇叭的时候，那很可能是前面的驾驶员在看到红灯停下时，不是在看点文件，或者东张西望，有时甚至几乎在打瞌睡了。如果前面的交通灯转绿了，而在前面的车过了一会儿还不开动的话，后面的车才会温和地鸣一下喇叭，给予友善的提示，或让他惊醒过来。每当我在主要的街道上骑机车的时候，我都有点儿紧张，虽然时速只能开到 50 至 60 公里，可能是路上最慢的车辆了。在我的一生中，以前还从来没有骑得这么快过。而且，不仅如此，我还不认识路，交通规则对我来说又全都是新的。由于我还得全神贯注于驾驶，我都来不及看路标，那是很危险的事。我很幸运，在这些繁忙的马路上骑车，起先也没有驾驶执照，但都生存了下来。

由于地球大部分的陆地都在我们地球行星的北半球，澳大利亚和其他几个太平洋群岛的国家位于南半球，所以四季都是颠倒的。过圣诞节的时候，在中国、北美、英国和欧洲都是一片冰天雪地的时候，澳大利亚的天气正是夏天。昆士兰州的冬天特别温和，通常温度为摄氏 10 度到 25 度。到了夏天，在澳大利亚的大部分地区，温度可能上升到摄氏 20 至 35 度，但通常只是短短的一段时间。在亚洲东南部赤道地区的国家，比如新加坡或马来西亚，一年四季都是夏天。人们广泛地认为澳大利亚确实是最适宜于人类居住的地方，特别是昆士兰州，那里冬天的气候温暖，这就是为什么越来越多的悉尼、墨尔本和其他州的移民，在他们丢失了工作或退休之后不少人都会来到昆士兰州，即这个幸运国家的幸运阳光之州。

我有了机车的装备，很快就找到了另一份清洁工的工作。这是我的第一份在布里斯班南部住宅区的工作，它是在上格拉瓦山（Upper Mt. Gravatt）区的凯歌大饭店，离我住的地方大约有 20 公里，没有机车的话，我要到达那里是不可能的。工作时间是从晚上 11 点钟到次日凌晨 1 点钟，等顾客们离开之后。又过了不久，我又在市区的一栋办公楼里找到了另外一份清洁工，时间是下午七点钟到十点钟。这样我就可以从一个地方骑着机车到达另一个地方，每星期差不多工作一百个小时。有趣的是，以上凯歌饭店在多年以后被我们中国来的两位新移民薛育才和林杰兄以800多万澳元的高价买下，目前正在征得我的初步建议后作市政审批建高楼，打算一旦批准后全权委托我公司作全面的市场营销。我从下班回到家里的时候，差不多是凌晨一点半了，我只有大约四个小时的睡眠，就要在早上六点钟起身，干我在新市场的清洁工作。为了让我的身体有一点休息，我设法在两个工作之间小睡一会，我随身总是带着我的闹钟，确保我能准时醒来。那时候，我的整天只有三个任务：工作、吃饭、睡觉。我想尽可能快地把我的资本积累起来，因此有必要做得更多，打这些额外的小时工，每天做三到四个不同的工作，每周平均为八十到一百个小时。我乐意做这样的工作，因为这是我生命的使命和原动力。我所做的不是纯粹的“工作”，而是我人生使命的一部分。

由于我的工作变得越来越重，路上花的时间也增加了，从效率和安全的角度来讲，我有必要更新我的机车。三个月之后，在1992年的3月，我以300澳元的价钱卖掉了我的旧机车（同我所付的价钱一样），又花了700澳元买了一辆二手的卡瓦萨基摩托车，他对我来说是真正的豪华摩托车，尽管这仅仅是一辆小型的摩托车。我得学会怎样使用我的左脚来变速，因为它能达到每小时120公里以上的速度。

在1992年7月，四个月之后，我经历了我一生中的一个最悲伤的时刻之一。虽然我只是从母亲那里听说过我的外公，而从来没有见过他，我的德国移民老板保罗似乎是我的外公在我心中的形象，或者更像是我的教父，尽管在那个时候他还只有五十五岁。他身体强壮，健康又关心人。我在那里居住的一年里，从来没有看到过他生病，可是，他突然被检查出了骨癌。他马上被送进医院，开始化疗，就在一两个月的时间里，他掉光了头发，并且还掉了大约二十公斤的体重。他被困在床上，因为他甚至无法方便地走动。我差不多每隔一两天就会在盖尔熟食品店下班之后去医院看他一次。我握着摩托车的头盔，坐在他的床边，有时候，当我看到他那强壮的身体在这么短的时间内就消失了，我直想哭。当他从嘴里拿出他的假牙的时候，他看上去就像是个人形的骷髅。又过了一个半月之后，这个强壮而乐观的人，在一个晚上就悄悄地在医院里去世了。

像西方很多其他人一样，保罗在很多年之前就同他的妻子离婚了。从那时以来，他就一直将他的时间全部花在照看这些精神不健全的人和老人的身上。他只有一个女儿，住在悉尼，但是他们相处得并不太好。在他去世以后，据说，他选择将他的全部家产留给公共信托基金，而不是留遗嘱将它们留给他的女儿。在他去世之后，他的女儿才收到了他的死亡通知。她穿着一身黑色的裙子，出席了他的葬礼，这是我在那里工作一年多以来，我们第一次见面。

我失去了一位可尊敬的、公平的、高贵的雇主。几乎一到达澳大利亚，我们就朝夕相处。他就像是我的一位朋友，一位教父，一位倒下的英雄。他洪亮的声音，他对生活的乐观态度，甚至今天都在我的耳边回响，总是激励我去做得更好。我记得，在我开始为他工作之后的第二个月，当我在做吸尘的时候，我从起坐间的地板上捡起了一张一百澳元的钞票，我马上就将钞票交给了他。他被我的诚实所感动，问我要了我妻子在中国的地址，寄了一封感谢信给她，表扬我的诚实和勤恳。他还在信封里附上了十五澳元的钞票，而没有让我知道。

公共信托基金任命了高登（Gorden）为这份“特别住所”

的经理。我的生活继续下去，而没有什么变化，直到 1995 年 9 月我的妻子和女儿来到澳洲为止。在 1997 年，公共信托基金关闭了保罗的生意，把房子拆掉，把这 1199 平方米的土地分割为两块，一块是 491 平方米，另一块 708 平方米。这两块地被两位新的业主买走了，在上面建了两座新的房子，房子的门牌号码也随之改成了 19 号和 21 号。

我新买的摩托车要比那辆机车开得快多了，但也许是那辆摩托车的年龄，也许是我的驾驶技术不够，使我在主要大道上驾驶的时候差点发生两起交通事故。有两次，当我在急拐弯时，我摔倒在路上，有好几辆汽车，正跟在我的后面。幸运的是，这两次，后面的驾驶员都非常有警惕性，他们马上紧急刹车，在我倒地的身体前面才几米远的地方紧急停住了。我能生存下来，真是很幸运的，也许是上帝的旨意。

由于驾驶这辆小摩托车很危险，我在第二个圣诞节给自己的礼物是我的第一辆汽车，那是一辆马自达 929 型汽车，是从一个私人那里买的。它花了我很大的一笔数目：2000 澳元。我是一个神速的决策者，行动很快，很少犹豫。我买这辆汽车的时候，甚至还没有驾驶执照，还不知道如何开汽车。我激动得那个晚上几乎整夜无法睡得着觉。我知道离我的大梦的实现已经近了。在我买了汽车之后，我到公路部去进行书面的驾驶考试，想考到一张学习驾驶员的执照。这时我已经是二十九岁了，而且还得等待六个月才能得到我的临时驾驶执照。

汽车的卖主是一位三十岁的人，他把车开到我在新市场的家，带着我做了一次试车，并指导我如何驾驶，以便向我显示车况一切都正常的。十分钟以后，我们就回到了我在自由街 19 号的家。他给我看了汽车的准许上路的证书，并向我要价 2500 澳元。

作者到澳洲第二年买的第二辆摩托车及第一辆汽车——二手马自达 929

我对他说："2000 元，给现钱！"

他毫不犹豫地说："成交！"

我现在有了一辆美丽的 25 年的老车停在我院里没有加盖的停车场，每天我一醒过来，或者睡觉之前，都会对它望上一眼，仅仅是确定它还在那儿。我爱这辆车，仿佛它是我的妻子，可是真正的她却在几千公里之外。

我很快就找了一位教开车的教练，把我带上马路。有了几乎一年的驾驶机车和摩托车的经验，好像驾驶一辆汽车要容易多了。我挺有信心地驾驶，而且开得挺快，这让我的驾驶教练感到恐慌，他不断地叫我开慢一点，或者停下来。我每一个半小时给驾驶教练付 45 澳元的学费，这当时对我来说实在是太贵了，所以在学了几课之后，当我掌握了基本要领，我就开始自己练习了。

在我书面考试后学习驾驶期间，按照法律，我是不可以独立地开车的，我必须有一位有开放驾照的人坐在我的身边才能开车。而我从书面考试到可以申请驾驶员执照的路试之前，必须等待六个月，目前此等待学车期间已改成一年。我觉得，如果我继续驾驶这辆小小的摩托车，我的生命可能会有危险。可是当时我没有这样的福气，可以找到一位拥有执照的人，在以后的六个月里陪着我一起驾驶上下班，并且，我每天需要去几个不同的地方，经常是半夜，不同工作之间的时间也很赶，所以很难赶公车上下班。我完全是孤立无助什么都要靠自己一个人，因此我不得不采取这样的做法，而这绝不是今天想向任何人推荐的办法。

对我来说，最大的挑战是不要被交通警察抓到。在澳大利亚，白天我很少看到警察。这个国家当时全国的正规国防军事人员只有 20000 人。作为深夜的清洁工，我最经常碰到警察的时间正是在晚间，特别是周末的晚间。他们在不同地区的路上检查“酒后驾驶者”。此外最可能被抓住的情况是把车泊在错误的地方没交费或超速。我一生有两次，把车停在路边，而没有自觉地在泊车米表里放钱，因为只想停很短的几分钟，下车去买点东西。两次都在五到十分钟的时间内吃到了罚票。我不知道警察是从哪里突然冒出来的。但是在这以后，我再没随便停车了。

如果警察在巡逻车里看到驾驶员超速，或者开车很危险，他们会把违章开车的人鸣警阻拦下来，很有礼貌地问他有没有特殊理由要这样开车，然后就会要求看驾驶者的驾驶执照。然而，他们在例常检查驾驶员是否酒后驾驶时，或者检查违章泊车开出罚票时，他们一般不会要求看驾驶执照，因此我驾车时必须非常小心，不要引起警察的任何怀疑，绝不能超速行驶。每次我停下来接受酒精浓度的抽查时，心里都有些紧张，但是外表又装得若无其事，充满信心。我以很肯定的姿态使劲地向测试血液酒精浓度的管子里吹气，面带微笑，直到他们说："谢谢，你现在可以走了！"在那个时期，我从来也没有喝过酒。

在1993年的3月份，我已经有资格进行驾驶员的路试了。在路试之前，我自己开车已经有六个月，因此我认为什么都已熟悉，一定会通过考试。结果，我一共考了五次才通过路试，取得我的驾驶执照。第一次是我在右拐弯时没有及时地换道，我被要求开回到路试的出发点；第二次是我在红灯前停车时过于靠近前面的车辆；第三次我没有通过倒车停车的测试；第四次我没有注意到一个停车的标志而冲了过去，几乎让考官吓到心脏病发作。我犯了所有这些错误，也记住了它们，我在第五次终于通过了。我终于可以自由地自己开车了，而不用担心被抓住没有P牌驾驶执照非法开车了。

日子一天又一天地过去，我工作十分努力。我的体重从我离开中国时的55公斤，掉到两年后的49公斤。我早上的清洁工作和下午的洗碗工作是稳定的，但是，我晚间的清洁工作，在同一个公司里把我从上格拉瓦山（Upper Mt. Gravatt）区的凯歌饭店调到了开德隆（Kedron）区的凯歌饭店，还有北边的麦当劳。我的工作量也减少到在午夜十二点钟结束，而不是凌晨一点钟，这样我可以得到更多的睡眠。我的汽车开得挺正常，它相当可靠，很少出大问题，而这是一辆已经二十五年的日本车。万一有什么问题的话，修理的费用通常也相对很便宜。

又很快地过了六个月，有一天夜里，在半夜的时间，当我刚刚完成了在麦当劳肮脏的清洁工作，监工就进来了。他很快地四周看了看我的工作，给了我一个信封，里面装着一张支票，对我说："彼得，你明天不用再来上班了。"

这是过去的两年中我第三次在一份清洁工作中被人炒鱿鱼。可是这次，我的反应完全不同了。在前两次我被解雇的时候，我是绝望的，这次我却没有感到受侮辱，而是感到解脱了。我相信我在过去的一年半里，在这个公司里工作得很出色。我非常负责地把每个炉子都搬开，清洁后面的垃圾，爬到上面去把所有的油烟机拆下来，将罩盖、油烟机、烤肉架本身的里面都用清洁剂喷洒（尽管每天晚上都有肮脏的液体不断地掉在我的头上和脸上），并且严格地遵照麦当劳和凯歌饭店的很高的清洁标准进行工作。这次，我没有去问他为什么要把我解雇。我对自己说："是时候了。这是上帝的声音。"我微笑着同监工握了握手，对他说："祝你一切顺利并交好运！"

第十一章　进入房地产并迷上赌博

1993年9月—1994年9月

无论发生什么事情，我们总能从中找到礼物。

——麦格拉斯

在澳洲待了两年之后，我已经建立了一个相当的基础，它可以把我带入我事业的下一个层次。我来澳洲在不到一年的时间里就还清了我所有的债务，同时还买了两辆自行车、两辆摩托车和一辆汽车。虽然我的居住条件并不理想，我还是感到自由舒适并对我的老板保罗始终怀有感激之心。我对他从来没有任何抱怨，对以后接手的公共信托基金也没有怨言。我知道我对保罗·黑里克斯对我所做的一切永远有一种感恩的心理，没有他，我今天的生活可能会非常的不同。

我现在有了一个“过桥签证”，这个签证能让我全职地工作。我所感到唯一的失望是同我的妻子和女儿空间的距离。我在等待同他们的团聚，但等待永居签证似乎是遥遥无期的。偶尔，我会在中文报纸上看到这样的报告，即某些中国学生被驱逐出境了，因为在他们的签证过期之后，或者他们的签证申请被拒绝之后，他们被发现仍然非法留在澳洲。

由于我的家庭不在这儿，我有可能聚精会神于我的事业。在我所做的晚间清洁工被不期而然地炒了鱿鱼之后，我作了很多的思考，我在将来应该朝什么方向发展。在这个时候的我已经有四万澳元的储蓄了，但想要开始任何体面的生意，这还不够。当时除了我有专业清洁工的经验外，在澳洲没有任何其他的实际技术或经验，而做专业清洁工或开创清洁公司并非我长期的事业选择。

同中国相比，澳洲并没有很多的制造业。大多数劳动密集型的、或高污染的制造业都已转到第三世界国家。有趣的是这个国家目前仅有两千两百万的人口，而土地面积却比拥有十三亿人口的中国，或者三亿人口的美国小不了多少，是世界上唯一一个占有整个一片大陆的国家。澳大利亚拥有很大的潜力，因她拥有所有其他发达国家以及目前的中国很希望控制的东西，那就是她的自然资源。她是世界上人均自然资源最丰富的国家，比海湾石油国家还丰富。她当然也是世界上前三名最快乐的国家，也是西方国家中最早在 1990 年代就引入完整的社会福利系统的国家。除此之外，澳大利亚也是世界上平均寿命第二长的国家，平均寿命长达 81.4 岁，仅次于日本。

澳大利亚大多数的工业或主要的大公司传统上都是由美国、英国、德国、法国、荷兰、新西兰、日本和新加坡等国家所控制的。这些公司包括能源供应公司、汽车组装公司、航空公司、远程通信公司、化妆品和其他很多服务业。在最近几年里，由于中国兴旺的经济对资源的高需求，也开始大举投资于澳大利亚的矿业和资源业，包括 30 亿澳元投资于昆士兰州的铝业。这是当时中国最大的海外投资，它极大地帮助了澳大利亚矿业的发展，也防止了澳大利亚股市在 2008 年早期 40％的滑落之后完全地崩溃。随后跟进的是中国大批房地产开发商，包括李嘉诚和绿地集团等等。

在2007年12月，由于中国对钡砂铁矿和原煤的大量需求，澳大利亚的安德鲁富利斯特（Andrew forest）、铁矿砂矿业公司富特斯库金属公司（Fortescue Metals）的总裁，首次打败了帕克（Packer）家属在过去几十年的澳大利亚首富的地位，成为澳大利亚的首富。他的净财富是90亿澳元，超过了帕克家属的75亿澳元，这个数字也差不多曾一度被一位澳大利亚的中国留学生施正荣达到，他在中国是做太阳能技术的投资。

高福利的澳洲带来的当然就是高税收。唯一能够避免很不合理的工资税，并保持公司私有而不被上市公司或国内外基金公司吞并，并能有效地控制生意的模式和方向的方法，就是采用连锁加盟店，这就是为什么澳大利亚拥有世界上最先进的连锁加盟店的模式，以及为何连锁加盟店通常都是这个国家最受人欢迎的、成功率最高的生意方式。澳大利亚大多数成功的生意都采用连锁店的形式，特别是零售业和服务业。购物中心的业主和银行通常更愿意接纳和支持连锁店的生意。

同时，澳洲政府也大力鼓励海外人士和公司的房地产投资或开发。通常，价值五千万澳元以内的商业或开发房地产不用得到海外投资评审局（FIRB）的批准就可以用任何人个或公司的名义来购买，或者是用一个无限制的信托公司，就像当地人一样，任何海外人士不用半个小时就可以买到一幢物业，如果他们愿意的话，其手续非常简单，交易十分可靠。任何超过五千万澳币的商业买卖需要海外投资局来审批。民宅的控制相对较严，若没有十二个月以上的有效签证，海外游客只能买全新的开发物业，也需要海外投资局来批准，但通常都不会有任何问题。

澳大利亚是一个自由民主的国家，她具有一个健全的民主和法治的政治制度，努力给每个人一个“公平的机会”，包括新移民，甚至海外的人。她最大的两个行业就是房地产和旅游业。我个人尤其被房地产行业所吸引，这是由于我的家族过去的传统。我的祖父和外公从前都拥有很多房地产和生意，而我也知道在全世界，澳大利亚是生活、投资和资产保护最安全的地方，特别是在房地产方面。因为在过去的一百年里，它的平均年回报率是百分之十左右，这还没有考虑杠杆的作用，尽管过去一百年里经历了许多战争和经济衰退。

我的梦想是恢复我的家族生意，成为一个成功的房地产投资家和开发商，但是我要做的第一件事就是需要知识和资本。要作为一位专业房地产投资家和开发商，开始的第一步就是要做好一个房地产买卖顾问和项目工程营销专家，这使我可以代表卖家和开发商来出售物业，赚取没有风险的利润，称为佣金，而不需要任何资本投入。我知道，在房地产业中是按佣金来计报酬的，会按我的努力程度和投入的技巧来给予回报。我的血液里有着很强烈的努力工作的好德性，在房地产业中开创一个事业，会给我带来对房地产市场及其产品的知识，这样我不仅能更好地给客户以忠告，也可以为我的家庭作出更好的投资和开发决定。因为在澳洲，由于人口和市场很小，不像在经济初期的中国，人们有时得排队发票购房，因此在澳洲开发商最大的风险就在于定位和营销的策略和全面性。在澳洲，房地产中介公司通常被称为房地产公司或地产公司（Real Estate Company），房地产开发公司通常被称为开发商（Property Developer），而地产经纪人通常被称为房地产顾问（Property Consultant or Associate），或直接叫英文 Agent，这也是为什么我后来成立的勇集团的地产公司称为勇地产，英文名叫 YONG Real Estate，当然我们也从事很多房地产的投资和开发。

有了这一思想准备，我第二天就开始为找到一个以佣金为基础的工作而作挨门挨户的拜访。在 1993 年 9 月，所有澳大利亚的房地产公司只提供以佣金为基础的工作，底薪制度是直到 1997 年才引入的。传统澳大利亚的房地产系统所付销售员工的比例，通常都在 35%至 50%之间。

我想在内城区开始我的事业，它从在南布里斯班区（South Brisbane）举办的 1988 年世界博览会以来经历了巨大的发展，其场址后来被再开发，被称之为南岸公园。我驾车直接到了洛索街(Russell Street)，在一个邮局面前停了车，开始寻找一家愿意雇用我的地产公司。我首先试了两家连锁加盟房地产办公室，雷和浩恩公司，还有霍克公司，因为我可以告诉房东，连锁加盟公司会提供更好的培训和关系网的机会。当时市场相当不景气，澳洲银行的利息在 1990 年代初工党执政期间，曾一度达到 18%至 21%。

这两间办公室的老板很快地打量了我一下，就通知我说他们没有空缺的工作岗位。我知道这仅仅是一个借口而已，原因可能主要是我的亚洲口音和没有房地产的经验。我对自己是否能在房地产方面开始我的事业感到有些疑惑，开始走回我的汽车，但我正好看见附近有另一家房地产连锁加盟公司的招牌：全国地产(Nationwide Realty)。它是一家小型的中介公司，其办公室面积大约只有 40 平方米左右。我一走进办公室，一位矮个子但很壮实的希腊人正匆匆忙忙地从门里赶出来。秘书企图阻拦他，并让他知道有人来征求工作，可是他告诉我，他已经迟到了，正要赶去另一个约会，只能在明天早上十点钟见我。

第二天早上我提前五分钟到达了约会地点，可是却等了半个多小时。我很好奇为什么他不在那里，因此我再次同他的秘书莉萨查对约会的时间。正在这个时候，利奥·清·皮卡斯（Leo

Tsimpikas），就是那个叫我第二天回来的那个人，从门外赶了进来。他连声道歉说是忘了把我们的约会时间记写在他的日记本里了。他是个精力充沛的人，一个有牌照的拍卖员，希腊俱乐部的前主席，也是鼓励发展经济的自由党的坚强支持者。

我们坐下来简单地聊了一下。当我们谈完话，他站起来握着我的手并对我说，“彼得，欢迎你加入我们的团队，你下个星期一就可以开始工作。”因为我既没有经验，也没有资历，我被要求在该公司的总部参加了一个星期的注册课程的学习。完成了这个课程之后，我回到我的办公室，给了一张桌子和一个电话，没有任何其他在职训练，就马上开始了工作。

这是一个典型的澳大利亚房地产公司：在一个繁忙的零售枢纽中心占有一间小的店面，由一个希腊移民的家庭经营，整个公司合用一部计算机，用作住宅物业的数据搜索。父亲叫利奥·清·皮卡斯，他是主要销售员，他的儿子叫提诺，作为销售经理，两个女儿一个叫莉萨，另一个叫安洁拉，都是非常和善的人，她既做前台工作，也做物业管理的经理，经管着大约六十个物业，还有两位销售员，玛格丽塔和朱蒂。利奥差不多什么都做，在电话上订购《快递邮报》的分类广告，卖地产，也搞拍卖，帮助物业管理，也担任行政管理的责任，处理争议和投诉。他是一个非常敬业的人，也很能干，创造着整个办公室收入的70%到80%，使整个生意能够正常运行。他十分忙碌，我几乎不大看得到他在办公室里。他一直都是冲进冲出，不断地催他的儿子提诺抓紧工作。他儿子当时还相对比较年轻，喜欢开快车，不时也惹来一些麻烦。有趣的事，十八年后，我们于2011年竟成了亲戚，因他与我妻子的姐姐在澳洲的希腊人丈夫是亲戚。世界真小！

除了基本的注册课程的学习，我并没有被提供任何其他系统的培训，而这种注册课程是随便什么人都可以从昆士兰房地产协会（REIQ）或职业技术学院（TAFE 或 PRET）得到的。到人家的信箱里去放广告或去上门敲门差不多是我被告知的唯一的寻找房源的办法。因为利奥特别忙，为使这个办公室能够运营下去，他几乎没有任何时间静静地坐下来同我们谈话，因此，如果我有问题要问，我得跳进他的汽车，同他一起开车在去赴客户家约会的路上才能有机会问。我记得在我第一天坐进他的汽车里，他转过头来问我，在成功的房地产销售中，你认为最要紧的质量是什么。我回答说："诚实和努力工作。"他的回应是："应该是你同你的客户之间所建立起的融洽关系。"他花了好几次来帮助我理解"融洽关系"（Rapport）这个词的意思和拼写。

由于在房地产行业里没有经验，对当地也没有很多的知识和了解，更没有行业的关系网，我开始找房源的时候只能靠在人家的信箱里放广告的办法。我亲自去放了大约 1000 份单张广告之后，得到了第一个电话，那是山尾区（Hill End）的福布斯街（Forbes）8 号，这是西端区一带的一个高档区，靠近布里斯班河边。西端区是好多新移民居住的地方，那儿可以偶尔看到一些砖房，或者水泥房，因为大多数欧洲或亚洲移民不喜欢住在英国人的木房里，他们觉得木房不够坚固，不够方便，卧房太少，功能也不够，因为他们通常只有一个浴室，有时还没有车库。

福布斯街 8 号的那座房子最初是一座低架的昆士兰式的房子，是早期的英国移民所建造的，占地 32 英坪（809 平方米）。他后来被一位希腊移民抬高，加造了一个以砖为基底的地面层，其中有一个厨房，一个起坐间和一个额外的睡房。这位屋主在他的信箱里收到了我的自我介绍信，打电话叫我去给他的房子估个价格。

我和利奥一起去拜访他，因为我还没有从公平交易办公室收到我的销售员的证书。我们当场就同屋主签了一份独家代理的协议书。

作为房地产业的一名新手，我得扩大自己的关系网络。为了能找到生意，并树造出一个专业的形象，我想出了一个主意，给中文报纸定期写一些有关房地产方面的文章，刊登在《昆士兰华商周报》上。这份报纸的老板凯瑟琳箫（Catherine Siu），很乐意让我写这些文章，不付稿费，所以我就开始了每周的“问题和答案”的专栏，我叫它为《房地产专栏》，在我刚从事房地产生意的两个星期后就开始了。我找到了我的第一个想买物业的买主苏万喜（Tim Su）和她的太太。他们两位是从中国台湾来的很热情的人，我们都说国语，这就使我们的关系很亲近。他们具体说明了他们的需要，要一座坚固的砖房，所以我直接就把他们带到了这座我刚刚上市的房子，这是这个区域的唯一能满足他们要求的房子，而这也是我唯一的房源。在看了这座房子，又听了我谈到它的罕见性，以及物业销售的急迫性，他们当场给我出了个价：28 万澳元，而房东的开价是 35 万澳元。在我确认了这是他们当时可能出的最好价格之后，我把买家带回了我的办公室，在那里马上给他们准备了一份合同，让他们当着利奥的面签了字，然后我和利奥一起去见卖主。

当然卖主并不愿意当场就接受出的价钱，因为他们的房子才刚刚放到市场上，因此我们回来的时候甚至没有能得到一个对方签了字的销售价格。买主苏先生在台湾是一位成功的建筑商和开发商。他很有意愿要买这座房子，所以完全有可能再提高它的出价，尽管他总会说这是最高价。但是他很不开心，因为我们没有拿到卖主对他的出价的返还价。他冲到我们的办公室，要求利奥将他签了字的合同还给他。然后，他把刚拿回来的合同气愤地撕成碎片，把他扔回给利奥，才走离办公室，一面还说利奥是个没用的、懒惰的中介商。

利奥被这位台湾买主当时剧烈、甚至有些粗暴的反应惊呆了，他明显地非常尴尬，而且很恼火。他对我说："彼得，你可以把他忘了，他不可能出到房东希望的价格。"然后他也走了。我并不相信这就是谈判的结束，因此我悄悄地把合同的碎片从地板上拾起来，放进我的夹子，这样我可以再写一张新的合同，把它交给双方。这次，我决定自己亲自来处理这个谈判。我直接来到苏先生的家里，很有自信地敲门。当他出来开门的时候，我向他解释我这次会自己去同卖主商量卖价。苏先生对我说："你的老板都不能够把价格谈下来，你又怎么能?"

我回答他说："让我试试看。如果我不能达到双方都能接受的价钱，你也不会有什么损失对吗。"

"行啦，如果你想这么做的话，我的价钱是 28 万。"苏先生坚定地回答。

"苏先生，我很希望能为你讲价到 28 万，如果我能做得到的话，你知道我会尽全力去做的。问题是，我不是卖主，卖不卖完全是卖主所决定的。你为自己所制造的不利因素是，你出的起价太低，这个价钱使卖主甚至不愿意同你开启谈判之门。我相信，如果你给的出价再高一些，房东有可能开始与您谈判。只有他们开始与您谈判，他们的价格也才有可能协议降下来，你懂得我的意思吗?"

"行吧，29 万是我能给的最高出价了。"苏先生回答道。

"不，29 万仍然太低了一些。我认为你应该从至少 30 万的价钱开始，来避免卖主心理上的价格障碍，在这个 30 万澳币的价格以下出售，会给他带来侮辱和不悦。从 30 万开始怎么样?"

“不行，29 万是最高价格了。”苏先生的态度很强硬。他在台湾建筑行业的游戏中有一生的谈判经验，知道怎样对付谈判。

“行了，苏先生，我已经尽了我的责任来帮助你。如果这仍然是你所想要做的，让我再试一下吧。请在我打了叉的地方签字。”

我自己直接去见那卖主。在解释了买主所做的一切，以及我的老板的反应之后，业主笑了起来，并同意将开价降到 33 万，并且也签了字。我回到买主苏先生家，他已经意识到 29 万是买不到这座房子的，所以他同意将出价提高到 30 万澳元，作为“绝对的最高价钱”。他说：“如果房主仍然坚持希望更高的价钱，你不用麻烦再回来跟我讲价了。”在他签字之后，我再次回到卖主那里。卖主坚持说 31.5 万澳元是最低的卖价了，这是双方 3 万元差价的中间价。我没打电话给苏先生就再次直接回到了他那里，即使如此，他实际上是很高兴见到我，因为他确实想买这份房产，但他仍不同意卖主的价格。我建议他出到 30.8 万澳元，这是个有魔法的数字（因为这对华人来说是个幸运的数字）。他同意了，也再次签了字。那以后，我又再回到卖主那里，向他显示了我已经为他从买主那里争取到了每一元可能的钱。他高兴地签了合同，以 30.8 万澳元成交。

当我就在同一天回到了办公室，把合同放在桌上，利奥无法相信他的眼睛。在确认它的确是已签了字，而且是“无条件的现金交易”之后，他非常高兴，全心全意地祝贺我，一件他认为是不可能的事，我却很快做成了。

这个消息传开了。我得到了卖主和买主的推荐，也得到了不少人朋友的介绍，比如杰柔姆蒋（Jerome Chiang，蒋中元）先生，他是中国台湾来的另一位德高望重的长者，一位台湾军人。

我是通过同王逸华（Lini Wang）的联系同他认识的。她也是另一位台湾女士，是移民部的一位翻译。当移民部开始对每一位签证申请人进行面试时，她正好是我的翻译。她最初从台湾来，但是嫁给了一位德籍的澳洲人基车先生（Mr. Kircher）。她同她的两位女儿一起住在法尼格洛福区（Ferny Grove），这是布里斯班西北部的一个住宅区。在面试中，她明显地被我以前的经验有所感触，从此以后，就经常邀请我去参加她的家庭聚会——同她的其他中国台湾朋友和大陆朋友们一起。我仍然在做各种清洁工作，那时我和易强（John Yi）还有几位其他的中国朋友，在蒋中元先生的位于高门山区（Highgate Hill）道诺克街（Dornoch Terrace）的家里集合。我提议成立一个统一的华人组织，来代替各种各样的现存的华人组织，这些华人组织各自都有不同的背景，比如中国内地、台湾和香港地区的，巴布亚新几内亚的、越南的、马来西亚的，或者新加坡的，这样就会使华人小区有一个统一的强大力量。

这个提议的组织最后在一年以后成立了，正好在我开始进入房地产业之后。在决定架构的阶段我们需要决定一个名称和章程。为了所有海外华人的和谐，我建议叫它为“澳洲华人协会”，但是其中一个人想把它叫为“大陆中国人协会”，这同我的初衷相违背。2008年奥运会的主题是“一个世界、一个梦想”，这也是我的梦想。由于我坚持要有一个中性的、统一的名称，不排斥其他的种族群落，我们做了妥协，中文名字叫“中国人协会”，而英文名为“Mainland Chinese Society”（大陆中国人协会）。陈凡被提名为会长，我被提名为商务理事。

自从我在中国的经验教训，我决定我的家族永远不会卷入任何政治党派，或者同纯政治有关的活动。我对任何这样的活动没有兴趣。我希望所有的中国人和澳大利亚人生活在同一个世界之中，不管什么信仰，只要能引导人们彼此相爱并相互关心，而不是卷入政治和宗教之间的相互斗争和仇恨之中。几年以后，我同一群朋友组成了一个纯商业性质的新组织，融合澳洲华人和西方人，称为澳华商会（Australia Chinese Chamber of Commerce 或简称 ACCC），在以后的多年里，我被选举为该商会的会长。

澳华商会的开幕典礼在枫林餐馆举行，参加人数超过三百人，包括不少工党的议员们都应邀参加。我当时刻意没有邀请任何自由党的议员参加，因为当时的澳洲总理对待刚出现的极端种族主义者宝玲·汉森（Pauline Hanson）的态度暧昧。当自由党得知我没有请任何自由党议员们的消息，马上通过不少途径打电话或写信给我，希望也给他们同样的机会，并表示会全心全意地认同澳洲华人的杰出贡献。自由党领袖桑托桑托罗（Santo Santoro）、联邦议员盖理哈德格雷伏（Gary Hardgrave）以及地方政府的议员格拉恩魁克（Graham Quirk）同工党州议员史帝芬等甚至都加入了澳华商会，成为了我们的会员，后来盖里成为了联邦政府的多元文化部长、格拉恩成为了布里斯班的市长，而史帝芬成了昆士兰州的卫生部长。

同时，我的房地产事业不断发展，这是由于通过客户们的介绍、人际网络和传媒的宣传，还有通过我的房地产专栏和持续不断的广告。除了每星期的专栏之外，我当时还在每星期的华文报纸上刊登至少四分之一版面的广告，广告费由我们的卖主或我自己出，不久，我就在市场上建立了很好的声誉。目前，我们总公司每周的广告已多达 70－80 页。在那个时候，主要高价住宅的买家都是台湾来的。在 1990 年代，很多大陆的学生还相对贫穷，买不起房子，而我在同台湾华侨打交道时感到非常有信心和亲切，这并不仅是因为我从第一个合同中获得的同苏先生谈判的经验，尽管它对我是一个真正的考验。我将一位愤怒的顾客变成了一位满意的朋友，最后做成了交易。苏先生很快成了我的好朋友，因为他知道我有能力把不可能变成有可能。在以后的多年中，我被邀请参与处理了他的很多大型的项目。当我同不少其他台湾来的华人谈话的时候，他们常常让我回到我小时候的记忆，使我感到我好像是在同我的家乡小镇来的好朋友谈话一样！

我最初卖出的四个房产，卖家都是西人，但买家都是澳洲的中国台湾华人：第一个卖给了山尾区的苏先生和苏太；第二个卖给了西端区的辜先生和辜太太；第三个卖给了高门区的李先生和李太太（他们是蒋中元先生的亲戚）；第四个卖给了东布里斯班区的洪先生和洪太太。它们都是我自己拿到的房源，每个房产都卖了 30—40 万澳元以上，而当时内城区房屋的平均售价才不过 15 万澳元，不到我出售的房子的最低房价的一半，这是因为当时大多数台湾来的是商业移民，有相当的财富。他们可以买得起这个区域的比较好的房子，不管它是希腊或者意大利家庭的砖房，还是殖民时代风格的豪宅，比如东布里斯班区（East Brisbane）的茂布莱街（Mowbray Street）的那栋房子，卖给了洪先生。以上两栋房子的上市其实还是买家自己介绍的。他们看到其他房地产公司打广告出售这两栋房子，便来找我，要我去同房主谈，好让他们出价。他们对我很信任，把我当作他们的家庭成员一样，甚至在某些情况下，比对家庭成员更信任。在以后的多年中，有好几次，我的一些忠诚的客户，甚至包括其他的房地产代理，选择让我来独家代理他们自己的房产，虽然他们的亲戚或甚至代理商自己就在同一个地区工作，因为他们知道我和我的超级团队有很多高价位的买家，早期是中国台湾、香港来的，后期是当地开发商及其他高收入的人以及目前的大批中国内地的新移民。

作者在加入房地产后销售的四个月内成为此 Nationwide Realty 公司昆士兰州 55 家公司的销售第一名。

原布里斯班市长、现昆士兰州州长 Campbell Newman 授予作者“澳大利亚杰出人士”奖状。

我很快地建立了自己作为“全国地产公司”在本地区业绩最高的代理商的地位，甚至在整个昆士兰州，我也是该公司业绩最出众的代理商之一。在我出席的“全国地产公司”的季度奖的颁奖典礼的那个晚上，该公司的昆士兰州经理肯贾克森（Ken Jackson）给我颁发了“大师奖”。这是该公司在昆士兰州的第二高的奖项。最高的奖项为戴维亚当（David Adam）所得，他被评为当年的昆士兰州的“全国地产公司”的“第一名代理”，并被评为当年“昆士兰房地产协会”年度奖的“最佳销售员”。然而，到了 1994 年 1 月份的月度奖的评奖时，那时我在房地产业才开始工作了四个月，我就获得了“全国地产公司”在整个昆士兰州的五十五个房地产办公室中的销售额最高的二十名房地产顾问中的第一名，我的房地产办公室的老板利奥获得第六名，而戴维亚当在这个月里只得到第十名。

戴维参加房地产公司只比我早三年，我们的学历背景相似，都是学化学的。他过去在一个矿业城里工作，但很不喜欢也无法同他的太太在一起。当他回到布里斯班时，他选择参加了库帕露（Coorparoo）区的“全国地产公司”的加盟店。他工作努力，坚持不懈，使他在加入房地产业之后的第三年就成为“昆士兰房地产协会”的“最佳销售员”年度奖的获得者。他有一条出名的口号“有人做得更好”，这是回应霍克地产公司口号“没人做得更好”。这也是我为什么在开创我自己的房地产公司“勇地产”的时候，要用“勇做得更好”来注册我的地产公司的口号。

在那个时候，还有很多比我和戴维为之工作的“全国地产公司”更大很多的连锁加盟地产公司，可是戴维对房地产业的强烈的激情及对所在公司绝对的自豪，使他从大批同行中鹤立鸡群。他有一个坚定的信念，即他比成千上万的房地产业的其他已经从业多年的房地产顾问能够提供更好的服务。他有一个珍惜机会的积极的态度，而且不找任何借口。他不仅是获得了“全国地产公司”的奖项，也获得了很多《快递邮报》的广告奖。我们很少看到“全国地产公司”的其他房地产顾问在《快递邮报》刊登广告，或者在住宅区的街上看到他们的商标牌，但我们总可以在《快递邮报》上看到戴维的广告，特别是在分类广告栏的方格子广告中。我们只要开车一进入库帕露区，或开过附近地区，就可以到处看到他醒目的1800×1200毫米的红色标牌，边上还有一个分开的900×600毫米的小广告牌，上面用大号的字母印着：“有人做得更好”。这是他自己掏腰包做的，他完全把他的工作当成自己的生意，这也是他快速成功的秘诀。

在房地产业中做得不成功的人士往往会在任何情况下找各种借口，等待事情发生，而不是检查他们自己，花钱参加个人的进修，或者自我推销，使事情发生。在一家大的地产公司里工作积极和成功的人士总是相信他们有最强大的品牌，给他们提供最好的支持，而负面或失败的人总是说有太多的人在分一块小小的馅饼。如果他们是在一家较小的房地产公司工作，积极和成功人士会相信顾客能接受更多的个人的服务，而负面的失败的人士则会将他们的不成功归咎于地产公司的牌子不硬。这就是为什么在任何的房地产公司里，在同一个地区，同一间办公室，总是有些人的销售额成十倍地超过另一些人，而他们哪怕有同样的培训、同样的公司信誉、同样的轮班机会。很多最好的销售员甚至选择不要参与轮班，因为他们相信他们不能坐等生意上门。他们或者着重于为他们以往顾客的服务，或者遵循勇地产的“取得房源的五十个方法”的策略，积极去寻找商机，而商机到处都是，无穷无尽。

戴维相信自己，也相信他为之服务的地产公司，这使他同其他人大不一样。虽然我们只相互见到过两次，因为我们属于不同的办公室，一次是在发奖的那个晚上，另一次是在短短的工作午餐，我差不多记得他所说的每一个字，而且在我过去二十多年的整个房地产生涯中应用了它们。它们也被贯彻在我完整的勇地产系统里，让它成为世界上最完整的房地产系统。勇系统是我在过去的二十多年里积累起来并不断修正的几百页的文档资料，我花了几千个小时来对它进行微调完善。它几乎包含了一名房地产顾问需要知道并贯彻的一切，从最初的两个星期的就职培训项目开始，帮助那些刚参加勇地产公司的员工，这就避免了他们得花十到二十年在事业的道路上犯很多错误后才能学到同样的东西。

由于我在做房地产中赚了一些钱，我决定将我的汽车更新一下。我开车到布里斯班北面的卖车场，这个地区是我所熟悉的，因为我以前在那一带做过清洁工。我在开德融区（Kedron）的几个卖车场里转了一下，这些卖车场都彼此相邻，最后看到了一辆奥迪车，它已经大约有十五年的历史了，但是看起来还是相对的新，漂亮又光洁，因为卖车场有很好的“美容”技术，能把旧车装扮一新以加强它们的吸引力。他们要价 12990 澳元。我把车开出去作了一次试车，引擎就在半路开始冒烟，可是卖车场的销售员说这只是个小问题，他们已经发现了那个问题，他确保我在取车时就可以把这个问题解决。

我爱上了这辆车，因为我想它对我极其合适，因为它看上去很尊贵，价钱也是我出得起的。欧洲车在澳大利亚，在全球总是比较昂贵，而我也错误地认为，一辆昂贵的车必定是比较可靠的。我问那位汽车销售员：“如果我今天买这辆车，而且付现金，你能给我的最好价钱是什么?”

他说：“也许 12000 澳元吧”

我说：　“如果你能让价到 11000 澳元，今天我就能同你成交。”

他说：“等一等，我得和我的老板去谈谈。”不久他就回来，微笑着对我说：“你赢了。”

这 11000 元澳币是当时我一生中最大的交易。我对他说：“请你为我留着这辆车，我要让我的一位好朋友来再看一下。”那销售员看来好像有一点担忧，但是我对他说，“别担忧，我喜欢这辆车的外观。每当我做出一个决定，我一般是不会改变的。”我回到了我在西段区地产公司的办公室，带上利奥的儿子提诺来给我检查一下这辆车，因为他是汽车专家。我们回到那家卖车场，又作了一次试车，提诺对我说，“不，彼得，这不是一辆好车，而且你付得太多。”

作者刚做房地产时买的第二辆二手奥迪汽车

我回答说："可是我喜欢她，它看上去很气派。"

"彼得，按我的看法，这辆车有太多的问题。当然，由你决定啦。"

"我要买它，因为我已经答应了他们。"我回答说，并要求销售员把有关的问题修理好。

他很高兴地答应说："没问题！"

我当场就签了所有的文件，用我的旧的日本马自达 929 型车在车行换回了 1500 澳元。我开这辆车已经有一年半了，也从来没有出过大问题，从来没有抛锚过，可是当我已取得这辆"尊贵的"、价钱贵七倍的欧洲车，我的噩梦就开始了。

每隔一两个月，这辆车就抛锚一次，或者有什么别的问题。这辆车似乎有无穷无尽的问题，也许只有那家卖车场自己知道。让问题变得更糟糕的是，每当这辆车抛锚的时候，不仅是它的零件比日本车的零件更加昂贵，而且在很多情况下，欧洲车的零件在布里斯班还买不到。澳大利亚大多数的汽车修理厂并不备有范围很广的汽车零部件，特别是欧洲老款式汽车的零部件，所以我还得好几天没有车用。有好几次，我得等零件从悉尼运到这儿。每次出了问题，我得花几百元到上千元才能把问题解决好。我都没有印象我的马自达车有没有做过任何修理。即便有，每次修理通常都不会超过 100－200 澳元。作为一名地产顾问，没有车的话，真是步步难行，因为澳洲的服务区域很宽，没有车的时候，我的确是无可奈何，什么也做不了。

有好几次，我的汽车抛锚刚巧是我正在带着我的顾客去看各种房子的时候，汽车一冒烟，就停下了。有时候他们会很恼火（即使我付给他们出租车的车费），因为他们必须再找另外一天有空的时间去看房子，我也得重新给房东预约。有时当我正设法开着这辆车爬过一个山坡，它会挣扎着慢慢地、痛苦地爬上去，差不多要在半途停下来，因为引擎没有足够的力量。修车技师说解决问题的最好办法，是要我花五千元澳币换一个引擎，但我想我宁可花这个价钱再去买一辆可靠的二手日本车，而在这个时候，我只能将就地继续开这辆车。

正如莫非定律所说的那样，当有麻烦时，更多的麻烦会接踵而至，而对我最大的打击是在李先生和李太太邀请我去黄金海岸时来到的。李先生和李太太是蒋中元先生的亲戚，他们是从台湾的宜兰市来的。按蒋中元先生的建议，他们从我的手里在高门区买了一座很好的房子，从那时开始我们就成了好朋友。那个周末，他们邀请我同他们的儿子、女儿、儿媳——我同他们也成了好朋友——一起去旅游。黄金海岸从布里斯班开车去只有一个小时的车程，我们朝冲浪者天堂（Surfers Paradise）开去，那无可争议的是世界上最好的海滩，有二十公里连绵不断的、白色的、洁净的沙滩和一望无际的冲浪者的海洋。我们在宽海滩（Broad Beach）停车，走进木星赌场（Jupiter Casino），只是想随便玩一玩、乐一乐，而不是认真地想赌博。虽然我在中国的时候很能打麻将，我在澳大利亚却从来也没有赌博过。我甚至连想也没有想过要赌博，因为我根本没有时间。我一直在专注于挣和存更多的钱来还我的亲戚朋友们，同时要尽快地在同我的妻子和女儿团聚之前积累我的资本。

澳大利亚的赌场似乎同电影里所描绘的过去的澳门和其他西方国家的赌场的暴力和谋杀形象完全不同。它倒像是一个娱乐的天堂，歌舞升平，里面有咖啡厅、餐馆和夜总会的表演，所有这些都同一个五星级酒店相结合，那里到处都是人，从他们的脸部表情来判断，似乎所有的人都显得挺高兴。我们没有听见有谁在高叫，扰乱平静，或者引起混乱，并且我们被要求穿得像绅士一样端端正正的才能进去，穿背心和拖鞋是要被挡驾的。

我根本不懂怎样玩，可是李先生和他的家人显然是个内行。我们一起坐在21点的桌旁，他们教我学了几个小技巧。那挺简单，我是一个学得很快的学生，所以很快自己就进入了角色。两个小时玩下来，我数了数我的筹子，赢了大约200澳元的钱，而他们刚刚够本。我没有任何玩这个玩意儿的技巧，因为我是个第一次玩的新手，而这同一张桌子的其他赌客们都不时地瞪着眼看着我，认为我也许是神经不正常，因为我要了一些他们认为危险和不应要的牌。李先生和他的儿子很明显是比较有经验的。当他们看到我很快地赢到了一些钱，就劝告我马上离开，免得再把钱输还给赌场。我听了他们的话就一起离开了。我们走出去，享受着冲浪者天堂的夜生活、新鲜的空气、一望无际的沙滩，然后在半夜之前驾车回到布里斯班。

在驾车回家的路上，我开始告诉我自己，“哇，这看来像是很容易赚的钱。花了两个小时，玩得开心，又赚了200澳元，我应该来得更勤些。我在高中时曾经赢了全校奥林匹克数学竞赛的第二名，因此我的数学挺好，一旦我对赌博的技巧更熟练的话，一定能赢得更多。”

第二天，我毫不拖延也没有告诉任何人，就回到了黄金海岸，这次纯粹是去赌博。我在白天结束之前，还没做完在地产公司的工作，就驾车直奔赌场。在那天晚上结束的时候，我把带去的所有的钱都输光了，还加上我从隐藏在底楼的那些取款机中取出的好几百元澳元。我第一次开始注意到排在我前面的那些等候从取款机里取钱的人们，他们的脸要比在娱乐和餐饮区域的那些人的脸更加严肃和紧张。

在以后的三个月里，我几乎每天都去赌场，有时候赢钱，有时候输钱，但总是输的钱多过我赢的钱。最后我对这种缓慢的胶着状态感到不耐烦了，并且后悔我养成了这种坏习惯，我决定以一笔大额的数目去做最后的一搏，以便在一个晚上赢回我所有输掉的钱，然后洗手不干，彻底不再赌博。我取出了一万澳元，做最后一次努力。当我在那个晚上结束赌博的时候，那一万澳元也全部都归赌场所有了。在我空着手离开赌场时，庄家微笑着对我说："晚安!"

我这晚上睡得一点也不安！通常我能睡得很好，不管发生了什么事，那天晚上我多半是醒着的，我深深地痛悔在赌博上陷得那么深。虽然那只是很短的三个月的时间，我一共输去了超过两万澳元的钱。在 1994 年初的那个时候，那对我来说是很多的钱，差不多是我全部财产的一半。我想至少在我停止赌博前把输去的钱都赢回来。我想要找到一个比较更快的办法，能在较短的时间里把所有输掉的钱赢回来，这样我就开始玩起了金乐透，同时又去投注站（TAB）玩赌马了。在以后的另外三个月里，我每次会花掉一千元钱左右，去玩金乐透和跑马，每次都希望我能够有足够的运气在短时间里赢得一个大奖，然后我就可以停止赌博。可是像绝大多数的其他人一样，我们不可能有这样的运气。我变得非常沮丧，因为我失去了对我事业的专注，我决定作最后的一搏。我在金乐透和跑马上都花了五千元钱，并且发誓，无论是输是赢，这以后我永远不再赌博。我希望有什么奇迹能使我赢，因为这两者中只要我赢了任何一个，它就会让我赢回一笔相当于我的投资的好几倍的钱。然而，莫非定律再次主宰着一切。当我倾其家产作了最后的孤注一掷，厄运仍然还是继续。

我对我的“坏运气”感到惊愕。我深深地痛悔我的坏习惯——做一些我无法控制的事。另一方面，我也终于感到完全的释放。我并没有发现，在过去六个月同赌场心惊胆战的斗争中，我有恒久的乐趣。它让我一天到晚充满压力，心情也非常无可奈何，特别是当我意识到我已经丢失了四万多澳元，几乎是我全部的积蓄，我立刻作出了一个决定，从那天起，我不会再去赌博，并且不但要将这个决定用于自己，还要将它用于我所有的家庭成员，这就是我为什么要把这样的教训记录在这本书里，来说明如果在生活中作了一个错误的拐弯会有怎样的后果。这全部都是我的过失，同李先生毫无关系，同赌场或者其他任何人也没有关系。我应该知道赌博的危险，我也应当能严厉要求自己，远离赌博。从那时以来，我甚至从来没有在墨尔本杯国际马赛上和同事一起每人出两块钱去买赌马的彩票，这个马赛是澳洲全国不少从不赌博的人都会停止了工作去观看和参与的。

在以后的近二十年中，我只去过赌场三次，都是同我的妻子张源在假期中一起去的。我们仅仅是去玩玩，而不是有意要去赌博，一次是去拉斯韦加斯，另两次是在大型游船上，因为这种小打小闹、完全无法最终控制的赌博与我目前真正大型的房地产买卖和开发的实战游戏相比已明显地显得十分无趣。在此漫长的旅途中，我只玩了 21 点，因为这是唯一的要用一点儿技巧去玩的赌博。其他各种玩意儿都仅仅是些要么击中要么错过的游戏，亏钱的几率更高。我把 21 点看成是在旅游时有竞赛性和挑战性的智力游戏，我只花几百澳元，稍微玩一玩而已，因为在旅游的时候，我觉得其他的一切平淡无味。如果我们不断地在赌场和股市玩下去，特别是我们自以为聪明，有经验，或者是发明了什么“秘密的公式”，从而开始花大钱、花时间认真地去赌，我们到头来很可能会大输特输。我个人在赌场和股市的经验的确验证了一句赌场的至理名言：不怕您赢，就怕您不玩，只要您继续玩下去，您就一定会玩完。

没有哪一位赌徒能比赌场的运营者更聪明，因为规则是他们设定的，目的是从那些不幸运的赌客那里赚钱，而他们总会先用一点儿诱饵，就像钓鱼一样。曾一度是澳大利亚最富有的人，詹姆士·帕克（James Packer），正在逐渐脱离他的家族传统的经营范围——传媒业，而把他的事业转向博彩业，包括最近建造了澳门的第一家六星级酒店式赌场，向那些无辜、无知的中国内地赌徒们开刀，而不少这些赌徒把他们的生活和事业都赌掉了。那种压力，那种时间的浪费，那种为了赚取一点儿小钱而可能赔上大钱的赌博风险，同我的完全能够控制的更大的房地产实战游戏所产生的收益和激动，简直无法相比。如果能做专，做精，选好地点，并有长期投资的准备和能力，房地产的风险要小得多，而它所能给我们产生的回报不知最后要高出多少倍。目前，只要我在房地产上作出一笔好的交易和投资，就可以让我赚上几百万澳元。想要从精明的赌场经营者那里赚点小钱真是辛苦的工作，而且对99%的赌徒来说是完全不可能的，剩下的1%也只是侥幸而已，或还玩的不够久、不够大。

我同我的一位朋友，黄为民（Benjamin Huang）分享过以前赌博的经历。在1994年的时候，他在回中国度假之前曾来过我在新市场区的“特别居所”拜访我。我们都是成都人，他的太太同我的太太是好朋友，因此我要他对我的太太绝对保密，因为我不想让她知道这四万澳币的损失，不想她为我担忧，而在我每星期同我太太的电话中，我只是提到我正在计划一种“风险投资”。

由于我在这六个月里的灾难性坏习惯和结局，我的房地产销售的业绩大幅度地受到影响。在整个那段时间里我没有卖出任何房地产，因为我失去了专注。这就是说我不仅没有任何收入，还赔上了全部的老本。缺乏导师的督导、培训和支持，使我无法很快地回到我所选择的事业轨道上去，因此，我需要彻底地重整旗鼓。我决定马上离开内城区，到新利班区，这个大多数澳籍华人聚居的地方，去重新开创我更大的事业！

第十二章　到达新利班山区

1994年9月—1995年2月

销售是地球上最伟大的专业。要做个伟大的销售员，您只需要向耶稣基督学习——同情、理解和宽恕。

——西方俗语

因为我在如此短的时间里丢失了那么多的钱，我想要在尽可能快的时间里，把损失补回来，越快越好。我相信，最快的办法是，到新利班这个区去，在那时，那里已有很多的华人，特别是很富有的台湾华人。我同他们有很好的关系，彼此信任，更重要的是，我对他们很耐心，关心他们所有的需要，从给他们正确的投资忠告，到找到正确的自住或投资房地产，又帮助他们解决语言的困难。

我对李先生和李太太没有一点怨恨，我也没有怪他们把我带去了赌场。我们到那里去纯粹是玩玩，而不是去赌博，可是我却把它当成了十足的赌博。除非李先生和李太太在我把它翻成中文并在全球出版之后，碰巧也看到了这本书，否则，他们永远也不会知道我在那次黄金海岸之旅之后是怎样地迷上了赌博并怎样赌博的，他们也不会知道我的生活和事业怎样因此而改变了方向。从那以后的两年时间，他们都没能取得澳大利亚永久居民的签证，不得不回去台湾，而我们始终都保持着好朋友的关系。当然，他们在回台湾之前要我帮他们卖掉房子。我很快就把他们的房子卖掉了，也为他们快快地赚了一笔利润。在他们全家在澳洲度过了几年昂贵的生活之后，此房地产利润也许就是他们最大的补偿和安慰了。

当我向我的朋友们提起，我打算到南边的新利班这个区域去时，他们大都对这个想法表示不妥。他们说，在这个住宅区，已经有了好几十位华人房地产顾问在那里经营，虽然那里的华人人口要比内城区多，但当时仍然只占那个住宅区总人口的百分之十以下。那里离城较远，其市场也呈现明显下降的趋势，在前几年里已经下降得很多，使很多的房地产顾问在那里苦苦挣扎，加上竞争又很激烈，因为，在那时已经有了很多挺有声望的地产顾问，如李张申戴、杰克黄、史可聪、蔡莹、理查德黄、陈俊旭、马丁黄、大卫徐、史蒂芬徐、理查德李、查理李、莎莉周、约瑟夫黄、朱莉车、艾伦钟、阿梅利亚王以及不少其他的人。

史可聪是我在萝兰·马丁商学院所遇到的第一位华人贵人。她给我提供了在澳洲的第一顿午餐，我对此铭记不忘。她在澳洲的最初四年里，全日学习，业余时间兼职做清洁工，一直到我刚进入房地产的那个时候。在1994年初，她来问我，因为她也想加入房地产，想听听我的意见。我毫不犹豫地对她说，“我想你会成为一名很好的房地产顾问，因为你具有很多别人没有的素质，我相信你会干得出色的。”在听了我的鼓励之后，她取得了她的执照，立即参加了雷华地产新利班公司，此公司后来改名加入了另一家名叫雷曼地产的加盟店。

作为到达这个地区的一名新来者，我想对那些最有名的房地产顾问表示我的尊敬，并向他们学习。我想为他们工作，或者至少同他们建立一些联系，因此我拿起电话，给李张申戴打了个电话。她是阳光岸区的霍克房地产加盟公司的业主，来自中国台湾，她在房地产业已经工作了好多年。当我告诉她我想到新利班地区来，她很高兴同我一起工作，或者同我建立工作上的联系，不管我在哪里工作。当我同另一位房地产顾问蔡莹打电话时，她就没有那种礼貌了。她在同一家房地产公司工作，自称是从香港来的。她在电话上态度冷淡，近似粗鲁，没有显示出起码的专业礼貌，欢迎我去那个地区作为一名同事。也许，她把我当成了一位真正的竞争对手。那次谈话很短，她很快就结束了电话。她可能会感到很奇怪，怎么一名竞争对手会打电话给她。虽然李张申戴相当和气，我还是很快就因为蔡莹的态度而改变了想为霍克公司服务的念头，她这个态度所起到的作用，恰恰是使我想同她成为真正的竞争对手。

我只想在一家加盟连锁公司工作，因为他们的网络和支持，能帮助我得到更多的生意，因为我可以有信心和诚实地告诉他们"我们有一个全国性的或全球性的房地产网路，可以帮你们多找一些买家"。我驾车去新利班区的几家房地产公司，第一家就是史可聪工作的那家。老板叫莱斯马歇尔，他已经在地产行业工作了二十几年，以前是雷华房地产的分公司经理，直到公司变成了加盟公司，他就买下了那家连锁加盟公司，后来他又加盟了另一家叫雷曼的公司，这是因为他的"超级办公室"的概念。他欢迎我在任何时候都可以加入他们的公司，但他们的佣金并不理想。

我然后去拜访了"专业人士"公司在新利班山的加盟店。那是那个地区当时最大的一家房地产公司，那时有八名合伙人。当我出现在他们办公室的时候，其中一位合伙人，名叫马克艾伦，他应该要对我做面试，可是他到时却没有来。过了很长的时间，另一位合伙人，名叫洛伯的，被叫来对我做面试。他对他们之间的沟通中断作出了抱歉。经过很短的面试，我离开了那里，心里还拿不定主意。

从那里出来之后，再沿着曼思路（Mains Road）、松树地路（Pinelands Road）和凯伦路（Calam Road）开车的时候，我看到了另一家小小的房地产公司，它叫“斯陡科戴尔和雷果”，它介于新利班区的凯伦路和蜜林街（Honeywood Street）交界的街角上。我从来没有听说过这个公司，甚至对这个名字都不能正确地发音。尽管这是一家很小的房地产公司，而且没有一点名气，我所真正需要的只是能有一个地方工作，能感到舒服，能被人公平地对待，能受到尊敬，佣金合理，只要它是一家加盟店。在那个时候，每家地产公司都付大同小异的佣金，扣掉加盟费之后一律是35％到45％的纯佣金，没有底薪。此老板号称斯陡科戴尔和雷果是维多利亚州最大的房地产连锁加盟店，在维州有近一百家公司，在昆州也有三十八家公司。

那家公司的老板叫罗杰·维克斯。他一看见我从“全国地产公司”得到的一月份最高销售额奖的奖状和那个季度的大师奖的证书就感到非常的高兴。在那时，他只有两名还相当没有经验的年轻销售员，名叫米奇华生和罗德尼德汉，他们几乎卖不出什么房产。销售经理，名叫爱德文格利菲斯，也没能销售出很多的房产，因此他把我看成了这个小小的、在艰苦地挣扎着的生意的希望。他很快地给了我扣除加盟费之前50％的佣金。那就是说，在扣除了此公司8％的加盟费之后，我能拿到46％的佣金。这是我当时被提供的最高的佣金，因此我当场就接受了这个职位，因为我要考虑的首要条件之一就是佣金比例。

我知道，要成功，就得靠我自己的努力。只要有公司培训和网络名声的机会，至于我为哪家公司工作，那是没有很大的关系的。不管公司是大，是小，是多么的老牌，还是新公司，是否位于中心的位置，办公室是在顶楼还是在一楼，只要我有了一个目标，一个清晰的远见，有正确的态度和培训，专注于正能量，采取持之以恒的行动，我就会有好的机会。在任何独立或连锁加盟店的群落那里，总是会有一些人干得比其他在同一家公司的人更出色的多，其收入也会相差10倍以上。

在房地产业里，加盟的联营模式下的国际网络是非常重要的，因为它给我们更大的视野、集团的支持、批量购买的折扣、广告支持、一致的培训、动力、网络和相互介绍生意的机会，房东因此也才有信心把物业交给我们销售或管理，但是我想这个费用不应该超过5%，否则因为加盟而增加的业绩就很难抵消此加盟费的投资成本，当时斯陡科戴尔和雷果的8%就算是比较低的了，因为不少其他“大”的加盟店都要付10%。

我伤心地离开南布里斯班的全国地产公司的老板利奥的时候，我叫他放心，我会经常同他联系的，因为我们将在彼此相距大约16公里的不同的地区工作，我们可以在将来彼此联合。利奥充分理解我，并祝我好运。我们至今仍然保持联系，尽管他已经将他公司的名字改变了三次，但其运营的风格和规模仍是大同小异。

我在进入房地产行业正好一年之后开始为斯陡科戴尔和雷果地产公司工作。在这个全新的地点，我必须重新推出自己，因此在我老板的口头同意下，我自己任命自己为他公司的不拿底薪的亚洲部经理，并且把自己用英文和华文写的新闻稿子发到《南极星》报和华文报纸发表，再加上我的相片。当时，只有三家华文报纸包括陈守重出版的《世界周报》、萧子毅和他的夫人凯瑟琳出版的《华商周报》，还有黄陈素兰出版的《多元文化报》。后来黄陈素兰关掉了她的报社，不久后就去世了。在新闻稿发行之后，大多数的人都知道了我换了公司，搬到了新利班区和新利班山区这一带，我们称为南区。我也两次被邀请到 4EB 电台作为客席讲员，讲解如何在当时不景气的房地产市场上能寻求机会。

在斯陡科戴尔和雷果房地产公司工作的第一天，一切都和在全国房地产公司工作一样，他们给了我一张书桌，一部电话，没有什么在职培训。在我第二天到那里工作的时候，一早我就驾着车，汽车的后盖箱里带着我的标牌，车门里侧的兜里装着房源表格，在新利班山区这一带的高尚区行驶的时候，我注意到海浙维街（Hathaway Place）17 号的一栋房子快要造完了。我把我的奥迪旧车停下来，看到了一位建筑商，走上去同他打招呼。这位建筑商在当地建造优质的投机房（spec home）是相当有名的，但我从来没有碰到过他。我当时甚至不知道投机房是什么意思，现在知道它的意思是指建商按照“建商条款”买下了一块地皮，延期付款，比如说，延期六个月或九个月的交割期。他们需要把房子很快地建起来并且赶紧出售，赶在地皮的交割期之前成交，以此来节省买土地的支出。我做了自我介绍，说自己是我公司负责这个区域的专家。这位建商名叫托尼·吉伟基（Tony Jvicky），他是一位克罗地亚移民，当场就很高兴地同我签了一份公开的房源上市书，这是这个地区建商协会的标准规定。然后我要求他允许我在这块房产的地上插上我的广告牌，但是他不同意，因为他说他从来还没有听说过我。他在这个地区造房子已经有好几年了，他认识这个地区所有最有名的房地产顾问。他说，如果他同意了，其他的房地产顾问会对他非常不愉快。

我没有放弃。我强调了如果他允许我将我的广告牌放在那里对他能带来什么好处。作为这个地区的新人，又是最努力工作的人，我会将我大部分的精力专注于他的房地产，因为我没有其他的房源来占据我的时间。我还说，如果我找到了一位买主，我只会卖这份房产，因为它是我唯一的房源，不像其他的房地产顾问，他们也许会给买主出示其他的可与之竞争的房产，以便买主选择最低的价钱。我解释说，哪怕是开放式的代理，这份房产仍然需要合适的推销，需要有人来将他们的时间专注于他的房产并推广到至少亚洲人市场。他被我的热情、坚持和谈判技巧所打动。最后，不仅他同意把我的广告牌放在此新房前面，而且也同意当场付 500 澳元的广告费，同时在周末开放房子让人参观。他还给了我建筑钥匙，这把钥匙在建筑过程中可以打开他以后所建的任何房子。这座 62 英坪（576 平方米）的大豪宅在市场上开价 55 万澳元，这在 1994 年是一大笔钱。

那天早上我从汽车的后厢盖里面拿出了我的标牌，插在那里，我一回到办公室，就安排了广告，和开放屋子让人看房。就在同一天下午，我接到一个越南男子的电话。他是李先生，想看那栋房子，而且让我马上安排去看房。刚看完，他就喜欢上这栋房子了。很明显，在他看到我的“出售”广告牌以前，他想找这样的房子已经找了很久了。在澳洲，很多越南难民其实是越南华人，他们都有相当富有的背景，我的这位买主却是一位纯粹的越南人或很早期的华人，他一点儿华文也不会说。我们用半生不熟的英文交谈，大家都有很浓重的口音。我们俩不时彼此都不得不靠猜测来明白对方的意思，但是我从他的反应可以看出，我是找到了恰当的买主。

到看房结束的时候，我让他立即出价。按我以往的经验和从戴维·亚当那里学到的一些谈判策略，我让他书面出价，然后不停地来回在他和卖主之间穿梭来往谈判价格，直到双方都满意为止。在那晚上大约十点钟的时候，双方签了合同，卖价是51.65万澳元，前提是能借到贷款。这是当时在那个地区是创纪录的价钱。

为了确保我给卖主尽可能多的机会，我在星期六下午两点钟继续开放那个房产，供人看房。买主李先生非常急于买下这个房子，所以他也到了现场，甚至在大门口伸开手臂拦住别的前来看房子的买主，不让他们进入，并告诉他们说："对不起，这座房子已经售出了。"

我很有礼貌地对他说，"李先生，我有义务继续将这所房子上市，万一您的银行贷款没批准，所以我一直要等到您通知我您的贷款已经批准为止，才能停止促销。"

李先生回答说："我的贷款没问题。它已经被预先批准了。"

"可是我要等到看见书面证据，才能把这座房产从市场上撤下来。"我挺客气地提醒他。

他接着很快就回答说："没问题，没问题，彼得（我的英文名），我下星期一就可以给你。"

在接下来的两个星期里，我又卖出了两个房地产，将我在这个月的销售总额超过了一百万澳元。斯陡科戴尔和雷果地产公司的州经理马上发出了传真（当时还没有电邮和互联网）给昆士兰州该公司的所有连锁加盟公司，表扬我在参加他们公司之后，在这么短的时间里就取得这样好的成就。当然，在1994年10月份的月度奖里，我被评为该公司的布里斯班区的第一名，全昆州第二名，仅次于一位已经从业很久并取得相当名声的盖理·哈里孙，他是阳光海岸的库伦海滩的房地产顾问。

我的销售在继续着。尽管是一个新手，我很快就取得了这个地区很大的市场份额，在最初的三个月里就出售了八份地产。通过我的一封放到每家客户信箱里的“刚售出”的信件，列出了我刚出售的房产，我获得了另外五栋独家销售的房产。不久以后，我就有了二十多栋独家上市的房产，尽管市场还继续处在低迷之中。很多当地的房地产顾问都在挣扎，因为他们不能在这样的市场中售出房产，而这个市场的中间价位当时仅为 14 万澳元，所以，很多卖主来向我求助。

在那个时候，我的老板罗杰・维克斯拿到了一个开发项目的市场营销权，那个项目名为“新利班花园”，是在润康区（Runcorn）的布兰顿路（Brandon Road）的一个连体别墅小区的开发项目。年轻的销售员米奇华生和罗德尼德汉在建筑工地同开发商先碰了头，罗杰后来参与了谈判并提供了一个市场营销的“套餐”。那儿有 50 栋连体别墅，大部分是三睡房二层楼的，价位在 14.5 万澳元到 15.5 万澳元之间。在 1994 年，润康区还不是一个挺受人欢迎的地区，一栋独立的三至四睡房的旧砖房，带有面积 600 至 800 平方米的土地，平均价也只有 7 万到 12 万之间，因此要买主付高得多的价钱来买一栋两栋房子连在一起的连体别墅，是相当困难的。

我的老板没有意识到全部的风险，就拿下了这个项目，并且当场就答应先给开发商提供所有的广告支出，一旦在销售完成后佣金和广告费一起算。这个项目有 50 栋连体别墅，他认为至少能卖出几栋，回收广告开支，所以他在这个小区里设置了一栋供展销的样品房，将办公室的管理留给销售经理，他打算每星期六天在样品房里办公。

1994 年 10 月，罗杰开始了一场大规模的广告运动，包括在很贵的报纸如《邮递快报》和《南极星报》上打广告。当地的人根本不愿出开发商的价钱，而在《邮递快报》上打一次整版的广告得花1.5万澳元，所以他整个生意的流动资金马上就被吸干了。他花了3万到4万澳元在广告上，连续不断地在开发项目现场工作了四个多月，包括整个圣诞节假期，但是却没有卖掉任何房屋，没有丝毫收入，只有不断增加的支出，特别是广告支出。

1995年2月4日，我加入斯陡科戴尔和雷果地产公司刚五个月，这天早上我带着和平常同样的热情到公司去上班，却发现我的老板、销售经理和秘书都站在公司的门外，脸上的表情非常严峻。当我走近时，我看到办公室里面已经全空了。没有事先的警告，生意的投资者和50％的股东，莱斯拉克“拉动了开关”，决定完全关闭公司，以避免任何进一步的损失。

事情来得如此突然，以至于每一个人都惊呆了。不光是因为我们六个人都在事先没有警告也没有补偿的情况下丢失了工作，而且整个生意也都瘫痪了，因为我们的档案材料、计算机、电话系统和其他的设备和文具都给搬走了。我当时曾想我会在这个公司度过我一生的事业，因为我有义务为现有的二十多个和未来更多的卖主服务，他们在这么短的时间里就把他们的房产交给我独家出售。

我又一次站在了人生的十字路口。

第十三章　勇地产和勇集团公司

1995 年 2 月 18 日—1995 年 9 月

心动不如行动。

——奈克

由于斯陡科戴尔和雷果地产公司的突然关门，销售经理爱德文格利菲斯决定提前退休，剩下的两名年轻而没有经验的销售员也在考虑脱离地产事业。我打算做什么呢？我只有三十一岁，而且在地产方面做得也很出色。我不可能考虑脱离房地产，我的血液里有“永不放弃”的元素。回到家后，我对我的将来做了认真的思考。

第二天早上吃完了早餐并做完清洁工作之后，我拿起电话，打电话给罗杰·维克斯。我说：“我们不应让我们的卖主们处于这种悬而未决的状态。他们把他们的信任寄托在我们的身上，我们不可以就这样辜负他们。我想马上重新开始生意，这样我们至少可以实现我们帮助他们的责任。我现在还没有取得我的公司执照，所以我想请您做我的经理和持牌人，您觉得怎样？”

他对我提供的工作机会感到非常高兴，就毫不犹豫地答应了。“是的，彼得，我已经想过这个问题了，这对我们，以及对我们的客户们来说，都将会是最好的结果。我也可以免费带给你我们目前管理的十三个出租房产的管理权。”

“让我们开始吧！”我说。

这个决定就在电话上几分钟就谈妥了。我雇佣了罗杰·维克斯作我的持牌人和经理。他的主要责任是照看和管理公司，同时做物业管理。从前的秘书苏珊娜·碧萝瑟芙重新开始了她的职位，我负责销售部。

那时，在斯陡科戴尔和雷果地产公司工作了五个月并附了税金之后，我只有两万多澳元的种子资本。我没有租赁原来的店面，即六号店，而决定把我们的办公室搬到同一个商场的一号店。这个店面，在另一家房地产公司雷华房地产公司搬出之后，已经空了好些时间，它的位置有更好得多的曝光，租金也比较便宜得多（它只有 37 平方米）。我也同时利用这个机会劝说这个地产的业主把购物中心的管理权交给我们，相互支持。此香港业主高兴地同意了，因为他们知道我的表现和努力工作的职业道德，因而对我有信心。

在重新装修期间，我们的市场营销处于暂时停顿的状态。我必须加速我们的重建过程，以便保住我们的信誉。我需要将我们的公司和生意的名字注册、建立国家信托账户、设计我公司的新标志、订购文具（包括带有信头的信笺、名片、标牌、展示上市房地产的窗口）以及组织开张典礼，它涉及寄出的邀请信，还加上很多很多其他的事。我将时间表定在两星期内完成。通过我极为高效率的管理，我们在十四天内已经准备好了重新开张。

澳大利亚传统的命名房地产公司的方法是用业主姓名中的姓氏。然而，我的姓“黄”字对西方人来说很难念，因此我决定用我姓名中的名字“勇”作为公司的名字，因为它对不管什么国家来的人，都比较好念。在中文里，yong（勇）这个音可以对应着不同的汉字，所以我女儿的名字也是 yong（永），虽然汉字不同，但在英文中的拼写却是一样的。

我的梦想是创立一个独特的带有中国特色的澳大利亚品牌，它同中国人或亚洲人的工作道德相联系，像日本丰田汽车和韩国的三星电器一样有朝一日会成为一个最成功的国际性的品牌。我知道一个小小的独立房地产公司要生存下来很困难，所以我从开始就不想成为一个普通的独立房地产公司，因为在澳大利亚已经有成千上万这样的公司了，大家都在瓜分着一个同样的市场，没有多少人能记得公司的名字。我想要勇地产公司有其自己的独一无二的特性（USP），成为一个独一无二的品牌，为客户提供百分之百的解决方案、可靠性和亚洲人的工作操行，同时它又具有先进的澳大利亚的管理系统。除了给房东提供其他澳大利亚传统的房地产公司所提供的服务处，同时又有额外的服务，而这些服务只有勇地产公司能提供，包括通过亚洲和国际市场的营销，包括通过亚洲传媒来进入亚洲和国际市场，而在亚洲传媒上刊登广告的开支只有英文传媒的几分之一甚至百分之一。

起先，我注册了两个公司。勇国际有限公司，品牌为勇地产，另一个是勇集团，作为我的家庭信托公司。我每天都催促所有的供货商和装修公司，以确保他们能在我公司正式开张的那天将一切都准备就绪。在一星期天的早晨，开张的前一天，我的标牌制作者约翰同意在周末将我的标牌安装完毕。澳大利亚的大部分人都不会在星期天工作，可是我只会选择那些能按照我的日程工作的人。我马不停蹄地协调，以确保第二天的开张一切都准备就绪。

1995 年 2 月 18 日上午 10 点钟，勇地产正式开张了，由昆士兰州卫生部长、斯特莱顿（Stretton）选区的州议员斯蒂芬罗伯孙（Stephen Robertson）和昆士兰华人商会会长、杨忠勇（Peter Yeoh）先生共同主持开张仪式，有大约五十名我以前的客户和朋友参加。

公司开始时，我名义上有五名员工，但实际上只有三名：罗杰·维克斯、秘书苏珊娜·碧萝瑟芙和我自己。斯陡科戴尔和雷果地产公司以前的两名年轻的房地产顾问的名字也在员工名单中，让我们的团队看上去阵容更强大一些，但事实上这两人都已经决定完全离开房地产事业。

勇地产开业由当地州议员 Stephan Robertson 及杨忠勇先生剪彩

在勇地产开张的时候，我既没有公司的房地产执照，也没有取得澳洲的永居签证，但是我已经决定把澳大利亚作为我世代相传的家和家族企业的全球基地。我直到 1995 年 3 月才取得永居签证，即在我的房地产公司开张几个星期之后。与此同时，我的妻子在中国又重新取得了我们的婚姻关系的证明，这之前她曾经两次试图申请以单身的身份来澳洲，但都没有成功。我们重新登记结婚很容易，甚至不用我回中国去办。我所需要做的只是从中国大使馆那里去取得一张证明，证明我还是单身。我一拿到我的永居签证，就开始填写申请书，担保我的妻子和女儿来澳洲家庭团聚。

虽公司内部和外部都有很多的挑战，从资本投资的角度以及管理的角度来看，勇地产进展得良好。不管在幕后有多艰难，我们公司的形象在社区里总是乐观正面的，而我们的客户服务总是第一流的。我首先回到我以前的二十多个“独家代理”的客户那里去，要求他们同我的新公司以同样的条件重新签订销售代理书，他们全部都同意了，因为他们知道他们所选择的是同样的我，而不是那个斯陡科戴尔和雷果地产公司，特别是在那个公司关闭以后。

罗杰·维克斯的角色是负责租房管理和办公室管理，包括我们公司所在的购物中心的管理，这样我可以完全地专注于房地产销售。我以前并没有实际的招聘员工的经验和技巧（除了我在中国大学时读过日本的全套现代企业管理的著作之外），我只能逐步地开始建立我的销售团队和生意，大部分是通过口碑和连续不断的传媒的推销和广告，特别是在华文报纸上，因为它们不仅便宜，而且在我们的当地社区也比较有效。

一个新的生意所面临的最大两个挑战是公司的装修和最初的运营支出。对一个小生意来说，现金流是决定成败的主要因素。根据统计数据，澳大利亚80%的小生意在最初的六年里一定会关闭或消失，大多数会在最初的两年里关闭或消失。绝大多数倒闭的小生意，不是他们进入了错误的生意领域，而是因为他们没有充分的资金能坚持到有可观的利润，或者是他们扩展得太快资金链断了而已。对那些能幸存下来的20%的小生意来说，又有其中的80%在以后的六年里倒闭，其原因也是相似的。

向朋友借钱不是西方人的习俗，除非是一种非常安全的投资。在我们需要钱的时候，一般是去银行借款。从传统的银行借钱，在2008年开始的金融危机以前要比二十年前容易多了，因为它有大量的资金可供贷款，而这些资金是从大批只敢把钱存在银行靠得一点利息生存的老百姓，或从政府的养老基金或国际资金市场等等而来的。以前是需要先预订一个约会，然后等上一两个星期，才能见到银行的经理。目前大多数的放款经理，特别是信贷中介都会主动找上门，其利率也要便宜得多，除非是在这次国际金融危机期间，取得融资要困难得多，因为银行也短缺资金而且变得十分保守。通常即使是没有抵押担保的信用卡，有些银行也提供55天左右免利息的利率，来吸引客户的生意。在那些日子里，因为从信贷中介方面来的压力，以及银行之间的竞争，不光是信贷中介每时每刻都可以到客户公司或家里来会谈，所有澳洲的大银行也都有他们自己的移动贷款员。

在美国，几乎有90%的贷款是通过信贷中介提供融资的。在澳大利亚，这个比例也在不断增加，从不到5%增加到现在的超过20%。在那个时候，我很有信心能够从我的银行经理那里得到一个透支账户，因为我的生意已用完我当时不多的积蓄，光是用在非常简单的公司装修和设备上的钱，已经花了大约两万澳元了。

从我的生意的第一天开始，我就在位于新利班山购物城里的昆士兰银行开户，这是因为罗杰·维克斯的建议。此为该银行的一个小支行，银行经理非常有礼貌，但是也非常保守。在我提出要求的时候，我们才刚开张。很自然，要公司逐渐建立起滚滚向前的动力，需要假以时日。我们不能马上就收到佣金，这需要我们一直等到卖出的房地产交割以后。我知道钱最终是会进账的，但我们那时马上就需要钱付工资和账单。

我想银行应该能懂得这种情况，很明显，他们一定懂得这一点。然而，银行必须从最坏的情况考虑，因为他们也知道，由于有太多的小生意都在早期就失败了，不但损失了他们自己的钱，也让银行损失，因为在澳洲他们大多数是借了银行的钱才开张的。每当他们损失了银行的钱的时候，他们有些仅仅是宣告破产，这是西方的一种普遍而又合法的做法，这种做法逼使银行采取过分的信贷控制措施。自己宣布破产在我们中国人的文化中是一种很不光荣和目光短浅的做法，很少有华人采取这种做法。我在中国从来还没有听到过“个人破产”的说法，可是我的澳大利亚银行的当地人经理还不能懂得我们中国人的文化。

这位银行经理显然有了足够的经历，懂得澳大利亚其他小生意很高的失败率，问题是他不懂得，很多澳大利亚的亚洲人有比当地人高得多的还债能力，即使是收入水平相同。他们在花钱买其他的奢侈品之前会先存钱，更不用说是去度假了，除非是那些不是靠自己真本事一步一个脚印发展起来的暴发户。大多数中国人都会更加努力工作，干更长时间的工作，以便能应付银行所有的欠款，因为他们对家庭和社会有责任感。因为我们从小的教育就是如何对家庭、对社会有责任心，而西方的教育则过分地强调个人利益还使不少人滥用西方的民主和法制。

亚洲人通常会比西方人存更大数目的钱，尽管那些西方人工作了一辈子，而且总是赚取很好的收入。每当开始一个新的生意时，现金流会是一个大问题，因为澳大利亚的人工费很贵，税和其他成本也很高。不幸的事，银行经理知道我的户口细节，而且看到了我的余款越来越低，几乎到零，未经思考，他马上拒绝了我申请 3 万澳元的透支。这个不需要房地产抵押的透支通常向小生意提供，是没什么问题的，特别是当他们有一些其他资产或生意盈利时。可是，在那个时候，我还一无所有。

我对这个决定感到惊奇并且很失望。当我问他是用什么理由拒绝我的申请时，他回答道："对批准你的透支来说，现在时间还太早了一点。我知道你的生意进行得不错，我当然会很高兴重新审查一下你的申请，一旦你的生意建立得更长一点时间。"

我平静地说："当我的生意建立得更长一点的时候，我也许不会再要你的钱了!"说着，我就离开了。

我觉得完全地受到侮辱，我相信，与银行的关系，就像是结婚一样，我们只会选择那些能与我们同甘共苦的人生活。我知道那个购物中心里还有更好的银行，他们对亚洲的文化、对亚洲人做生意的方式、对他们很大的储蓄能力应该有更好的理解。我离开了昆士兰银行，走向同一个购物中心里的澳纽银行（ANZ)，找到了亚洲部经理爱德蒙·刘（Edmond Lau)，他对我比较了解。我告诉他，我会考虑把我的银行业务整个儿移到他的澳纽银行，如果他可以给我一个较高的透支数目的话。他对我在澳大利亚较短的时间内所取得的成绩印象很深刻，所以马上就叫我填了一份申请表。他通知我，如果我把我整个儿的银行业务从昆士兰银行转到澳纽银行，他可以给我提供 5 万澳元的透支额，无需任何抵押。我毫不犹豫就同意了。

五天以后，生意透支额的批准信就送到了我的公司。我马上通知我的经理罗杰·维克斯办理转行的手续。手里有了这五万澳元的"生命线"，我继续招聘、培训新的销售助理，扩大业务。在过去近二十年里，我的公司所有银行业务都交给了澳纽银行，仅在国家的信托账户中通常就拥有几百万澳元的钱，而我们公司账户的透支额已经批准增加到了 60 万澳元。

1995 年 7 月，在我的公司正式开张后五个月，我从比尔·陈

(Bill Chen) 那里得到了一个电话，他是台湾住商地产公司的合伙人，问我是否有兴趣购买他的生意。他的生意是在罗伯逊区(Robertson)，其价格要比重建一个新的地产公司的价低得多。我问他："多少钱?"

他说："两万八千澳元。当时我们花了十五万以上才把它建立起来的。蔡莹已给我们出价一万两千澳元，可是我们不能接受这个价。你要是在罗伯逊区再开一家分公司，那就更理想了。"

住商地产在台湾是较大的房地产公司之一。他们的罗伯逊区的办公室是由几名家产数百万的台湾富翁和投资家比如浦先生、李先生、杰克·黄先生和比尔·陈先生等投资联合开办的。杰克·黄先生是执牌人，他在 1992 年和赖太太以等同的合伙关系买下了他办公所在地的 100 万澳元的楼宇。赖太太是他的客户之一，她投下了现钱，而作为他的部分呢，他把楼宇的本身抵押给了银行，借了钱，但他事先没有通知赖太太。赖太太对分享利润没有问题，因为杰克·黄有专业知识，可以买下好的物业和管理房产，可是她不开心，因为她觉得是受骗了：他把房产作了抵押，却没有事先让她知道，而他一分现钱也没投入。这种没有事先书面确认的做法不光是不合法的，做这样的事也是不道德的，因为大家都是台湾同乡，做这样一件简单的一次性的交易买卖，而不是开发，却占有了 50%的股份。如果这事在成交之前先讲清楚，写清楚，本来也是不会有什么问题的。杰克·黄后来被移民部发现他在澳洲逾期居留，其结果是，他被要求离开澳洲，因此，他所管理的地产生意就被放到市场上去出售了。

我很快就到住商地产公司去看了看。这是一家建立已久的公司，设备齐全，同时管理着二十多个房产，包括几个购物中心。我当场出价两万澳元。比尔说他要同其他的合伙人商量一下，很快会给我回音。在同一天，他打电话给我说，所有的合伙人都同意以我的价钱卖给我，如果它是现金无条件的合同，同时他们也不能给我任何盈亏的财务资料。很明显，生意正在亏本或盈利不多。我同意了。虽然我可以用透支取得现金来买下这个生意，我还是决定从银行借款，因为我知道我必须保持足够的流动现金，使我在接受此生意之后，可以继续营运下去。

我在同一天签下了现金无条件的合同，三十天内交割。为了能借钱买下这个生意，我去找了上海来的爱莎（Ether）·张。那时她是一个非常活跃的贷款和保险中介。爱莎·张懂得如果做生意，她知道卖价比成本价要低得多，所以同意了我全额贷款。这次，公司的全体行政管理员工都参与了住商地产转到勇地产名下的工作，包括重新印刷全部的信笺、订购新的标牌、招聘、组织正式的开张仪式以及准备新闻发布等等。

在购买合同上，双方同意转让以前的生意租约，可是我的律师没有能够在交割日那天之前将合约妥善地签好。我打电话给房东赖太太的女儿，确保租金的数额不会有误，她确认在合约上所有的数目都是正确的，并同意转让。以她口头的确认为基础，我准时办完了交割，而没要求再延长时间。在交割日，包括新的员工和勇公司的标牌都到位了，只有租约的转让还没完成。

新的罗伯逊公司是由州议员史蒂芬·罗伯逊和盖里·哈格雷弗正式剪彩开张的，盖里·哈格雷弗后来成了联邦参议员和多元文化部长。盖里原来是一位新闻记者，在我开张之时刚刚成为一位政治家，开始竞选穆尔顿选区的联邦议席。他是一个很努力工作的人，总是积极参与任何社区的活动。他那时并没有在我邀请的客人名单上，但当他从别人那里听到我将要举行正式的开张仪式后，就打电话给我，想要看看我是否能邀请他来参加，同时也让他做一个简短的发言。我说："没问题。"

有很多因素可以导致成功。那些悲观或负能量的人等待事情发生，而乐观或正能量的人促成事情发生，哪怕其他的人认为不可能，或者时间不对。刚才所描写的盖里的行为，正是他为何成为一名成功的政治家的原因之一。我总是用好的政治家和运动冠军的例子作为比较来勉励我的销售团队。无论我们在哪里，无论我们在做什么，我们只需要有决心，有干劲，集中精力，同时又关心、理解和支持别人，任何事情都很难难倒我们。

我原来在新利班山的经理罗杰·维克斯被委任为罗伯逊区的分公司经理。我雇用了奈特（Nat）作为新利班山区总公司的新的销售经理和执牌人，他又任命了琳达（Linda）作为我的物管经理。在住商地产和勇地产的管理和销售团队合并以后，生意进一步得到拓展。

当勇地产开业时作者买的第三辆汽车——全新丰田车

与此同时，我把我那辆老是出麻烦的奥迪旧车卖给伊普维奇路的摩托拉马丰田车场，花了大约3万澳元从丹尼斯·黄（Dennis Wong）那儿买了一辆全新的、非常可靠的丰田佳美车。这是我从到达澳大利亚以后所买的第三辆汽车，使我在四年中所买的交通工具达到了总数七辆：包括两辆自行车和两辆摩托车。

在新的罗伯逊区的分公司开张一个星期之内，我非常吃惊地收到了房东太太的会计师、香港来的陈威信的电话。他通知我，房东太太想要在签新的租约之前，把租金提高25%。当时，房产市场和租房市场生意非常清淡，在这个区里的大多数的房地产公司不是在苦苦挣扎着，就是倒闭了。住商地产分公司也被迫以大赔本的价钱出售，因为在支付办公室的租金和其他开销之后，没有多少利润可言。在这种情况下房东太太怎么能一次增加25%的房租呢？我无法理解，特别是她已经口头同意将以前的租约转移给我了。大多数有声望的华人企业家都以诚信作为做生意的基础，口头承诺或者握手就代表一切。我无法相信房东太太在签署正式的租赁转让的中途就会失言，而所有的条款仅在几周之前就已经同意了。

我马上就打电话给房东赖太太，问她为什么要毁约。可是，她人在台湾，她的女儿接听了电话。她解释说，有人愿意多出25%或者更多来取得租赁权。

“可是我们已经在搬进去之前就同意了租赁条款。现在，我们都已经花了不少钱把生意重新建立起来，而且已经开始了营业，你怎么能毁约呢？”我问。

“我问过我们的律师，我们并没有毁约，因为她说，我们的口头协议并没有法律的约束力，因此并不存在协议的事。”

“我知道按照西方的惯例，如果没有书面协议，我们的口头同意并没有法律的约束力，可是，你难道记不得在我买下这个生意时，我们在电话上的谈话吗？你确认租金数额将保持不变。”我问。

“是的，可是我仍然要按照我的律师告诉我的去做。”她坚持说。

“行，你能不能把这位想租你房产的租客的电话告诉我，让我跟他们去谈？他们怎么可以在我已经搬进来之后，做出这样的有敌意的事呢？如果你早些告诉我，我是永远不会买这个生意，并且花那些支出费用的。”我抗议地说。

“对不起，我已经应他们的要求，同他们签过保密协议，所以我不能把他们的身份泄露给你。”

“如果这个人是诚实的、品行端正的人，他们为什么要签这种不必要的保密协议？因为只要他们的生意一开门我们马上就会知道他们是谁。你还年轻，你应当当心你这位神秘的租客的许诺。”我告诫她。从她的声音，我可以听出她也许还在大学念书，或者刚刚毕业。她是亚洲人，可是很明显是从当地的学校受教育的，行为已西化，而她的律师也是一个西方人。

我不会轻易地放弃，我说：“我可以同你的母亲说话吗？我肯定她会根据你家的利益作出更明智的决定。”

“她现在在海外，你只需要同我谈就行了。”她坚持说。

“请你在同你的家庭成员们讨论以后重新考虑你的决定。”我难以置信地挂断了电话。

这不是我做生意的方式。当有人把事情交到一位律师那儿，就有可能不再会考虑到道德了，没有感情，没有感觉，没有友谊，没有诚信，也没有信任了。一切都只会以文字、文件为基础，无论双方已经口头同意，或者是否在道德上是错误的。哪怕它已经是书面的，只要漏了签名，忘了签写姓名的首字母，或者能够找到诸如此类的小漏洞，他们就可能会坚定地劝告他们的顾客取消任何的许诺或协议！

在我们的电话谈话之后不久，我就接到了她的律师来信，给我十四天的时间搬出这个办公室，因为他们已经同另外一方签订了书面合同。我对这封信并没有给以很大的在意，我想这只是他们的恐吓战术之一，我不会向他们屈服。

同时，生意进展得很正常，公司的员工们谁也没有注意到发生了什么事，我也完全忘记了十四天的限期，直到我接到我的分部经理罗杰·维克斯的电话，他告诉我，公司被女房东的律师封掉了。

我马上赶去罗伯逊办公室，看到一大群人，包括我的员工们，都站在札米亚街（Zamia Street）的大楼外面。在办公室的门上，有一条告示写着："地主已经收回这个房产，门锁已换，任何问讯请找地主的律师尼科尔·罗伯孙。"

这是我一生中最大的羞辱之一。我想人们还以为我的公司关门了，或者我没有按期付租。这样的羞辱我以为只会在中国发生，比如我和我妻子一起住的那个房间，在我离开中国后的几个月后被封掉了，门锁也被换掉了。这次，同样的事却发生在另一个文明的社会里，而且是在我的分公司正式开张之后才只有一个月的时间里，由我的台湾女房东发起的。

我马上打电话给女房东的女儿，想同她协商。她说我应当同她的律师谈。就她所知，他们已经另签了《租赁协议》，所以，哪怕我同意她的租金增加，我还是得搬出去。

我徒劳无益地想尽了一切办法之后，被迫将整个运营搬回到新利班山区的公司总部。虽然房地产管理团队和销售团队可以合并，但分公司的行政管理人员却不得不被裁掉，而分部经理罗杰·维克斯也辞去了工作。这件事对他的打击太大，他打算整个儿地从房地产行业退下来，搬去一个安静的乡下小镇，也许会写一本书。也许有一天我能读到他的书。

这一个月的运作费用花掉我整整40000澳元，包括最初的改建和运营开支，还有购买这个生意的20000澳元。从今天来说，这笔费用当然是微不足道，但是在1995年，他比我整个净资产还要多很多。

可是，不管发生了什么事，我都不会被打倒或者放弃。我相信，不管发生什么事，总会有发生的原因，也会有由它而带来的礼物。我相信，这个情况是上帝的意图在试探我，要求我巩固，以便发展得更强大，最终也会更好。如果我再要做类似的交易，我会确保先妥善地签好书面文件。我们可以从我们或别人过去的经验和错误中学到很多的知识，如果我们有乐观的态度，并能发现从中学到什么。

将分公司和员工集中到一个地点大大地节省了运营支出，并能更好地监管整个运营。没有前面提到过的闹剧，我的两个公司也许很快就会短缺运营资金，不久以后两个公司都有可能会关门，因此这个“分公司被迫关闭”的事件对我来说实在是一个祝福，虽然我并没有希望它发生得这么快。如果这件事没有发生，“勇”也许永远没有机会扩展到全球。因为，即使是这个合并后的公司，在我直接的监管控制之下，我仍然在以后的几年中经历了无数的财务挑战。关闭分公司之后，我决定发展勇集团公司，让它在一个屋顶下包揽各种生意，而不是一个纯粹的地产中介。在同一个屋檐下，我能更容易地管理和控制，同时也可以节省更多的开支。

具有讽刺性的是，三个月之后，我在新利班购物中心遇到了赖太太，就是我在罗伯逊分公司的那位女房东。我并不认得她，但她认得我。她主动与我打招呼，热情但又有些尴尬，因为她的店面至今还是空的。我问她是谁在我搬进去后许愿给她多25％的租金，她说："是蔡莹，可是她毁约了。在你们搬出去之后她没有守约。现在我的律师正在起诉她，要求她支付至少5000澳元的赔偿费，作为我们的租金损失。"

我相信赖太太所说的话。像很多善良的台湾人一样，她只是太天真了。赖太太相信了她，但不久就发现，差不多就在同她履行《租赁协议》的同时，蔡莹在新利班商场已签了另一个租约，开了一家新的地产公司，而这家地产公司几年后在2003年澳洲房地产最繁荣的年头却关了门。不久以后，札米亚街6号的商业大楼在拍卖中以190万的价格售出，被另外一对台湾夫妻张先生和张太太买下，他们的女儿在同一座楼里教日文。他们买下后，一直都委托我公司管理此物业，直到今日。我以前的分公司店面也租给了韩国人开了一家韩国方便店。

第十四章　家庭团聚并成为澳洲公民

1995年9月

上帝只帮助那些帮助自己的人。

就在我于1995年8月将两家公司合并的时候，我的妻子也终于获得了她的永居签证。在我们分居了长达四年之后，她在那年九月同我女儿黄永恒一起到达了布里斯班，那时我女儿已经是四岁零九个月了。看到他们两人是我在澳大利亚这四年里最高兴的时刻。在这四年里，我从到达澳大利亚身无分文、没有亲戚、没有朋友、没有家人，也没有澳洲的工作经验开始，从不能够流利地说英语，不会开车，甚至一点也不了解澳大利亚的交通规则和游戏规则至现在，我已经有了几乎所有的一切，包括我最亲近的家庭成员，我正在成长壮大的生意，还有崭新的汽车。唯一没有的东西是让我们能住在一起的一栋舒适的房子。

我发现我的妻子瘦了很多，但是她变得比我离开中国时更美丽了。那时，我女儿只有6个月大，现在的她已经快要五岁了。在机场里，她在妈妈的身边开心地走着，她显然是通过照片被教会认出我的，虽然她还是有点害羞，在我们一到家之后，她就对我说："早上好，爸爸!"

在她们到达之前，我仍然住在新市场区。我知道这小小的六平方米是不够我全家住的，我就在我们公司的附近，新利班山区的孙葛露街（Sunglow Court）租了一栋三睡房的平房。因为我的妻子对这个地区不熟悉，也不会开车，她需要能走路就到我的公司和购物中心。我把她们俩直接接到新家，这个新家同我们在中国的18平方米的房间和新市场的200多平方米房间相比差别是非常巨大的。除了三个睡房之外，它还有两个浴室，包括一个带卫生间的主人套房、一个宽大的厨房、餐厅和起坐间，整个建筑面积达200多平方米。这栋房子坐落在一块675平方米大的地上，在这条小街安静的里端。因为地主正想出售他的房产，他很愉快地接受了每周两百澳元的租金和三个月的短期租约。这屋里唯一的新家具是我为我妻子和我买的一张崭新的双人床，还有为我女儿买的一张新的单人床，确保我们晚上能有很好的休息。

在我妻子和女儿到达以后，我们在新家休息了一会儿，然后一起去新市场区自由街19号去取我的行李，并同那里的每一位说再见。我从我在澳大利亚的第一个月开始就认识了这些人，我们已经成了好朋友，而不仅仅是室友而已。在这里住了四年多之后，我对离开这个熟悉的环境感到有些伤感，特别是那位叫帕蒂（Patty）的老太太，当她听说我要离开时，当着我们的面就开始哭泣了。

从那里正式辞职并对每个人说完再见之后，我提起我的物品，带着我那几件在房间里少有的几件家庭“奢侈品”，包括一台小小的黑白电视机，一把吉他和其他日用品离开了。

那天下午，我带着我的妻子和女儿，到了我的房地产公司，向她们介绍我的团队队员们。新利班山区的购物中心就在我的公司的后面。那以后，我就带着她们去那里熟悉超级市场，并且买了我们在澳大利亚做第一顿团圆饭的晚餐所需要的食品。四年又三个月的分别，使我们的爱情变得比任何时候都更加坚固了。

我女儿是个非常聪明的姑娘。她有音乐的才华，有非常好的节奏感。只要当收音机放起音乐，她就会在屋里跳起舞来，根据随意放出的音乐，展示出不同风格的舞蹈动作。对这么年轻的小姑娘来说，是很难得的，看她跳舞真是件赏心悦目的事。她通常很安静又很有天赋，这让我感到自豪。尽管她也许比我更聪明，更有才华，我还是希望从一开始就对她进行严格的纪律教育和培训，以培养她更好的性格和勤奋工作的人生原则。

我设法在斯特莱顿区的葛旺路（Gowan Road）为她找到一所幼儿中心，每星期 160 澳元。因为我们交税反而不能享受政府的补贴，包括幼儿园的补助。在我们全家去阳光海岸度了一个星期的假期之后，我妻子就开始在我的公司全职工作，管理账目和行政事务。我女儿幼儿园以外的时间会与我妻子在一起，有时当她累了的时候，她会蜷缩在我妻子的桌子旁边睡一会儿，直到我妻子完成她的工作。

在以前的四年中，当我妻子在中国同我父母住在一起的时候，我女儿大部分时间是由我父母照顾的，因为我妻子必须全职工作。在我们失去了我在大学里 18 平方米的房间之后，我全家五口人都挤在我父母的那套 50 平方米的两睡房单元房里。我父母和我的女儿合睡一间房，我妻子和我妹妹合睡另一间房。在到达澳大利亚时，我女儿还一点也不会说英语，也不会说普通话，只会说四川方言。她刚开始在幼儿中心会哭，因为她的周围都是外国人，她连一个字也听不懂他们所说的话。然而，很快她就开始同他们一起玩起来了，三个月之后，她们之间就可以没有任何问题地交流起来了。她的朋友们叫她“康妮”。我们几乎没有教过她一点英语，希望她能自己独立成长，具有奋斗精神和独立性。我们很少将她送去任何私人的辅导，除非是弹钢琴和上数学课。

正在我女儿开始学习英语的时候，我妻子也在克服她在澳洲生活的差异。她经常对使用电子器具感到紧张，在学习汽车驾驶时更加慌张。对她来说，学习新的规则并让自己熟悉道路总是个很大的挑战，但她知道，如果不能在澳洲驾驶，就意味着没有去任何地方的自由，而在澳洲，一切都是那么的分散。她一共试了七次才通过驾驶考试。即使是现在，她仍然只愿意在她非常熟悉的地区驾驶较短的距离。虽然我的工作非常繁忙，我仍然设法每天开车将我女儿带去她的幼儿中心，并在晚上将她带回家。不时我会因为一个接一个的会议和工作原因迟去接她回家，直到老师打电话来提醒我。

下班以后，我的妻子会做好所有的饭菜，而我则割草坪，修理和保养家具。无论何时，只要有可能，都设法省下每一分钱，使我的生意可以维持下去。起先，当我妻子和女儿一起去超级市场购物时，她居然不能区别宠物食品和人吃的食品，因为在中国还没有这样的叫做商业宠物食品的东西。当时我们的家庭在财务上还不错，可是我们绝对不富裕。每当她去购物时，她会习惯性地将价格从澳元换算成我们自己的货币人民币，看看每项物品会花去她多少钱。很快她就学会了这样的知识，即“No Frills”或“Home Brand（家庭牌）”的标记，这一般意味着价格比较便宜的产品，尽管事实上这些产品仍然是优质的澳大利亚出产的产品，就像厕纸吧，直到今天我们也不在乎使用“家庭牌”的产品。它们的包装通常比较单色，而彩色包装的产品通常比较贵。在这一点上，我的妻子犯了几个滑稽而有趣的错误，她经常会喜欢同我们分享那些故事。

有一天，她和我女儿出去买东西。我女儿看到了一个很大、又很便宜的彩色袋子装满了饼干。我妻子决定买这一大袋的饼干，这样全家可以享用得更久，就像我奶奶从前做的那样，把少有的几个饼干藏在米缸里或其他什么地方。在她们回家以后，她们俩就把这重重的一大袋的饼干扛进屋里，放在餐桌上，撕开袋子，快快地拿出几块，放进嘴里品尝。可是她们发现这饼干嚼起来比较硬，味道也不怎么甜，然后她们就比较仔细地再次看了看那袋子，我妻子发现她们吃的其实是狗饼干！现在每次我们想起狗食品，还仍然会对这件事而发笑。

有一天，另一件有关我妻子的有趣的事情发生了。那时她正在公司的前台工作。一位西方男子出现在前台接待处，他告诉我妻子想买一栋房子。我妻子心里想说“我不在销售部门工作”，可是她太紧张，结果她对那位顾客说：“对不起，我自己是不出售的！”那位男子被她的回答逗乐了，可是他还是很幽默而好脾气地说：“我知道您是不出售的，可是我能不能买一栋房子呢？”

我妻子张源是我生命的真爱。我挣钱，她管钱，既管个人账目，也管生意的账目。我爱做家庭的“财富创造者”，但我并不喜欢口袋里装着太多现金，也对处理这些账目不感兴趣。直到现在，我的口袋里也很少会有超过两百澳元的现金，而对于我放在皮夹里的三张信用卡，我从来记不住它们的密码，因为我从来不自己去取现金。在我需要钱的时候，我只需要向我的妻子要，而她通常也是使用信用卡。

在她到达以后，我马上把我生意百分之五十的股份换成她的名字。所有的财产也都是用我们的联合名字或平等股份的公司名字购买。今天，在我总公司的十多名行政人员中，我们有两位账目经理，一位办公室经理和一位首席助理来帮助她管理各种账目。各个银行也都不断地给我们寄来预先已批准的信用卡，或主动把我们的信用上限大大地提高。

在我家人到达的两个月之后，我们在新利班区的蜜林街（Honeywood Street）93 号买了我们第一个住宅，买价是 15.1 万澳元，一栋 220 平方米的很好的四睡房的砖屋，有一个带按摩浴缸的主人房，同我以前的公司在同一条街。就在 1995 年的圣诞节之前，我们愉快地搬进了我们自己的新家。同时我也代理我的房东以 15 万澳元的价格出售了我们原来租用了三个月的孙葛露街的房产。在十年之后，即 2006 年 4 月，这栋房子又第二次被我公司出售，卖给了我公司同事布鲁斯·埃德孟孙（Bruce Edmondson）的弟弟，价钱涨了一倍多，以 35. 45 万澳元成交。

在 1995 年，我也从一位私人那里花了 5000 澳元买下了我的非常特殊的手机号码，因为这个号码很容易记住，而且更重要的事，按照中国人的信仰，它是个幸运的号码。我相信，另外一个唯一的好号码是 0418 888 888，可是，当我拨打这个电话号码想了解是否能将这个号码买下来时，那位男士要价两万澳元。在 1995 年，两万澳元对我实在是很大的一笔钱，我不愿付这笔钱，所以我不得不放弃买下这个号码的想法，而买下了另一个类似的幸运又好记的号码 0418 888 889。

就在这期间，我决定更新我的汽车，这样我妻子就可以开我的丰田佳美车。由于我对我的二手欧洲车奥迪的种种麻烦的经验，我决定要买一辆新的奥迪车。在付了 4.6 万澳元买下这辆车后，我想这辆车会可靠得多。可是这辆崭新的欧洲车开了还不到一个月，它的计算机受到了浸水的影响，我的车又开始出问题了。

我每周仍然六到七天在地产业工作。在晚上，为了拿到我的执照，我去昆士兰房地产协会（REIQ）学习公司持牌课程。这个课程花了我近两年才完成。地产业很有季节性，我们的销售遍地开花，因为我在那个时候在当地还没有一支强大的团队。最糟糕的一个月，我们整个公司只售出一栋房产，还是通过我自己卖出的，地址是新利班山区的蜜林街 15 号。那是 1996 年 1 月份，成交价为 20 万澳元，我永远会记得这个月。买主沈敏敏和吴振震（Michael Wu）是从中国江苏省来的，从那时以来，我们就成了好朋友。几年之后，在 2003 年 3 月，我帮他们把这个房子又卖掉了，卖价是 32.4 万澳元。那以后，他们搬到了他们在新利班山区的崭新的豪宅。

管理现金流动一直是对任何一个企业的挑战，有三次使我需要紧急地借钱，以便能及时地给我的员工付工资。我的信念是，公司的员工应当被付与行业内最合理的工资，而他们的工资绝对不能被拖欠，哪怕是一天也不行。虽然所借的数目很小，我永远会记住那些曾帮助过我的人，使我的公司和个人永葆诚信的声誉。第一次借款是从我的好朋友、台湾来的蒋中元先生那里借的，借了两千澳元，因为在公司所付工资的总数中短缺了一点点；第二次借款是从阿尔伯特·秦（Albert Chin）那里借的，他是我的销售团队中的一员，他也是台湾来的，也借了两千澳元；第三次是从我的好朋友、悉尼的王劲松（Jason Wang）那里借的，他是我和我妻子在成都科大的校友之一，也借了两千澳元。这些都是临时救急的借款，以确保我的团队成员能准时拿到工资。当然，我都在一到三个月之内连本带利一并偿还。

在那段困难的时期，我们的销售经理奈特，又背着我参与直销，他同时还招聘了我的物业管理经理琳达参与直销活动，作为他的下线成员。直销活动在西方是臭名昭著的。他们通常会招聘有闲心的家庭妇女，或那些急功近利不那么专心尽力的销售人员或其他雇员，许愿他们很容易就能赚钱，而且又不用全职参与。在参加地产工作之前，我也被吸引去推销“草药人生（HERBAL LIFE)”，做了好几个月，可是却浪费了220澳元左右，再加上我宝贵的时间，买他们一些毫无用处的产品。澳大利亚直销的坏名声，被越来越多的人所认识，现在大多数的从业人员都打出推销所谓健康产品的口号，成本不高，一本万利，又不会出人命。

我的公司一直是通过我初期的“勇系统”来管理的，这个初期系统只是概述了基本政策和策略，并没有完善的文本和对话，同我目前修正和完善的勇系统不能比较。我们现在有完整的操作手册，在这手册里，清楚地说明了要是勇集团的任何团队成员参与直销，就会立即被辞退。不久以后，奈特和琳达都从他们的职位上主动辞职了。

那时候，我所起草的雇佣合同不够完整，缺乏约束力，因此在琳达离开公司之后，她开始同我们的房主们接触，企图把我们的物业管理权拿走一些，迫使我们不得不对她采取法律行动。从那以后，我建立了一套完整的勇系统，这套系统涵盖了一个地产公司的方方面面，从房地产出售和物业管理，到行政管理和招聘，经过了几千个小时的工作和上千处修改和微调，一切都被系统化了，有政策也有检查单，目前被储存在四个文件夹里，分为四个标题：销售、物业管理、行政管理与招聘以及二十八个房地产投资的点石成金策略。随着集团业务的全面扩展，我后来又决定聘请一位全职的公司法律顾问，以处理物业交割、移民和其他法律事务。

尽管房地产公司应该是物业专家，但令人惊奇的是，在我这么多年接触的全球所有的房地产公司中，没有一家房地产公司对上述四个部分有这样的整体系统和全面培训。我在其他两个全国性的特许加盟公司工作之后不久就发现了这个空白地带。在上面两家公司中，我都只是在第一天被给予一张书桌和一部电话，他们几乎就把一切丢给我自己去对付了。那些地产公司没有现场培训设施，没有在职培训计划来帮助销售团队的成员们成长，发展他们的市场营销技巧，更不用说是投资技巧了。

即使是在勇地产公司的早期，情况也是相同的。当房地产顾问们不可避免地在他们自己的学习曲线上犯了很多错误，并且花了相当长时间之后，才开始熟悉所需的规则、技巧和策略。我们目前计算机化的勇系统具有大约五百页的标准政策和系统，随时都可以参照。它有六十页的标准对话，可供团队成员使用，用来回应客户和顾客的询问，其后又得到录音光盘的支持，这样他们可以在驾车时一遍又一遍地收听学习。目前的勇系统手册，是设计来帮助任何人都马上能掌握他们的地产事业。当然如果他们在我们的为期两个星期的就职培训中，以及接下来的每星期的在职培训中能积极参与并严格地遵循的话，这包括我们每周的全球联网的网上直播在职培训及年度营销大会。

由于我在头脑里有不断改进的思想，我每天继续不断地微调我们的系统，这样我就可以招聘更大、更好的销售团队。而且在同时，培训和留住他们。在1996年，能用于改进这个系统的时间是有限的，因为公司依赖我来赚取几乎所有的收入。由于这个销售团队的大部分成员都是新手，所以我必须用我所有的收入补贴公司。幸运的事，我能够为公司赚取至少70%至80%的总收入，这钱能够返回到生意，使它继续地前进。

在那个期间，我听说已经建立了很长时间的、位于松树地

(Pineland) 广场购物中心的松树地地产公司正在艰难地挣扎着，很有可能关门。因此我开车去那里，到他们的办公室去见他们的老板拉索尔·麦克法能 (Russell McFarnan)。他马上告诉我他挺愿意让我收购他的公司。由于我购买住商地产公司的经验，我变得更聪明一些了。我告诉他，我对买下他的公司没什么兴趣，没有好的销售团队，它已经不值什么钱了。但是如果价格合理的话，我会对他的物业管理部门感兴趣。他的物管部门管理三十多个房产，他想卖 4.5 万澳元。我当下就作出了决定，买下了他的物管部并任命他为我的物业管理经理取代琳达。这笔交易做完以后，拉索尔就关闭了他的公司，加入我的公司，担任我的物业管理经理，我也从奈特手中接管了销售经理和公司持牌人的位置。

在短短的一两年时间里就收购了两家其他地产公司之后，我决定将我自己的住房升级。当时有一个机会，在高尚区罗伯森地区的安哥佛拉街 (Angophora Street) 18 号有一栋房产，我以 21 万澳元直接就把它买了下来。遵循我早期的只买不卖的原则，我保留了我们在新利班山区的房子，作为一个投资的房产，让我的物业经理来管理。那时候，这栋物业大部分的按揭还欠着银行的钱，所以在税务上仍然是有利的。我要求我的物业管理团队在管理其他的物业时就像管理他们自己的或者是我的物业一样，可是要找到适当的人选来做到这一点一直是个挑战。我要求他们以亚洲人的思维方式来控制并处理修理的成本、租金滞后等问题。这对有些澳洲土生土长的物业管理人员来说是主要的问题，他们不少人花起房主的钱来不假思索，到时就回家，不管电话回没回，不管事情有没有做完，因为他们从小很少经历过新移民通常会经历的艰辛。

在那个时候，我的妻子已经取得了她的驾驶执照，而且已经终于能够开车接送我女儿去马格·雷格（Mac Gregor）小学读书了。她已经能够独立地去购物，而不是像以前那样，每次在购物中心购物之后，打电话叫我去把购买的东西载回家。

勇地产公司开张一年以后，我已经买了两辆崭新的汽车，两栋房子和两个生意。勇地产公司的声誉在迅速增长着，我们也已经能吸引好的员工，像葛雷戈·候斯特（Greg Hurst）、威尔伯·熊（Wilbur Xiong）和艾琳·吴（Irene Wu）。直到现在，近二十年了，这些人还仍然是勇地产的重要成员，除了葛雷戈，他后来进入了纯粹房地产开发业，不久后又得了癌症，因而不得不完全脱离房地产业。

生活照常继续下去，我仍然和以前一样的忙。家庭团聚后我的饮食大大改善，一个幸福的家庭和蒸蒸日上的事业，使我的体重从 49 公斤，在两年之后增加到 63 公斤。

作者（左一）与其销售经理 Greg Hurst 和 Springfield 大开发商 Maha Sinathamby 等人合影。

在 1997 年，我进一步扩展了我们的生意。市场的总体情况仍然有非常大的挑战，这不仅是在房地产市场，而且也在零售领域。“顶级录像带店”坐落在我们购物中心的一家澳大利亚人拥有的生意，突然就关门了。当地澳洲人因为天生无忧，通常不存多少钱，有钱就花，所以他们的生存能力相对较差。另一家美发厅也一样关了门，这家美发厅的边墙就同我的店铺的后墙背靠着背，留下了很大一片空店。购物中心的业主开始担心，决定将它卖给 BB 礼品店，这家店是另一位台湾人所拥有的，他将他们一直以来在家里经营的家庭事业搬进空置着的录像带店的店铺；我也决定乘这个机会扩展我的生意，将空着的美发厅的铺面拿了下来。这家美发厅的铺面有 80 平方米，因它的边墙同我们店的后墙相接，我所需要做的只是请我的朋友刘师傅，在这堵墙上开个新门，连通两个店铺，把我们接待客人的区域从 1 号店铺搬到 3 号店铺。这个地方更容易看到也更容易进入。办公室的布排也需要改动，包括新的标牌。这新增加的额外的面积可以将我本来总面积为 37 平方米的 1 号店铺改成会议室，可以用于公司员工的培训和会议室。

不久以后，位于 2 号店铺的哈利大叔的外卖点（位于我的两个店铺之间的角上）也关了门。因为这个生意好长时间都卖不出去，因此我也把它拿了下来，把它同另一个门相通。我们的办公室变成了一个大的正方形，我们的大标牌也竖立在了购物中心的右手角上。

我的宗旨在那个时候是发展集团公司，而不是建立更多的分公司。我想让我的公司变成一个集团公司，从房地产、信贷、保险、移民、国际贸易甚至零售业，提供全方位、一条龙的服务，这对一个在澳大利亚刚起步还在初期的公司来说是一个大胆的计划。我对所作的无论什么事总是保持着一种积极乐观的态度，我知道我最终会通过不断地实践和经验教训让自己完善起来，因为一开始就没有人来指导和培训过我。虽然这是一种花费非常大的学习方法，它却是我当时唯一的方法，因为我知道人生最大的风险就是碌碌无为。

为了扩展我的生意，我决定建立我自己的移民代理，这样，当人们通过我们的移民代理从海外移民到澳大利亚来的时候，他们能很方便地从我们这里买房子和做生意。我忙于销售房屋和管理整个业务的运营，所以我让我妻子去学习移民课程以便取得执照。我妻子虽然害怕驾车，她对再次去学习新课程也有点犹豫，可她还是答应去学习，这是东方文化的美德的一部分。同时，我任命了熊先生担任我们的移民经理，同时也要求他帮助我们目前的西人物业管理经理，因为我们除了传统的客户之外，已经有了越来越多的华人房主，他们都希望我们去管理他们的物业，一是方便沟通，二是服务更好，三是成本控制。我们关心他们的利益，也可以用母语同他们沟通。尽管这些人在海外的事业很成功，这些大多数从台湾来的富有的商业移民，已经是四十多岁或者是五十多岁了，他们只能说一点点的英语。熊先生帮助我们的物业管理经理拉索尔·麦克法同我们的业主们沟通，因为他有法律和移民的背景，所以他负责我们的移民部，对民宅部予以支持，同时负责商业物业的管理。

澳大利亚的工资很高，被称为打工者的天堂。想在澳大利亚找到一份像样的工作，这对很多新移民来说不是一件十分容易的事。熊先生是一位在缅甸出生的华人，他在泰国长大，又在美国开过方便店，最后来到澳大利亚定居。在加入勇集团之前，他曾在黄金海岸的一家法律事务所工作过两年，每天从他在布里斯班北端的家开车去南边的黄金海岸工作。到黄金海岸来回每天得花去他三个小时的时间，因此只花四十分钟从他的家开车来新利班山区的勇集团工作，对他来说是件很愉快的事，所以他在勇集团已经工作近二十年了。他在黄金海岸工作的那两年里，帮助了好几百名中国台湾人移民到澳大利亚的布里斯班和黄金海岸，因为那家律师事务所和台湾的一家大移民公司多米利移民代理有战略联盟。多米利在台湾收集了申请人的细节之后，他们所有的申请都是由熊先生所在的公司递交给澳大利亚移民部的，所以他担任我们的移民经理和商业物业经理是理想的人选。

然后，艾琳·吴也参加了勇集团。她在移民到澳大利亚之前，曾经在马来西亚经营过两个成功的生意。在澳大利亚最初的七年时间，她一直在寻找如何在澳洲创业，直到她加入了勇集团，后来她的两个儿子也加入勇地产与她一起组成一个团队，多年来一直是勇地产的顶尖团队。

不久之后，保罗·金德也离开了新利班山区的霍克地产公司加入了勇集团。他在地产业已经从业多年，既做传统的地产代理生意，也专售投资房。他把严·萨默士的有关物业投资的书介绍给我看，他以后在我们公司也工作了十年以上。在我于 1997 年看完这本书之后，马上就采取行动，一口气买下了十几个房产，纯粹作为投资。我同时也买了整整一箱严·萨默士的书，给我勇团队的每个成员一人送了一本。

葛雷戈·候斯特曾经运营过他自己的大公司，雇用过几十个人。他在他的公司解散之后便加入了勇地产，成为一名房地产顾问。他是一名很有能力的领袖、谈判高手和有鼓动性的演说家。作为一个真正的实干家，他埋头苦干，不久之后，我们就看到他在《南十字星报》上刊登的整版地产广告。

又过了不久，通过马来西亚的地产大王杨忠勇的介绍，我被介绍给马哈·辛纳坦比，他是庞大的斯必灵费尔德地产（Springfeild）的开发商，这地产就在靠近伊普斯维奇市的卡米拉区。正如古训所言："可以改变我们命运的两件事是我们读过的书和我们所遇见的人。"看了严·萨默士的有关物业投资的书和遇见了上面所提到的勇气十足的开发商，是我在生命中的重大转折点。

马哈是印度裔的马来西亚人，在马来西亚长大，然后来澳大利亚读书。移民澳大利亚之后，他成了工程师。起先，他在阿德雷得和帕斯搞一些小型的、非常具有挑战性的开发项目，从困难中摸索但成效仍不大。后来他同他的家人搬来布里斯班住，在1991年他看到了一个机会，通过总体规划来建造南半球最大的主体规划社区，在斯必灵费尔德建造一个卫星城，这一规划改变了他的一生。

马哈所开发的土地有7200多英亩的面积，在卡米拉附近，靠近布里斯班，原来是由一家木材公司所拥有的。通过雷华地产公司的商务部将它放在市场招标，在市场上放了六个月，即使它只卖几百万澳元而已，也没能售出！马哈那时已经快有五十岁了，几乎还一无所有。可是他看到这个招标，意识到这是可以改变他命运的最大机会。他同鲍勃·夏普里斯合伙，只用了790万澳元就签下了这份地产的合同，以市政府是否批准开发为条件，鲍勃持有25%的股份。同时，他们又卖出了这片土地的10%约700英亩给我的一位元老客户、来自台湾的林先生，售价是280万澳元。他然后用这280万澳元作为订金，从银行借了剩下的钱，买下了这片7200英亩的土地。

此地最初的设计是开发1100个地块。以他的远见和决心，他把总体规划改变成开发20000个地块，尽管近40%的土地面积必须用作绿色保护区。通过各种办法融资，他将高速公路从百年大庆公路引到斯必灵费尔德，并建造了葛雷戈·诺尔曼高尔夫球场。当他的现金快要干涸的时候，他达成了一个交易，将民宅土地的开发权利以无偿的方式转让给了上市房地产开发公司戴尔芬公司，等他们把开发出的土地卖出后才分期付地款。这样，戴尔芬公司就会花两三百万澳元，挖掘一个人工湖和营销中心，并且建造其他的基础设施，以便加快营销过程。这样马哈也就可以挽救这个项目，避免让它被银行收走，并且会更快地把他的钱回收，去付清贷款。

同时，马哈保留了此开发项目的中心商业区。在他把城中心的一部分场址以四千万的价格卖给了詹姆士·费尔丁公司之后，又同其他公司联合建造教育城、健康城和商业枢纽。后来，詹姆士·费尔丁公司由米尔瓦克公司接管。米尔瓦克公司目前正在建造奥立翁（Orion）购物中心，期望该中心将来会成为昆士兰州最大的购物中心之一。正是马哈的这种“永不言弃”的态度，使他克服了难以想象的重重困难。他后来在2006年被列为澳大利亚200首富中的第78名，净资产是4.06亿澳元。到2010年，他的净资产已达8亿澳元，2014年后更可远超10亿澳元。

回到1997年，当时的市场完全是停滞不前，特别是布里斯班市的外围，包括新利班山区和邻近的洛根市、伊普斯维奇市等地区。一块600到800平方米的土地当时以4万至8万澳元出售也很难卖出，因为在“我们不得不经历的经济萧条”（当时的澳大利亚工党政府的总理保罗·基廷 Paul Keating 的“著名”言论）之后，在1990年代初澳洲银行年利率飞涨到20%左右，人们可以在同一个地区以4到6万澳元买到连房带地的房子。

马哈对我愿意参与对他土地的营销非常感激。虽然他有很大的展示厅，也有自己的销售信息中心，他把他自己以前在夏普里斯路（Sharpless）的样品展示屋免费提供给我，来建立我在斯必灵费尔德的现场销售办公室，只销售斯必灵费尔德的房产，把它们卖给我公司的客户群，包括亚洲小区，因为他懂得，如果没有林先生拿出 280 万澳元购买那 10%的土地，他根本没法成交此大地交易。这就是说，在他花了另外几百万澳元的申请费，让他的总体规划得到了伊普斯维奇市政府和昆士兰州政府的批准，当它突然变成了价值超过一亿澳元以上之后，卖主有可能将整个物业收回，因为他们无法成交，而且还会因此破产。这些土地后来也通过我当时在香港的办公室作营销，我也飞到香港去召开投资研讨会，同时帮马哈和林先生营销。

马哈抓住机会拿到了政府批准，完成了这份地产的清算交割，也让林先生的投资收到了丰厚的回报，成为中国台湾来的移民中仅次于当时澳洲华人首富傅显达以外的最成功的华人。如果早期林先生没有花钱、费力开发，然后以 4 万到 5 万澳元的价格卖掉了开发后相当的一部分地产，目前单是他这块地的净资产至少也应值两亿多澳元了。这个总体规划图创建了一个有可能达到两万多个住宅的小区，总人口可达八万人。他的中央商业区的面积将是目前布理斯班市的两倍。最近伊普斯维奇市的市长保罗·皮萨沙乐（Paul Pisasale）又批准有可能在那里建造 25 层的大楼。然而，他们最初的出售速度仍然不能产生足够的收入，来付还巨大的银行贷款，因此他非常看重我们的参与。

我任命我的销售经理葛雷戈·候斯特作为我帮马哈促销的负责人，我的公司同时也被林先生任命为他的项目的营销总代理，来出售他从马哈那里买来的 700 英亩的被再分割的地块。我在夏普里斯路的另一头建立了另一个现场办公室，雇用了另外两位房地产顾问来管理这个办公室，七天开放。

马哈一直是激励我的榜样，因为他白手起家，从无到有靠自己的努力。我后来请他在勇地产2006年黄金海岸的喜来登酒店的销售年会上作为客座讲员，同时我们商务部也积极参与他的商业区开发的营销。

在1997年，我们等待成为澳大利亚公民的两年等待期已经满了。澳大利亚是个相对安全、稳定、自然资源丰富和美丽的国家，它不仅能提供个人财产的安全和保护，也能提供到世界上167个国家去旅游的免签证特殊待遇，还能提供众多的机会让我们有个人的发展，而这个机会建立在平等、公正和自由的理念之上。我选择了接受成为澳大利亚的公民，不仅因为每个人的机会平等和自由，更是因为它能为我们的全球扩展和进入海外市场给我们的心里有更永久平安的感觉，因为我们知道澳大利亚的长期稳定和它对其公民有私人财产的绝对保护。

1997年，对我和我的家庭来说当然是非常的一年。勇地产已不再是一个传统的卖民用住宅房地产的街角中介公司，而是一个集住宅、商业房产和项目营销为一体的综合房地产公司。

再回到我在新利班山区的办公室，我的一位同事亚美丽娅·黄和我于1996年9月2日成功地出售了马斯顿公园（Marsden Park）的购物中心，以1065万澳元卖给另外一位台湾客人曾先生。此物业于2011年以3515万澳元再次卖出，使曾先生得益甚丰。在住宅房的市场，我的公司控制着新利班区、新利班山区、罗伯森区、马葛雷格公园区（MacGregor Park）的大部分的高端物业，在卡弗拉若街（Cavellaro Street）和戴尔芬道（Delfin Drive）大部分最昂贵的房产，不是由我本人就是由勇地产公司的其他同事销售的。

此外，我一生中最高兴的礼物是在 1997 年 11 月我的儿子黄永丰（Harvey）来到了人间，我妻子的父母也来到澳洲和我们一起照顾我们的新生儿。在当时的中国，要想生这个儿子几乎是不可能的，因为有强制性的一胎政策。我的梦想是有三个孩子，每一个孩子的名字继承我祖父在 20 世纪初期的百年老商号名称：翠丰恒。它们的意思是：翠玉、丰收和永恒，其英文名也与中文意思相似。我给我的大女儿起名为黄永恒（Constance），我的儿子黄永丰（Harvey），我的小女儿黄永翠（Jade）。他们名字中间的那个汉字“永”的英文拼写同我的中文名“勇”字的英文拼写是一样的 YONG，但是在中文里，我的儿女们名字中间的那个汉字“永”的意思是“永远”，而我的名字“勇”的意思是“勇敢”。

黄勇全家合影：妻子张源、大女儿黄永恒、儿子黄永丰和小女儿黄永翠。

在我开了最初的“黄勇地产”公司之后，大多数人叫我“勇”。可是我想把我的公司名同我个人的名字分开来，让每位员工有一个“公平的机会”。我后来把“勇”从我以前的名字“黄勇”中分离了出来，而用“彼得·黄”。我将“勇”作为商标，比如“勇做得更出色”、“欢迎来勇的地界”，因此“勇”成了一个注册商标。我想把它做成世界性的品牌，“勇：全球房地产——超级办公室联盟”，让世界上更多的人得益。为了使“勇地产公司”这个名字在英文和中文中保持一致，我后来也将我公司的中文名从“黄勇地产”简化为“勇地产”，这也和我的网址：www. yong. com. au 相一致。

不久以后，我们将我们的家从新利班山区的蜜林街93号搬到了罗伯森区的安哥佛拉（Angophora）街18号，到后来在马葛雷格公园区的两个房产。在我们庆祝乔迁之喜的时候，我很高兴地认识了我的隔壁邻居高登·傅（Gordon Fu，傅显达）先生，他当时是澳洲亚裔人中的首富，

作者与女儿一起洗碗共同承担家务

净资产近八亿澳元，但却非常谦和。他和他的两个儿子路加斯（Lucas）和麦克（Michael），还有我自己的很多全球各地来的好朋友、同事以及我四川老家的人一起参加了我们的乔迁派对。

第十五章　点石成金的房地产投资和开发策略——翠丰恒房地产开发集团

1998 年

不管你认为你能或者不能，你都是对的。

——亨利·福特

受了严·萨默士写的物业投资的书和马哈富于挑战性又激动人心的历程的影响，我开始了我个人的投资和开发房地产的历程。在大约一年的时间里，我买下了十五个投资的房产，他们大部分是从我的银行融资的。我开始时买的是便宜的房产，确保让现金流动保持正值，而不是直接把钱投在昂贵的、高档的房产上面。这种决定的好处是，第一，可以产生更高得多的净回报，在当时大约是百分之六。第二，如果我需要用钱，我可以很快变现，只需要卖掉这些房产中的一小部分，而不会影响到别的投资。投在较贵的民用房产上的回报会低得多，如果要将它们在市场景气回转之前就很快地卖掉，会损失本金，还有印花税、佣金、广告费和利息等等。

我所购买的大部分房产是多数人不想买的。比如，我的一位好朋友吴振宇在买新利班区的伯莱德曼街（Bradman Street）74

号的时候有些犹豫，尽管我的推荐，因此我就自己把它买了下来，只花了 7 万澳元。我买下了润康（Runcorn）区的埃斯勃朗斯街（Esperance Street）6 号，只花了 6 万澳元，由于我的另一位朋友老刘师傅退出了合约，因为他没办法从银行贷到资金。我从我们的竞争对手基普森（Gibson）房地产公司的手中买下了润康区的柠檬（Lemon）街 2 号，这是通过他们的拍卖买到的，售价是 6.5 万澳元，我甚至在拍卖之前都没有去看过这个房产。我在伍德里崎（Woodridge）区买下了两个睡房的两层楼的单元房，价格分别是 3.2 万澳元和 3.3 万澳元，还有很多其他房产，都是通过这个区域里的当地房地产代理商购买的，因为那里当时很少有亚洲购买者，当地人又相对较穷，所以我可以比较便宜地买下这些房产。大多数的当地房地产公司和房东，没有国际市场，或者不想花钱打广告，因而很难得到一个较好的价钱。洛根市有些地产中介商直接将房地产信息邮寄给我，因为很明显，那里的房地产顾问们注意到了我正在那一带进行积极的收购活动。我在那一带买了很多的房产，而不少其他的人则从那里撤退，因为他们认为那是个社会和经济地位较低的区域，很多年来房价都没有涨。我知道此区靠近我们华人的新兴高尚区，由于华人的购买能力较强，此区未来看涨。

我在新利班也做成了一笔好的交易，我花了 15.6 万澳元购买了此区的欧娜街（Erna Street）7 号这栋高架的房屋——我怎么可能亏本呢？这栋房子有十个房间，设计租给学生们住，而我所付的价钱，只是接近于土地的价钱。我所有的房产，不需或只需花很少的钱就可以保持住，而在以后的几年里，它们的价值飞快地上升，起码翻了倍，或上升了三到四倍。比如，上面所讲的伍德里崎区的那套 3.2 万澳元的单元房，几年后的价值涨到了

15 万澳元，而上面所讲的在润康区的 6 万澳元的房产，几年后上升到大大超过 30 万澳元以上。那套 3.2 万澳元的单元房的房租是每星期 120 澳元，或者是 5760 澳元一年（假定每年有四个星期的空置率）。如果买这个单元房，借款是买价的 80%的话，所付的利息是每年 1792 澳元，以年息 7%为基础，扣除了所有的开支，比如公共管理公司的收费、市政府的地税、修理费和物业管理开支，收入仍然是正值。在那时，我开始将我的投资系统化，以确保我能够驾驭我的房地产实战游戏。我花费了很多的金钱去参加各种投资研讨会、研习班，确保我能成功地赚取几百万、几千万澳元。

作者家人在 1996 年买的第二栋房子和第四辆汽车前留影

从 1992 年到 1997 年，新利班地区的平均房价，包括最受欢迎的罗伯森区，掉了百分之 27%。除了我所接管的房地产公司，还有几十家其他建立很久的老牌房地产公司被迫关闭或退出房地产业。这些房地产公司包括新利班山区的21世纪公司、八哩坪区（Eight Mile Plains）和新利班山区的雷恩和浩恩公司、润康区的雷华公司、新利班区PRD地产公司、新利班区和新利班山区的斯陡科戴尔和雷格地产公司，还有新利班区的霍克地产公司等等。

作者于1997—1998年买的十多个物业之一

就在同一期间，勇地产公司却飞速发展。除了我在1998年初所购买的大批投资的房产之外，我还买了另外两辆汽车。在开了我们以前崭新的丰田车和奥迪车才两年之后，因为我妻子对她的驾驶技巧没有把握，她只想有一辆小车，因此我就花了5.2万澳元给她买了一辆新的宝马318型车，我自己则花了9.5万澳元买了一辆新的奔驰E240车。这是我自从六年多前，即1991年来到澳大利亚后所买的第六辆车。

作者和妻子在1998年买的第五辆和第六辆新车前留影

在这段时间里，我同时还在计划将我的住房升级，因为在罗伯森区的那座住房已经太小了，住不下我不断增长的家庭成员。利用我的市场知识，我知道洛旭戴尔（Rochedale）区将有很好的潜力，因为它靠近布里斯班市区，靠近区域性购物中心，也能直接进入M1号高速公路，可以直接通往布里斯班、黄金海岸并可通过大门路高速公路（Gateway Highway）到达布里斯班机场。这是一个非常高尚的地区，有着地势平坦的农场和非常壮观的布里斯班城市景观。

我注意到在伽德纳路（Gardner Road）260号有一个房产上市了。在很快地看了看这栋房子后，我开始同那个地产的代理商凯文·曼（Kevin Mann）谈判，最后卖主同意以38万澳元的价钱出售。这个房产拥有十二英亩半（或50600平方米）的土地，带有一个苗圃、一栋高架的房子，还有农田，这农田也可以租给别人，从它的最高点可以看到布里斯班市区。我计划在那块地上建造我们梦想的家，可以从便道进入，并将原来的房子租出，这样包括苗园就有三份收入，可以帮助我付银行贷款。我知道它将会是一座金矿。

作者于1995年买的第一个物业

我去找国民银行的德莉萨·张，安排贷款。她马上给我组织了这个贷款。通常，我会先签完合同，然后把合约交给我妻子，让她签上她的名字就行，不管她是否看过那个房产。然而，这是我们的梦想之家，虽然我做了所有的调查，而且也已经有了批准的贷款，我仍然希望我的妻子先去看一看这个房产。可惜的是，我们去看房子的时间并不是很好。因为我当时每天都工作到很晚，到家的时候一般是七点或八点钟了，因此我只能够在吃了晚饭之后才带她去看那个地方。我想让她看的是那个地点和布里斯班市区的景观，以及可能从苗圃、那片农田和一栋高架的房屋那里得到的三个收入。

晚饭以后，天开始下雨了。我天生是一个言必行、行必果的人，不会让任何障碍来阻挡我，因此我仍然带着我妻子去看那块地。我想要给她展示的是，这地方离开我们家所在的罗伯森区距离不是很远，位于八哩坪的另一边。

雨下得越来越大。当我们一跨过高速公路，沿着迈尔史·拨拉定路（Miles Plating Road）向洛旭戴尔开过去的时候，那地带突然变成一片漆黑，那片数百英亩的大地周围，路灯很少。我们转进了伽德讷路，情况变得更糟，看不到一点灯光，乌云密布，更不用说是布里斯班市区平时美丽的夜景了。因为我的妻子生来没有方向的概念，又是一个很胆小的人，她真的是非常害怕了。

她的父母不久以后就要回中国去，因为他们当时只有短期的签证，要让她一个人同两个小孩待在一起，在这样黑暗又“遥远”的环境里，她并不会感到很舒服。我的直觉告诉我，这个房产是个很好的投资机会，不能错失，可是我知道，我应当把家庭放在第一位，而我当时的资金也有限，只能先买住家房地产。我很遗憾地打电话给我的代理，将这笔交易取消了。我希望用这笔钱在罗伯森区的附近买一栋房子。不久后在开发商奈富·帕克（Nev Pask）和威尔波·考泼辣辛（Wilbow Corporation）的推动下，洛旭戴尔那块地被政府变更用途，比原计划的2011年的时间表提早了好多年，而我所打算买的那块地的价值一下子涨到了目前的1000多万澳元。只能怪我当时还没学会“点石成金”的投资策略，但是我想，这就是生活的道路吧！

在澳洲想买好的房地产的机会是非常多的。只要有知识和智能，我们时常可以找到令人无法置信的交易。因为我在那时还没有学会“不投或投小钱而赚大钱的投资策略”，我并没有想办法从纯粹投资的角度去买此房产。相反的，我使用了我当时所拥有的现钱，在非常中心、高尚的马葛雷戈公园区买了一个房产，当时的价格是 51.3 万澳元。这房子就在当时澳大利亚最富有的亚洲人、澳大利亚最大的私人购物中心的业主、中国台湾出生的傅显达先生家的正隔壁。此房子就像是一栋建筑师设计的五星级度假村，它带有五个睡房，坐落在 1200 多平方米的地上，有一个赢得布里斯班大奖的游泳池，同傅先生的游泳池背靠背。我知道，一座大房产的资本增值，同位于较好地段的有开发潜力的农田的资本增值是不能相比的。可是，对我来说，同一个愉快的妻子和一个幸福的家庭相比，还有什么更重要的呢？我公司的座右铭就是：健康、家庭、事业、财富多丰收。

虽然我的投资哲学是只买不卖，可是在那个特别的阶段，我不得不卖了我在罗伯森区的房子来为我买马葛雷戈公园区的房产融资，以节省一些非扣税性的利息支出。我的哲学是，直到我的房产在市场上得到最大的曝光，而且所有可能的顾客都有机会参观过此物业之前不会签任何销售合约。要这样做，最好的办法是拍卖。我将罗伯森区的房子放到了市场上公开拍卖，拍卖后，它以 27.8 万澳元成交。尽管是在萧条的市场上，我仍然通过这次拍卖得到了 36%的资本增值，而在这个萧条的时期，大部分的人都在亏钱。两年前，我只花了 20.5 万澳元买下了这个房产。

我相信，如果大家遵循我的投资策略，买下正确的房产，他们通常不需要去出卖它们，除非那是他们自己的住家，或者他们有其他太大的投资项目或太冒险、太愚蠢地去转投资其他不熟悉的生意或股票行业。另外几个我需要出售的原因是我后来需要建造亚太中心，盲目进入了传媒生意和后来为了我的翠丰恒房地产开发集团（JHC）的大型开发项目。这些情况需要大量的投资，所以我需要卖掉我的一些小的投资的房产。为了建造亚太中心，我把我所有的十五个投资房放到市场上去，最后决定只卖掉新利班区的欧娜街7号，卖了19.3万千澳元。买主是我公司同事奥立佛·卫尔（Olive Weir）介绍的，因它给我带来了相对较多的资本增值。奥立佛·卫尔以前也曾拥有过她自己的地产公司，叫红钥匙（Redkey）房地产公司和八哩坪区的雷恩和浩恩房地产公司。她在勇地产也工作了近十年时间，直到退休。

在同一年，我组成了“勇百万元投资家俱乐部”，同勇地产的成员们一起分享我的经验。澳大利亚是个安全和繁荣的国家，投资于房地产业是挺容易也是挺有保障的投资，只要你买的是正确的产品，有一家好的管理公司，有正确的融资，使用很好的投资组合，有充足的贷款偿还能力，并且愿意在维修保养上花钱，因为有越来越多的人被迫租房住。

由于澳大利亚的物业价值不断地增长，越来越少的人能够买得起房子，从原来的70%的澳洲人降到目前的67%，所以33%的澳洲人必须长期或永久租房子住。以我个人的经验为基础，我为房产投资创造了自己独特的“十五条不用花现钱的策略”以及在物业投资方面的“勇的七条百万元秘诀”，教导其他的人如何通过物业创造他们的财富，如何在最初使用很少自己的钱或者不花钱来投资，而且，更重要的是，如何购买以及长期拥有正确的房产。上述“十五条不用花现钱的策略”现在已经更新为“二十八条不用投钱或者投很少的钱就可赚大钱的点石成金策略”，以帮助勇地产的加盟店主。

作者在勇地产的香港分公司准备投资讲座

作者在勇地产的香港分公司门前留影

最初，在我忙碌的事业日程上，我只能花很少一部分的时间做这件事。我仍然在管理一个很大的房地产中介公司的运作，将勇系统作进一步的微调，同时又在管理和开发房地产项目，又要保持我长期以来在我公司和当地作为顶尖房地产顾问的头衔。俱乐部一共拥有十三个会员，其中两个人是勇地产的同事，包括我的顶级顾问艾琳·吴。后来我发现那笔讲解十五条投资策略的小小的课程费，即当时每人每小时的辅导给我付 1000 澳元，或全天课程 9000 澳元，不值得我的时间和努力，因为一年四季此课程对我的正常工作有太多干扰，所以我决定百分之百地专注于我自己的房地产生意和投资，并将这些信息的一部分免费同我勇团队的成员们分享。后来我把这“二十八条点石成金策略”变成一年一次的讲座免费提供给我的加盟店店主。同时，我也每个月对公众作一次免费房地产讲座，讲解一些基本原理和策略。帮助勇地产加盟店店主、公司同事和其他朋友们创造财富是我勇系统的一部分，它教导我们团队成员不仅有一个成功的房地产事业，而且更重要的是，也有一个平衡的、高素质的生活，以及成功地以资产的增值为基础，以稳定的收入为前提的财富创造策略。

具有讽刺意义的是，我发现，在这个国家的所有传统的房地产公司中间，仅有大约 10%的销售人员和 20%的公司老板拥有投资房，虽然他们应当都是房地产专家。然而，在目前的勇地产总部的 60 多名员工中，我们销售团队的大部分成员都拥有投资物业。

“二十八条不用花钱或花很少现钱的点石成金策略”通常只适用于比较有经验或实力的投资家，因为每一步的运筹都必须十分严密，盲目运用很可能会有严重的后果。我也在我勇系统的“勇的百万秘诀”中总结了七条低风险的物业投资的秘诀。这些秘诀是：

第一，只买不卖。只有物业，我们可以用在此物业中的“净资产”（Equity），来购买其他的物业或其他的必需品，而不必把这个物业卖掉。通过按揭或信贷透支，可再去借款。只有当我们以前的房产有不可扣税的按揭，这才最好把它卖掉，而将所有的净资产放在新的家里，用它去按揭买更多的投资房产。这取决于投资者是否有时间和搜寻的技巧以及足够的偿还能力，而又能承受得起风险。如果我们是在购买或者开发一些真正大的、需要大量现金注入的项目，我们则需要卖掉某些小的房产来减少总体“负债比值（LVR）”，或者同另外的有经验、有实力、有信誉的开发商合资合作，以增大回报，同时又避免风险，特别是有相当实力的开发商可提供个人和有相当资产的担保的话。

第二，不管什么时候，只要有便宜货就买。这要留心区域，这些便宜是指在同一中心位置同样物业的相对便宜，而不是因为区域太偏远而便宜，并注意重大基建项目改变的机会。

第三，在很长一段时间都没人愿意购买的时候买进更多的房产。要理解通常平均每过七至二十年一个跳跃周期的永恒的房地产规律。

第四，理解从强国到弱国、从大州到小州、从首府城市到地区性城市、从城市到郡县、从市中心到城市外围、从小块住宅用地到英亩大地、从住宅区到零售区、从商业房产到工业房产散发的涟漪效应，在任何特定的时间都有特定的投资机会。

第五，如果有可能，总是尽可能地买进中等价位或以下的房产。

第六，如果我们有足够的稳定收入和净资产，而且也能在较长时间内“负税杠杆联动”或有能力分期付款，购买可分割或靠近当前可再分割地区位置相对中心的大地。可是得注意，不要买可能遭水淹的地区、有植物保护令（VPO）和公园地的地区，有古迹遗产保护的地区、水库的截流区、偏远的地区、高压电线影响太大的地区，有地下开矿的地区、有土地污染的地区、大马路上不能有入口通道的大地、靠近养鸡场、垃圾堆放或开矿场的地区等等，这是因为很有可能有500米限制区的规定。买英亩大地可能很有回报，但如果地产是在错误的地区特别是那些农场地也可能很冒险，因这种地区完全没有或需要建造新的排污水管道，或者将现存的排污水管道扩大，这是因为通常来说，现存的排污水管道的负载能力已经达到满负载了，而当地的最终销售价格很低，成交数量非常有限，因而会大大增加利息成本，大大降低开发利润。

第七，从较小的住宅房开始，再到英亩的大地作为长期的资本增值；将此同优质的零售、商业和开发项目相结合，以便获得充足的现金流通，将投资范围进一步扩大。特别对那些不太有时间和相当经验的人来说，先买小的物业或寻求有可靠担保回报的投资项目，是克服风险和避免银行还债能力要求的最好办法。

人生有限，要在尽可能短的时间内，将我们的财富作最大的扩充，取决于我们对复利回报的魔法般效应的了解（也称为“复利魔力”），而不是被动，甚至过分地把钱放在银行，让银行去赚大钱。我们必须选择正确的投资策略，购买正确的产品，最重要的是，我们必须持之以恒，有长期的眼光和打算，用银行的钱去赚钱。在大多数的情况下，利润的多少取决于购买或投资这一瞬间的决定。购买者或投资者从长期来说往往是赢家，只要买对了产品，只要他们有能力付得起贷款的利息，而卖主则常常是输家。

这个世界上永不缺乏机会，而是缺乏足够的知识、智能、魄力和真正可靠的担保，去寻找正确的物业以及投资和合作机会，参与一般人买不到或买不起的物业，采取持之以恒的行动，懂得复利的魔力。在1960年代，从瓦伦·巴菲特的投资公司伯克夏·哈萨威公司购买的最初的一股，现在这一股已值10万美元左右，其原因是，他从来没有给股东们付过红利，也从来不将他的股票再分股，尽管他的回报在长期有20%，但在过去十年也才10%左右，远不如我在过去十年所创造的回报，而且我还可以本金担保，从开始就有可能分红，本金不会被稀释，本金退还后还可以永远分红，全球独一无二的方式，贵在坚持。问题不是今天我们可以赚取多少钱才能使我们富有，而在于我们怎样去投资，投资于什么，投资的杠杆联动水平是怎样的，是否会有长期的任何风险，我们能够将投资持有多久，使它能产生稳定又一致的回报，这才是真正的区别。很多个人盲目投资，同时又个人承担所有的贷款风险，一有风吹草动，他们就血本无归，马上变得几乎一无所有，不管是股票还是房地产。

在2008年之初，哪怕是一些非常强大的股份上市公司，比如散特若物业集团（Centro Property Group）、MFS、城市太平洋公司（City Pacific）、奥尔科金融集团（Allco Finance Group，AFG），ABC幼儿园（ABC Learning Centre）等，还有其他好多，都因为物业的银行贷款比例太高，而面临着来自股票市场的严重挑战，因为通常保守的投资者们对在美国的金融危机中负债比率较高的企业特别关注。最后，这些公司大多数的创业者和董事们都收到了追加本金（补头）的通知（Margin Call）。由于他们抵押贷款，以他们自己股票作为抵押，这迫使银行大量抛售他们的股票（斩头），进而使他们自己的股票价格进一步大幅度地下降。

如果一名董事或公司创始人拥有1000万元的股票，如果他们选择了抵押贷款50%，那么股票就会被银行占有作为抵押去再买1000万元股票。如果这些股票的价格下降了50%，银行一般只会在出售所有的2000万元股票之前给提前二十四小时的通知，补足银行所需立即偿还的500万元的本金。如果此500万本金不能马上到位，那么投资者的总共2000万股就会全部被卖掉去偿还银行的1000万元贷款，投资人当然就马上变得一无所有了。当股价从每股10澳元掉到了0.99澳元，想象一下这对MFS的董事们需要追加本金的后果会怎样。散特若物业集团的股价从每股13澳元掉到了0.04澳元，ABC幼儿园的股价从每股8.8澳元掉到了0.50澳元，这些都发生在2008年的股市崩塌的短短的时间内，几乎这些带有抵押股票贷款的所有股东都损失了他们的原始资本的百分之百。

这就是股份上市公司的问题。哪怕是像上面所说的那些大公司，有很强的基础和房地产作为背景，仍然会受公众惊慌的控制。通常的投资者所需要的并不是一个太高的、不能持续的、不稳定的回报，而是需要有一个安全但相对富有吸引力的投资。结果，纵使ABC幼儿园的总裁和创始人埃迪·格罗富（Eddy Grove）在2007年的股票价值达到2.6亿澳元，在两次追加本金的警报之后，他被迫以一千多万澳元出售了他在黄金海岸的物业。在2008年3月6日的星期四，他只剩下了3186股，每股1.47澳元，总价值4，683澳元，尽管此时他的股票仅有43%的下降，他的生意还有很大的利润。此股票的价格还在进一步地下降，掉到了每股一澳元以下，最后被银行清盘。他的西方人太太更是落井下石，上法院告他赔偿四千四百万澳元的损失。这是股份上市公司的真正的问题，特别是那些有抵押贷款的公司，这也是西方文化的悲剧。要通过上市股票来增加回报，其真正回报通常又比房地产低得多，而风险又高得多。同样的以上公司，特别是私人经营和管理的房地产公司，即使在同样的情况下也能避免以上的悲剧，特别是那些有个人和公司偿还能力的公司，而不是一块空地，不能马上开发，又没有偿还能力，同时却有大量的贷款。

像埃迪·格罗富这样的悲剧，如果我们有足够的知识、经验或者有从其他人的错误中学习的能力，是永远不会发生的，这就是为什么我至今仍然每天至少花平均一到两个小时，或者每年六百个小时在家里或者是在工作时阅读、出席并参与各种培训、演讲活动、研讨会或者在我的汽车里收听房地产有关的 CD 片，不时也应邀去大学、学院或其他机构讲学，为的是不断完善自己，也从其他人那里学习更多的东西。即使是在香港等地的更加危险得多的房地产市场，在从 1986 年到 2007 年间，股票市场在那里已经有了八次的下跌，其纠正值超过了 30%到 50%，而当地的住宅市场只见证了四次下跌，下落的价格只有 10%到 30%。在澳大利亚二百年的历史中，房地产市场的成长要更为稳定和一致得多，尽管在 1927 年大萧条时期也有 20%以上的下降。在 2008－2011 年的全球金融风暴中，尽管中低价位物业相对平稳，但高价位的物业，没有偿还能力的开发商的土地和开发出来的产品，位置不佳、租客不稳定的商业和工业物业，都被迫被银行清盘，不少物业以低于以往市场行情 30－80%的价格出售。所谓有危就有机，我相信如果埃迪不轻易放弃的话一定会有能力东山再起，因为他还年轻，只要他认识到自己的错误并从中学习，不要把他的注意力从房地产这一真正的财产上分心，不要过多贷款，不要轻易把自己的公司上市或买上市的股票，更不要拿股票作抵押贷款买股票。即使一个没有银行借款的上市公司也可能在一夜之间变得一文不值，因为一旦临时的现金流出现问题，使它无力支付供货商和服务商的账单。可是物业的财产通常永远会留存在那里，除非是在严重供过于求又有大量全新和二手空置房物的美国、日本或个别其他国家，或因负债太高，同时又缺乏还债能力。

此全球金融风暴不仅使美国不少大公司和银行倒闭或被迫被政府收购，从而使美国政府也负债累累，一方面大量印钞票，造成通货膨胀和美金贬值，另一方面大量出售国债，光最大债权国中国就已持有一万多亿美元的国债，其十年期国债的利息也才2.1％，到2011年时美国政府也开始出现还债能力问题，要求国会批准进一步提高政府贷款上限，否则美国政府也会首次出现不能按时偿还外债的利息，致使美元在2011年半年之内就贬值近3％！好在美国可以自行印刷当时的国际硬通货币美元，否则像一个被溺爱和挥霍过度的小孩，美国和西方国家的政客们为买选票大量许愿引进各种社会福利和大量低效率的官僚机构，使不少人懒惰又过度消费，只会找借口和报怨，再加上长期以来的军费竞争和在伊拉克和阿富汗的战争，使美国在过去几十年中绝大多数年份都是财政赤字，每年赤字金额又大幅上升，国债从2001年的5.6万亿美元快速上升到了2011年的14.3万亿美元，占国民生产总值15万亿美元的95％，如果不及时改革，美国和整个西方国家也会像冰岛、希腊和改革之前的东欧社会主义国家一样面临国家倒闭危机。

美国截止2011年，在过去十年光在战争上的直接开销就有1.1万亿美元，加上后续和相关的开销，可达4万亿美元，国家经济又连年国际贸易逆差，国内入不敷出，失业人数大增，导致大量财政赤字，所以只能靠印钞票出来卖国债的方式生存，致使国民经济实力和信誉大大受损，国际评级也首次从 AAA 降到 AA+。美国要从此恢复到第二次世界大战后的绝对霸主的地位将十分困难。在其鼎盛期每年的财政盈利也才两千多亿美元，不要说目前的连年亏损几千亿的赤字，就算实现美国总统奥巴马未来十年减低 1 万亿国债的承诺，美国也需要一百多年连续长期盈利才会还完国债，而澳洲目前的国债仅 22%、中国 18%，之所谓三十年河东，三十年河西，不同的国家，不同的国策，不同的自然资源和人口密度，其自身和后代将承担完全不同的后果。当然，中国要从 1850 年被西方国家赶超后真正全面重新赶上美国还需要至少好几十年的时间，国民生产总值（GDP）也许要到 2030 年以后，人均生产总值（PER CAPITA GDP-PPP）也许要到 2020 年以后，因为到 2010 年为止，尽管中国的 GDP 已赶上日本，成为世界第二，出口成为世界第一，但中国的 5.9 万亿美元 GDP 仅是美国的 14.7 万亿 GDP 的 40%，而同年中国的人均生产总值（PPP）4382 美元仅是美国 47284 美元的 9.3%，是澳洲 55590 美元的 7.9%，相差 10 倍以上。2010 年中国国家规定的最低工资是 2000 美元，美国是 15080 美元，而澳洲是 29640 美元，作为最低工资全球第二高的国家澳洲，真所谓打工者的天堂。

在我担任勇地产公司总裁的生涯中，我面试过好几百名申请加入勇地产公司的候选人。他们中不少是顶级的房地产顾问，或者做过房地产公司的老板，还有很多人拥有博士、硕士或者学士的学位。有些是会计师、财务顾问或者是投资咨询员，可是当我在就职单上给他们一个简单的“复利魔力”财务测试时，至今只有两个人知道正确的答案，此两人即使知道答案，但在后来的现实生活中也没有严格按此至高法则做事，很轻易就放弃了。我相信这是我们人生必须学习和了解的最重要的一门课，而且这一课应当从幼儿、小学就开始教，然后在大学的课程里一再地强化。我相信这不单是适用于财富的创造，对我们的事业、家庭和任何其他事情都适宜。下面的曲线是勇地产目前就职培训的一部分，目的是要他们想得大，想得远，持之以恒，不管是在家庭、事业和财富创造方面。

复利的真正奇迹

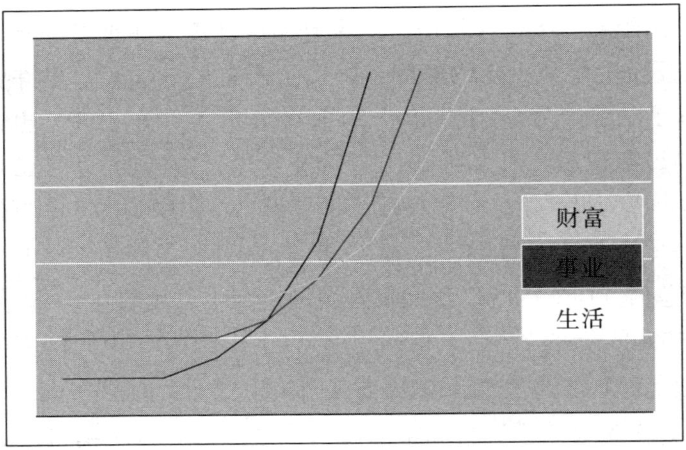

勇地产培训的完美生活、事业和长期投资的点石成金策略图

即使在澳大利亚这样一个幸运的国家，95%的澳洲人仍然在退休的时候几乎不名一文，他们要么没有房子，一无所有，要么只有一两栋房子，其产生的租金收入，比一名领抚恤金的人好不了多少。现实是，世界上只有 4%的人富有，1%的人超富，2%的澳洲人在退休之后还能有每年 4 万澳元以上的稳定收入。这样的情况之所以发生，是因为大多数的人都不懂得上面的曲线所显示的复利的真正魔力。余下少有的一些人也许知道它，但他们的

大多数人又没有恒心在足够长期的时间里贯彻它。在此信息发达的时代，人们很容易就改变了他们的方向和专注的事物，从而丧失了他们复利的魔力和最大的回报。这样的事可能发生在从一个很要好、却不算真正富有的朋友那里听到一个“好主意”，或读到一位记者写的一篇文章，这位记者自己也许从来也没有拥有过几栋物业，或者被一位大学毕业“专家”给予一个忠告，而这专家的目的想向他们出售一种养老年金、股票、基金，或者一种用种树、养鸟产品来将所需付的税金减少的“避税方法”等等。

按照目前澳洲法律，当局只允许政府注册的“理财专家”给公众“理财意见”。他们靠佣金来生存，而佣金又是股票基金管理公司，或者是开发商来付给的，这简直是一种犯罪的、腐败的行为，因为这里面有很明显的“利害冲突”关系。如果政府强迫医生以佣金为基础来运作，而这个佣金是从他们所开的处方药物那里产生，而且这是他们收入的唯一来源，情况会是一样的。正确的理财意见同医生的没有偏见的医学见解一样重要。唯一来自政府或私人理财顾问的没有偏见的意见，是“用户付费”或“政府付费”的政策，这样，征求他们意见的人就是他们长期的老顾客。正如医院系统一样，政府应当也有公共的理财顾问，由政府付给工资，来给出真实的理财意见。即使这样，这些靠教科书来给予建议的“专家”也是非常危险的，因为此教科书主要由“理财协会”编撰，目的是作为股票基金公司的“销售人员”来帮他们推销基金或股票。

在就职训练中，我给勇地产团队成员提出的一个问题是：“假如从你出生的那一天起，如果在你生命的每一天，都节省下一元钱，假定这一元钱每年产生20%的年息，而且年息是每天以复利计算回报的，那么在你到了六十七岁退休的时候，你一共有多少钱了?”几乎所有的人都不知道答案。在我鼓励他们做一个荒诞而且是大胆的猜测后，他们开始给出不同答案了：大致是从5万元到3亿元都有。而正确的答案是大约10亿元。这就是复利的奇迹，如果我们把一张纸对折五十次，那么这张纸的厚度就会是从地球到太阳的距离，大约1.5亿公里。复利的回报是货真价实的（如果我们不考虑税务的问题），而且绝对是有可能达到的。但是，这只能对那些马上就采取行动、有良好的储蓄习惯、有挣钱能力，并且持之以恒地投资、再投资在有15％－20％以上的回报的产品上的人才有效，力争在我们有限的生命里或我们的子孙后代把我们的投资能翻十倍到五十倍，而不适用于那些鼠目寸光、只图眼前利益的人。

因为大多数的人都不懂得复利回报的真实魔力的程度，和不同的年回报之间长期以来的真正差别，他们很容易被其他的主意、见解或“忠告”分心，这些“专家忠告”通常是要求投资客每年投资更多的钱并最终在几十年后得到几十万或上百万的回报，而且此投资会直接以影响到了他们的个人生活、事业选择和投资策略。以上百万元的回报在几十年后由于货币的贬值已不值多少钱了。我的信仰是，我们的生活、事业和财富全都是在复利的魔力控制之下，应当将复利看成是我们人生为人处世最重要的法宝。

人类最杰出的科学家爱因斯坦称复利回报为继世界七大自然景观奇迹之后的第八大奇迹。实际上我认为人类最奇妙、对我们人生至关重要的第一奇迹应是复利回报，因为其他七大自然景观奇迹与我们的人生毫无相关，但此复利回报却与我们的家庭、事业和财富创造息息相关，是我们建立一个理想家庭、事业和财富最重要的指南和行为准则。

下面我给大家举一个“穷家族”和“富家族”的实例来比较复利和单利的差别，这也是为什么有人致富，有人一穷二白的主要原因。

假设有一个穷人之家，他们的父母总是教育他们的子孙后代尽量节俭，但不会投资，尽量保住本金，只吃利息。在这样的情况下，假设在513年前他们的祖先给他们留了一分钱的遗产，而这一分钱在这样的家族文化下每年把本金都存在银行，至少本金没有被花掉，但把每年挣的那点6%的利息都花掉了，而不是拿去再投资，这样一来，在过去的513年中，这个家庭先后总共挣了多少的利息，享受了多少的人生呢？一万元？十万元？正确的答案是31分钱，加上本金一分钱，总数为32分钱！

而另一个富家族，并不是因为一开始就财产富裕，而是因为投资智慧的富裕。假如其祖先有复利的投资理念和智能，同样留了这么一分钱并立下遗嘱或写成自传要求其子孙后代把此一分钱每年挣的6%的利息或投资回报连本带利再投资，在同样的513年后，此一分钱变成了多少钱呢？五万？一百万或一千万？正确的答案是950亿元！两种不同的家族文化和投资方式，其结果分别是32分钱和950亿元，您会选择哪种方式？哪种投资和生活方式会更有趣？

尽管我早就熟知复利的魔力，在我第一次读到上面在如此低利率或回报下两种不同投资理念和策略所导致的如此大的结果的差别时，我开始也有些半信半疑，但当我让我的大女儿黄永恒用电子表格做核算时，我女儿在几分钟内就得出了以上千真万确的准确数据！这也就是为什么世上95%的人退休时几乎一无所有的主要原因！他们当中的大多数人没有正确的投资、投资回报不高、没有复利回报或仅把钱放在银行，靠一点低利息生活，其自始至终能享受的那点利息收入是如此的可怜，而本金也随着时间的迁移因为贬值而变得一文不值。

当然我们的人生有限，如果只有6%的复利，没有人能活到513岁来享受此人间奇迹。根据72规律，唯一可以大大缩短513年的方法，一是增加本金的长期投入，二是增加投资回报的比率到15%—20%，使最初的投资本金尽快翻倍，因为任何一个投资，根据复利曲线，最初的10到20倍的翻倍增值并不是十分明显和奇妙的，但如果能翻到20到50倍，这种天文数据般的奇迹效应才会出现。什么是72规律呢？那就是回报的比率乘以年数达到72就可以让本金翻倍。也就是说如果回报5%，要14.4年才翻一倍；如果回报是16%，4.5年就可以翻倍。

正如上面提到的另一个有趣的故事，如果我们把一张薄薄的信签纸对折50次，其厚度应是多少呢？2米？10米？100米？一公里？正确的答案应是1.5亿公里，相当于地球到太阳的距离。

把我在对公司面试时提到的故事进一步分析，从出生到67岁退休，如果每天只投资一元钱，20%年回报，回报按复利每天计算，到退休时此人将有近10亿元的资产，假设他不用交税的话。

如果上面每年20%的回报不是每天投一元，回报按天来计算，而是每年年初一次投入365元钱，其回报每年年底计算一次，我的行政助理安喜莉小姐帮我算出的最终的复利结果则降为368471755元。

如果以上的回报是每年15%，其复利结果则是28373941元。

如果以上的回报是每年10%，其复利结果将被大幅度地减少到2162072元。

如果像大多数人一样只把钱放在银行或盲目投资在一些产品上，其回报每年只有5%，在以上同样的情况下最终复利结果则只有 184569 元，也就是说回报每差 5%，其长期的复利结果会相差十多倍以上。

与没有复利相比，其结果则更是相差上百倍、千倍、万倍，甚至亿倍之差，取决于时间的长短和回报的多少。

由此可见，一分钱的投资从长期来讲，有没有将其回报再投资，其最终结果会有以上的 32 分钱和 950 亿元钱的差别，在复利投资的情况下，其回报的比例不同，最终结果也相差甚远。在我们有限的一生中，光以上 15%复利回报下的 28373941 和 5%回报下的复利回报 184569 就相差 154 倍。

下面我设计了一张表格来对比以上五种复利投资方式的差别。此图表假设我们从出生到 67 岁退休，每年投资 365 块钱、利息按年算，或每天投资一块钱、利息按天算的复利效应：

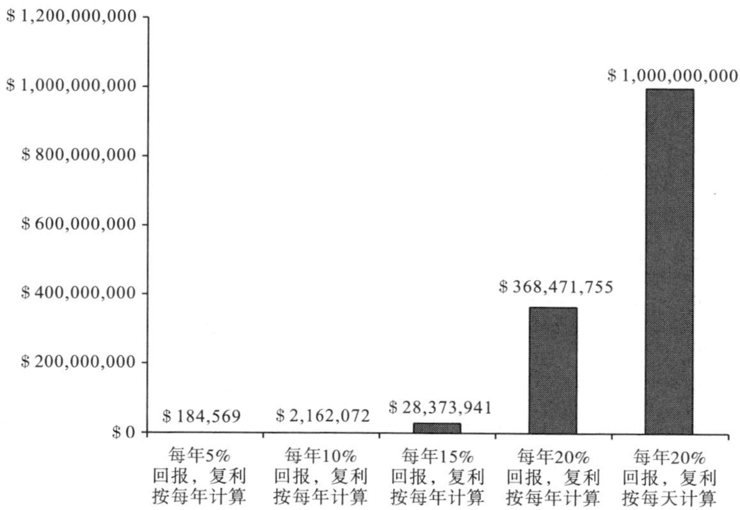

以上图表可以看出，不同的投资方式和策略，其最终结果相差甚大，成败也就在一念之差。在现实中，负息投资于有相当增

值潜力的房地产就相当于按每天计算复利回报的投资，其回报也是最高的。当然，如何选择有相当增值潜力的物业，是成功的又一大要素，因为如果长期负息投资于贬值的商品或房地产上，其复利损失也会同倍增高。

在生活中，我相信永恒的爱，不管这爱是对我父母、我妻子、我子女、我亲戚或者是我朋友。想要解决婚姻中的问题，重新找一位新的妻子或丈夫不一定是最佳的解决办法，因为我们在成长的过程中会逐渐意识到没有一个人是永久完美的，也没有任何一件事会永远一帆风顺！谁会认为仅仅是因为我们的母亲长得丑，或者性格不完美，就不值得爱了呢？一个长久、美好关系的关键是持久、真诚的爱、理解、宽容和继续不断的努力和改进。真实的爱给我们最纯净、最持久的爱、婚姻和家庭。在现代的社会里，尽管真诚永恒的爱已经越来越难找到了，我会尽我最大的努力，希望把我的信仰传给未来的子孙后代。离婚，在很多的情况下，不仅是给我们的生活带来混乱，爱情也不再纯洁，而且其后果是我们的家庭和孩子们也将受害。如果能在婚姻的双方之间多一点理解和宽容，那么很多的婚姻本来是可以很容易地被挽救的。如果我们知道并坚信长期复利回报会给我们带来更多的收获，而不是短时间的投机或诱惑，不光是在事业上，财富的创造上，而且也会在生活上，我们就不会在婚姻或日常生活的彼此之间过分挑剔和小题大做。

很多人相信他们在事业和财富的积累上可以有计划和系统，但是生活和婚姻中是太难计划和控制了。我对此并不认同。在这个现代的社会里，仍然在一些非洲国家和印度洋的岛屿上，人们的平均期望寿命只有三十七至四十岁。如果我们相信我们能够，而且愿意有一个好的生活习惯和婚姻生活，我们完全可以计划并将我们的生活系统化或习惯化。只要一旦在我们的信仰里加上诚信，我们的生命就会变得简单和纯洁很多。我们所要记得的就是，生命也是一条复利的曲线，应把它保持得越简单、越单纯越好，不要轻易改变，否则又得从头开始。把此曲线和勇系统的激励标语放在墙上或随时都可以看到的地方，每天早上起床后都问自己一次，“今天我可以做些什么，能使我周围人的一天过得更好吗”？

这复利效应同样适用于我们的事业。这就是为什么在勇地产公司，我设计了公司内部加盟和外部加盟的机会，以便给我们的团队成员毕生的复利回报。他们用不着靠换公司来得到一个更好的薪资结构，因为我们有世上最优惠的结构，最好的公司支持，这样他们就不会中断复利回报的魔力。

正如我在序言中所说，一旦当我们脱离了轨道，不专注于自己的核心业务来建立我们的复利效应的话，我们所付出的代价是会很昂贵的。这样的事甚至会发生在我这个物业投资最坚定的信徒上，我在当时转向投资传媒生意时。这就是为什么现在勇地产公司完全只专注于房地产业的市场营销、管理、投资、开发及对开发商或投资家提供房地产开发相关的服务，包括大型度假村、商场、高尔夫球场、马球场、飞机场和国际学校等等的管理。

几乎所有的人都知道，在大多数的情况下，直接投资于房地产会创造更多的财富，如果您有信念、能力和实力坚持十年到二十年以上的话。然而，在一个澳洲理财顾问的整个执照课程里，学员被教会如何向客户宣传投资于养老年金、基金、股票、物业信托基金，还有高风险的股票期权、外汇期权以及派生的交易，因而那些靠佣金生存的理财顾问在那里会有可能赚取5％的佣金。他们的培训手册中包括投资于以上许多非常高风险的期权投机，但是却没有直接的房地产投资，因为传统的房地产公司得做大量的工作，比如像上市、营销、看房、谈判、签合同和许多其他的事项来挣小小的一点佣金，在昆州，只有2.5%加上450元。即使那些理财顾问指导人们进行直接的房地产投资，一般也只会推荐那些他们直接可以赚取高达百分之五佣金的全新房地产。

按照统计数字，从长期投资的角度来看，如果不考虑杠杆联动效应的话，房地产属于长线投资，它所产生的回报从长期来说通常会比股票好，可是大多数的养老基金的投资，主要用于股票投资（占90%左右），其余投资于房地产信托（仅占10%左右），很少有直接投资于房地产的，因为股票比较容易交易和管理，像赌博一样，在较短的时间内可能有较好的回报，如果运气好的话。不管是上市公司受聘的总裁或是经理，因为这种短期聘用关系，他们通常很难不只考虑眼前的短期利益，最终，有时亏，有时赢，他们的平均回报也只是每年7%到8%左右，而政府居然允许理财顾问的课程用这样的方式来设计！这对于消费者来说，是非常不幸的，并且也是极端不公平的。

对于有责任心的家长来说，投资于物业是我们从历史和个人的经验来说可以给子女的最好的劝告，就像上面“穷家族”和“富家族”的实例，可是，这并没有被包括在理财顾问的教材中，而他们是政府给予执照的唯一可以给公众公开提供理财意见的人。当然，如果不是妥善地投资和管理的话，在房地产投资中也会有许多风险，可是合法地劝导人们只进行股票交易，或者甚至买卖哪些股票的期权（更像赌博），而不是长线的投资顶级蓝筹股，是更要冒险得多和更不负责任的行为。如果95%的澳洲人在退休时几乎是一无所有或其收入只相当于养老金，那么传统政府和“专家”所给的建议，以及为之而采取的相应行动，当然不会是最好的吧。

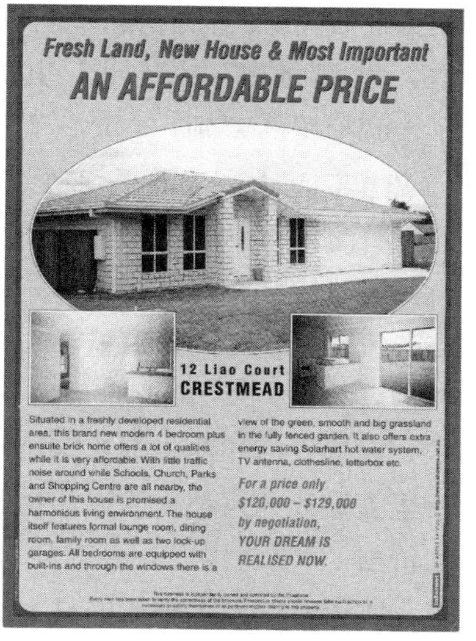

作者开发公司在早期建的第一栋独立别墅图

我希望人们，特别是那些勇地产公司这个大家庭的成员、客户和亲朋好友，能从我的亲身经验中得到更多的好处。与其让其他开发商赚取超值利润，对将来的合资、合作项目，除了全套开发管理以外，我甚至可以以个人和有上千万资产的多家公司的名义对我任何聪明的投资家们或土地地主们担保联合开发，或提供每年15%到17%的担保回报。要想成为一名超级百万富翁的话，能得到有保证的、而且是长久的每年15%到17%的复利实在是最容易、最快捷的办法了。

我个人的信念是，除了高风险的方法，比如赌博之外，要想把我们辛苦赚取的钱进行投资的话，只有八种相对安全的选择。这并不是在给人以理财上的忠告，而纯粹是谈我个人的经历和经验。

第一，将钱放在银行里。这相对来说是比较安全的投资办法，可是在长时间里几乎肯定会损失本金的价值，因为所存的本金（Capital）是不会增值的。从长时间来说，所得到的利息也许还抵不过通货膨胀率，因此，本金就无形地减少了。就像我在上面实例中说到的，一分钱的本金，在513年还是只有一分钱，若按6%利息计算，如果每年把这些利息都花掉的话，在过去513年总共挣得利息也只有31分钱，这也是为什么不同的政府，不同的政策，一个鼓励、支持投资，而另一个则是鼓励吃空卖空，“杀富济贫”，多年以后其国家和全国人民的生活也就自然有了天翻地覆的差别。在严·萨默士的书里提到在他出书以前的40年里，澳大利亚的平均利息是8%，可是平均的通货膨胀率是在百分之八以上，所以我几乎不把任何现金放在银行里。目前澳洲的通货膨胀率降低了很多，但同时其银行利率也降低了很多。在一家瑞士银行的户口里，利息几乎是零。即使是在日本，2008年的官方的利率仅仅是0.3%，而在几年之前，利率几乎是负数，因为银行还要收费才能让人们把钱放在那里，这是由于到银行里去存钱的人都被股市和物业市场吓坏了。日本目前的股价与房价与30年前相当。由于日本人平均工资远低于澳洲，又多是单人收入，因不少婚后的日本妇女不再工作，加上人口老化、社会封闭、新移民很少，其股市和房市都是全球历史上最糟糕的表现之一。在金融危机中，美国等国的官方利率也几乎是零，只有澳洲还保持在4.75%左右，最低达到2.5%，有足够降息刺激经济的空间，这也是为什么大批游资进入澳洲，在2011年把澳元对美金炒到1.08的原因，而美国同年差一点还不起国债的利息，只好再增加2万亿国债上限到14.5万亿美金，后来又只好许愿零利率至少两年不变，同时准备实施第三批货币宽松计划(QE3)，让美币进一步贬值，通胀进一步上升。我通常不放任何钱在银行作低利息的定存，而是把所有的收入都放进以物业为抵押的随时可放入取出的透支账户，而支出多用信用卡，有55天免利息，一旦此透支账户达到一定金额，我就把它取出来做订金然后通过另一家银行贷款买物业。正如我以前所说，在我的口袋里很少会有多余两百澳元的现钱，因为我的信仰是：人生最大的风险就是碌碌无为，最无聊的人生就是缺乏挑战！

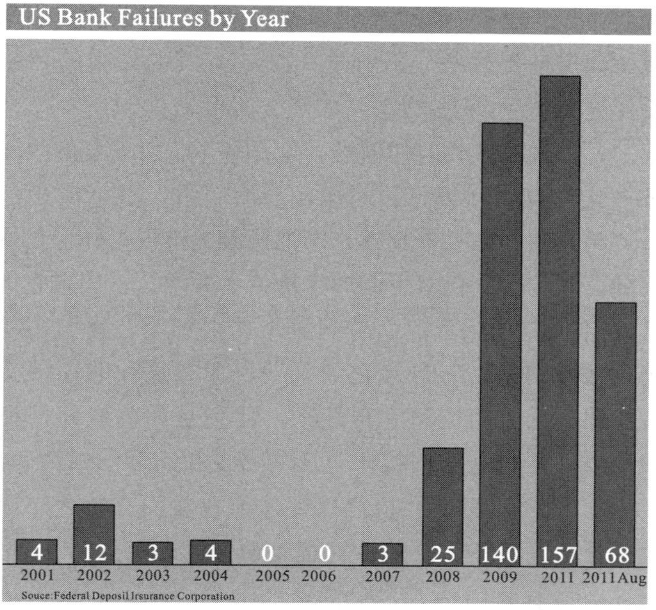

美国金融危机期间每年倒闭的银行数目图

在2008年的美国金融风暴中，银行倒闭大量增加，2008年光美国就有25家，2009年大幅上升到140家，2010年157家，到2011年上半年，我查到此数据的时候又有68家银行倒闭。那些没倒闭的银行也被迫被政府控股，包括“美洲银行”——美国最大的银行之一。美国各银行光在2008年的总损失就达到一万亿美元，澳大利亚的国民银行（NAB）损失了十亿澳元，澳纽银行损失了十四亿澳元，而对于投资银行巴布考克和布朗银行（Babcock & Brown），先是他们的股票掉到每股九毛四分的时候，尽管是澳大利亚第二大投资银行，不久以后，此银行也被清盘。我从来不相信，比起正确的房地产投资策略来说，把钱放在银行或投资银行股票会是更安全的，因为如果不打败长期的通货膨胀的话，你的投资一定会倒退。对我来说，要我能对未来的物业投资伙伴保证提供每年百分之15%－17%的回报的话，我必须能每年至少产生30%－100%的资金回报。

第二，将钱放进政府的债券。这是一个相对安全的投资，有时能够产生与存钱在银行相对比较高的回报，每年在3%－8%之间。可是，它同第一个选择，即把钱放进银行一样，仍然有同样的问题。它的本金仍然不能产生价值上的增长。如果它被锁定5年至20年的定期话，那么直到这个期限到期，我们在需要时没法把这钱拿出来。一旦等它到了期，那么复利的连锁就中断了，因为很少会有机会将它再续期，特别是那些较高回报的债券。最重要的是，它的回报永远不可能达到15%－17%。只有接近15%－17%回报率并持之以恒才能在我们有生之年产生真正的魔法效应。我长久以来一直难以相信，中国到2014年为止为什么还会持有美国一万多亿美金的债券，其表面回报也只有2%－3%，而且很明显，人民币还会升值，而美国会大批印钞票，使美金大幅贬值，使其实际回报几乎是零或是负数！这些钱如果有效地投资在澳币升值的澳洲房地产市场，其回报要稳定和大得多。要想牵制和最终取代对方的最好方法是让自身强大，而不是因对方而受损。很明显，美国为了鼓励出口，创造更多的国内就业机会，扭转贸易逆差，一直给中国施压，要求人民币升值，同时也刻意让美金贬值。

第三，将钱放在一个信托基金（Trust Fund）里。这同投资于养老基金（Superannuation Fund）相似，唯一的区别是，信托基金可以利用负债的杠杆联动效应，而且只要短期的通知就可以动用这钱。但问题是，因为基金的大部分都投资在其他的股票里了，它的流动性（liquating）太大，很难获得复利魔力的真正长期效应。大多数的人在魔力效应还没有产生的时候就把它卖掉了，或把红利花掉了，包括巴菲特的最初股东们。谁会在40年之前就已经买下它们呢？谁会把它们保持40年，而没有需要或者诱惑将他们卖掉，特别是你整个40年都得不到任何红利？在澳大利亚，基金的回报通常平均是每年在7%－10%之间变动，但有时一年会跌10%－20%。在很多情况下，它也会被要求给基金经理或财务顾问支付可达5%的前期费用。然而，如果您对投资有一个长期的观点，而不是做短线炒作的话，您仍然可以得到一些好的回报，比如像40年前投资于西地的物业信托。西地物业是洛维家族经营的，他们懂得长期投资于物业，而其他的一些基金经理们可能是一些年轻的大学毕业生，他们学习了理财规划课程，实际经验相对较少，多注重于短期利益而把重点即90%－100%的基金投在股票或股票交易上。

第四，投资于某个辛迪加（syndicate）。大多数的辛迪加投资是直接投资于商业物业或一种生意中。可是，在澳大利亚，在大多数的情况下，可能会要求投资者付一笔入会费，因为，按法律，投资只能是在一名注册的理财顾问的介绍下才能进入，不管这个投资是如何的糟糕，或者会有怎样的后果。最大的问题还不是这个费用（可能高达5%－10%），而是辛迪加事先就制定好的政策，即在5年到7年之内就卖掉，只要会员们的多数投票通过即可。这当然肯定就会中断复利魔力的效应，如果大多数的会员选择不要重新投资，而情况几乎总是这样。其回报一般是在7%－12%之间，而公司或其总裁不会给你任何担保。因为物业的7至20年的周期（即使没有重大的崩溃），要将一个普通的物业在5至7年之内出售，很可能没有什么资本增值，甚至亏本，除非这是一个开发的项目。

第五，投资于有管理的养老基金。这是一种相对安全的投资，具有复利的回报，在税务上也有比较有效的益处。一旦将它启动，我们就没法动用其中的钱，除非其中有一大笔钱可以用来购买物业。对大多数的人来说，到他们在养老基金里有了足够的钱能用于购买一个物业的时候，他们已经接近退休年龄。那时，物业已经变得太贵，更买不起了，因为物业的增值一般要比基金的增值来得快。即使我们能够用养老基金来买一两个物业，他们所产生的稳定收入（passive income）其实同政府的抚恤金相差不多。最近澳洲法律里有了一些变化，允许自己管理的养老基金能向银行贷款，然而，这个过程仍然很复杂，也有相当的局限性，贷款比例也有限。它的最大好处是通常回报只交15%的税，退休后不用交税。

管理公司管理的养老基金也可得到税务杠杆的联动，但是它大部分投资于股票市场，甚至是一些比较“平衡”的养老基金，物业投资仅仅也只占大约10%的比例，而且通常是通过投资物业基金的办法。即使物业比股票更好，可是对一位基金经理来说，使他进退两难的是，他必须许诺经常的短期回报，以便吸引投资资金的流入。物业的增长是通过一个周期来实现的。长期的租金收入和资本增值通常会有更好回报，可是它需要通过一个7到20年的周期，这就是为什么急功近利的投资者们或者是基金经理们，仍然多着重于股票投资。这种投资操作起来也要容易得多，特别是大笔数额的投资。一般说来，没有一个基金公司会碰300万澳元以下的物业。考虑到他们管理的巨大金额，他们不可能会去处理或者操心小笔数量的投资，更不会也无法去买卖和管理一个又一个的小投资物业。

在这个7到20年的周期里，可能会几乎没有什么增长，或者甚至有下降，使大多数的投资者抛弃物业投资。可是从长期的投资来说，直接投资于物业、合伙或物业辛迪加或信托投资，以我的观点看，是最佳的投资方式，这正是我自己过去受益最多的投资，也是我和我的子孙后代在将来要做的。此策略给了我完全的成功，至今为止没有任何股东，都是我独资。（2014年买的大型综合度假村是我第一次引进战略伙伴。）不管什么时候，一旦在我偏离了上述正确的长期物业投资策略，去经营其他我不在行的生意，我就会大赔特赔。

虽然我十分敬重一些会计师的税务建议，我却很少听取过他们的投资忠告，将我的一些多余的钱投资于纯粹为了“减少交税”、但产品本身风险大、增值潜力低的方案，或者放进任何的养老基金去，除了法律需要从我固定工资里扣除的数额，因为我选择将所有额外的收入都做物业投资。在一个好的年头，总是有一些养老基金可以产生10％至15％的回报，但在另外的年头，它可能只产生1％至2％的回报，甚至负的10％到20％回报。在2008年年初的几个月里，澳洲股票市场的“全权指数”（All Ordinaries Index）下降了40％，其中有些股票在同一时期下降了60％至99％，包括不少所谓的“蓝筹股”（blue chip）等等。在这种长期的环境里，也就是说在超过40年的时间里，而不仅仅是10年、20年，养老基金的平均的年回报只有大约7％至8％。在我们退休时最终能够为我们产生多少复利回报，这才是真正重要的。虽然养老金能节省一点税金，但在长期的时间里却可能失去更多资本增值的潜能。

正如前面图表所示，从长期的复利结果来看，7％和15％之差并非仅仅是8％，它可能是好几十或好几百倍，取决于我们将它保持多少年。大多数的理财顾问、会计师或者是卖人寿保险的人都会用一些相似的复合曲线，来单一地显示如果每年投资两万澳元于基金，或者通过“牺牲工资”（salary sacrifice）投资在一个活期的保险账户里，到了退休时就可以产生几十万，或几百万澳元的养老金。他们通常不会让客户比较，在同样时间和金额下，如果回报能提高到15％－17％，其最终回报会是多少，大多数的人对这曲线上所显示的几十或几百万澳元的金额感到激动不已，但他们所没有意识到的是，这几百万澳元，到了他们退休时已经几乎不值多少钱了，因为这几十年中有很大的通货膨胀。在1930年，花1万澳元就可以买到几栋巨大的豪宅，或者几千英亩的、很靠近布里斯班商业中心区的好地。用1万澳元，我们今天可以买到什么物业呢？我甚至用我养老基金里有限的一些钱多买了600万澳元的人寿保险，仅仅是为了使我的家人和未来可能的股东感到平安，同时也能使银行更放心，因为我根本就不期望从那点有限的养老金里能赚到什么钱。我并不是说，每个人都应该在这个方面与我一样，但这是我个人的信仰，以及我个人多年以来，身体力行，博览全书，环游世界，精密分析而总结出来的投资理念和策略。

我经常问自己、问我的家人和勇地产的团队成员们，哪一种选择能给我们更好的回报呢？那种我们在整个生命期间每天只投资1澳元，20％的复利回报，就能使我们最终有可能积累到10亿澳元，还是每年投资几万澳元，最后只得到几十到几百万澳元？当然，对那些没有恒心和毅力储蓄的人来说，或者那些没有专业知识、时间和技巧来选择合适的物业，并长线投资于正确的房地产产品的人来说，投资有担保高回报的长期或短期房地产开发项目仍然是最好的增加回报的投资，因为养老金的钱一旦放进去，就有可能拿不出来，一直要到退休以后。

第六，投资于小生意，这是很多人的梦想。可是很不幸的是，澳洲乃至全球绝大多数人都很难实现这个梦想，而且，做小生意也是十分辛苦的工作，需要持之以恒的奉献和诚信才能做大做好。我在无意中突然开始了我的生意，因为我雇主的生意突然关门了。这个生意至今对我来说是很有回报的，可是它并不是因为没有巨大的挑战和奋斗而得到的，不会有很多的人能撑得过这些同样的挑战和奋斗。为什么中国的经济在过去 10 年快速发展，而西方经济则全面崩溃，因为他们是在走回头路，像一个被溺爱的小孩，所谓富不过三代。如果澳洲等国没有得天独厚的矿山和旅游资源，没有自由经济和私人所有制给他们经济重新赋予的生命力，并且在多会花钱买大众选票、注重眼前利益的党派和控制眼前蝇头小利、鼓励长线投资的党派政权交替之后，继续将国家推向前进，美国和不少欧洲国家如希腊、冰岛、葡萄牙、西班牙和意大利等国也许早就“倒闭”了。

要想在一个发达的西方国家运营一个小生意比中国还难很多。犯一个小错误，或者作了一个小的错误的判断，代价都可能十分昂贵，因为当地劳工价格太贵，政府条例又很严格，是打工者的天堂。如在前面的章节里已经说过的那样，按照澳大利亚统计局的资料，在前六年的运作里，八成左右的小生意会关闭；在美国和其他西方国家里，情况也很相似；随着成本的增加，中国企业也有类似的趋势。在剩下的二成小生意里面，又有其八成在接下来的六年里会倒闭。所以要使这些小生意能够获得长期的复利魔力效应，其可能性是很小的，其中很多人可能会亏损得很惨重，特别是在西方国家。少有成功的人，也就是那些有智慧、有诚信、有谋略、有胆识并能持之以恒、顽强不屈、风雨无阻、永不言弃的人。

运营一个良好的生意可能是很能赚钱，也令人兴奋。它需要天时、地利、人和，更需要一个很好的系统和很好的策略，需要有百分之百的全力以赴、良好的团队、继续不断的业务和人格上的培训，有一个好的教练和导师，有恒心，也要有充足的资金。这就是为什么勇地产开始全球加盟，这样可以让更多的人达到更好的成功。勇地产公司，在经历无数的挑战后在全面完善的勇系统的指导下，已经从 2003 年起成为昆士兰州四百强私营企业中名列最前茅的房地产公司了。在 2011 年昆州最后一次排名的名次为 32 名，远高过其他房地产中介公司。这在几年内就实现了这个梦想，而在新利班区及其周边的小区里，在同一时间里，大约有三十五个其他房地产公司的牌子消失了。勇地产的加盟，如果严格按照我的理念和策略，给每一位房地产顾问更好的机会来实现他们的梦想，最大限度减少失败几率，最终可以大大地帮助勇团队成员的生意、生活和投资，因为每一个失误的代价都会十分昂贵，我的任何一个具体建议也许最终都会价值好几十万澳元，如果严格贯彻、实施的话。

第七种，投资于股票。当我们投资于股票的时候，它就好像是投资于生意，差别是投资于一个股份上市的公司。当然，一个上市公司通常要比一个小生意生存的时间长，但它失败的比率仍然是相当高的，因为它有严格的信息公开的要求、不可资不抵债和没有偿还能力（non-insolvent）的交易规章、运作成本的增加和许多以短期合约为基础的总裁所作出的短线的策略，以便他们拿了奖金就走人。在大多情况下，澳洲有几乎三分之一的上市公司是亏本的，哪怕是美国的福特汽车公司（Ford Motors），也在 2007 年澳洲经济的高峰期时亏损了 87 亿美元。按照严・萨默士的话，在过去的一百年里，股票市场的平均回报率仅仅是5%而已，而在过去的40年里，平均来说已经有了一些改进，可是年回报率仍然只在7%左右。股票经纪人会给您显示一条曲线，让您看到在过去的几年里，对投资于某些公司来说，按照ASX－200（Australian Stock Exchange澳大利亚股票交易所）的指数，在股市崩溃之前，你如何每年可以得到10%到12%的回报率。可是，又有多少人知道，在曲线大跌之前，有坏消息已经发生了呢？这是一个要么打中，要么就打偏的游戏，而大部分的投资者最终不是亏钱，就是他们的长期投资表现很差。即使有些人短期炒作赚了点钱，这钱并不是他们的真正投资回报，而是他们紧张、辛苦的打工回报。即使这些人一旦长期玩下去，不少人不仅白打工，而且还会大亏特亏，特别是到一定的程度，当他们自己以为已是炒股高手而靠开始抵押股票贷款来买卖股票和期货来增加回报的时候。

最糟糕的是最近开始的网上交易，它不用再花大钱通过股票经纪人买卖，因此相对比较便宜。这真的就好像是小投资客在网上的赌博，很多人早晚会吃亏的，因为根据股票曲线，每几年就会有一个大崩市。这就像我在赌场的经验一样，我可以在一夜之间将自己的本钱赚个双倍，可是，如果我们玩得越久，我们就会更多地输钱。对普通的玩家来说，他们甚至连年平均回报率7%都难以达到，因为大的玩家，比如詹姆士·帕克，或者是路伯特·默多克（Rupert Murdoch），他们可能会从股票市场获得10%以上的回报率。他们之所以可以达到这个回报，因为他们作为“庄家”有钱能雇用几十名专家作顾问，每时每刻都帮他们观看着股市的变化，同时他们也会让自己的人加入所投资公司的董事会里。许多股价的上升和下落，都在这些大玩家们进入或退出公司之后发生，到大多数的人看到新闻时，其实已经太晚了。以One. Tel公司为例，詹姆士·帕克和拉克兰·默多克（Lachlan Murdoch）都是One. Tel公司最大股东和董事会的成员，尽管这样帕克家族和默多克家属都分别损失了1亿到2亿澳元以上，因为当他们作为“庄家”发现他们没有多少个人资产的总裁和“好朋友”黎克（Rick）并没有让他们知道公司的真实情况时，为时已晚。默多克的新闻集团光在社交网站myspace上的投资就亏损5亿多澳币。他们最初投资了近5.5亿澳币，最后于2011年仅以3千多万卖掉。如果这样的事情可以发生在他们的身上，那么其他那些小股东们，当他们有幸看到报上的坏消息时，还能有多少机会呢?

我从来也不会相信投资上市股票，除非是这些公司有房地产作为背景来支持公司，但即使这些公司一旦变成股份上市的公司，如果没有稳定的收入和极低的贷款比例，其风险也会大大增加，亏钱也十分容易。在我的一生中，一共有三次机会，我同股票市场打过交道。

第一次是澳大利亚最成功的公司之一、AMP保险公司。大约在1998年，AMP解散了原来的合作公司的性质，变成了一个股份上市的公司，可谓蓝筹股。作为他们长期的会员，我收到了一些免费的股票，在开盘的那天，每股的价值达到了43澳元的峰值，到第二天我及时出售它们的时候，每股只值21.50澳元了。我用这些钱作为定金，买下了润康区柠檬街2号的那座房产，在大约6年后，那座房产的价值翻了三番，我的种子资本增值了20倍，因为我只放下了20%的定金，借了80%，而它从第一天开始就是正杠杆联动，其租金收入可以抵偿银行利息支出。如果我保持着这些股票，它们的价值将不会是增值20倍，而是贬值了79%，因为在这同样的6年里，这个蓝筹股票的价值降到了每股5澳元左右。目前，它们仍然每股只值6澳元左右。

我第二次与股票打交道是在2000年，在一次由彼得·彼蒂（Peter Beattie）州长主持的为工党竞选筹款的宴会上。作为澳华商会（ACCC）的会长，我收到了彼得·彼蒂的邀请，参加这次宴会，坐在他的正左边。坐在他正右边的是尼克（Nick）。当时，尼克是一位雄心勃勃的年轻人。他是股份上市公司山姆海鲜公司（Sam's Seafood）的创始人和大股东，他把他父亲多年来成功经营的私人公司变成了上市公司。在我们三个人之间交头接耳的私下谈话中，尼克同意捐出3000股他公司的股票，在宴会期间拿出来拍卖，将拍卖所得的钱全部捐助工党。在当时，他的股票每股的市价为3.60澳元。他告诉我和州长，新的财务报告不久将要公布，如果我买了他公司的股票的话，我就能够赚到一些快钱，因为他相信，在大约两个月之后，一旦他公司的新年财务报告被公布，这些股票很快就会上升到每股4澳元左右。

虽然我从来就不相信股票，但我想这是一次很好的机会，让我能够报答工党，因为是当时的鲍勃·霍克（Bob Hawke）总理，让我们能够在澳大利亚永久定居。我从来没有期望能够从这些股票里赚取什么钱，因为我买这些股票是作为给工党的捐款。虽然当时的股价是每股3.60澳元，我却准备以每股4澳元把他们买下来，打算在年度财务报告公布之后，如这位总裁当时许诺的那样，一当股价达到每股4澳元时，我就立刻把它们卖掉，仅仅是把我的本钱收回来而已。

这3000股股票当时是分成三份来拍卖的，每份1000股。我的叫价两次打败了另外的出价者，用8千澳元买下了2000

股。然而，这些股票的价格以后从来也没有像尼克对我所许诺的那样上升到每股4澳元。多年之后，我的手里仍然拿着这些几乎已经没有用处的股票，每股大约只值0.01澳分，因为这家公司已经被清盘而不再进行交易了。在2008年8月1日，有人买下这家空壳公司重新在澳大利亚证券交易所上市，但我们的股份已被大大地稀释，变得同样一文不值，大约也是0.1澳分左右。谁能够担保这种不可靠、却又是合法的“理财忠告”呢？不管这种忠告是来自理财师、会计师、股票经纪人还是公司“内部消息”。如果生意不是以房地产来作为它的支撑，同时也没有创始人或者理财顾问的个人担保，在他们当场赚取了巨额的“利润”或服务费之后而不管将来的后果如何，到头来投资者总是受害的人。

我第三次同股票打交道是在2008年1月份，当时，全球性的股票市场都垮了下来，可是澳大利亚和中国的经济仍然是十分强劲，特别是房地产。我想，大多数保守的投资者都对美国的金融危机过分惊恐，让散特若物业集团的股票受到重挫，原因是对该公司在二月份贷款到期时必须换银行重新贷款的担忧，而这个公司是一个很强大的公司。我没意识到此美国的金融危机已很快演变成全球金融危机（GFC-Global Financial Crisis）。我一生的事业都是在贷款和再贷款中度过的，对付保守的银行从来都是一种挑战。可是，只要我有很好质量的“房地产”和有良好纪律的“个人”作为担保，而不仅仅是一个纯粹经营性的公司担保，因那些没有多少资产的公司很可能在一夜之间就因为亏损而消失，那么，总会有一个有实力的银行会愿意与我打交道并从中赚钱。

虽然我的重点一直以来完全放在房地产上，但是，由于

2007 年，澳洲房产进一步上涨，房价太高，买到好物业的机会很少，我决定将大约 150 万澳元的现金通过阿慕洛·摩根的克力富·汤普森买进散特若和 MFS 的股票，因他们的股价在几天之中下降了 70%左右，然后等此公司于二月份解决了再贷款，或者卖出了一些资产之后，再把这些股票卖出，因为我以为散特若和 MFS 的股价会很快地重新反弹，而没有意识到（直到我看了更多的报告）澳大利亚 1980 年 11 月到 1982 年 7 月的股市崩溃花了二十个月，在整个市场下降了 37%之后才停止下滑；而 1987 年 9 月到 1988 年 2 月的股市崩溃，花了五个月的时间才在股价掉落了 47%之后止住下滑，然后是 1994 年 2 月到 1995 年 2 月的股市崩溃，在股市下降了 17%，花了十二个月之后才止住下滑，最后是 2002 年 2 月到 2003 年 3 月的股市崩盘，花了十二个月的时间，在股市下降了 22%之后才止跌的。2008 年的金融危机花了 4—5 年，跌了 40%以上。

这是我有生以来第一次主动有选择地买进股票，哪怕只是这几个月的时间，也是一段我人生中非常令人焦虑的时间之一，因为我被迫每天都要在早上五六点钟紧张地看报纸上的商业消息(而不是像通常仅仅坦然地看房地产的消息和报告)，同时，要主动地同股票经纪人每天谈话好几次。我对散特若（CENTRO）、MFS、AMP、山姆海鲜公司的经历，以及每天所看的商业新闻，的确能帮助我懂得怎样更好地运营一个好的而且是一个能持久的生意，特别是股份上市的公司，那里面有众多惊慌失措的基金管理经理和小投资客参与。克力富是个相对诚实的人，他对市场也非常忧虑，劝告我不要买进太多。

散特若有 179 亿澳元的净债务，总资产 266 亿澳元（基金、物业管理公司的价值加上他们所管理的购物中心的价值），所以贷款额达67%，这已经大大地超过了他们通常45%的准线。在几个月之后，由于房地产价值和管理公司价值的大幅下落，毛资产总值（包括较小的股份持股）减少到了仅仅为226亿澳元（包括散特若生意的价值），使贷款额达到79%。2008年9月，在减除了他们较小的合资伙伴们的股份之后，散特若的净资产减少到了只有每股67澳分。这就是说，散特若自己的净资产减少到了只有6亿澳元的水平，而不是原来的80多亿澳元的净资产总量。同合资伙伴加在一起的226亿澳元这么庞大的一个总量中，其价值只要再下降6%，或者如果再有任何强制性的物业出售，就会把散特若的整个净资产全部抹掉。

要想重新对这么庞大的债务进行马上再贷款融资，是非常困难的，特别是在2008年，当美国的银行从2007年起在短时间内亏损了大约1万亿美元之后。当美国国会在2008年9月没有通过政府的7千亿美元的救市计划之后，他们的股票市场出现了有史以来最大的单天下降，一天蒸发了1.2万亿美元。欧洲的救市甚至还要更巨大，光英国一个国家就宣布了一万二千亿英镑的救市计划，来拯救英国经济。因为过多的社会福利，到2011年时，美国的失业率仍在9%－10%左右，希腊等国的失业率更高达16%，其国家债务高达国民生产总值（GDP）的142%。中国是世界上少有的国家顶住了整个世界每况愈下的经济衰退，尽管中国的股票市场也下调了50%，所幸当时的中国人还没有多少人有这种拿股票作抵押贷款的机会和坏习惯，其老百姓房地产贷款的比例在当时也还不高。

散特若很难再在几个月之内向股东和国际资金市场重新融资，或者再借新债来偿还来自国际资金市场的52亿美元的巨大短期贷款，因为在同时，世界股市全面崩盘，平均下调了

30%—60%。几乎每一家银行都由于有大量的亏损和坏账而缺少资金，由房地产按揭所支撑的商业债务抵押贷款系统正在死亡，投资者和资金管理经理们惊慌失措。在短期内，仅仅瑞士 UBS 银行所损失的就有 440 亿美元，汇丰银行损失了 270 亿美元，如果美国政府不被迫投资控股美国最大的银行——美国花旗银行，它也许会被清盘。

政府抢救市场的钱并不是白花的，这个钱早晚都得还政府，而政府也只能靠印钞票然后通过卖国债的方式筹措资金，最后造成货币贬值，通货膨胀。在那时候，要想得到贷款，特别是用于开发，是极难得到的。那么多的银行和保险公司倒闭，连银行都不相信其他的银行，特别是那些投资银行。主要银行之间的借款都停止或者减少了，这就引起了更多的问题。冰岛，作为一个国家，其经济都几乎崩溃了，希腊、西班牙、爱尔兰、葡萄牙等国也纷纷出现严重的经济危机。这个时候，大银行要把钱从小银行那里讨回来，而小银行正在这个特别需要钱的时候却只好向基金公司、开发商和其他商业客户提前收钱，造成大批清债公司的迫卖或招标。这真是具有讽刺意义，也很有悲剧性。经纪人克力富每过几天就给我打电话，或者给我发电子邮件，反复地敦促我卖出股票，因为他坚信散特若无法撑得下去，这个公司的股票也许会一钱不值，就像许多其他已被清盘的上市公司一样。

不幸的是，我起先以为散特若物业集团公司同其他生意不同。我没有认识到，公司的净资产只有 6 亿澳元了，这是我直到他们的年度报告出来之后才知道，因我也开始分析他们庞大复杂的账目了。如果其总裁在 2008 年初不是为了省事想将澳洲公司和美国的购物中心批发卖给其他基金公司，而是有选择地出售他们在澳大利亚、新西兰和美国的购物中心中的一些资产，在这些出售中，没有折扣，或者最多只给5%的折扣，那么他们应该不会有什么大问题的。很明显的是，以前的那位总裁对于在这个紧缩的信贷市场能吞下他们的260亿的整个公司的市场能力太过于乐观了，作为上市公司，对于采取正确的行动又太慢了一点。他面对的另一个困难就是他们不少的购物中心都是由不同的辛迪加控制的，每个辛迪加下面也许有几个到几十个购物中心，这对他们在管理上当然比较省事，但在出售时私人和私人公司就很难介入了。最后，克力富认为要继续这种赌博实在是太冒险了，所以我就出售了275万股散特若物业集团的股票，主要是那些我后来用0.24澳元或0.50澳元一股买进的股票，得到了一点小小的利润。我被迫持有其他的股票，因为我最初的买价为1.1澳元左右，希望股价在将来能够回到每股一澳元以上，但这看来在短时间之内是不可能的。此股票一年前是10澳元一股。与此同时，我开始专注于我房地产的生意和开发项目，这些通常都给我好得多的现金回报，几年后都达到六倍到上百倍。

在2008年末，散特若物业集团公司（CNP）的股价掉到了每股只有0.04澳元，使整个公司的价值在他们的8.9亿股中只剩下了3600万澳元。就像不少其他的股票一样，他们的价值在一年中已经掉了90%以上，现在，整个公司很有可能将被接管。如果这种事情真的发生了，我剩下的140万股的散特若物业集团公司的股票就会变得毫无价值。而对于两百万股的散特若零售信托（CER）的股票，当时我是以每股0.085澳元至0.125澳元买下的，我的意向是保持它们，作为长期的投资。我有意在以下的几个月里再买几百万股的散特若零售信托的股票，将它们保持两年，然而，我的股票经纪人克力富不断地敦促我马上把它们全卖掉，在散特若零售信托的股票上得到了一点小小的赢利，而在散特若物业集团的股票上的亏损则达72万澳元，这是因为有关澳尔科金融集团（AFG）和ABC幼儿园的坏消息所引起的恐慌的缘故。

由于克力富的不断催促，我最后一批散特若物业集团的股票仅以每股0.05澳元的价钱于2008年11月中旬卖出，因他说一旦公司被接管，这些股票就可能会一钱不值。我真的是相信散特若零售信托的股价会最终回到每股一澳元以上，尽管它有可能被接管的危险以及股东们为了追究他们上百亿澳元的损失而打集体官司，这的确是雪上加霜，使情况变得更糟。我认为从银行和他们的客户这两者的观点来看，要强迫这样的大公司在最坏的市场情况下出售，是不负责任的做法，而他们对于还银行的贷款利息是没有问题的，如果银行不强迫他们的客户在市场情况最糟糕的时候将几百亿澳元的资产全部低价抛售的话。但克力富不那么乐观，他最终说服了我在坚持了11个月后，在此公司再贷款的新期限2008年12月1日之前的两周之前把全部股票抛售了。

问题出在银行身上，特别是那些作短期贷款的银行，或者是投资银行，他们也都在这个特别的时间因资金短缺要还大银行而撤资。由于澳洲工党政府错误地提出在此期间对大银行提供担保，迫使大批资金从小银行和基金公司转向大银行。在2008年，甚至像澳大利亚联邦银行（CBA）这样的大银行，都要向汇丰银行借债400亿澳元。在有些银行破产之前，倍尔·斯特恩斯银行（Bear Sterns）的资产负款率是32∶1，而雷曼兄弟银行（Lehman Brothers）则是25∶1，银行抵押贷款的比例远超过普通投资者的贷款比例。银行对于散若零售信托很不公平，因为他们的贷款额只有64.5%多些，而许多投资银行的负债价值比高达95%甚至97%。这就是银行为什么会亏损，因为银行采取的是简单而又无情的行动，而不是为他们的客户找到更好的办法。是银行在物价下降时触发了这些公司的损失，让市场中充满了大量银行清盘的资产，致使市场进一步大跌。至于对MFS/Octaviar来说，公共信托人（代表股东们）很愚蠢地想要将公司清盘，MFS/Octaviar不得不在同一天，即2008年9月1日，自己任命了清盘管理公司，这样，我在那儿的20多万澳元的投资也就血本无归。在这个世界上，从那些上市公司的总裁、创始人、股票经纪人或“理财专家”那里，没有一个人给我任何个人的担保，而他们在一年前都把那些公司评级为AAA。尽管不是我个人传统的行为和信仰，西方很多人都不愿或不会承担任何个人责任，“私人有限责任公司”和“破产保护”的立法权力更滋长了这种文化，特别是如果有些银行、投资客、合作伙伴或个别“客户”和“供货商”等作出一些极端或不合理、不合法、不合情，甚至欺骗的行为的时候，这种立法也是对当事人在最坏环境下的一种基本生存权利的相对保护。在这次全球金融危机中，几乎所有西方银行因自身难保，都落井下石，大银行挤兑小银行，小银行挤兑基金公司、开发商和投资家，使大批一流，甚至杰出的大型开发商和富有的投资家纷纷落马，使我们所有的人，包括我自己都有幸能从别人的身上学到很多有益的教训，因此而开始注意控制风险，保证资金链的畅通，我的每个房地产开发、投资项目和生意也都开始使用不同的信托公司，以及采取其他不同的防范措施，包括买高金额的保险、大型项目，从2014年开始引进合伙人以减少银行贷款，进而最大限度地减少风险，防止个别不负责任的机构和个人不讲诚信，见利忘义及趁火打劫。

在股市进行交易，或者投机炒股票，绝非一个好主意，特别是那些知识有限的新手或自以为是在行的投机者。即使是专业的对冲基金（hedge fund）经理，像巴菲特也经常强调买进股票之后长期拥有的好处，而不是短期的投机，为了短期得到巨额的收益，而可能遭受巨大的亏损。巴菲特采取了一种相对保守的做法，尽管如此，投资人仍然要承担全部风险，而且从不分红，股份几乎每年都会被稀释。这种做法对不少保守的投资者们仍有一定的吸引力，真令人难以相信！但是，当然对我来说没有吸引力，因我的现金回报在长期通常都在30%－50%以上，危急之中，在大多数的人都惊慌失措的时候，却会有黄金般的机遇。我相信，他在2008年9月投资50亿美元于金人大亨银行（Goldman Sachs）的回报远远赶不上投资有物业为支撑的散特若。

如果他控股散特若，投资50亿澳元于散特若物业集团以及散特若零售信托（特别是散特若零售信托），这有可能让他的投资在一个月之后就可能达到至少1000%的回报（若散特若零售信托的股票，每股从10分涨到了1元）。这是绝对没有风险的，当散若特突然摆脱了来自银行的压力，把短期银行债务变成股份或可转变成股份的债券。我认为金人大亨是比散特若更有风险的投资，因为金人大亨是个高度受杠杆联动的纯生意，它的基础是建立在他们的投资者们的信心上，还有市场的条件上，而市场的条件是可能会在一夜之间就改变的，就像雷曼兄弟银行那样，难怪巴菲特的伯克夏·哈萨威公司的整体回报越来越少，在过去的10年里仅仅是10%左右，而且从来没有分过红利。这样的10%是建立在投资者承担完全风险的情况下，因为有时它的年回报是20%到30%，而有时却会亏损30%或更多。在2008年的世界经济危机中，他的股票在12个月内也大跌了近50%。如果投资者因某些原因必须要在它亏损的年份卖掉，或因有拿股票抵押贷款而被斩仓，损失就会更大，而现在每买他的一股股票要花10多万美金。

令人可惜的是，没有多少大基金管理公司的经理们具有独到的眼光和智慧，能利用2008年明显的巨大机会来充分使用他们手中庞大的现金。虽然不少人把它看成是一生最大的一次危机，我却把它看成是我们生命中最大的一次机会，最少是一次最好的投资和学习机会，在相当一段时间里都没有多少其他人想买的时候买进，就像巴菲特所说的："在别人都贪心的时候要害怕，而在别人都害怕的时候要贪心。"而且，"如果你不想把它在手里抓十年，那就不要哪怕抓住它十分钟"。当然，在这种情况下要玩股票是很困难的，因为市上有太多不同的公司，其性质、结构和管理者随时都在改变，很难判断此股票价格似乎已经到底，远不如专注于我的房地产，我只需对一种产品做专，做精，正如勇地产的口号：勇做得更好！

我是一个坚定相信物业的人，即使是在物业的价值被贬低的2008年之后，散特若零售信托的负债价值比仍然只是64.5%，可是散特若物业集团大约是79%，这是由于他们生意的贬值在困难的时候会比物业快得多。至于那些投资银行呢，一旦他们的客户或者投资者们对他们丧失了信心，他们的生意就会大跌，然后就会被接管，最后一文不值。然而，在散特若零售信托那里，公司的物业中总会有足够的属于自己的净资产，除非银行或投资客在最糟糕的市场条件下强迫他们以大大低于市场的价格出售，因此，作为这样大型的上市公司，其负债率平时不超过40%－45%是十分重要的。

银行、金融机构和养老基金等构成了散特若物业集团 80%的股东，以及散特若零售信托的 90%的股东。他们的损失非常惨重，因为那些大学毕业的银行家，还有基金经理们与一般老百姓一样，倾向于在市场达到峰值、价位最高时投资，所谓“买涨不买跌”，那个时候大家都认为比较安全，而在能得到非常便宜的价格的时候，却停止了投资，甚至撤资，而不是设法找到一个解决办法来拯救投资的公司。他们通常是换一位新的总裁，然后他们把原总裁的投资当作坏账报废，使账面好看，因为这不是他们自己的钱。

很明显，他们在作出投资决定时，既不很聪明，也不很灵活，多是为了省事、省时和满足小股民的心态，以便股票增值，这样总裁和高管们就可得到免费股票，以稀释现有股份为代价。他们的大多数靠作为融资经纪人基金管理来赚钱，从定期存款的拥有人那里、从储备银行那里，从国际货币市场那里或者是从投资客那里，他们能收取交易费，不管实际上的借款者、投资者或者基金单元的持有者亏损多少。

这种不灵活、简单，甚至粗暴的行为导致美国和瑞士的很多主要银行，在 2007 年的最后一个季度或者 2008 年的头一个季度亏损了 200 亿美元以上。小的零售投资者，若以股票作抵押贷款，即使他们只贷了 10%，若股价像散特若一样跌了 99%，他们也会损失所有的本钱。如果贷款比例是 70%到 95%，正如股票经纪人公司、欧普斯·普拉姆，高举资本（Lift Capital），或者是有麻烦的特立康·爱溃堤（Tricom Equity）和奇马勒财务集团（Chimaera financial Group），其后果是，在欧普斯·普拉姆（Opes Prime）和高举资本在 2000 年 3 月前后都被清盘。散特若零售信托的基础很强，有很强的现金流通，他们的灾难是由无情的短期贷款银行的行动引起的。在市场情况最糟糕的时候，银行想要把他们自己的钱拿回来，虽然此公司支付银行利息没有问题。即使对那些临时有利息偿还问题的客户，他们也应根据情况给客户多一些时间，否则像美国金融危机一样，在不该卖的时候被银行大批迫卖，迫使市场全面下跌，双方都会损失严重。

有很多私人投机基金、对冲基金，甚至是股份上市公司的总裁，或者是股票经纪人公司，他们操控着市场，比如，买空卖空、制造恐慌、散布或夸大错误的传媒谣言：有关散特若的谣言，有关MFS的谣言，有关ABC学习中心的谣言，有关澳尔科金融集团、巴布考克和布朗银行的谣言，有关城市太平洋公司、拉普提斯（Raptis）集团，还有有关其他公司的谣言，企图引起突然的、巨大的股价下滑，特别是有较高抵押贷款的公司，引起多米诺效应，然后他们再趁低吸入。MFS（后来改名为Octaviar）的总裁麦克·金（Michael King），其个人身价在2007年值3.7亿澳元，但是仅仅几个月之后，他便宣称只有百万分之一的机会不被破产，原因是追加保证金的通知。ABC幼儿园的埃迪·格罗富的个人财富从2007年的2.8亿澳元很快降到大约2000澳元，当他的股票价值从每股7澳元下降到0.54澳元（下降了92%），以上公司都停止了交易，被银行接管，最后是一无所有。追加保证金的通知将他的资产几乎抹掉了百分之百，而他的负债杠杆联动并不是非常高。当时的股价还有几元钱一股，银行就很快地出售了他的股票。如果银行等到股价掉到0.54澳元一股的时候再出售的话，他可能再将他自己的以及他很快就离异的妻子的股票以及物业全部出售之后，仍然还会欠银行几千万澳元。

同澳尔科金融集团的湮灭相似的是，因为从联邦银行为首的几家银行那里来的压力，城市太平洋信贷公司的股价也在同时下滑到了大约 10 澳分一股的水平。这种联邦银行的压力，使正当城市太平洋信贷公司在最需要钱的时候，联邦银行却要它付还贷款。如果他们在 2009 年 2 月之前不能付还欠联邦银行的 1.15 亿澳元的债务的话，公司也就可能被接管。不久后，这家曾经贷款给我建了亚太中心的金融机构也被更大的联邦银行清盘，费尔又变得一无所有。城市太平洋公司的创始人和总裁费尔·沙利文（Phil Sullivan），在媒介报道了这位以会计师为背景的总裁以前的破产历史之后也已经辞职了，继后，他受到了愤怒的投资者给他的威胁，他的股票和个人财产也从 2007 年的大约 3.5 亿澳元掉到了 2008 年的只有几千万澳元，最后也是一无所有。连这样大的一个澳洲金融公司也要屈从于来自银行的压力，这实在是挺悲伤的事。

我购买散特若和 MFS 公司的股票遭受损失的经验，以及对 ABC 幼儿园股票价格的狂泻和对澳尔科财务集团、巴波考克和布朗银行、城市太平洋金融公司、拉普提斯集团的研究，对我来说，在将来至少价值 1 亿澳元。他们的公司绝大多数都遭到了被接管的命运，并不是因为他们付还银行贷款利息的能力不够，而是因为他们没有能力在短期内被迫偿还通常没到期或不应偿还的债务！澳尔高金融集团实际上为我购买位于克隆塔富沙滩（Clontarf Beach）的宏尼布洛克海边大道（Hornibrook Esplanade）92 号的开发土地提供了融资。很幸运的是，在我一听到澳尔高金融集团的麻烦之后，在它被接管之前，就及时把它卖掉了，还赚到了很好的利润。

MFS 公司倒闭的另一个受害者是前布来克富丽（Breakfree）的老板托尼·斯密斯（Tony Smith）。他在几年前以换股的方式把他的生意卖给了思德拉公司（Stella，系为MFS公司所拥有）。此后在2007年，他推倒了两座大厦，开始建造澳大利亚最昂贵的房子。这座房子预计价值7000万澳元，跨越五块海边黄金宝地，位于黄金海岸的美人鱼海滩（Mermaid Beach）的海基司大道（Hedges Avenue）。在这个疯狂的时期，在股市崩塌之前，那时候很容易赚钱，也很容易借到贷款。他的同仁，大股东克里斯·斯哥特（Chris Scott），把他的生意也以换股方式卖给了MFS，他们两人都损失惨重。托尼不得不“火速出售”他一年前在悉尼用1130万澳元买下的豪宅，而他已经建完了一大半的本可价值7000万澳元的豪宅也在匆忙之中以2700万的价钱出售。他在过去的五年中光是买地皮的钱就花了2700万澳元并将它合并。购买这座豪宅的买主是来自布里斯班的二十五岁的互联网企业家但尼理·兹万科夫（Daniel Tzvetkoff），可惜这位神童不久也在美国被捕，因为他的公司涉及非法帮网上赌博公司洗钱等活动，他的公司很快也被清盘，他在海边的豪宅在他又花了几百万澳元把它装修完工后被清债公司以1900元的低价再次卖出。这真是少有的人间悲剧！

美国第五大的投资银行，倍尔·斯特恩斯（Bear Stearns）银行，离破产仅仅只有一天的时间。在此之前的星期天它以每股2美元的价钱出售给购买者J. P. 摩根（Mogan），而且美国联邦储备银行得以300亿美元的贷款作为给摩根的保证金。一年之前，倍尔·斯特恩斯的股价是每股171美元，现在，这个具有八十年历史，价值为205亿美元的银行，突然只值2.36亿美元了。

它第二个最大的股东、亿万富翁约瑟夫·刘易斯（Joseph Liews）是一位非常精明又有经验的股票投资家，也错误地损失了十多亿美元的现金。从 2007 年 9 月开始，就像很多股票炒家一样，在股价开始下掉时他大批买进股票，付了高达 150 美元一股的代价。他的价值十多亿美元的投资，最后只剩下了 2200 万美元，幸运没有收到追加保证金的通知。如果他是以借钱来购买股票的话，哪怕他抵押股票只借百分之二的钱，他所有的投资也会全部泡汤，非但如此，他仍然还将欠银行无数的钱！如此有经验的犹太人亿万富翁，也会在股票市场上大败大亏，小炒家们长期赢的机会有多大？真是辛苦又紧张，费力不讨好，像赌场一样，不怕您赚，就怕您不玩，只要长期玩下去，都有可能玩完。

在美国，五个投资银行中的三个，在这次金融危机中被抹掉了，J. P. 摩根以白送的价格买下了倍尔·斯特恩斯银行和华盛顿互济会（Washington Mutual），梅列尔·林奇（Merrill Lynch）以其一年之前价格的三分之一被美洲银行（Bank of America）所接收，还有雷曼兄弟银行接下来的破产，美国最大的美洲银行（Bank of America）也几乎破产，后来也被迫被政府收购并控股 70%。布考克和布朗银行，澳大利亚第二大的投资银行，它的股价，从其在 2007 年高峰时的 34.63 澳元一股，降落到 2008 年的 2 澳元一股，掉了 94%，后来也被清盘，变得一文不值。即使是澳大利亚的第五大银行——太阳银行（Suncorp Bank），以及澳大利亚的第一号投资银行麦觉理银行（Macquarie Bank），全都掉了 50%到 60%之间。连后来太阳银行也被迫快速卖掉霍克地产公司并被迫关闭了 60 多亿澳币商业、开发贷款业务，迫使所有良好的贷款客户也必须去再贷款，否则都被清盘，进而造成大批银行迫卖，使可开发的土地和商业物业价格大跌。美国最大的保险公司 AIG（美国保险集团）也处于危急之中，股市简直是血流遍地。

当时澳洲黄金海岸非常成功的开发商拉普提斯集团（Raptis）的股价，也在股东们的惊慌中大大地掉了价。股东们对于他们 7.7 亿澳元的短期债务感到忧虑，尽管他们当时正进行着价值几十亿澳元的工程项目。不久之后，当它的股价在 2008 年 9 月 8 日很快地降到了每股仅 50 澳分，整个公司的市值已降到 3170 万澳元。一天之后，即在 2008 年 9 月 9 日，正当非常成功的南港中心（Southport Central）三栋高楼（3 Towers）和希莱顿酒店（Hilton Hotel）这两个项目的销售开始稍稍减慢了一点儿，此拉普提斯上市公司马上被银行接管清盘，其南港中心的民宅和商业楼盘被迫在未来的三四年中以低于原价 30%－50%的价格售出，银行和其客户都损失严重。

银行对客户的保守、愚蠢和不负责的做法，是使大多数的生意、投资物业和开发项目失败的主要原因。很多失败并不是因为客户没有净资产或长期支付银行贷款利率的能力，而是银行突然抽回资金，致使生意或他的资产很快地贬值。当生意或其资产的价值突然大降的时候，银行其实损失了更多的钱。在大多数的情况下，如果银行能够给他的贷款客户以更多的时间，情况就会变得更好。可是，通常他们严格、死板的管理系统不会允许这样的事情发生。资产贷款公司（Asset Loan），它是由昆士兰州的前州长鲍勃·鲍比奇（Bob Borbidge）担任董事会主席，同时也进入了银行的自动监管。拉普提斯集团的创始人吉姆·拉普提斯（Jim Raptis），在 1990 年代勉强躲避了个人破产，由联邦法院批准的还款计划，使他的上市公司对他所欠债务人的每一块澳元只付还 0.0354 澳元，而克里斯多夫·斯盖思（Christopher Skase）和艾伦·邦德（Alan Bond）则在 1990 年代的金融危机中与 1980 年代的落马者麦克·高尔（Mike Gore）、戴奥·毛利斯

(Theo Morris)、帕特·扎罗（Pat Zarro）和其他的人一起完全地垮台。在2008年，我们又看到麦克·金（Mike King)、托尼·格雷富（Tony Grove)、吉姆·拉普蒂斯和其他许多的人，他们全都赔得很惨。特别是在利率高企的时候和信贷收缩之前，将总体平均负债价值比控制在40%－45%以下，对于一个很大的公司，是非常要紧的，如果他们的还款能力完全依赖于从投资或开发产品本身产生的收入的话。

由于物业周期的影响，造成它的净利润大幅度地动荡，而要将一个开发公司进行上市，在澳洲这样一个人口不多的国家并非是个好的主意，更不要轻易使用股票抵押贷款（Margin loan)。澳大利亚其他主要银行的股票，以及由于出售矿产品到中国而利润创造纪录的矿业公司蓝筹股，在澳大利亚强劲的经济背景下，也无法避免在此金融危机中很快下落了30%－40%，如果想象一下，要是中国人停止了购买，中国经济进入停滞而引起澳大利亚的经济进入了比1991年和其他年头更大的衰退，情况会怎么样？虽然大多数的人并不会长期地投资于股票，担心任何公司有朝一日总有可能会破产，这种忧虑很难发生在澳洲的物业上，因为它永远不会消失，而且通常只会越来越贵，除非是在严重供过于求的美国、周期性很强的澳洲边缘地区，或贷款比例太高，执行人经营不力出现了严重偿还贷款能力的困难。有些被严重损坏的美国银行迫卖的物业会变得长期一文不值。美国有些城市因为人口减少，太多空置房，如果一个400平方米土地上的房屋被严重损坏，政府规定不让重建此房，除非把房边的土地或房屋也买下变成800平方米左右，有足够的前宽，否则此地一块钱也很难卖出去，还要每年倒赔很贵的政府土地税。如果人们自己担心不知道如何买到好的物业，或者也没有时间去学习和判断的话，他们至少可以长期地投资于一个专业可靠的、有资产担保的私人物业公司、合资企业公司。

赌博，或者投机性的股票交易，从我的亲身体验之后，就在我们的家族里受到了禁止。在物业投资和开发方面，从 2014 年起，为了减少风险，我不再一味追求高风险的全面向银行借贷，而是在我有完全主控并承担全部后期责任和风险的情况下以合资的形式、辛迪加或者有担保的物业投资或开发的形式进行，以确保其投资和开发长期恒久的成功。散特若公司通常贷款在 45%的水平，可是他们在 2007 年初由于前任总裁的决定而进入美国市场，以短期债务的形式买下了七百个美国的购物中心，使它的债务在峰值的时候推进到了 70%左右，这是一个在最糟糕的时候犯下的致命性的错误。他们本以为可以后来把此短期债务很快转变成股份，当从 2007 年底到 2008 年初出现的次贷危机发生的时候，他们的商业投资组合的价值很快地进一步下降了，使他们的债务价值比的总体水平上升到了 80%以上，特别是那些高利率的短期贷款，导致股价大跌，没多少人敢买他们的股票，因而银行拉动了扳机。当澳洲 2008 年初的利率达到了 9.5%的时候，正如 1990 年代早期的周期，当时的 90 天短期借款的利率上升到了 24%，使艾伦·邦德、克利斯多夫·斯盖思和其他无数的投资家和企业家都垮了台。

因为股票的价值变化太大，当股价上升时，总会有一种诱惑，想要把股票卖掉套现。如果不把它们长期持有，复利就被打破了。相当有趣的是，当一位股票经纪人许诺股票的好处时，他们总是引用如像威斯特菲尔德物业信托公司的股票作为例子，说如果我们在四十年之前就买下了 1000 股像威斯特菲尔德公司那样的股票，这个投资可能已经超过 1 亿澳元了，如果我们保持它们，并把所有的红利再投资于如像威斯菲尔德公司的话。可是，四十年之前，谁能够预言威斯特菲尔德公司，作为一个非蓝筹股的新公司，它的表现会如此出色吗？即使他们有魔力能够知道这一点，又有多少人会在四十年前有机会和决心买下此股票呢？即使他们确实买了它的股票，又有谁会把股票保持到今天呢？谁又会将他们所有的红利再投资呢？即使再投资，谁又会将他们所有的红利恰恰再投资在如像威斯菲特尔德公司呢。不管如何，从一千股得到的红利，也不能让他们有足够金额再买更多的股票，而所有的“理财专家”都会建议他们的客户“分散风险”、“不要把所有鸡蛋放在一个篮子里”，因为除了房地产以外，谁也很难确定任何一家公司会永远超级成功。

只有威斯特菲尔德公司的创始人法兰克·洛维（Frank Lowy），或者是他最初的合伙人，才有可能获得这样的利润。因为他们采取了类似的投资策略，即只投资于物业，而且，更重要的是，购买，保持，再投资！即使是威斯特菲尔德公司的股票，有时也会大跌，其回报在短期内通常也只有百分之几到十左右，这是由于它在一个较小的国家继续发展的空间也有限，他们在美国和英国的扩展也在某种程度上受到美国金融危机的影响！正是复利在物业中的魔力效应，才创造了上述的 1 亿澳元。如果我们投资于威斯菲特尔德公司的股票，并不是像其他那些高风险的生意，只带有一点点真正的资产（比如 One. Tel 和 HIH 的崩溃。HIH 曾经一度是澳大利亚第二大的保险公司），而是以百分之一百的合伙的方式投资于物业，这样公司就可以少向银行借钱，进而大大减少风险。大多数其他的生意并不具有物业的长期性，包括矿山股，因为此矿总有一天会被挖空。由于竞争和新趋势，有些公司在关键创始人或决策人退休或一个关键的错误决定之后总有可能全面走下坡路，这就是为什么在 2008 年股市的巨大塌方之后，法兰克·洛维曾一度成了澳大利亚的首富，因为它的购物中心只有 40%的杠杆联动，有一条稳定的现金供应线，即正的租金收入，这样其价值的减少就要比其他大多数的生意或高度债务联动的物业信托小得多。即使这样，他也受到银行的压力，被迫在股价最低的情况下向现有股东们融资 40 亿澳币，把银行贷款比例进一步降低到 36%。很多矿山股就跌得更惨了，由于中国的限制使需求量大幅减少，煤价很快从每吨 120 澳元降到 70 澳元，使大批投在高点的中资公司损失惨重。

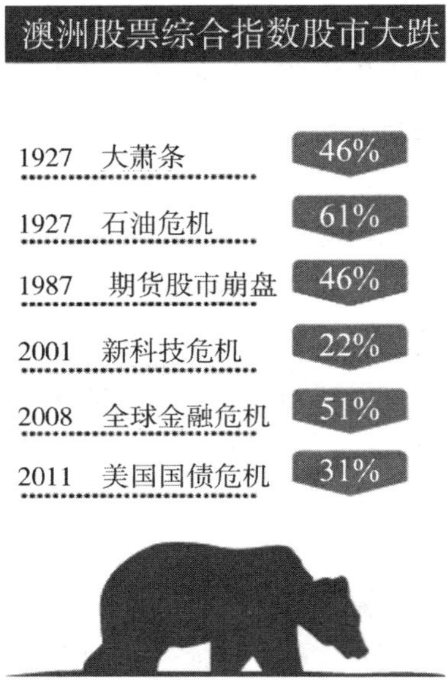

来自：Courier Mail

股市表现最糟糕的可能是日本。在 1989 年至 1990 年日本的股票和物业的崩溃，影响到了全国的每一个方面和角落，他使日本的银行系统屈膝投降，并使全国的股票市场下降了 75%。甚至到了 2014 年，25 年以后，日本股市的价值仍然只有 1989 年的峰值时的三分之一左右，或者相当于近 30 年前 1982 年的水平。其房市也类似，尽管没像股票一样大跌那么多，因为日本房市一度也涨得太高，而又没有多少海外移民的支撑，加上人口老龄化，年轻人又不生太多的小孩，所以不少地方 2014 年的房价也与 1980 年的房价相似。

日本1980年到2010年股市

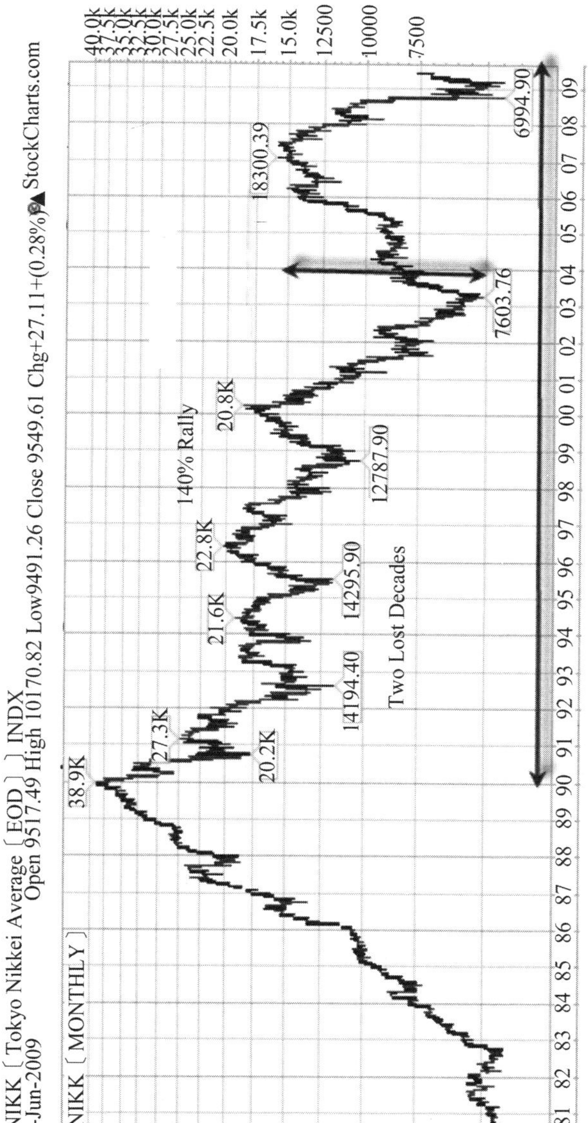

第八个方法，也是最后一个方法，就是将钱直接地投资，或者合资投资于物业，因合资可以减少债务联动，大大减少风险，同时又有专业人士管理，可以买到更好的一般人买不起或买不到的物业，增加投资或开发回报。有很多的大开发商，他们一直也是彼此相互合作，合资联合开发。澳洲最大的房地产上市公司德尔芬·能德里斯（Delfin LendLease），至今为止，其70%左右的开发项目都是与地主或基金管理公司联合开发。澳大利亚是世界上法律最健全、投资最安全的国家之一。投资于正确的物业，或者项目，比把钱放进瑞士银行要更安全得多，因为您放在银行的钱，考虑到通货膨胀的因素，是肯定要贬值的。也就是说，你每年都在亏本。按照72法则，相比于瑞士银行的1%，72年才能翻倍，和投资于合资项目的20%以上，或者有担保的15%－17%的回报，3到5年之内就可资产翻倍。

在英国九百年的历史、美国三百年的历史、澳大利亚二百年的历史和中国五千年的历史中，物业的价值总是会最终上升的，即使是因为众多的内战或世界大战，它们会有暂时的下降或停顿。按照严·萨默士的调研，澳大利亚各州首府中价位房产的回报，在过去的40年里是11.5%，如果有杠杆联动，其回报很可能达到20%以上，如果所买物业能长期增值的话，而在同样的时间里，股票的回报，只有7%。更重要的是，股票的回报更难得到加倍，因为它几乎是不可能得到杠杆联动的。虽然有些股票经纪人告诉我们有可能用股票抵押贷款买一些蓝筹股票，但很少有人会敢于这么做，因为几乎不可避免的是，正如我在前面已经说过的那样，哪怕是蓝筹股票，也可能得到银行的追加保证金的通知。如果一天之内没法补足差额，其股票就会被卖掉，此投资客也会一无所有，哪怕此蓝筹股只跌了30%。更大的问题是，通常蓝筹股买的人较多，所以价格也高，回报又低，其回报有时还不足还银行的高利息。如果我真的相信蓝筹股，把我所有的资产都投资于蓝筹股票AMP，向银行贷50％到70％的款，那么我早就已经破产多时了，不光是丢失了我的股票本身，还有我所有的房产。

澳洲和美国1880年到2010年房价指数

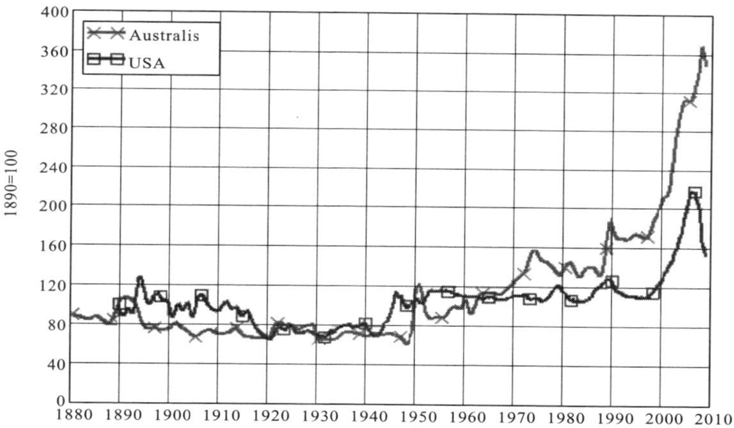

每个银行最愿意借出钱让您购买的东西也是物业，他们每年花好多亿元打广告推销他们的房贷业务。房价在中国的台湾、香港和日本这些高楼文化区风险相对较大，因为开发商很容易大量建高楼，开发供过于求，那儿的房价有时一降就是30％到40％，因此那儿的银行对民宅通常最多只贷70％。澳洲房价相对稳定，通常可贷80％，有些澳大利亚银行有时愿意借给你高达95％的资金而不用额外的抵押，只要你有良好的、十分稳定的收入和买一个额外的保险。有时甚至也有可能借给你百分之一百一十五或者更多的资金，如果你有额外的抵押和自有资产。我们当然也可能在物业上亏钱，如果我们使用的是错误的投资、管理策略，特别是在一个错误的地区买了一个价格偏高的物业，或在偏远地区贷款买了很便宜但很难找到好的管理公司和装修工人，很难找到租客的地方，又在错误的时间因亏损、缺钱或明智地转投资不得不把它卖掉。如果因为某些理由，我们不得不在下一个物业兴旺时期之前就把它卖掉，又没有足够的资金和净资产转投资，或者贷款过高，超过了我们还贷款能力，被银行迫卖，我们就会处于一个极糟糕的处境。比如说，在2008年，大多数的银行和金融机构将他们对没有开发批准的开发土地的贷款比例，减少到只有0%到40%，有开发批准的贷款比例通常也只有50%，而不是通常的70%，此举摧毁了澳洲整个房地产开发业，不少高价位的民宅和开发物业价格降了30%到80%，特别是那些大批银行清债的物业。这导致银行估价的进一步下降，加上贷款比例同时又下调，股市又反复无常，因股市总体大跌大多数人已先后被套牢，对所有澳洲有大批房地产投资的人来说真是雪上加霜，迫使更多的人不得不在市场最差的情况下卖掉好的物业。即使有些人在短期内有幸地卖到了与买价同样的价格，除去近5%的政府印花税，近2.7%的佣金，近1%的广告费和每年负税损失2%到3%，几年下来，即使买卖价格没有跌，很容易就可以实际损失15%到20%，相当于把本金全部损失掉，如果有贷款80%的话。

对大多数的人来说，当您投资于一个大的物业或者项目时，同其他有诚信、有实力、有经验、有相当资产担保的非常了解而又能信任的开发商一起合资开发是比较安全的，否则来自银行的直接风险实在太大了。这也是我以后的信仰和投资策略，通过这次西方金融危机，我从别人和自身的经验教训中学到了更多、更全面的长久不衰的房地产投资策略。它帮助我购买正确的物业并能够将它们保持到正确的时间才出售或开发，以便得到长期的复利回报和魔力效应。如果我们只贷款到一个在任何情况下都可以承受的水平，就可以增加我们的年回报率，使之达到超过20%，这也是为什么我能给投资者提供15%到17%的担保回报的原因。

最重要的是，购买并长期保留一个物业比保留股票的可能性大。今天股票市场上的玩家真正像在赌博。他们有些人一天二十四小时都把他们的计算机开着，不时观看着屏幕，并且一直在神经紧张地阅读着新闻，浪费了不少休闲的时间和金钱。然而我大多数的物业在我有生以来只看过一次，而有些物业我从来没有亲自去看过，我只是通过打电话就把它们买下来，然后就将它们交给我的物业经理去管理，我在几年里已经在每一个物业上面赚了起码5倍到20倍的本钱，而我照样睡觉、工作和娱乐。在金融危机中我的开发公司帮政府兴建并已完工的好几个公屋大楼，我至今有些也没有，也不需要去看一次，我的全职开发经理帮我处理大多数的日常事务而我重在把关，选好的物业，签好合约，然后组织资金到位。我在有些物业里实际上放进了一些现金首款，而我其他用“不用现金的点石成金策略”所购买的物业，在过去几年里，现金回报已达到一百倍或更多，因为澳洲房价长期相对稳定地成长，特别是对中低价位、位置中心，又有很好稳定收入的物业。

我几乎已经忘记了我绝大部分投资的房产的具体位置。除了个别那些靠近我的办公室或者我家的投资的房产之外，我过去十多年以来从来没有再去看过它们。我并不去顾虑那些诸如维修和空置之类的问题，而是给我的物管经理完全的授权，去处理诸如修理、打广告找可能的租户之类的事情。看到有些小投资者对那些小小的修理工作担忧得要死，又拒绝花钱打广告找租户，却希望得到好的回报，这实在是难以理解和达到的。到头来，即使他们只有一两个投资的房产，他们也会变得不厌其烦，从而在还没有得到复利的魔力效应之前就被迫亏本或保本卖掉投资物业，而我的目标是拥有一万个到两万个投资的房产和土地储备，其烦恼有可能比一般的人少很多，活得更年轻、潇洒和有趣。

有些股票经纪人可能会误导说物业没有股票的流动性那么好，可这个因素正是投资者最终能得到复利效应的重要因素。同时，如果我们紧急地需要现钱，物业实际上比股票更有折现性，因为，如果有事先安排，只要花几分钟，我们就可能以比股票抵押更低利息的方式取出钱来，就像我们的低利息信用卡一样，而不用像股票持有者一样需要出售股票，而且还得等上四五天才可以拿到钱。如果在错误的时间出售它们，不仅亏钱而且又失去了复利的回报。要出售一个生意更要等好几个月或好几年。中国的股票市场尚在初期阶段，最初表现非常强劲，因为市场上供应的股票很有限，而另类的投资方式也很有限，加上投资者有限的股票市场经验。一旦当全部的系统被建立起来，增加了自由度和透明度，并完成了它的第一个或几个周期之后，这个情况会逐步正常化的，变得像西方国家一样，相对较理智地投资。

在2008年奥林匹克运动会之前，当绝大多数中国人还在赌博说股市不会崩溃的时候，我却坚信股市的调整是不可避免的，就像一条基本的规律。有些贪心又无情的全球性的私募基金，以及对冲基金，每天都在那里通过炒作而摧毁着良好的上市公司和他们无辜的股东们。一旦小投资者学到了教训，他们的投资将回到正常，即基于基本现实收益，而不是纯粹的投机或赌博。事实上，在2008年初，中国的股市在短短的几个月里就崩溃了五成以上，指数从6300点掉到了2990点。这也许是历史上最糟糕的崩市之一，给中国很多投机股票的人一个很好的教训，预期股市更多地纠正将会到来。尽管，从长期来看，股市指数的总体会上升，但是，在这种不可预知的大起大落中，很多小投资者也许永远盼望不到把他们的钱再赢回来的这一天，如果他们投资在错误的公司或产品，并且在错误的时候被迫抛售或者出于恐惧，特别是他们是从银行借钱来投资的话。幸运的是，中国的很多投资者从股市狂暴的崩市中幸存了下来，这是出于这样的事实，即在中国，借钱投资于股市，特别是抵押贷款，在中国早期的资本市场上还不是一种已经普遍的做法。如果人们可以尽可能长地保留住他们的股票，而他们所买股票公司又没有由于信用挤压或不善管理而破产，那么他们最后还是有可能拿回他们的一部分钱，甚至有可能得到一笔可观的利润。像赌博一样，有人赢就一定有人会输，而真正的长久不衰的赌神也许只能在胡编乱凑的香港电影里才能看到。

物业的大优势在于，我们一般并不需要出售它们来得到现金，或来买更多的物业，或用做其他用途，这就为我们省下了佣金以及资本增值税。真正最奇妙的地方在于，正是因为这样，我们就不会打断物业复利魔力效应，因而它可以双倍地、三倍地或更多地增加价值，直到必须要出售它们为止。当然，最好的方法是开发土地，从而在较短的时间里可以增加回报，特别是在市场不振的时间里。一旦这个周期结束，我们的种子资本就会大大地增加。开发房地产在中国目前只有大开发商才有可能涉猎，因为土地公有，逐步规模化的中国目前几乎都是通过比较公开的拍卖来出售土地，因而不断出现地王的报道，因为有相当实力的大开发商垄断了市场。而在澳洲，任何人都可以做开发商，因为土地都是私人拥有的，从几十万到几千万都可买到不同大小的可开发的土地，因而最近步中国大批大型矿山公司投资昆士兰州的后尘，不少房地产开发商也纷纷跟进，抢占昆州的房地产市场。在昆州的普通房地产投资，如果投资得当，会比投资昆州矿山风险小很多。投资矿山，实际上也是投资地产，只是很多中国公司开始没意识到开发矿山需要长期雇用大量当地的人工，基础设施费用也非常高。昆州矿山一个清洁工的年薪通常都在 8 万澳元以上，这就是为什么中铝在 2008 年前以 20 多亿澳元的价格投标竞得了昆州的一个铝矿，过去几年中，在花了 3 亿多澳元作了进一步的可行性分析报告后发现原来的价格和条件出得太高而要求重新议价，致使昆州政府因此取消合约，而把此项目推上国际市场重新招标，中铝损失惨重！至于澳洲的普通房地产开发，只要土地不向银行贷款，或贷款很少，只要有足够的开发和市场经验，特别是澳洲独特的营销技能，有预先充足安排的营销资金，在开始就把可行性分析报告做好，选定的物业是澳洲的热门区域，不仅有持久的大批当地人购买的能力、市场和意愿，更要有投资客市场和海外市场营销的能力和市场，三者缺一不可，能做到这样，几乎也就没有什么风险了。因为澳洲房地产开发公司的顾问公司、专业营销公司和建商等几乎都是外包的，也相对矿山公司来说更容易算清成本，而不需要长期聘用大批员工，因为澳洲最大的风险和成本就是人工，是打工者的天堂。

大多数的人都没有很完全地理解复利魔力的效应，或者不够坚持、执著地贯彻我的物业投资的七条秘诀。然而，想开始永远不会太晚，而我也在不断地完善我的投资秘诀，每天都和我的全职购地经理们一起在观察着物业市场，随时买进、售出或全面营销、开发。2008 年的金融风暴，有幸是我们人生最好的课堂。如果能看到有些人遵循了我书里的某些“点石成金”或合资、合作的原理，少贷款，少风险，在此时能有选择性地大举进攻物主急售和银行抛售的位置又相对中心或独特的房地产，并能长期持有不用被迫卖出，从而得到更多的复利回报，这将是我最愉快的事。我们的人生取决于我们自己，学习、不断地改进和完善是永无止境的。为了让我妻子高兴，我退出了购买伽德讷路 260 号的 12－4 英亩（50213 平方米）的物业。在同一条路上，我的另一位客户简先生，在 2007 年以 1800 万澳元卖掉了他的 8 英亩的土地。十四年前当他买下这个物业的时候，只付了 46 万澳元，此土地的现金对现金的回报是 39 倍。根据复利回报和地产周期的规则，房地产投资最重要的秘诀是要有能力和恒心保持此物业至少十年到二十年以上。最终，开发商的回报可能会更高，这就是为什么开发商瓦特帕克愿意出这个价钱买这块地，尽管他们买在了市场最高峰，而在随之而来的金融风暴中此上市公司也经历了十分严峻的考验。

伽德讷路 260 号这个物业后来被分割成两块，在 2004 年分别以 140 万澳元的价钱卖给富裕的万勒斯（Wanless）家族和以 302.5 万澳元的价钱卖给魏尔布公司（Wilbour Corporation）。魏尔布公司在此后将它和其他土地储备一起，以大约 2.7 亿澳元的价钱卖给了 FKP 上市公司。此物业在金融危机中也被我的好朋友杨忠勇的女婿控股并打算不久后私有化。当我在 2004 年买下简先生土地隔壁的伽德讷路 315 号的另一块 8 英亩的土地时，花了我 270 澳元，目前的市值在正常没有此金融风暴的情况下可达 2800 多万澳元。只要不被迫出售，其价值总会在那里并随时间的推进在正常价格的基础上进一步升值。如果我在 1997 年之前就学会了“不用投现钱的点石成金策略”，我至少会以物业投资的方式来买下伽德讷路 260 号这个物业。由此我们可以看到，一个忠告和一个策略可以在短时间内就价值几百万澳元，而在长时间里更可价值上千万、上亿澳元。

可以改变我们人生最重要的东西是我们遇到的人和我们所看的书。我每天都在学习，就像我以前一样，而且将来也会这样。物业投资当然也会有很多风险，如果我们对物业投资和开发的秘密一知半解或投资到了错误的国家和地点的话，比如日本2011年的价格与1980年的价格差不多（原因前已阐述），加上后期的社会福利化政策，使其国债是国民生产总值的225%，居全球第一。房地产投资、开发主要的技巧在于发掘正确的物业，在以后短短几年的时间里，价值能够增长两倍、三倍甚至四倍的可能性，或是完全长线投资，在未来的10到20年能有20到40倍的增值空间，然后确定正确的资金投入或融资贷款比例，这是我和我开发公司的征地经理们每天全职所做的事情。

日本从1980年至2010年的房价指数

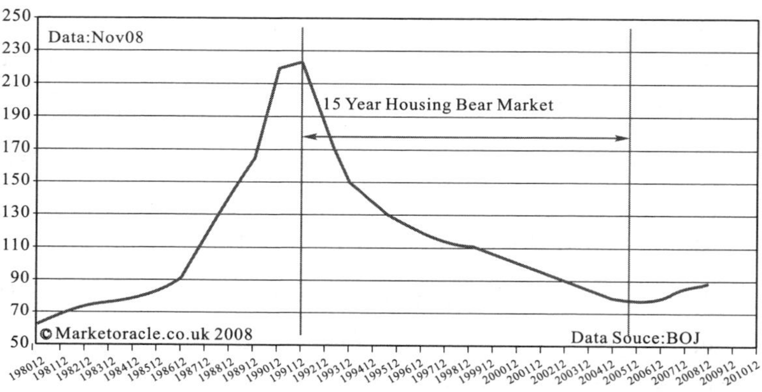

回到我的公司和家庭，尽管很多西方人想减肥，我正相反，很愿意增加体重。我岳父母的来到，使我们的伙食得到改善，我很高兴地看到我的体重从49公斤的最低点增加到63公斤。1998年2月，当我的身体、公司运行和物业投资都健康发展，公司刚进入第三个年头，我开始制订行动计划，扩展我的房地产生意和物业投资组合，并把业务拓展到房地产开发方面时，我注意到，这三次扩建后的办公室又变得太小了，使员工们过于拥挤和嘈杂，就像其他传统的地产中介公司一样。

每天，我从我办公室的玻璃窗都可以看到对面一块非常好的空地，就在繁忙的康普敦（Compton）路和凯伦（Calam）路的交叉路口。它位于新利班山购物中心、坎伦维尔（Calamvale）酒店旅馆的对面，还有一个计划将要开张的、二十四小时营业的麦当劳快餐店也在对面。我经常感到好奇，这样一块曝光极好、最适宜于开发的战略商业要地，为什么这么多年在那里空置着没人要。

我很快地做了一个资料搜索，发现它最初被政府规划成体育和娱乐用途，在最近城镇规划中被分类为开放区域，这就是说，它将被用于公园或运动场地。我对这块地的用途提出了疑问，因为从康普敦路下来有八米的斜坡！这块空地处于非常中心的位置，位于三条主要的通往市区的公交快车路线的交叉口，按照我当时的交通工程师的研究报告，每天通过这个转角的汽车大约有四万一千辆。把这样的一块适宜于开发的土地用作公园完全是浪费，因为没有人会去那里听交通的噪音和呼吸污染的空气，让孩子们在这样的一个地方游玩也是非常危险的。很难想象市政府的城镇规划师会想出这样一个奇怪的主意，但不幸的是，这却是历史事实。

一天晚上，我特意邀请我的销售经理葛雷戈到我在罗伯森区的家一起进晚餐。晚饭后，我对他说，“我想进入房地产开发领域。我知道您在这个领域也完全没有经验，可是我信任您有能力学习并成功，我想知道，您是否愿意考虑成为我房地产开发公司的合伙人？”

葛雷戈的眼睛睁得大大的，脸上满是笑容，他马上就回答说，“当然，勇（他当时习惯叫我的中文名），我非常愿意成为您的合伙人，可是很不幸，我没有钱做这样一个投资，因为我把钱都亏损、丢失在我以前的生意和婚姻中了。”

“我知道这些，葛雷戈，您想听一个好消息吗?”

“当然啦。”他说，并注意倾听。

“葛雷戈，我只需要您偶尔地帮助我，兼管一下项目，您继续同时全职做我的房地产销售经理。我不要您给我一分钱，我会出所有的原始资本，其余的资金我也会负责从银行去借。”

他看着我，难以相信，因为我告诉他，这就是我要求他做的全部事情。他认为，由于他以前在生意上的失败和在信用注册上的不良纪录，他不能胜任公司董事的职务，所以他问我，是否可以由他的医生妻子来代替他出任公司的股东和董事。我当场就同意了，然后，我们紧紧地握了手，交易就在五分钟里完成了。

第二天我们就成立了 H&H 集团，是用我们两人姓氏的第一个字母来构成这个公司的名称的。这个公司作为控股公司，控股我们新成立的开发公司：顶峰（Paramount）物业有限公司，我占了 75%的股份，他占了 25%的股份。

在 1998 年 3 月，我起草了昆州房地产学会的正式合同，附上对土地拥有人提供的 28 号表格声明，声明我作为房地产顾问，同时又是买主，我将不收房东的佣金，这种声明也就避免了我们之间的利益冲突，相当于私人交易，虽然事实上这块土地从来也没有被放在市场上卖。因为我们是这项交易的代理商和购买者，按照澳大利亚的法律，我们必须给出此明确声明，并在购买中不收取出售者的佣金。如果我们的亲戚或者其他的业务同事打算从我们公司购物业的话，我们也必须签此表，也只能向买家收佣金，作为买家的代理。

这块土地的业主林先生，是我在罗伯森区的邻居，他在台湾和澳大利亚拥有很多的物业。像许多其他成功的台湾商业移民，在1989年和1992年之间，当地的市场处于当时高峰期的时候，他买下了很多土地、房产和加油站。如以前所说明的那样，从1990年至2001年的那段时间里，大多数的卖主，当他们因种种原因不得不出售房地产时，几乎都亏钱，因此对林先生来说，当我未经谈判就主动出价118.5万澳元想买这块地时，他很愿意接受这个价钱，因这是一个很有吸引力的价钱，是他在仅仅几年前买下这块土地时买价的3倍，因他当时的买价仅40万澳元左右。

林先生是位温和、儒雅的人，我公司已经同他的儿子汉斯（Hans）在房地产方面打过一些交道。他不仅认识我，也很了解我的整个公司，对我过去三年的成就评价甚高，对我处理物业开发的能力也感到很有信心，尽管我公司在1998年还很小，在房地产开发方面没有一点经验，资金、资产也不多。他告诉我，在过去的几年里，很多有经验的开发商都去找过他，他们做过各种的可行性调查，可是没人能使这块土地改变用途进而增值。

在后来的一次午餐会上，当时昆士兰州的首富矿山大王帕默先生告诉我说："彼得，您知道您建的购物中心那块土地是我最初开发的吗?"我说："还真不知道，这世界真小。"

林先生本人作为一名在台湾有经验的投资家和开发商，也曾试图与另一位台湾来的大开发商林先生一起申请在那里建造一个保龄球中心，可是他们发现其可行性经济报告并非可行。在拿到我的出价时，他把合约保持了相当一段的时间，说是要同他的各位家人商量。我想他是想让他的律师姜丽丽去市政府那里检查一下，看看他们是否有计划对这块地改变用途。在1998年5月，差不多两个月之后，他打电话让我去签合约。很明显，市政府的政策并没有任何改变。

双方同意合约以布里斯班市政府是否在十二个月之内批准为

条件，若需要，再延期六个月，订金 5000 澳元是可以退款的，我当时能够支付的全部余钱只有这些。这个合约签字之后，我和葛雷戈马上开始寻找合适的市政规划师来处理这个申请，并告知我们这块地被改成商业区的前景，如果能改变用途的话，会允许在那里建怎样的建筑物。按照我对房地产市场的知识，我坚定地相信，我们只应该建造一个混合用途的零售和商业中心，因为那块地不够大，不能建造一个单层的零售购物中心，如果用来建造连体排屋的话，会是一种浪费。它的面积只有 6506 平方米，落差有 8 米，这就是说，最好用来建造一个多层的建筑，带有一个地下停车场，来将容积率最大化。对于此土地，我出了每平方米 284 澳元的价钱，我相信，如果我能够改变它的用途，把它变成零售和商业区，其市场价值可达每平方米 500 澳元。如果成功，我就能够很容易地得到银行新的估价，全部购买资金就可以由银行来融资，如果一切都按计划进行的话。

正如以前所提过的那样，我的中文名字“勇”的意思是勇敢。我总是想活出这个名字的意义，因为，即使我每天都面临着无数的挑战和障碍，我永远也不会轻易地被任何人和东西吓跑。我在压力下会表现得更好，并且会工作得更加努力。我在中国负债如山来到澳洲，尽管我到达澳大利亚时身上只剩下 100 美元，不仅我在半年内还完全部中国的借款，还在六年之内买了二辆自行车、二辆摩托车、六辆汽车，包括马自达、丰田、奥迪、奔驰、宝马，大多是崭新的名牌汽车，我在同一个时期里也建立了我自己的两个房地产生意，加上收购了另外两家房地产公司，又买了十五个物业，得到了澳大利亚公民身份，同我的妻子和女儿团圆，后又生了第二个孩子、我的儿子哈维。所有这些成就都是百分之百通过我在澳大利亚自己的努力产生的，没有一分钱是从中国台湾或者澳洲的朋友那里借来的，也没有一分钱是从我妻子在中国香港的亲戚或当地的新移民客户或投资客那里来的，也许有些人会这样去假定。

我把开发事业看成是另一种游戏乐趣，将我的事业推进到更高一个层次。我们的生活也会因此变得有意义得多，如果我们能为我们的家庭、未来和社会创造得更多，而不是虚度人生到处闲逛、闲聊、抽烟喝酒、吸毒、拌舌根和抱怨。我知道我有创造性，也有远见，能看到别人看不到的东西。这样的机会不会自己来到我们的面前，我们必须比其他人早一步确定它们并且能有勇气和能力抓住它们，虽然我的妻子，我们家人都叫她“丫丫”，经常要担心。她起初不能够懂得，我如何来为项目提供资金，因为我已经把所有的资金投资在物业、生意和汽车里面了。我对她说，“不要担忧，丫丫，我会找到一条路来。我们来到这里的时候一无所有，所以我们也一无所失。最糟的情况大不了是回到最初，从零开始。即使是发生了这样的情况，我们也会在做同样的事时更有经验得多。即使我丢失了一切，作为超级房地产顾问，我也仍然可以销售——而且很可能比经营公司赚更多的钱，因为，目前，我不得不将赚来的所有的佣金放回到这个生意里去，必须得补贴和培训当时没有经验的销售团队，付工资给其他昂贵的行政经理和员工，加上巨大的运营开支，才使这个生意能继续运转下去。”

我们找到的最初几位城镇规划师都认为我们的计划不可能。不幸的是，此地目规划二三十年前就做好了，当时在这个区域还没有很多的居民。这个区域被细分来建造它位于新利班山购物中心和凯伦威尔酒店旅馆，那时周围有足够的英亩大地，所以他们把这块 6500 平方米的、小块的、有斜坡的、当时没有什么商业价值的保留地规划为体育和娱乐场地。在这个地区上下班的职工，由于此地的中心位置，则把它当作免费停车场。

最后，一位诚实而又有相当经验的市镇规划师约翰·西蒙(John Simon)通知我们说，他真正地认为这个申请是浪费时间和金钱。这个申请能获得通过的机会很小，而且他也知道很多其他的人都已经尝试过了，也都失败了。“我不想浪费您的钱。”他说。

我问他，“约翰，究竟有多少机会?”

“15%。”他回答说。

我有点儿不耐烦了，可是我意识到，15%的机会仍然意味着一些机会，因此我告诉葛雷戈到电话黄页里去找任何愿意接受挑战同市政府作斗争的市镇规划师。

几天之后，葛雷戈告诉我，他找到了一位规划师肯尝试一下，因此我们马上就雇佣了他。我对这位规划师的经验和历史不感兴趣，因我只想找个有创见和决心的人。他和市政府都会按书本来做这件事，但是，创造性和恒心，这对任何好的开发项目来说是最基本的要素，而此创造性和恒心必须要由好的开发商来主导，由规划师来实施。这位规划师叫肯·路昂，他以前曾经是市政府的规划师，后来开始了自己的生意。他说他认识市政府里的某些人，他们也许会支持“用途改变”的申请，虽然还有许多其他的人，会照章反对我们的计划。

他组织了一次送交申请前的预备会议，以便获得市政府城镇规划师的意向。负责这个审批的是一名大约三十岁的年轻人，他很可能几年前刚从大学毕业，拥有一个市政规划的学位。他知道这个场址，也知道它被空置在那儿已经有很长的时间了，而以前的计划将它作为公园或者运动场很明显的没能奏效，所以，他更支持作为连体排屋来开发这块土地。这个消息几乎让我从我的座位上跳起来作为抗议。连体排屋怎么能够在这么一片带有斜坡又这么吵闹的土地上成功地开发呢？作为当地的一位房地产专家，我知道这块土地只适宜于用作商业购物中心。当我把我的意见陈述出来之后，肯·路昂马上站出来帮助我，他问规划师是否还有更好的选择。“连体排屋是我们目前认为最适宜于这块场址的用途，因为我们不想鼓励建造另一个购物中心，来增加人行横穿马路的交通流量。”这是这位市政规划师的专家意见。

会议结束的时候没有得出任何有进展的结果。我感到沮丧，因为改变土地的用途，用作住宅区，很明显不能对任何人带来好处。它不仅可笑，对于卖主，也是个灾难性的决定，因为10000平方米的住宅小区的场址当时只卖30万澳元左右，这就是说，这块6506平方米的场址，如果用来开发住宅区，只值19万澳元左右，而他几年前就付了40万澳元来买此地，更不可能成功地卖给我120万澳元了。

“他们怎么能坚持在这样吵闹和空气污染的地方建造人们24小时居住的连体排屋呢？”我问。

肯说：“彼得（我的英文名），这些是政府的城镇规划师，他们一般是不会着眼于地主或开发商的商业和经济利益来考虑提案的。他们不是经济学家在规划任何对这个国家在经济上有益的东西。他们更多地专注于交通和环保，这是他们的专长！按照在学校里学到的新概念，他们不再鼓励从坐落在马路对面的购物中心出来的横穿马路的人行交通流，因为他们认为可能造成人行交通事故。”

我不能理解将购物区散布进住宅区的观点，因为更实用方便的是将它们全都集中于一个核心区域，这样其他居民的生活质量也会好很多。一般人每周购物一两次，完全可以在回家路上或周末一次把东西买齐。全球任何城市的购物中心都彼此直接位于马路的对面，其交通也要比澳洲繁忙得多。对顾客来说，这也方便得多，因为他们不会因为开车到几处不同的地方去购物而浪费汽油，引起更多的污染，增加全球暖化的问题。而且，一天二十四小时的噪音和污染对在那居住的居民来说也很难忍受。

“彼得，这些城镇规划师们是不会考虑商业上的好处或者对某些人的方便的。他们不是经济学家，仅仅是规划师。他们将交通、植物、水沟和文化遗产等事项放在一切的前面。”肯对我说。

“但是，噪音又怎么处理呢？您看，我们是否应该让更好的人来管理这个国家呢？没有商业效益，拿什么产生税收来养活这批官僚呢？”我争辩说。

“很不幸的，这不是他们需要考虑的事。”肯回答。

“我们得改变现实，请给我一个解决方法。我们现在应当怎么办呢？”我恳求他。

“我需要您做的是，首先找一个独立的专家，做一个经济影响报告，来证明在这个地区需要一个新的购物中心，并且不会影响现存的购物中心；其次，我要您让这个地区所有的邻居们支持这个商业提案；第三，一旦您得到了当地居民的支持信，我要您也得到当地市议员的一封支持信；与此同时，我也要对我自己在市政府内的关系做些工作，看看他们能够做些什么。”肯建议说。

我立刻花了 5000 澳元委托“城市经济”的约翰·诺林(John Norling）写了“经济影响”报告。我然后起草了一封支持信，同葛雷戈两人将游说居民的任务分了工，我们俩分头去访问我们办公室附近的奥赛罗街和李尔街的所有居民。我们虽然前后花了两个多星期的时间才让所有的人都签了名，百分之百的当地居民都支持我们的提案，因为他们不仅是非常需要一个新的购物中心方便购物，他们也需要一栋商业建筑来阻挡来自康普敦路和凯伦路的噪音。不像其他许多的开发计划，有时会招致当地居民中一百到一千名抗议者，而且通常都由市议员领头，因为如果此议员知道有很多人反对时，这将是他们笼络人心和得到免费媒体报道的最佳机会之一，可对我们的提议，没有一个抗议者，可见我的提案深得人心。

作者（第二排左二）与中国驻布里斯班总领事孙大立（第一排左六）和社团侨领们合影

我们当地的市议员是凯文·皮阳奇（Kevin Bianchi），他的办公室位于新利班山购物城的隔壁。在我把所有的支持信件的复印本交给他之后，他很愿意站在我们的一边，做他所能做的一切。我个人认识凯文已久，因为他经常参加我们华人社区的聚会，这些聚会有些是我作为澳华商会会长来组织的，还有其他一些社团组织的聚会，我们都参与和支持。凯文作为市议会的主席，代表布里斯班市政府和当地议员，为更好地规划整个布里斯班市起了重要的作用。他对这个场址很了解，并宣称，让这样一个具有战略地位的场址躺在那里空置了几十年是愚蠢的，应该让它开发出来。他答应写信给市政府城镇规划部，支持我们的创议。

有了正面积极的经济影响报告作为武装，还有从我们的邻居们的支持信件和当地议员加议会主席的支持，我们去参加了另一次市政府的提交申请前的预备会议。我不清楚究竟是因为凯文的建议信件，因为我们的城镇规划师同市政府的其他城镇规划师们的关系，还是因为经济报告和居民的支持信，这一次，负责我们申请那位年轻人显得愿意把一些商务因素加入他的论证中。然而，他仍然坚持要将他提议的居民住宅的成分排布在面朝奥赛罗街的一边。我想同他辩论，但被肯拦住了。在会议之后，肯通知我说，这已经是一个很大的突破了，我们不应当再往前推得太远。

我任命了集团的吉阿尼（Gianni）作为我的建筑师，他后来设计了一栋带有地下停车场的三层楼的大型建筑覆盖整个土地。这个设计看上去很好，可是它是否可行呢？

我要求葛雷戈为大楼的成本去要一份报价，这样我可以做可行性研究。葛雷戈并没有付钱将工作包给成本计算师去做，而是要求一家叫爱德华（A. W. Edward）的建房承包商来免费给我们估计建楼工程的成本费用，其结果大约是六百万澳元。以这个成本为基础，我们的可行性研究看上去是挺好的，能在最后给我们一个可观的利润。我和葛雷戈两人那时在物业开发方面都没有经验，因而没有对报价的可靠性提出疑问。我们接受了这个设计，并且开始递交正式的申请。

通过很长时间同市政府的城镇规划师们还有我们自己的城镇规划师、大楼建筑师、景观设计师、交通工程师、噪音工程师、土木工程师、电气工程师和其他顾问来回反复地开会，我们最后到达了向公众告示的阶段，这离开最后的批准只有一步之遥。我祷告，希望没有什么不好的事情发生，因为有些公告会引来大约一千封反对信，在爱出风头的当地议员或有些无事可做的退休老人或家庭妇女的鼓励带动下，附近的居民们会在一封反对开发的请愿信上签名。然而，在三个星期的告示期过去之后，没有一个公众反对，甚至没有来至附近的几个购物中心的反对。这证明了我的眼光是对的，这个场址百分之百地符合当地居民的需要。位于我们场址对面的新利班山区购物城是我的邻居和当时澳洲华人首富傅先生所拥有的。我事先已打电话给他，特意要得到他的支持。他当场就说他对于我们的提案没有问题，因它只会将更多的人聚集到这个地区，带来更多的人潮。在十二个月的申请期结束的时候，我们终于收到了开发批准，让我和葛雷戈高兴得好像登上了月球！

第十六章 亚太中心和昆士兰四百强私营企业

1999年

做专，做精，做大，做长。

——黄勇

一旦当此土地获得政府初步开发批文，在我投入更多的金钱和人力去取得建筑许可以前，我先行安排了一家名叫“多元”的建筑公司帮我再做一份准确建筑成本的估价报告。此多元建筑公司是我们澳华商会的会员之一，而当时的我也正是此商会的会长。他们最后估价出来的建筑成本竟高达九百多万元澳币。此整整三百万澳币的建筑成本增加，使整个开发项目失去了它原先应有的开发利润，因而使建筑师最初设计的建筑开发蓝图完全不可行。当我发现原先的开发设计图中因有大量的地下停车场而造成这整个建筑成本的大幅增加时，我没有抱怨或是责怪任何一个人，而是马上指定建筑师重新设计，并同时积极地与市政府交谈争取尽快拿到新建筑设计图的批准。

我一直真心希望人流车辆能从卡普敦路和卡兰路直接开入亚太购物中心，但市政府的规划师坚决不同意。他们坚持所有的车辆都必须从旁边一条小街进入亚太中心，以避免所谓的交通堵塞，并坚持所有面向澳塞奴街的建筑物必须是民用住宅作为缓冲区，而不能是商业楼。我对这种苛刻的要求非常不满，因为这样的话，此亚太中心就没法让商店店面面向大道，而是面向建筑中央的停车场，这将使整个亚太中心看上去像一栋商业大楼，而不是一个商业零售中心，其车辆要驶进亚太中心，也会很不方便。政府规划师，特别是这种大城市的规划师，只愿照着书本新学的规则去批准任何一个开发项目，他们从来不会考虑此书本规则会不会影响到开发项目的商业价值和其生存空间。他们考虑更多的是有关环保和交通流量问题，而对租客与顾客的方便性或购物中心是否能够生存等等的商业现实漠不关心，因为他们难以置信地认为这不是他们作为一个市政规划师所需要去关心的。

尽管我对新的设计也不尽满意，并且也准备与市政府继续抗争下去，但我顾问团的三位主要顾问，格雷格、肯、葛尼都希望我能够尽量按照市政府的意思去做，而不与市政府树立敌对。他们认为只要能够拿到改变土地用途的市政批文，土地的价值自然就会增加。但我要的不仅只是土地价值的增加，更重要的是亚太中心和小区的长远利益。我希望亚太中心能够成功并广受大众的喜爱，而不能因市政府的规划限制而造成购物中心顾客的不方便及租客的损失。

澳洲绝大多数的顾问们都是按固定费用收费的，所以我可以理解他们希望能够在最短的时间内取得市政府的任何建筑执照批准。但作为承担全部风险的开发商来说，考虑更多的是公众对其产品的需求和可接受性。最后，在确定建筑成本是在我的可行性分析报告预算以内，我接受了建筑师修改后的新的设计图，将其原先设计的一栋整体大楼改成由三栋独立式建筑物 A、B 和 C 组合成的建筑群。

建筑物 A 栋是面向卡兰路的一栋两层高的建筑楼，一楼由十一间商业店面组成的，而其二楼则有十六间办公室。建筑物B栋面向卡普敦路，三层楼高并有地下停车场。一楼是有五间商业店面，二楼与三楼则分别有八间办公室。面向澳塞奴街的建筑物C栋，我将市政规划师要求的六间民宅灵活设计成了六间商住一体的楼房。每栋楼的顶楼都有三卧房加一间主人套房，楼下则是一间家庭办公室和两个车库。在设计蓝图里，我又另外提议在亚太中心的停车场中央加建一支25米高的旗杆。因为亚太中心位于新利班山的山顶上，所以任何人在四面八方很远的地方都可以看到这面悠悠飘扬的澳大利亚国旗。光此旗杆的费用就两万多澳币。我同时又要求我的花园设计师将他设计好的花园近一步升级，并增加了八棵凤凰棕榈树，每棵凤凰棕榈树的成本高达五千澳元。除此之外，我又花了十多万澳币在面向A栋西边的停车场上加盖遮阳棚以便租客与顾客。

新的建筑物设计既现代化又十分独特，沿着街角的浮形边界形成长长的曲线建筑。当时市政府的规划部门经理是肯・罗曼斯先生。由于他多年城市规划的经验，他对此地目用途的改变和我们整体的设计理念都能够支持与理解。肯・罗曼斯先生几年后离开了市政府而加入了一家私人规划公司。从那之后我自己本身和我客户的开发项目都指定他作为我们的私人规划师。最后在我们当地小区议员凯文・百恩其先生和市政府规划部门经理肯・罗曼斯先生的大力支持下，新的设计图也最终得到市政府的批准。虽然，我还是对此妥协后的整体设计不是十分满意，但这也是在我有限的时间之内所能达到的最佳结果。因为当时我只签了份土地买卖合约，还没有正式拥有此土地，所以我必须尽快先得到市政府的批准，以便给我有足够的时间在正式成交之前成功得到银行贷款，而顺利购入此土地。

亚太中心总体设计图

作者与建筑商 Multiplex 于 2000 年 12 月签署亚太中心的建筑合约

同时，我与我们附近另外一家购物中心的业主西蒙·可恩先生的法庭诉讼也如火如荼地正式展开了。尽管我原先的设计图在第一次土地开发公告时，并没有任何一个人反对，但我新的设计图却在第二次土地开发公告时，引起了这位楷能维尔购物中心邻居业主的注意。尽管整个开发案的申请困难重重，但在这两次土地开发的公告期间，他是唯一一位公众反对者。好不容易我们的新设计图才得到市政批准，因为西蒙·可恩先生和他的规划师约翰·西蒙先生突然正式向布里斯班市政府提出反对和上诉，此开发案的申请突然又变得乌云满布。

此约翰先生也就是最初时告诉我这块土地几乎是没有什么可能可以将它的土地用途变更为商业用途的私人规划师。如果我们这场法庭诉讼案要从头打到底，那将耗费我至少另外六个月到一年的时间以及十万澳币以上的律师费用。这也会导致我的土地购买合约被地主取消，因为在市政府还没有将土地开发的批准变成无条件的情况下，我将无法获得来自银行的贷款。尽管我有心理准备与西蒙·可恩先生在法庭上相见，但我还是尽快与西蒙·可恩先生会面，很快达成了庭外和解。说到底，所有的开发商都应互助合作并彼此尊重，因为在一个国家，特别是大城市里，要克服政府官员的官僚体系而得到一个有效的房地产开发案的批准本来就已是一件非常不容易的事情。如果每一个开发商或地主之间还要互相制造不必要的麻烦，这对每一个人及未来要开发的任何项目都会造成不必要的额外困扰。有趣的是，这位西蒙先生的购物中心在金融危机中也被银行拍卖掉了。

当我终于取得第二次市政府的批准后，合约中原先就已准许的 6 个月延期就快要到期了，所以我必须重新回到地主那里，再一次要求新的延期。房东林先生是一位非常亲善和通情达理的人。他能理解我在市政批准申请过程中所经历的种种曲折，以及我这一切努力都是为了使他的土地变得更有价值而达到双赢的结果，所以他爽快地同意了我延期的要求，但前提是我原先支付的五千元订金将不退还。我欣然接受了。

有了这三个月的延期，我同时开始筹划银行的估价报告书。首先我联络了“芬旗”这家估价公司，因为我与他们在生意上有过往来。他们是家很有信誉的土地估价公司，很多银行都长期使用他们，这其中当然也包括了汇丰银行。他们只愿意等我拿到市政府的批准后才愿意帮我做出合理的估价。在我好不容易得到市政府的批准后，他们最后给我的估价金额是 290 万澳元，相当于每平方米 460 澳元。尽管这个银行估价数目比我预期的市场价值要低一点，但基于我对房地产和金融市场的了解，只要我使用的银行愿意采用他们的估价报告，我已可以获得足够的银行贷款。

在拿到估价报告之后，我同时开始与众多银行进行交涉。在交涉期间，我才发现“芬旗”这家估价公司并不是每家银行通常指定使用的建筑贷款估价公司。尽管澳大利亚的汇丰银行有使用他们，但那也只仅限于普通民用住宅的估价，而汇丰银行不做任何建筑方面的贷款，所以我只好尽快地与另一家几乎是每家银行都使用的建筑估价公司“里程碑”公司联络。这家估价公司的估价报告非常详尽，但在估价方面却非常保守，这使得他们最后估价出来的金额只有 250 万澳元。前后两家估价公司的估价师也都分别向我索取了买卖合约书，并都知道当时的土地成交价是 120 万澳元，但同时他们也都承认我利用变更土地用途使其土地价值上升的现实。在第二家估价公司的最后估价报告准备完成以前，三个月的延期眼看又要到了，所以我只好再一次向地主要求延期。

这一次，在我毫不犹豫地同意多付两万元的利息给林先生的情况下，他也欣然同意延期另外三个月的要求。这样给了我足够的时间从银行那里获得足够的贷款资金，因为当时几乎每家银行都愿意贷出估价金额的 70%，所以即使是以第二次 250 万的估价金额，我还是可以向银行贷到 175 万澳币，也就是贷到我成交价的 146%。当时在我资金非常有限的情况下，不仅土地需要 100%向银行贷款且建筑成本及不少相关市政及顾问公司的费用也必须几乎 100%的向银行贷款！针对每一个开发项目，当时银行通常可以贷到完工价值的 70%或硬成本的 80%，尽管此比例在 2008 年世界金融危机期间有些下调，让不少上市房地产开发公司在全公司总体贷款比例远低于 50%的情况下都难以再贷款或到期后续签，因为银行缺钱。此硬成本包括了土地的估价价值、建筑成本、银行利息、市政费用、顾问公司的费用和促销广告的费用等等，但却不包括促销的佣金、行政开支及其他一些所谓的软成本。所有的大银行同时也都需要贷款者有相当贷款金额的贷款纪录和有相当的资产作为后备，并同时还需要有足够的房地产开发经验，我当时什么都没有。

在安排估价和贷款的同时，我又通过私人认证公司申请建筑批准执照，此申请又花了我两个月的时间。最初，在我要开始将开发项目发包给建商时，建筑设计师给我的提议是只发包给他所指定的四家建商，其中并不包括多元建筑公司。此多元建筑公司在过去几个月中，帮了我许多的忙，同时他们又是澳华商会的会员且又是一家非常好的上市建筑公司，所以我坚持把要他们列入发包的建商之一，并由这五家建商进行投标。最后，多元建筑公司以比其他四家建商便宜20万澳元以上的价格而赢得此次竞标。

多元建筑公司的老板是约翰·罗伯特先生。多年前，他在柏斯创办了他的建筑公司，其公司当时已经是全澳最大的建筑公司之一。他们参与承建的开发项目遍及全澳大利亚和其他国家，并于20世纪末期正式在澳大利亚证券交易所上市，这使得约翰·罗伯特先生的身价上涨到约8亿澳元。他们也成功地投标取得了英国温普顿体育馆的建筑工程。该工程的造价在10亿元澳币以上，但由于2003年到2005年期间建筑成本的大幅上涨，每年上涨10%到20%，不少分包商趁机想法退出他们最初的估价，这使多元建筑公司最终损失将近2.1亿澳元。所谓智有千虑，必有一失。这样一流的公司都有失脚之时，何况其他那些马虎懒散的公司和个人。此次工程建筑的损失使他们决定进行行业转换并主要专注于房地产的开发，而不是建筑。这家公司是当时澳大利亚最大最成功的建筑公司之一，他们几乎把每一个建筑过程都分包给其他下游公司以减少公司所需承担的风险。除了行政管理和现场项目施工管理的工头以外，他们不直接雇用任何员工。这大大地降低了他们的管理成本和风险，使他们可以用非常低的价格参与竞标。

在多元建筑公司赢得竞标后，我与众多大银行的高级贷款经理的贷款磋商也紧锣密鼓地进行着。这些银行当然包括了澳大利亚当时的五大银行：国民银行、西太平洋银行、澳纽银行、联邦银行和阳光银行。每个银行经理都认为我整个开发项目不管在设计或规划方面都完美无缺，并有高利润的开发回报、完善的土地规划报告和信誉良好的建商，但有一个大问题，那就是我当时在澳大利亚还没有任何开发项目的贷款纪录，也没有房地产的开发经验，当时个人净资产也不多。尽管对银行来说，此次贷款相对安全并有一定保障，因为贷款金额的比率低于完工价值的70%，但因为土地和建筑成本等都需要100%的贷款，所以比较传统保守的大银行对我的贷款申请非常的谨慎。假如在贷款者没有任何成功开发房地产经验和足够的净资产作为后盾，那么，银行总希望贷款者能先投入一些可让开发商心痛的“现金”作为前期投入。

当时在我与所有银行的会谈中，他们都同时提到即使他们愿意向我提供贷款，其开发公司的每一位董事也都必须提供个人担保。这个“个人担保”让我的销售经理葛雷戈和他的妻子凯利·莫瑞非常担心和不情愿。因为以上种种的因素，土地合约成交的日期一次又一次的推迟。他们或许认为我最终不可能向银行顺利地贷到款，或许认为就算我最后从银行那里贷到了款，他们个人所须负担的开发风险也太大了。因为葛雷戈在过去曾经有过生意失败而被银行查封的教训，或许是他的妻子不愿意承担任何个人风险，因为当时他只能用他的妻子，而不是葛雷戈本人的名义来参加董事会。最后不管是什么原因，他们双双一起来找到我说：他们俩最近都得了脑瘤，希望能够退出股份。

他们知道我当时没有多余的钱可以用来买他们的股份，即使这些股份是我当时免费送给他们的。当时我已经在申请房地产开发批文和建筑批文上花了好几十万元澳币，再加上除未来土地和建筑所需的费用以外，我还需要一百多万澳元作为租客的装修费用和其他一些开支如空置物业的利息开支等等，所以他们同意我可以采用分期付款的方式支付他们的股份。尽管葛雷戈在我的开发项目上所花的时间，到目前为止总共加起来还不足两周的时间，我还是同意支付他总共将近 17 万澳元的补偿金，因为当时几乎所有与顾问公司或市政府的会谈都是由他和我一起出席参与，而所有的具体工作都分包给不同的顾问公司，所以除了当时单独与一些邻居的会谈以外，我们也只是一起去聆听他们作的汇报并现场给予指示而已，他并不需要花太多时间。总体设计方面都是由顾问公司去做，而银行估价或是银行融资方面的会议则始终都是由我一人独自参加的。

此补偿方案包括我免去葛雷戈未来十年作为房地产顾问对我公司所需付的运作费用，同时还能享有很高的佣金比例，以及提供给他一辆全新的公司车在未来的七年使用，并支付所有的相关费用如汽车登记和保险费等等。另外，我也给了他一间相对安静且配备现代科技设备的办公室供他做房地产业务。这样的补偿方案对他来说非常公平，因他当时在房地产开发这方面毫无经验，加上他在开发早期所花的时间也非常有限。这个补偿方案，对我们双方来说都是一个双赢的方案。对我来说，至少我不用提前支付他当时还是未知数的股份分红，同时我们又能够继续在一起工作，所以当时葛雷戈和凯利对此补偿方案都非常满意。

在凯利把她的股份转让给我以后，葛雷戈立即与他过去的一位香港客户弗吉尼亚·王小姐用类似我们合作的股东投资方式成立了另外一家房地产开发公司，由他全权负责此开发公司的开发管理和促销。王小姐当时在布里斯班市区有几栋商业大楼，主要用于保守的收租。葛雷戈建议她把这些物业卖掉，用此资金作为房地产开发以增进回报。此时的葛雷戈已经从亚太中心的开发项目中学到了一些相关的房地产开发经验。他之所以选择加盟王小姐也许是因为他认为她当时拥有足够的资金可以直接购地兴建，而那时的我几乎是一无所有，几乎所有购地和开发资金都需要100%地向银行贷款，因而困难重重，对他来说风险也较大。

此后，葛雷戈很快开始在麻谷、西湖和楷能维尔等地区进行土地的收购，我们彼此和睦相处，互相合作，因为他每次作为买主的中介代表所购入的土地都会通过我的公司——勇地产，因此他同时也可获得一笔很高的佣金。在2000年的初期，葛雷戈还有足够的时间不时到我公司里来处理一些相关的房地产中介方面的业务，后来当他的开发案开始需要向市政府做相关的申请，使他无法像以往那样回到我公司来处理业务，我们双方也逐步失去了联络。在后来的几年中，我们唯一的两次见面机会都是因为我供给他免费使用的公司车被两次完全报废，因而需要我公司帮他填保险理赔表，以便他获得相关的理赔。最后，据说他又得了一种严重的疾病，再次要求提前退出王小姐的开发公司，而他与王小姐一起的开发合作也因此宣告终止。

在葛雷戈离开我的开发公司后，我继续与其他小银行及金融机构进行贷款磋商。日月如梭，很快三个月又过去了，而我还需要三个月的延期，所以我给地主林先生详细讲解了整个开发案的始末包括近期的种种情况。他在我同意再付2万澳元不可退还的赔偿金前提下，也再次欣然地同意了延期。

在与大大小小的银行进行了无数个会谈后还是徒劳无功的情况下，我开始与贷款中介联络，并把我的贷款需求一一向他们表明。同时我也跟我公司内部聘用的一位房屋贷款中介职员罗瑟兰提起这件事。为了保持员工的信心，在此之前我没有告知任何人有关银行贷款的需要。她说："我知道一家海外的银行能以远远低于澳大利亚的利息贷款给我，其利息仅5%左右，但前提是我必须在事成后支付 25 万澳元的手续费。”我本身对支付这笔手续费并没有任何的问题，但当她后来又进一步要求我必须先支付 5 万澳元不可退还的定金作为申请费用时，我开始对她海外银行的可靠性和动机有了怀疑，所以我也因此取消了这项贷款申请协议。

与此同时我开始考虑是否能够引进一位股东或是向一家私人借贷公司借贷每年利息高达 20%的私人贷款，因为我目前土地的银行估价已达 250 万澳元，所以我想通过私人借贷 100 万澳元付 20%的利息，或是邀请一位股东由他出资 100 万澳元，而占 40%的股份。我约见了我们华人社区里的四位知名且富有的华侨，但他们都说：他们目前暂时没有这笔额外的资金可以用来做投资。我想当时真正的原因是因为我公司还不够强大，而我个人当时所拥有的资产也非常有限。

作为最后一次尝试，我向澳大利亚一家投资银行提出利润分成。麦可利银行的经理艾文非常喜欢我的开发项目。他对我的设计、开发案选择的地点以及我个人本身的成功企业经营背景和专业管理能力等等都非常满意。他很愿意向我提供整个土地和开发项目的贷款。他最后的提议是以 9%的利息向我提供整个土地购买和建筑开发费用的贷款，此外，他会再加收 70 万澳元的成功费。支付这笔成功费给银行也远远比放弃 40%的股份给投资者划算，所以我马上就同意了，并当场签了相关的文件。在得到最后批准之前，他还需要另外两人的签字同意，一位是他昆州的主管，另一位是悉尼总公司的主管。他告诉我他已经在金融界里做了二十多年，在通常情况下，只要是他批准的开发项目贷款至少有 95%以上的机会总公司会同意。两星期后，他非常抱歉地专程来到我的公司向我当面解释道：“尽管我认为您的项目非常好，不管从建商的选择、估价师的估价评估以及整体设计都完美无缺，但最后我们悉尼的主管还是没有同意，真是难以相信。”

在三个签字中，他拿到了两个，但最终悉尼总公司没有签字。远在悉尼的信贷审批人对我本人及开发案一点都不了解。他们的要求很简单，就是希望我能够证明在此项目最坏的情况下，我还是有能力能偿还所有的贷款。在当时的情况下，他们知道我并没有这种能力，因为当时的我只拥有十五个很小的投资物业和聘用大约十五名员工而已。加上所有这些投资物业也都只是在这以前两年期间买的，在当时市场还没上涨的情况下，我的投资物业也还没有什么增值，所以扣除银行贷款后的净资产也仅有几十万澳元而已。艾文先生告诉我：“总公司的意思是说如果您能证明您拥有将近 800 万澳元的现金或净资产，或是您有其他足够的房地产开发经验，他们将会批准您的贷款。”这对我来说根本就是无稽之谈。我告诉艾文先生，如果我有 800 万澳元以上的现钱或净资产放在一边随时可以调用出来或者是有足够的房地产开发经验的话，我也不可能在已经同意要付高达 9%的利息之后还愿意再加付 70 万澳元的成功费。这位经理告诉我他也离开了此银行，到我的邻居、当时的华人首富傅先生公司去当财务经理了。

眼看又快要到三个月延期的时间，如果我再一次向地主林先生提出延期的要求，也许他会不同意。即使他是一位谦逊并深受我尊敬的人，而他也非常希望我的开发项目能够成功，但我知道我不能再这样长期拖下去了，因这样只会使得他对我和开发项目失去信心。最后我又再一次尝试地去与阳光银行、西澳大利亚银行和首都金融公司磋商，但都无济于事。

在过去几年中，除时间之外，市政府的收费和众多顾问公司的费用已花了我好几十万澳元，但唯一缺乏的还是土地和开发资金。我曾想过与其向一个人融资 100 万澳元作为公司的股东，还不如向众多的客户和朋友融资，每人借1至5万澳元，但这会使整个过程变成非常的复杂和费时，同时也会有闲言闲语，因为这会让公众认为我公司有资金问题。实际上，绝大多数成功的企业都有股东，包括所有上市公司和银行本身，他们随时随地都在不断地向国际资金市场集资。与此同时，所有银行也都是用其他定存散户、联邦储备银行或其他当地的基金公司的资金做贷款投资而已。

但当时作为一个刚起步的开发公司，维持公司的资金和信誉是很重要的，因为普通老百姓会错误地认为不借钱的公司才是安全的公司。事实上，通常这种公司都缺乏创新和拓展，其机会损失也许远大于那些可控制的风险。当然有些公司是因为本身没有可以抵押的不动产，银行不愿贷款。这种公司即使没有任何银行贷款，一旦市场变化或经营不善导致不能支持供货商的费用和员工的工资，此公司也会马上倒闭并变得几乎一文不值。从我房地产公司在1995年2月开业以来，不管是在华人社区，还是在当地澳洲人的社区，公司始终都保持普通大众期望的商业形象和声誉。只有我与我的妻子知道在整个创业的过程中我们都十分短缺现金，因为我从来就不会放任何一分钱在银行。每一分钱都必须投入我公司的营运、房地产物业的投资和开发，因为我坚信这是让我有限的资金大幅增值或最大限度地减少货币贬值风险的最好方法。我认为把钱放在银行是一种最愚蠢的行为，因为那样保证会贬值或仅与通胀持平，所以我始终不会存入什么钱在银行。这让我妻子有时在无形中都会感到一些不安，但我还是深信应把钱投入我认为最值得投资的房地产和开发项目，因为只要我严格管理，持之以恒，永不放弃，其投资最终增值幅度会远远超过放在银行，这也是让一无所有的我能够快速致富的唯一之道。把钱放在银行或是去做自身无法控制、没有保障的盲目投资都只会像95%的大众一样，最终以贫穷和贫穷带来的烦恼来结束他们的人生。

在我内心深处，我深知情况已变得非常危急，即使我当时每年还同时亲自帮我的客户代理售出价值数千万元的物业，并同时全权负责管理我一手创建的公司包括面试所有新的员工，校对所有的物业广告和处理每天在生意中或房地产开发项目中遇到的千奇百怪的问题等等。当时的我已是身心疲惫，心力交瘁，但同时也非常感激和激动。感激上帝和澳洲给我这个公平、平等的机会，因我对人生的每一天都充满着希望和梦想，而从不会有任何一天感到无聊、空虚或碌碌无为。

尽管我去教堂的时间不多，也不太相信天堂之说，但我坚信，以我在生活中的实际行动印证我是一名名副其实的虔诚的基督教信徒，所以我始终深信“上帝会与我同在，天助人助”这句箴言。我对基督教的信仰在于信仰它倡导的为人处世的“诚信、感恩和包容”的原则，而不是盲目迷信，认为上天会让我们不劳而获，更不是为了谋求死后去天堂。我对上帝存在的信仰更像是我对以上为人处世原则的坚信不疑。如果没有严格按照以上的“诚信、感恩和包容”的原则来行事，不管怎样都很难让我们有一个完美的人生。我相信上帝不会弃我于不顾，只要我们对他有信念。上帝不断地测试我们，不断地提醒我们：美好的人生来之不易，我们对任何事务都不应该抱着理所当然的心态，任何时候都不能怀疑上帝的智慧和博大精深。我们遭受的磨炼愈多，能从中学到的也就愈多。我知道我们绝不能轻言放弃，而是应该不断地努力去尝试，即使此时此刻是我人生的另一个十字路口，而此刻的我的确有些茫然，不知所措，不知该选择哪条路走，不知再去哪里寻求答案，因我的父母和当时的朋友们也都还没有这方面的专业知识，但我还是不断地去探索寻求每一个可能的答案，直到曙光乍现的一刹那。

早在 1997 年参加完澳洲第一次大型房地产会议的时候，我已经有了“超级办公室”的构想。因为当初在中餐馆打工的经验，我发誓要给我的员工在同行业中最好的待遇，给我的房地产销售顾问我能承受的合理的最慷慨的佣金、最好的培训以及最好的房地产投资策略。即将新建的亚太中心也已经包括了我设计的勇地产的超级办公室。如果我没有坚持要开发亚太中心的话，或许我的生活会非常地平静、单调或轻松自在，因为我当时的十五个投资物业几乎不花我任何时间和金钱，我的租房部帮我全权管理，但那不是我人生的全部!

房地产开发是一个高风险、高回报的行业。做这行业所需的资金和市场营销的压力很大，所以这对大部分的人来说都非常不适合。相对来说房地产投资就简单许多，如果能严格地按照我的投资策略，买恰当的投资物业或是单纯地成为我的股东，让我全权选择在不同时期、不同地点最适合的物业，承担全部挑战和风险，他们可以无忧无虑地赚取更多的回报，使生活更美好。

在当时，我已开始在我的房地产公司内部推行“内部加盟”的政策。此政策让每一个在我公司工作的房地产销售顾问可以聘用他们自己的私人助手或与另外一位公司同事形成一个股东模式的小型工作团队，作为大公司里面内部的一个小公司，同时，他们又不需承担公司的任何营运风险、运作前期费用和公司现金流动的压力。这是一种他们通过外包直接经济效益不高的日常行政事务，而专注于高效益、高回报的纯粹营销和业务推广，相似于多元建筑公司的工程发包模式。

当时我的一位房地产销售顾问保罗·根塞找了一位私人助手巴布拉来帮他拓展他的生意。巴布拉是我人生的贵人之一。上班后不久，她从保罗那得知我正在寻求建筑资金贷款，以便我们的亚太中心能够顺利地完工落成，我们的公司也才能够搬到新建的大楼里，她告诉我说："我知道一家在黄金海岸的创新贷款中介，他们或许会很乐意帮您安排建筑贷款方面的事务。"我马上向她索取了此贷款中介的联络电话，以便我能亲自与他们详谈贷款的具体细节。

实在难以置信的是澳大利亚的每一家大银行每年要花将近3000万到4000万澳元做广告以便争取新的客户和客源，同时，每家银行总公司都聘用了拥有高学历的硕士或博士学位的高级经理们审批信贷，但这些高学历的经理却选择不听从他们在当地十分有经验的银行信贷经理，甚至州经理的意见，而拒绝贷款给这些在各方面都十分可靠的房地产开发项目。在媒体中，经常爆料的是他们如何在那些高风险的生意贷款或明显高估或偏远地区的房地产贷款上损失良多。

与其他银行一样，此贷款中介公司也需要我的所有相关数据，包括那近100页的可行性分析报告和银行的估价报告。他们将此资料送给了AMP保险公司下属的房地产分部，但他们最后仍然向我答复说他们总部不能批准此开发项目，虽然他们的经理认为我整个开发项目具有相当的潜力。最后他们向我推荐了一家在黄金海岸名叫太平洋城市的基金管理公司。他说："此基金管理公司或许会对您的开发项目有兴趣，但相对的贷款利息会高一些。"我对他说："高额的利息，对我来说不是问题。"因此他将我的数据送给了太平洋城市基金管理公司。费尔是该公司的创始人，而他的建筑贷款经理是斯特华特，当时只是一家管理6000

万澳元的基金公司，而我就是他们早期最成功的一位客户之一。几年后，他们公司成功地在澳大利亚股票市场正式上市，而其公司所管理的基金也高达 50 亿元澳币，这使得他们公司成为当时澳大利亚最成功的基金管理公司之一。在 2007 年，费尔的身价也上涨到 3.39 亿元澳币。但好景不长，2008 年澳洲股市的崩盘，联邦银行不向他们连续贷款，反而要撤回原贷款，导致该公司的股价大受波及，其公司股价从一股五元跌到一股两毛钱，最后甚至跌到一股几分钱，最后被银行清盘，费尔也深受其害。当时另外一位贷款中介也向我介绍了另外一家名叫霍华德的基金贷款公司。两周后，我同时收到了太平洋城市基金管理公司和霍华德基金管理公司的贷款批准。

太平洋城市基金管理公司专长于建筑方面的贷款，他们愿意提供所有土地、建筑成本及不同顾问公司等等的相关费用，这比我原先预期可以贷到的还要多，因我已经把所有顾问公司的费用给付清掉了。太平洋城市基金管理公司的贷款利率是 12%。至于霍华德基金公司，它只是一家纯粹做物业投资贷款的公司，不做建筑贷款，但该公司的贷款利息仅 7%，也能贷给我银行估价的 70%，也就是相当于 175 万澳元，所以我可以先选择将开发项目的土地购入，然后把土地转卖掉或是再找另外一家建筑贷款公司连土地和建筑成本重新再贷一次款。这两种方案对我来说都可以接受，但我选择的方案必须对我有长远的利益，因为我为人处世始终是考虑长远利益，而不是短期利益。

莫非定律的意思是说：“如果不好的事情发生时，它不时会周而复始一直不断地同时连续发生无数次。”相对之下我的勇定律则是：“如果好的事情发生时，对于那些精益求精，专于此道的人，因为他们不停地追寻且决不轻言放弃，所以奇迹总会不断地同时发生在他们身上。”

正当我准备选择接受太平洋城市基金管理公司所提出的全额开发贷款方案时，我又收到来自另外一家非常有经验的大型开发公司的合资提案。这家开发公司说他们从我以前的经理葛雷戈那里得知我在新利班山的开发项目，他们愿意以银行估价的50%，也就是相当于125万澳元现金来与我一起组成一家新的合资开发公司，双方各占50%的股份，而且勇地产还可以继续拥有对整个开发项目的促销和租赁的权利。

在这之前，我曾经向不少其他投资客提出过类似的方案，但当时没有任何一位愿意参与。如今此开发商亲自找上门来，只因为此开发商对我开发项目的理解，对整个项目的规划十分满意。其实只要开发项目位置适中，可行性分析报告数据可靠，有周边潜力和开发潜力，只要不是在十分偏远的地方，不少有经验和实力的开发商都会有兴趣参与联合开发，因为像这样已有开发批文又利润可观的开发项目，既可减少他们的开发风险、节省他们宝贵的时间成本及在人事方面的开支，又可增加开发利润或有限资金投入的机会利润，是一举数得的事。相对来说，那些很偏远的开发项目就很难吸引有经验的开发商的兴趣，因为不管项目再怎么便宜，如果其销售速度慢如龟且销售价很低的话，存置成本的上升会使得原先潜在的开发利润消失殆尽。我知道这样的联合开发提议会对当时的我在现金流动方面有非常大的帮助，因为此开发公司的125万澳元现金投入可以帮助我马上购入此开发土地，同时我还可以分享未来的50%的开发利润，加上另外几十万的销售和租赁佣金。对我来说，此联合投资方案与霍华德公司的贷款方案相比，霍华德公司的贷款方案相对比较安全且获利的速度也更快，因为我可以用霍华德公司贷给我的资金，以120万澳元将此的土地购入，而随即以 250 万到 300 万澳元的价钱卖掉，即刻可获利 130 万到 180 万澳元之间的利润。

以上的两个方案都是在过去几个月中我极力争取的方案，但它们都来得太晚。人类的大多数都寻求平稳、安全和安逸，却也因此必须对其选择付出相对的代价。正如智慧之言所讲：“此刻打盹，你将做梦；此刻创业，你将圆梦！”我希望我自己能够接受挑战，由自己亲自开发此项目，所以最终我决定选择太平洋城市基金管理公司的全额贷款方案。虽然此方案会使我承担的风险比其他贷款或合资的方案高很多，但我坚信这是我人生所做的最好的决策之一，因为这不仅有可能增加潜在利润，更重要的是会完善我在房地产开发方面的经验，以及完成此艰巨且富有极度挑战性的开发项目所具有的成就感。这些千金难买的经验将会对我未来的房地产营销和开发业务至关重要，受益良多。

此开发项目的预售，早在得到市政府开发批文的时候，就已开始同步进行 。以我当时的财务状况，那些比较传统保守的银行即使愿意向我提供资金贷款，他们也同时会要求至少要有 50%的预售，但太平洋城市基金管理公司却只需要 30%的预售。在万事俱备之下，只欠此预售之东风。2000 年和 2001 年的布里斯班房地产市场，不管是民用住宅或商业物业都处于最黑暗呆滞的低潮时期，尤其是在新利班山等地区。尽管我的投资原则是“只买，不卖”，但在当时的情况下，我必须达到金融机构的预售条件才可成功获得他们的贷款批准。为此预售和促销，我特地定做了一个长 1.5 米和宽 1.1 米的建筑模型，并同时将所有促销方面的广告设计交由一家名叫“好主意”的广告公司，由他们去为此促销方案设计一系列的中、英文促销的广告。为了让我的促销人员 100%致力于我的开发项目的出售或租赁，我又指定我公司当时的商业销售经理戴维全权负责此次开发项目的促销。难以置信的事，尽管他有将近二十年的商业销售和租赁经验，几个月下来，他却不能卖出或租出任何一间商业店面或办公室。后来找了几家其他专业商业代理公司，结果也是一样。最后，我不得不亲自出马参与此开发案的促销和租贷，并在短期内及时达到了预售条件。

在建筑开工以前，我仅有大约25％的预售成绩。即使太平洋城市基金管理公司愿意给我提供建筑所需的资金，我仍然不能符合他们所要求的30％的预售条件。幸运的是，这也是我人生的另一转机，我的邻居、同时也是此开发项目的地主林先生，突然主动打电话给我并说："我希望能用卖土地所赚来的钱再转投资于您的开发项目。"最后，他决定用他的土地换取我的二号零售商店以及55、56号住家办公式公寓，这也意外地使我的预售比例正好超过了30％。林先生希望给他的两个儿子汉斯和亨利一人一栋住家办公的公寓，至于二号零售商店则给他的大儿子汉斯开一家咖啡厅。不仅因为此购物中心位于繁忙的新利班山中心，也因为住家和工作能在同一商业中心，这使他们的生活工作都更便利。

此开发预售不仅是为了满足金融机构的贷款要求，同时也是为了减少我在开发物业时，对金融机构偿还贷款的压力。项目完工之后，在有必要的情况下，一旦此商业店面和办公室有了合适的租客，我可以有选择地在把有些店面买回来，作为我的长线投资。最后，我与太平洋城市基金管理公司签署了贷款合约和保证书。我个人从来不会担心签个人担保的问题，因为我坚信我会偿还任何贷款者给我的贷款，这当然也包括了银行。即使有很多人都会因为银行的严格贷款限制、贷款相关的费用和贷款利息的偿还而咒骂银行，但我个人对所有好的银行金融机构都非常尊敬，因为他们能够做到很多胆小的投资客或个别好朋友和亲人也不一定能做到的事情。他们能够在双赢的情况下，为我的投资或开发项目提供绝大多数的资金，而且他们通常所收的利息相对来说也非常、非常的低。

亚太中心开工仪式与联邦议员 Steven Robertson 合影

2000 年 11 月，太平洋城市公司以银行估价的 70%，首先给我提供了 175 万澳元的前期贷款，我用其中的 120 多万澳元正式购得了亚太中心开发项目的土地，并同时正式指定了多元建筑公司作为我开发项目的大包建商。多元建筑公司的总经理约翰先生在他们建筑公司的总部亲自举行了一个正式签署文件的仪式和鸡尾酒会。在同年的圣诞节之前，我也举行了亚太中心的开工动土典礼仪式，并邀请昆士兰州部长史帝芬先生、当地的区议员和布里斯班市的市议员凯文先生和许多其他政府官员、我的老客户和朋友以及勇集团的成员参与此盛大仪式。

从此以后，我公司的房地产业务开始了全面性的拓展，因此我也开始聘用越来越多的员工。次年，我公司第一次被昆士兰州商业杂志、霍尔察德·威克会计事务所和昆士兰州政府共同评选为昆州私人企业 400 强的企业之一。尽管当时勇地产的排名还远远落后于不少其他传统地产公司，但这是迈向成功的第一步。在那之后，勇地产在2003年被评为昆士兰州排名最高的房地产公司。2008年时，在我英文自传出版前，勇集团在昆士兰州私人企业400强里的排名已上升到第79名，远远超前于昆士兰州其他房地产公司。在澳大利亚总共将近200万家的私营企业中，昆士兰州占有五分之一，也就是近40万家私营企业。在这40万家私营企业中，勇集团在我中文自传出版前，在全球金融风暴大洗牌后的排名已进一步提高到了2010年的第56名以及2011年的第32名。此后，该商业杂志也成了此全球金融危机时期的牺牲品而被迫关掉，此400强的评比也从此中断。

在此全球金融风暴危机中，打击最大的三个行业就是金融、房地产中介和房地产开发。即使在受金融风暴较小的中国，二十一世纪房地产中介，根据他们提供的年度报告，在中国政府调整房地产政策后的2010年上半年光在中国就净亏损了6000多万人民币。澳洲最成功的房地产中介之一墨加实在澳洲金融危机初期的2008年也亏损480万澳元。我们勇集团在此金融风暴严酷的洗涤中不仅生存了下来，而且还大有赢利并稳定、快速、全面地成长了起来。

第十七章　健康、家庭、事业、财富多丰收

2000年3月

正能量乐观思维，笑脸迎人。

在我事业最艰难、最具有挑战性的时候，我妻子突然流产，也因此失去了我们当时应该有的第三个小孩。这个流产因为来得太突然，使得当时的她很惊讶，也很失望。谁也没有料想到，这种事会发生在我们的身上，因为通常我们的一切都计划得十分周全，很少发生意外的事。导致我妻子流产的原因或许只是单纯的自然因素，因为根据医学报告统计，平均每五个怀孕的妇女就将会有一个自然流产；或许是因为工作压力所致，因为她从来就很胆小，怕事，怕开车，而当时的她必须处理不少公司行政和物业管理方面的问题。由于此妇科医生从来没有告知她这个非常重要的医学数据，这让我妻子措手不及。在她流产不久以后，就得了产后忧郁症，有严重的心悸、焦虑等症状。她不时会在白天和黑夜，就像我生病的妹妹一样，因为突然想起她失去的那个未出生的小生命而哭泣。我们开始对外寻求帮助，去看了许多不同的医生，而有些普通的医生反而使她的症状有增无减，越来越严重。

后来其中一位医生介绍她去看马太私人医院的宁德尔专科医生。因为当时我妻子只能开车去她所熟悉的几条街道，因此我必须每次亲自开车载她去看宁德尔医生。经过几次诊查后，宁德尔医师建议我妻子住院，以便做更进一步的治疗，同时还必须要持续服用抗忧郁症的药物。宁德尔医师的建议，让我和我妻子都非常的震惊。尽管她从医学方面的专业角度上认为有必要，但我和我的妻子都坚决反对。我们希望应该有其他更好的解决方法。

在白天上班的时候，我妻子安然无恙就如同一般员工一样，但一回到家或一到夜晚，她总会因为想到我们那位素未谋面的小生命而伤心难过，彻夜难眠和心悸。这种症状与我妹妹当初因离婚而选择堕胎后所引起的症状非常雷同。我妻子的产后忧郁症，使她晚上不停地做噩梦，以至于不时需要依赖安眠药才可以入睡。我们俩同时都深信对她最好的治疗，就是减少她在公司的工作量。

在我们内心深处，我们都坚信只要她的工作量减少，她就可以有更多的时间在家里与小孩和父母在一起，多一些时间休息，也顺便照顾家里当时两位年幼的小孩。当时她在公司的头衔是行政总裁，主管人力资源、行政和物管部门，而我是公司的董事长，主要负责公司的重大决策、营销、投资和开发部门。不久后，我们对调了双方的头衔，由我担任公司的行政总裁，全面主管公司的决策、日常业务、销售、人力资源和营销，而我的妻子则担任公司的董事长和财务总监，业余兼管行政和财务的运作，这样她所需要花的工作时间会少很多。至于物业管理部门则由我们的总经理熊先生负责。

同时，我们也决定再生一个小孩。一是完善、振兴我们的家族生意翠丰恒，另一个主要原因也是为了让我妻子对未来充满新的希望，而从过去流产的噩梦中解脱出来。在我拿到太平洋城市基金管理公司的贷款批准书以后，我们于2000年年底开始计划要我们的第三个小孩，而我妻子的工作量也逐渐减少到每周工作三到四天，每天工作三到四小时，以便有更多的时间照顾我们日益增加的大家族。同时，我也把我们的勇系统进一步地完善，以我们的健康、家庭、事业和财富为优先级，以便我们有一个更完美的和谐人生。很多男人把“事业”当成“工作”置于最后，而把“娱乐”当成“享受”置于最前，最后只会是虚度人生，人财两空，而且他们每天上班都像是在受罪一样而不是将之当成人生最有趣、最有收益的游戏或竞赛，因而人生大多数时间都没有真正享受到愉悦的人生。

作者与家人在澳洲海边

据澳大利亚的统计证明，每一对澳洲婚后的夫妻平均每天仅有十一分钟的单独交谈时间，而其余的时间双方都用于工作、家务、计算机和看电视等。当时我们夫妻俩的情况也与其他澳洲夫妻一样，每天几乎没有任何单独交流的时间。在得知此统计资料后，我决定要花更多的时间与我妻子独处交流。从那之后，我们每天早晨都花十五分钟左右的时间在早餐后一起散步并互相交流；晚餐后，我们也会定时看一会 DVD 电视连续剧后吃一些水果，并在自家的网球场内一起散步三十分钟左右。至今为止，我们夫妻俩都很珍惜每天单独相处的特别时光，从未间断，尽管在散步和独处的时间里，大多数都是我妻子在讲话，而我只是默默地听她述说。此外，我个人每天在我的早茶、午餐和下午茶后都会有几分钟单独的散步时间来让我有时间单独地思考并呼吸一些新鲜的空气，这同时又可以帮助我那遗传的从小就不是很好的身体消化系统。

在 2000 年的圣诞节之前举行了开工仪式之后，亚太中心的建筑也正式于 2001 年的 1 月中旬正式开始了。整个建筑过程都进行得非常顺利，效率也是奇迹般地高。所有多元建筑公司的员工们都是采用分包制。他们都是根据多元建筑公司的建筑流程表准时到位，完成他们应该完成的施工部分，然后建商会在每月的月底把建筑施工的工程款账单送给我。当然我也必须先与我的建筑师一起检查施工完工的部分，直到满意为止，我才会把工程款的账单送给太平洋城市基金管理公司，他们也总会在收到我的账单和我的建筑师提供的证明以后，马上将此工程款付清。

2001 年 5 月，我同时决定要换一个空间更大的房子，因为我的家庭成员在一直不断地增加，而我们的第三个小孩也将在不久以后诞生。在我所居住的高尚小区里，我的一位邻居，突然主动与我联系说他需要一些现金做其他方面的投资，所以他必须马上把他的房子卖掉。同时，他也要求我必须是现金无条件和定金

在投资媒体时明智地购入 Rochedale 八英亩（32，000 平方米）开发地，其完工价值将达三亿澳元左右（图为作者全家）。

不可退还。他希望能以最快的速度将此房子卖掉，并说他和当时澳洲华人首富傅先生家很熟，同时也是他两个儿子麦克和卢卡斯的好朋友，但他对他们出的价格不是很满意。我当下同意以 130 万澳币的价格签下现金无条件的合约，并在一个月内成交。

此豪宅坐落于此高尚小区的中心，其土地面积近 3000 平方米，同时拥有近 70 米的面宽，总建筑面积达 800 平方米左右，有八房、七厅、五个卫生间、三个车房、两套单独的热水系统、十台空调、五台电视或家庭影院设备、四台冰箱、外加中央花园和旋转式的车道，同时还有两个游泳池、一个标准的网球场、两个篮球运动区域、一个后庭和花园区凉亭等等。这两个游泳池中，一个是标准的八米乘三米的浅水游泳池，供小孩游泳，另一个是大型的十四米乘六米的深水游泳池，供成人游泳。此小孩的游泳池在他们都长大了以后，我把它变成了鱼池，供大家平时欣赏，同时又可给我们提供长年没有激素的有机鲈鱼，就像我们平时长年可吃到的家养的有机鸡和蛋，以及在自己的菜园和果园里种的无农药的蔬菜和水果一样。此房子还带有两个砖砌的狗屋，后来变成了鸡室和新开辟的狗屋。我又花了十多万澳元，全面改进房子里的娱乐设施，把房子变成一个家庭的乐园。改进的区域包括装载网球场上的四个新的灯杆，还有一个用来打高尔夫球的高尔夫球果岭、沙丘和挥杆网，一个新的篮球架，一片儿童游戏场，带有攀登架、滑梯、秋千、沙坑和秋千板，在大游泳池边上装了冲水滑梯和一个桑拿浴房。我又加了两个很大的九米乘六米的储藏室，三条分割篱笆，一个带玻璃和纱窗的凉亭，来防止蚊虫并作为我的独立书房，外加一个扩展的凉亭可以将我的乒乓台和健身房同台球房相连，并装上一套完整的打击乐器和钢琴。我也装了一套全银幕供晚上看电影的私人电影房，加上一个 62 英寸（162 厘米）平面电视机，用于白天看电视。新的卫星电视同三个起坐间相连，这样我的妻子和我可以在一个房间里看中国或是韩国影碟，而我们的父母亲和孩子们各自在自己的个人起坐间里看不同的中文卫星频道或英文频道。有趣有时又甚至有些令人担心的是，我女儿目前已经二十三岁了，在澳洲成长得天真无邪的她不时还与十七岁的弟弟和十二岁的妹妹一起看日本或美国的卡通片。

因为我的妻子经常要去看精神科医生，而我们的家又太大，她一个人管理不了，当时我的父亲是家里唯一的长者，所以我们决定雇用一位管家，照看家里的家务，同时照看将要出生的婴儿，她的预产期是 2001 年的 7 月。在以后的五年里，我们一共先后雇用了五名管家：钟阿姨、史妈妈、钱太太、杨太太和黄太太，直到我父亲在 2005 年去世以后。这五名管家中，两名是从中国内地来的，两名是从中国香港来的，一名是从中国台湾来的。从那以来，她们有好几位都成为了我们家的好朋友，特别是钟阿姨。我们的小女儿黄永翠（Jade）还是婴儿时，钟阿姨就一直照顾她，我们始终把她们都看成是我们家人一样对待，大家同桌吃饭，而且分享几乎一切东西。

我们在我们的新婴儿出生前的一个月搬进了新的家。她的出生，让我们感受到了更多的幸福和祝福。我们给小女儿“Jade”这个英文名字，是从中文里的“翠”字而来的，是我祖父的家族生意名字的三个字的一个。添了这个新生儿，又加上管家，即使这个有八个睡房的房子对我们不断扩大的家庭也显得不够大了，因此我、我的妻子和我的孩子们不得不合用一个大书房，每个孩子的大睡房都有自己的书桌，可是只有合用的书房才有同互联网连接的计算机。虽然孩子们在我们的书房里发出很多的吵闹声，同他们在一起有助于让我们能看管他们，以确保她们不在互联网上花太多的时间聊天或者玩计算机游戏。当我们五个人都在书房里时，书房变得实在太吵闹，我不得不把我的书房搬到我家的大凉亭里去，把它改变成我的第二个书房，在那里看书、观赏花园，享受澳洲奇妙的蓝天白云和清新空气，并完成我的自传。

在我的小女儿出生的那天，勇地产公司搬进了我们的450平方米的由建筑师专门设计的总部办公室，位于亚太中心的二楼，光装修就花了40多万澳元。加上后来进一步扩大的一楼员工部分，总共能容纳近80名员工，每名员工都有他们自己的半开放的私人办公室和个人计算机。虽然我在澳大利亚商学院是学商务计算机的，我公司每人都有一台计算机，直到2008年初，在我错误地买了散特若公司股票之前，我仍然是公司里唯一的一位在公司和家里都没有计算机的人。我不愿成为计算机的奴隶，所以所有行政事务都由我的几名助理全权处理。当我后来习惯用电脑以后，在处理电邮和客服管理方面，效率要高很多。

在我的日常工作中，当时我频繁地使用我们公司内部快速电话留言功能，我发现它比电子邮件更快而有效。即使我有了一台计算机，我当时的电子邮件仍然是由我的首席助理以及其他的助理们管理的。每当我需要发电子邮件时，我会用一台听写录音机，将我的谈话录下来，然后交给她们给我打字，并帮我发出邮件。

作者夫妇在亚太中心主楼完工前合影

亚太中心大楼的建造速度神速。只花了七个月的时间，我们就造好了分散在三座主楼复合体里的 53 套单元房，楼面面积超过 5000 平方米。多元建筑公司的确是最好的营造公司，它的工艺完美无缺，而效率也是超级的。他们将亚太中心拿去参加了 2001 年的昆士兰大师营造商协会的年度奖评比，在数百个其他开发商的建筑项目中脱颖而出，赢得了布里斯班地区的头奖。每个城市和郡的获奖者再参加昆士兰州的竞争，亚太中心又赢得了当年昆士兰州的最佳建筑奖。

2001 年 8 月 8 日晚上，亚太中心正式由当地的市议员和布里斯班市政府主席凯文·皮昂奇揭幕，联邦政府多元文化部长盖理·哈格雷夫（Gary Hardgrave）、州政府警察部长朱迪·斯本恩（Judy Spence）、科雷戈·埃穆森（Craig Emerson）、副市长格拉姆·奎克（Graham Quirk）还有许多杰出的社区领袖们出席了揭幕典礼。仪式包括从建筑物的顶楼放出的长达五分钟长的精彩烟火，来宣告亚太中心的诞生。

勇房地产公司从一个小小的民用住宅的中介代理公司发展到了包括不仅有房地产营销、管理、投资和开发，还有当时的移民、信贷、保险、理财规划和国际贸易的集团公司。

通过我本人多年来买卖不同汽车和房地产投资的经验，我逐步完善了我的公司和家族文化，此文化开始于我开奔驰车以后的经历。

亚太中心竣工，勇集团总部新开业。

第十八章　银行压力和每周买一个投资物业

2001年—2002年

我们决不屈服。

——温斯顿·丘吉尔

当亚太中心的建筑工程快要完工的时候，我才知道亚太中心的顶楼可以看到布里斯班的高楼，这还是多元建筑公司的项目经理保罗·奈维尔在建筑要完工时才发现并通知我的。B栋楼位于新利班山区的制高点，从那里可以看到布里斯班的市区高楼群楼顶的景色，真是难以相信。如果我早知道这一点，我会将我的总公司安置在这栋楼的顶部，因为这是一个完美无缺的位置，空间的面积也适当。我选择将办公室放在A栋楼，是因为它的位置很方便，靠近公共汽车站，对公众进入公司十分方便。

当我在设计亚太中心时，我将其中五个办公室合并，放在A栋楼的二楼，从第十五号到第十九号办公室，形成一个大的办公室，变成了我公司总部的十八号办公室。然而，在我搬进A栋楼之后，原来380平方米的面积马上就很明显地显得空间不足了。结果是，我不得不将第二十二号办公室再买回来，并又不得不租回第二十三号办公室，因为当时此投资客不想卖。一直到2010年我才有机会把二十三号办公室买回来。后来，当我们再次面积不够的时候，我又将办公室扩展到楼下我自己拥有的第3号店铺。在读了贾克·维尔叙（Jack Welch）的自传《直接来自直觉》之后，我决定将一个太分散的勇集团变成一个十分专业的房地产实体，让它仅仅专注于四个方面：房地产营销、管理、投资、开发和相关服务。贾克的自传谈到了他将拥有四十万名员工的通用电气公司（General Electric - GE）进一步改造的方法，使公司从在美国排行第十跳到第二，用的是他的策略“要么是第一，要么就出局”。

我很快地关闭了所有非核心的附属性的生意，包括信贷、保险、理财规划、移民和国际贸易。我将我的移民和商业物业经理熊先生提升为我们的物管总经理，负责物业管理部，管理所有我自己的物业，同时还拥有大约五百个租户的好几百位投资房东的物业。我们的目标是管理五千到一万个物业。虽然我目前有好几位物管经理管理民用住宅，熊先生主要负责商业物业的管理，目前管理十六栋购物中心和商务楼，一百多个商业租户。一直到我后来因业务发展增设了公司内部法律顾问以后，才由我们公司的律师重新开始了移民和其他法律事务，同时，我们公司内部的电脑经理和平面设计经理也开始对公众提供服务。

对早期民宅投资者来说，最好的方式是只买不卖，但到了一定的程度这种保守的、完全靠时间来赚钱的方式在短时间内变得不可靠和不可行，因为我有太多的开发项目可以更快地加速我资产的增值。我不能守株待兔，因为如果我们赶上一次过去三十年日本的房地产和股市，三十年没涨，我们的一生也就完了。对我的开发项目来说，我也希望，如果可能的话，建造并保留一定的比例，就像哈理·特立戈布夫（Harry Trigubuff）一样，他出生在中国，现在是澳大利亚的第五号富翁，身价60多亿澳元。我只想出售项目必要的一部分，来满足融资的要求，这也可以减少最初的利息支付压力和贷款比率。一般来说，当我找到了一个好租户，我就有可能将这个物业从市场撤销，除非给我的报价好到我无法拒绝。一般来说，我只是在一个物业空置的时候，才将它出售，而在同时，继续寻找租户，因为到2014年这本书结束的日子，几乎所有资产都是我和我太太独资拥有，买卖完全由我自行决定。

在亚太中心的建筑工程竣工之后，城市太平洋基金管理公司的利率已经从年利率12%减少到10%。从现金流通的角度来说，它仍然是一个很大的数目，因为大多数的店面仍然是空的。虽然我采取了“不用付多少现金的点石成金投资策略”而买下了土地，可是最终我仍然花去了100多万澳元现金于其他的顾问费、市场营销和佣金、继续不断的营运支出和在找到租户之前，并且在免租金的阶段过去之前的利息支付，再加上装修和附加设备的花费等等。尽管如此，由于我与此同时成功的房地产生意，我总是能准时地支付利息，从来没有拖欠过一天。然而，当联邦银行进行年度复查的时间来临时，银行在审查我透支10万澳元的透支账户时，发现我提供给他们的前一个月的损益表中有一个2万澳元的亏损。

这个当月的亏损引起了传统上非常保守的银行的注意。他们的商务银行经理，上格拉瓦山（Upper Mt. Gravatt）区商务中心的彼得·瑞德纪（Peter Redkey），立即将这个情况报告给他的总部办公室。不管我从来没有一天拖延支付透支金额利息的事实，他们马上给我发信，通知我他们将在三十天内取消我的透支额度。我发现这个决定很可笑，因为它缺乏常识和良好的判断。一家银行为什么要每年花费 3000 万到 4000 万澳元来打广告在澳大利亚寻找 6%到 7%年利率的新生意，而把一个按时支付 9%到 10%年利率的透支账户取消，而且在这个例子中，被取消的是一个优秀的客户，我从来没有拖延过支付，又拥有上千万澳元的资产。我始终都指示我的两名公司内部的会计部经理，不管现金流有多么的紧，不管情况有多么困难，应当记住，我们的优先付款应当是银行，同时还有员工的工资和养老年金，因为我知道，如果没有银行的支持，我的生意和开发项目是永远不可能以我所期望的速度快速增长的。

很明显，在澳大利亚出生的彼得·瑞德纪很难理解房地产的周期性和中国人额外的储蓄能力和还债能力。联邦银行信贷部的员工仅仅是遵照他们的账本来行事，把一切教条化和理想化，而不是用他们的创造性来增进他们对客户的理解。原先，联邦银行原来是政府拥有的，他们的官员们薪酬优厚，按简单的偿债能力的计算公式来作出决定。这种决定，任何一名高中生就能胜任。

我一接到银行要退出的信，就打电话给彼得·瑞德纪。他以前总是很快就会回电给我，然而，在他发出了这封信之后，他从此不再给我回电，不管我怎样再三给他去电话。那种态度是某些西方官僚机构的典型的不负责任和目光短浅的负面特点。接下来，我打电话给银行的总部，向他们解释，我拥有上千万澳元的资产，这个 10 万澳元的账户只不过是一个现金流通的账户，实在算不了什么，只是因为我目前暂时需要它，由于我的新大楼里的店铺还没有全部租出去。上个月 2 万澳元的亏损，只是反映在账面上的暂时的现金周转的变化，因为房地产市场在每一个特定的时间都是经常在上下波动的，有时候在某一个月份，会有一笔很大账单，比如所得税、消费税和员工的养老年金，都是按季度支付的，所以一个月的损益报表根本不能代表公司长期的实力。他们对一个私营的公司，如同一个股票上市公司那样来对待，而没有意识到一个简单的事实，即不管账面看起来有多么糟，不管公司的现金流动显得多么的不好，一个私营公司的创办人总会按照需要随时以股东或董事的名义来注入所需的资金，以便确保公司在这期间的正常运营。这样的资本投入在上市公司也经常发生，他们不时会向现有股东或外部基金公司或公众集资，只是程序会复杂得多，慢得多，其成本和风险也高很多。

在私营公司里，很少会有所谓“负资产营运”的现象，除非董事会主席和股东们没有其他的资产可以抽取出来做抵押或者出售，这就是为什么，多年以来，我一直反对股票经纪人和其他人的建议，将勇地产变成一个股票公开上市的公司。我不希望看到发生在散特若物业集团公司的事情发生在勇地产的头上。它的股价在 2007 年 12 月 18 日这一天里，当他们不得不通知股票交易所，他们需要延期来重新融资以减少他们的贷款比例，其股价就从每股 6 澳元掉到当天最低时的 4 澳元。散特若物业集团是澳大利亚第二大的购物中心业主，是美国第五大的购物中心业主，而且他们的基本业务和物业是很坚实的，可是，尽管如此，因为银行保守的行事方式所引起的公众的恐慌很快就轻而易举地摧毁了这家上市公司。

当时的联邦银行总部信贷经理要求我到他们的总部去会见他们，可是我建议他应该来我们公司总部办公室，看一看我的生意，也看看我的开发项目，他同意了。第二天早上，两位相当大个儿的男士来到了。两人都带着很严肃的面容，这有点让我出乎意外，因为我已经习惯了昆士兰州人民，包括银行经理们通常那种热情的、易于相处的作风。我已经同他们打交道近十年了，通常都是如此。

我告诉这两位先生，我需要保留此透支账户，并且指出，他们可以从我众多的物业资产和成功的房地产生意明显地看出我不是缺乏金钱和资产。我告诉他们，我在其他账户里有足够的现金随时可以调动，无论何时，只要我选择这样做的时候，就可以归还所有的银行透支，然而此时，我宁可保持这个透支账户，使公司能够抓住更多新的投资机会，或者满足暂时的现金流通的需要。这两位先生在离开我的时候，态度变得似乎友善了一些。他们告诉我说，他们会对我的要求作一些进一步的思考。同一天，为了证明我还他们那点利息没有任何问题，我要求我的妻子从我们的个人账户里提出 10 万澳元，立即付还了透支的本金。然而，当他们一旦收到这笔钱，我就接到了一封回信，这封信简单地说："谢谢你，你的透支户口现在已经关闭。"

我对此银行的行为感到吃惊，我直接打电话给阳光银行在春之林（Springwood）区的商务中心。这个中心一直以来想做我们的生意。他们马上给我签发了一份商务透支 15 万澳元的户口，这比我所预料的还要多。后来，澳纽银行也想把我的生意拿回来。他们最后给我开了一个透支 60 万澳元的账户。

正如著名的中国古话所说："天无绝人之路。"虽然联邦银行仍然很高兴继续给我提供其他有房地产做抵押的贷款，在他们取消我的没有抵押的透支户口这件事发生之后，我逐步主动地进行重新贷款，将那些物业撤出了联邦银行。我把这些物业转给了汇丰银行、澳大利亚国民银行、澳纽银行和其他的金融机构。虽然联邦银行可能是一家大的银行，但我却宁愿仅仅同那些理解他们客户性质和需要的银行打交道，特别是同那些愿意与有无瑕可挑的信用记录的客户打交道的银行，而不是仅仅看书面财务报表，因为此人为的报表随时可以改变，但人品和资产却很难变。

有趣的是，几年后，很明显是由于竞争和丢失生意，联邦银行也成立了他们的流动借贷小组。他们的流动借贷经理主动与我接触，希望得到我和我公司更多的生意。在 2007 年，联邦银行成了我们当年在希尔顿酒店的销售年会的最主要的赞助商。他们的销售经理翠茜·劳顿、借贷经理卡麦龙·洛斯，还有妮吉·菲利普斯一达福随时同我们公司密切联络，花费很多的钱，成为我们销售大会和我们当年网页的独家资助者。我希望，在更多的像翠茜、卡麦龙和妮吉这样的好员工的管理下，联邦银行将继续成为澳大利亚最好的银行之一。

同时，当城市太平洋基金公司降低他们的利息之时，亚太中心仍然还有很多空置的店面。虽然我知道我可以从其他的银行或信贷公司取得更低的利息，如果我与他们接洽的话，但我同时也知道，在当时很难再得到一个新的估价，所以我宁可接受他们的利息相对较高一点的贷款，而不去冒险换银行。因为城市太平洋基金公司只是一个短期贷款的机构，他们的贷款条件每年都会重新复审，所以当一年后于 2002 年的复审期来到时，按揭经理司徒瓦特很愿意再给我们延续贷款，只不过是要求我们的估价公司、白色地标公司，再来重新做一次估价，确认他们以前的估价没问题。当估价员来到我们的亚太中心之后，他发现有好多间店面还是空置着，因为澳洲在 2002 年的商业地产还是最低潮的时候，这样他就拒绝重新确认他们以前的估价。这个消息让城市太平洋基金公司非常惊慌，他们马上就要求撤出他们剩下的 480 万澳元贷款，给我三个月的时间重组融资。他们似乎完全不顾这样的事实，即我当时是他们最好的客户之一，我从来也没有拖欠过对他们的利息还款，一天也没有。

起先，我并不对这个问题十分在意，因为我知道我有一个很好的项目，而市场价肯定是值这个价值的。我对出租或出售物业没有任何问题，如果我想降低价格的话，可是要找到适当的买主或租户，能付我们逐渐增加的价格，还是要花费一定的时间。我不得不通过另一家泰勒·白恩估价公司来重新作一次估价，然后开始去其他银行洽谈。三个月很快就过去了，所以我不得不去找按揭经理司徒瓦特，要求他给我延期。司徒瓦特马上就同意了，因为每当付还利息的时候，我从来没有任何问题。很快又过去了一个月，当时我正忙于为新的超级办公室进行招聘、市场营销和管理，因此我需要再作一次延期。可是这一次，这位通常态度很好又有礼貌的按揭经理，与前面的联邦银行经理一样，口气马上就不同了。

我不久后就接到了他的一封信，说他需要我将他们的贷款在三十天之内全数归还，并且“不会再给我任何延期”。我一接到这个令人毛骨悚然的消息，马上给他打电话，可是，又一次，这位在过去会很快就接我电话或回我电话的人，再也不回我的电话，直到我还清了全部的贷款。

多年以来，我所面临的挑战无处不在。我当时并不会把这些“危机”向公司同仁或公众透露，甚至没向我的妻子谈起多少，直到它们被圆满解决之后。我之所以选择这样做，因为我知道他们也是无法为我做什么，我不应该毫无必要地让他们担心。中文“危机”这个词是由两个字组成的：其一代表“危险”，另一个代表“机会”。大的危机需要以沉稳的勇气来面对，只有这样也才能造就伟人。他们能镇静自如地将“危险”转变成“机会”，将

“投诉”转变成“生意”，将“对手”转变成“粉丝”。

当时的我马上同另外几家银行和非银行贷款公司联系，比如资本融资公司、爱旭·摩根·文斯劳浦，因为房地产的关系我同他们挺熟。资本融资公司的经理没法帮助我，可是他把我介绍给了巴尔曼公司的路克·麦克肯札。在一个星期之内，我再次经历了我生命中有趣的一页：爱旭和巴尔曼这两家公司都给我发来了批准信，而这两家公司的最大好处都是让我只需要支付7%的年息，而不是10%，给我每年省下了15万澳元的利息。这两个批准条件都很好，因为他们认同我的项目是一个很好的项目，也认同我本人有良好的历史纪录。最后，我选择了巴尔曼贷款中介公司的提议，因为他们把我的借款分成三个部分，使用不同的贷款者：澳大利亚城市银行、昆士兰银行和AMP（AMP信贷后来被GE信贷公司收购）。这就有效地降低了我的风险，因为我不再只同唯一的一家金融机构打商业贷款的交道了。

尽管有这样的重大变故，由于我在金融方面的关系及积累的丰富经验，我渡过了难关。没有挑战的生活会是无聊的生活，而且，此挑战只应当来自我们的事业，而不是来自赌场、日常生活，或一些怨天尤人的朋友，因为长期成功的事业，将最终给我们丰富的报偿！

这笔交易很快就达成了，巴尔曼公司从城市太平洋基金公司那里接过了贷款，不久以后，亚太中心的租金和价值也已经开始慢慢上升了。永不言弃，这是我的家族和我奶奶的品德融化在我血液里的信念。到了2007年底，巴尔曼公司通过联邦银行的附属公司“殖民第一州”融资公司，给我重新提供再融资，进一步减少以前的九十天银行汇票利率的利差，从以往的2%降到目前的1.25%，这对商业物业来说可能是最低的利差之一了。城市太平洋基金公司当然也很高兴。在我们的贷款被交割好之后，司徒瓦特经理不久后打电话给我，任命我的公司作为他们的第一个“银行出售”（mortgagee sale）的独家物业代理。我们成功地在一个多月的时间之内售出了这个物业。

此物业是一位黄金海岸的开发商买下的一块面积为106英亩的旧的采石矿场，位于柏林巴（Berrinba）区第五大道。司徒瓦特于2002年通过雷华公司购得此地，价钱仅150澳元，当时也是由另一家银行拍卖卖出的。买下后，他从城市太平洋基金公司借了大部分的钱。因为借款者没能按期支付贷款利息，而银行估价在那时也没什么明显上升能使借款者能以增加的资本值来抵还利息，城市太平洋公司接管了这块地，并任命我通过投标来出售它。我和我的销售顾问克莱福·法南联合促销，因为我的数据库里存有近1000名开发商的名单，这是我在过去的十多年里积累起来的，加上国际投标的大量广告，我们很快就把它售出了。这块物业由一家叫“别墅世界”（Villa world）的股票上市公司买下，售价是675万澳元现金交易，交割期为一个月，其竞标对手是AV杰宁公司，这家上市公司所出的价钱更高但要十二个月才成交，所以银行选择了接受低的现金报价。这对于借款者和信贷机构都是很好的双赢，其资本增值是450%，因为它买下这块地才只有一年的时间。这个成就当然给了我更大的信心来应对金融机构和金融危机，因为这说明了我在购买、信贷、开发和市场营销方面一流的专业技巧水平。我具有独到的眼光和能力来帮助客户或自己买到最好的物业，要么保留，要么开发，要么卖掉，不管它有多么困难，即使我不得不在一个市场不景气的情况下来出售它，也能赚大钱。

到2002年，在澳洲房地产市场经过了十年的低落之后，市场开始“全面回升”。当时的我已经有了足够的“净资产”和现金，可以收购更多的物业。虽然很多人不相信银行，我却愿意和他们结成战略联盟，因为我相信，同他们的联盟是至关重要的，只要我能选择正确的银行或者金融机构。这次，我的结盟是从汇丰银行、世界第二大的银行开始的。他们的澳大利亚的分行在昆士兰州有三家，一家在黄金海岸，一家在布里斯班市中心，第三家，也是最大的一家，在新利班山区，就在我公司的附近。

汇丰银行新利班分行的经理赵商梓是我的好朋友，也是澳华商会的董事，后来成为副会长，我是会长。对联邦银行来说，因为没有个人的了解，我对他们仅仅是另外一个账号而已。尽管我当时已拥有上千万澳元的资产，但现金流通总是很有限的，因我从不把钱存在银行，而是一有些钱就马上投资。对于有些银行来说，他们干的最有本事的事情就是按个人纳税收入用固定公式计算借贷的偿还利息的能力，而不是看总体的净资产后备支撑，这就是为什么美国的银行在2008年的次贷危机中一下亏损了一万亿美元的原因，因为借他们钱的人丢失了工作或有意不还钱，因他们没有其他的资产做担保。人们在有工作的时候，或者他们的生意运营不错的时候，有偿本还息的能力，可是，一旦他们丢失了工作，或者生意变得糟糕的时候，他们所需要做的事，只是将他们的钥匙交还给银行而不需宣布破产，如果他们的房子或商业物业还没有增值。如果贷款者已经有了足够的自有资本，这就意味着他们知道怎样赚钱，这样他们很少会有偿还利息能力的问题出现。即使银行以低于市场价值20%的价钱出售，他们仍然能够取回他们的钱，特别是当贷款者拥有很多其他物业的时候。即使物价有所降低，只要贷款者按时付利息，银行通常不会有任何风险。银行最大的风险就是不管青红皂白地做大批银行拍卖，强迫市场普遍下滑，这反而使银行和客户都两败俱伤。可惜，这就是他们最常做的事。

当我的公司在那个月显示出2万澳元的亏损时，他们认为我对我的借款会有偿还利息的问题了。他们不看我的净资产和实际上的偿还能力，而是用他们通常的33%的收入公式，来作出简单的、然而却是不合理的、不负责任，而且是带侮辱性的决定。在拥有那么多个人的物业的情况下，即使出现暂时的现金短缺，如需要的话，我也可以轻而易举地使用我的任何其他透支功能、信用卡或者出售我的一两个投资物业就能对付了，因为我初期所买的所有物业都是在个人名下，而我又有提供个人担保。但他们不这么想，因为这世上的确有不少人，他们只想得到，不愿付出，如果他们欠别人的钱，他们宁愿拼命逃避或轻易地宣布个人破产，也不愿承担所有的债务，因为他们没有其他的资产，或资产都不在他们个人的名下。作为这样大的一家银行，他们只能从最坏的角度考虑，其政策也只能是一刀切。

然而，来自中国上海的赵商梓，有一个完全不同的态度。他对我们的生意很看重，最重要的是，他对澳大利亚的华人和他们的文化很了解。尽管他干银行经理的生涯已经有超过十年的历史了，他从来也没有需要对他的客户——他们绝大多数是华人，进行哪怕是一次银行的拍卖。他在新利班广场的分行，付得起一年四五十万澳元的租金，仅仅是他富有的华人客户的储蓄账户一项，就有可能超过十亿澳元，多于任何传统的澳洲分行的几倍。尽管华人是人类最聪明的人种之一，但还是有那么多的人仅是靠银行3%到6%的利息过活。他对我，我的家庭和我的生意非常了解，我们俩都在同一个地区生活和工作。他也通过我或我的房地产顾问苏·叶（Sue Ye）出售和购置他自己的房产。他们市中心分行的高级经理唐·威廉（William Tang），在他从汇丰银行退休之前，也通过我和我的助理来出售了他的房子。汇丰银行给我的几张不用抵押的信用卡，总价值近20万澳元，虽然我很少用它们，更记不住取用现金所需的密码。

作者于1999年买的第三个物业

有了这个信任和信心，我开始购置越来越多的投资的房产。因为我平时工作极其繁忙，几乎没有任何时间去看房子，我买了很多“没看过”的房产，或者只去看了一次，在几分钟内就和我的妻子一起签了合同。在那时，互联网还不是那么普及，所以我通常会通过当地的报纸或者物业杂志，比如《家庭地产杂志》上的广告，将那些我认为是合算的房产圈下来。然后我通过RP数据库来检查它们以前的售价和土地的面积。如果他们出售的价格同七到十年前的买价差不多，我知道我不大会错的很多，因为在澳大利亚二百年的历史中，物业通常会在七至二十年里翻倍，而且，我买的都是中低价位的房产，靠近首都城市或设施完备的周边地区，由于当地和附近高尚区居民的强烈的需求，这些投资都相对非常安全。我所付的这些房产的价钱，其实差不多只是地皮的价钱，地皮上的房子基本上是不用钱的，或者只占两万到三万澳元，因此，我怎么会投错资呢？最重要的是，所有这些房产当时都有很好的租金收入，这使我付掉银行的利息后还有余钱，这样，对于我的偿还利息能力没有什么影响，不管最初我买多少个物业，最重要的是也不会影响我的公司运作和家庭生活质量。

通过签署第 28 号表，一名房地产顾问能够直接地从卖主那里购买物业，就像私人出售那样，不收取佣金。可是我通常不买我们公司代理出售的物业，除非在个别特殊的情况下，卖主或其他同事特别来找我，要我购买他们的物业。我的公司以能够通过多元文化市场营销帮卖主卖到最高的价格而自豪，而通常，我可以从其他公司那里买到较低价钱的物业，因为他们的促销渠道有限。

我通常会打电话给另外一家房地产公司，获得几个重要的事实，比如地址、租金收入、土地大小、房产大小和它在市场上已经有多长时间了、为什么要出卖、最高的出价是多少。如果将每周的租金乘以 48 周，并减去支出，比如市政府土地税、物业管理费、修理费和保险费，然后除以整个购买价，如果得出的结果是百分之六至七的净回报，我就会在电话上给出一个现金无条件的价。我通常都一定会出现金价，这使我能拿到较好的价钱，可是，为了得到税务上的好处，从而增加我的投资回报，我总是在现金合同签好之后再从银行借钱。贷款能增加回报，也能增加亏损，就像那些在买股票时收到一个追加保证金的通知一样。关键的是，我一般只买那些在价格上确定能最终上升的房地产，而不是那些贬值的奢华品或那些大起大落的股票。

在澳大利亚，对于一个有收入的投资，任何利息支出都可以扣税。对于那些不太清楚他们的借贷能力的人，推荐他们在使用我这个相对有风险的策略之前，首先要寻求银行的事先批准。然而，我却甚至对银行事先的批准也并不在乎，因我知道，我总是将银行的利息放在首位，我始终会是他们最好的客户。如果有一家银行拒绝我的申请贷款，这只会是他们的损失。我只要去找另一家银行就行，动用我的其他储备资金或者其他资金来源。一当业主同意了我的出价，我就首先要求房地产公司准备合同，如果这个物业就在近处，或者如果有必要，我就要求我和我的妻子去那里很快地花几分钟时间看一看那个物业。如果一切还不错，没有很大的惊奇和意外，我们就会当场在看房后签署合同，而我从不在意房子的一些小的问题。如果那个物业太远，没法去看，或我觉得没有必要，我会要么打电话把房地产顾问叫到我的办公室，或者叫他把合同发传真或者发电子邮件给我，我就会直接签约，然后将它交给我公司的物业管理经理来为我全权照料这个物业。

在那时，有很多政府的公房出售，每星期都有拍卖。就像所有的银行拍卖那样，为了确保银行和政府的雇员们不能为自己的家庭成员或朋友寻求好处，他们必须以公开拍卖这种公平方式出售物业，并且不会在拍卖之前出售，只能在拍卖的当天出售，因此在这样的情况下，我不得不去拍卖现场并顺便对房子做一下检查。为了节省时间，我通常会在星期六他们开始拍卖之前五分钟到场，很快地四周转一圈，然后开始竞标。有些日子我会每周只买一个物业，可是，当有好几个拍卖同时进行的时候，我有时候会在一天里买下两个到三个物业，并且我当场签好所有“现金无条件”的合同，然后再叫房地产顾问到我家，让我妻子签字，然后写支票订金给他们。同时我就回到我的公司继续我的日常工作。如果那是一个可开发的土地，我会先对市政府的城市规划做好调查，同市政府的城市规划师电话谈或面谈，以便再次确认，然后通过市场调查对此场址以及周边地区通过计算机作一次评估，然后再出现金价。

有时，如果我和我的妻子周末出去度假，我会给其他的房地产顾问授权，在拍卖中代表我通过电话竞标。在现金无条件的合同签好之后，我妻子会送去汇丰银行，让杰思佳·吴（Jessica Goh）或蓓基·李（Becky Lee）等进行处理。他们两位在赵商梓手下工作，两人都非常敬业，而且总是到我的公司来，让我签所有的贷款文件，为我省下时间。作为她们的主要顾客之一，我在活期利息上总会获得百分之零点七五的折扣优惠。我和我的妻子都被给予国际金卡信用卡，有较大的信用极限。就在房地产市场全面上涨的2003年来到之前，我平均每个星期购买一个物业。从我购买它们之后，在六到十二个月的时间之内，几乎我所有的投资物业的价值都比以前的价值增加了两倍到三倍。因为大多数的购买都是用我以前的投资物业作抵押贷款的，几乎不用付任何的现钱，或者只需付20％的现金作首期，在几年的时间内，我真正的现金投入的回报通常是在六倍到一百多倍以上。

第十九章　勇的120理论和理想的一年一周和一天

2002年7月

每天问我们自己："今天我能做些什么，能使他人的一天充满阳光？"

我的妻子在流产后开始有心悸和焦虑症状之后，我开始意识到我们的生活也应有良好计划的重要性。据说，几乎有50%的人口在我们一生中会有不同程度的精神焦虑症状，有些会很严重，只是不少传统的华人不把它当成是一种疾病，因而没有适当地接受治疗，致使很多夫妻之间遭受长期或终身的困扰。

我原来的一名香港来的助手、盖理·姚，他去了霍克公司当房地产顾问，但才三十三岁就去世了，得的是肺癌；我熟识的一位朋友，中国来的科学家周健，在四十岁出头的时候就去世了，得的是乙型肝炎，他发明了世界著名的子腔胫癌的育苗；我妻子的姐夫、麦克·杨，在五十一岁的时候去世，他得的是心肌梗塞，因为他在香港营运一家旅游公司，工作的压力、香港日夜颠倒的生活作息及饮食习惯使他得病；在2007年，因为缺乏生理知识，我也失去知觉达两分钟之久。当时我在吃了一顿丰盛的晚餐之后，立即洗了个很热的热水澡，刚从浴缸里一走出来就晕倒了，因为所有的血液都集中在肚里，而使大脑缺血；还有在我们居住的小区里，我知道就有好几位邻居家的子女不是因为游泳就是因为车祸或生病在很小的年龄就去世了。可见人是多么的坚强又是多么的脆弱！在任何情况下我们都不能自以为是，而应在健康、家庭、事业、财富和娱乐方面都用心学习，精益求精。只有有了好的健康、家庭、事业和财富，也才有真正的、有价值的人生娱乐。有不少人是本末颠倒，以过度或无聊的娱乐为先，结果最终健康、家庭、事业和财富都损失了。

我也曾有三次发生心悸。在我去看过我的家庭医生王医生和专科医生之后，他们告诉我，我的心脏十分健康，由于我喜欢体育运动。我的症状是因为工作压力所致，因此我需要对我的工作和生活有更多的技巧和平衡。在经历了死亡的威胁之后，我们会更加看重我们生命的意义了。同死亡相比，我们能活着并能工作是很幸运的，所以我们日常生活和工作的挑战是没什么大不了的事。凡事不要焦虑，不要生气，尽量恪守诚信，提高效率，这样才会减少很多不必要的烦恼和压力。这也会帮助我们去爱我们的家庭成员，爱他人，更有宽容之心，为人谦卑而不傲慢。发脾气和提高嗓音都不是好事，也不值得。很多烦恼和压力也是因为我们办事不完美或效率不高而引起的。

就如我们在亚洲国家不少的企业家和小生意人那样，我妻子的姐夫在 2008 年 3 月 31 日晚上十点钟的时候还在电话上谈生意，他一急就突然倒下而去世了，没有任何的先兆。他是我遇到的香港人中最亲善、最容易相处的人之一，这很不公平。在我经历的三次心悸中，第一次是在每星期工作 100 个小时的创业初期，我每天干四份洗碗工和清洁工；第二次是在亚太中心的贷款期间；第三次则是在《每周快报》出版的期间。每次心悸大约持续几天或一个星期，而我每次都能通过坚持定期的运动，并且减少我周末的工作量很快地恢复。很多人相信对他们的生意、事业和财富是可以规划的，对生活却不能。通过别人和以上自身的经验和教训，我坚定地相信，我们的生活也是完全可以计划的。大多数的情况下，家庭生活的乱七八糟，都是因为缺少计划、认知和恒心。

作者与父亲、妻子、女儿及朋友王逸华、钟阿姨合影。

当然，不是每一个人都会变成百万富翁，或者活到一百岁，因为还有其他天时、地利、人和以及果断行动的能力因素。勇地产的座右铭是："做大，看远！"我们越是目光远大，我们就越能看到一幅更宏大的画面。知道这样的理想是可以实现的，促使我们能更持之以恒因而取得更大的成就，这样我们也就不会浪费我们宝贵的一生，而不会向一个普通动物一样来去无踪。我相信我们的生命是由这位真正的女神——复利的魔力—所控制的，它控制着我们每天的生活，包括我们的家庭、事业和财富。如果我们能遵循勇地产生活原则，以“健康、家庭、事业、财富和娱乐”为优先级，我们的一切都会变得更加完美。

任何家庭和生意都可能面临着挑战。在我和我的妻子之间，总会有很多共同和不同的爱好和兴趣，她除了排球和游泳之外主要专注于学校的功课。我是学校的文体委员，爱好广泛，但我们设法扬长避短，互利互补，找到一个平衡点，一个共同的兴趣，这就是为什么我放弃了足球和其他的一些爱好，坚持同她一起每星期两次打排球，每天同她一起散两次步，因为她喜欢这些运动。有系统和坚定的信仰和恒心的人能克服任何障碍。

除了鼓励我们的团队为了他们美好的家庭、房地产生涯和魔术般的投资策略有一个宏大的理想之外，我也鼓励每一位勇地产团队的成员，为他们的未来制定一个人生的计划，假定他们可以活到一百二十岁，当然并不是我们的任何一个人都可以活到这个年龄。就像世界冠军一样，只有一个，但是这无关紧要，所有人都有同样的权利去追求这种理想。要紧的并不是最终的结果，而是生命的旅程，这个旅程令我们感到美好并给我们以希望、乐趣和满足感。当我们退休的时候，不管我们成就了什么，我们可以自豪和自信地告诉我们的孩子们，我们尽了最大的努力，而且无限地享受我们生命精彩的奋斗历程。严格按照以上勇系统为人处世，即使我们没有成为世界冠军，这个旅程至少给了我们一个更好的、平衡的优质人生。延长我们生命的最好的、也是最有保障的方法就是有理想、有道德并采取立即、迅速的持之以恒的行动，在最短的人生里取得一般人数倍、数十倍以上的成就。

当我的父亲第一次听见我说的关于活到一百二十岁的长寿思维和理想的时候，他对我小声说道：“这话你就装在心里，别说出去，万一要是你或你公司的人做不到这一点，会有人看你的笑话。”然而，我不会去担忧别人怎样评价。我会不断学习、进取，按最好的方式过我的人生，并将此我能学到的最好的方式尽快传给我的家人、同事、朋友和其他志同道合的同仁。人生的可悲不是我们所订的目标太高而没完全达到，而是我们所订的目标太低，轻易达到就踌躇自满。狭隘的思想不能为我们的人生有任何帮助。人类的平均寿命已经从过去的四十几岁增加到了七十多岁，在澳洲已延长到八十多岁了，但仍然还是有人认为，一个更长的寿命，或者更大的梦想是无法实现的，因为寿命和理想是由基因决定的。正如我在前面提到的那样，到今天为止，还有一些国家或岛屿人民的平均寿命才只有四十岁左右。

作者父亲与孙子、孙女及爱犬“小天使”一起享受人间乐趣。

我的信仰是，如果活着没有梦想，这样的生命是单调和空虚的；如果光有梦想而没有行动，那仅仅是白日做梦；但是有了行动而没有系统，那是噩梦；如果有了系统而没有纪律、决心、重点和恒心，那么再好的系统也无济于事。从岩石、沙子和水的故事，我们知道，除非我们先把大岩石装进水罐，否则我们就永远没有机会把它装进去，也不会实现我们的梦想并将我们的潜力扩展到最大，因为在罐中已装满了泥沙或我们人生已充满了其他没用的东西。梦想一些似乎不可能达到的梦想，我们的生活会变得更加有趣。尽管即使到头来，我们只实现了我们理想中的一小部分，它仍然要比没有理想而一点不去采取行动要好得多。至少我们的生活会变得更完整、充实，对我们的子孙后代和他人也更有价值。

作者父亲在回国前与家人合照

这块大的岩石就是我们的理想，我们生命的意义和目的，那些沙子是我们事业的通道，而水则是我们最终财富的营养液。我的梦想是“勇 120 理论”会让我们的生活更健康、快乐。“勇系统”会让我们的事业更成功、有趣；而“勇百万投资秘诀”会帮助我们创造更多、更好的真正财富。

像世界冠军的职业目标一样，我们应该把活到一百二十岁作为我们的人生目标。不要以为它是不可能的。有了好的生活和工作习惯，我们可以在一定程度上延长我们的寿命，或者至少提高我们的生活质量和生命意义。请记住，国际计算机公司（IBM）的主席托马斯·华生（Thomas Watson），曾在 1943 年预言，整个世界的计算机市场不会超过五台计算机！在 2008 年初，美国加利福尼亚大学宣称，人类的生命可能被延长到超过八百岁！同时，澳大利亚国家大学的安德鲁·雷（Andrew Leigh）的研究发现，澳大利亚的青少年要比美国的青少年相对更容易实现他们成为百万富翁的梦想，因为澳洲不少地区的平均房价已达到一百万澳币以上。让我们的理想从今天就开始，让我们永远以微笑面对他人和人生。没有妥善、完美的计划和心灵的平安，我可能早在很久之前已变成了一个小老头，或会因心脏病或其他疾病死去，因我是一直都在白天工作期间追求极限，在同一个时间里同时处理上百件重要的项目和任务。正是因为勇系统倡导的平衡生活使我在白天工作时能全力以赴、精力充沛，在晚上休息时能与家人和朋友享受最宁静、愉快的生活，因我的手机一到家就会关闭。

爱心、宽容和乐观（LFP）是我生活的准则，也是勇系统的第一条规则。如果我们对我们的家庭、朋友、同事和哪怕是对手给予更多的爱心和理解，宽恕不可宽恕的人，总是保持乐观正能量，不轻易指责别人，重点集中在我们自己找到好的解决方法，没有痛恨，只有爱心、宽容心，一有可能就赞扬别人，我们的生活会充满阳光。

绝不要极端负面评价亲人、同事和朋友，不要发脾气，多鼓励正面的东西，让我们多同正面乐观的人相处。在我对公司员工的培训中，我希望他们在每天的生活里发现乐观正面的东西或透过意识的转变把悲观变成乐观，把不利变成有利。比如，我们亚太中心里的一架电梯有一点儿慢，当我注意到电梯里的人在对着门口高声喊着“喂！喂!”以便让它打开得更快一些的时候，我就让我的经理在电梯两侧的墙上都贴上一张纸，上面写着：“慢下来，在电梯里休息一会儿。”现在，在电梯里的人看到我的贴纸，就会微笑起来，不再烦躁不安。后来我又把它改成高峰时间多按一下按钮，让新来的人不再等太长时间。我们不可能控制我们身外的一切事物，可是我们总能设法控制自己，保持乐观。任何需要做的事情马上先做，绝不拖拉，这样我们会少很多烦恼。

我希望过一个简单、纯洁而平静的生活，同时又充满激情、爱好、乐趣和可以值得留念的、一个正直、有尊严和慷慨为人的生活。每天都努力工作，瞄准最高的目标，通过每周或每天的锻炼保持健康，早睡早起。我们一定要有一个好的作息习惯，永远不要把自己的身体推到极端，知道如何放松，特别是如果已经出现了警告的迹象。不要痛恨别人或者寻找报复，记住要原谅、尊敬和宽容别人，哪怕这样做很困难。每顿饭都要吃大量的绿色蔬菜、充足的水果和喝足够的水，因为，如果我们忽视我们的身体，每晚看那些无聊的电视或玩计算机到深夜，像一部汽车，没有定期的保养和适当的休息，那它很容易就会坏了。不要为不必要的事而烦恼，永远要将过去留在脑后。当我们碰到问题的时候，要找到解决问题方法并立即执行，然后放松，继续向下一个目标前进。

我和我的妻子过着一个简单而健康的乡下人的生活。我们很少穿“大名牌”衣服或时装，偏爱朴素的棉布衣服。在不打球时，我们通常每天喝一小杯不太昂贵的红酒，其酒精浓度在12.5％，可减压，对心血管也有利，还可帮助防癌，因红酒含碱性。除非是参加一个重要的宴会而必须正装，我通常不带领带，这样我的喉咙不会感到窒息。我穿普通的衣服和拖鞋，更喜欢在我们的起坐间的里赤脚走路，因为这样我们同大地离得更近，也更加舒服得多。

遵循我为我们的房地产顾问们设计的“理想的一年、一周和一日”的计划，能使我们的团队保持一个稳定高效的事业和平衡的家庭生活。如果严格按照这种策略，他们中的任何人在退休时都有可能至少拥有五个到五十个房产。勇系统鼓励大家避免在星期天工作，除非是有真正重要或必需的预约，因为我们需要每周有一天休息，这样工作才更有效率。一回到家里就关掉手机，在关上手机时，总是设定到留言的状态，这样当我们一回到办公室就能检查我们的留言和电子邮件，若有必要也可从家里直接查询电话和电邮。总是将工作和私人生活分开来，尽量晚间不在家里工作。尽管我们的事业像钓鱼或爬山一样，把它当作一种既迷人又有乐趣的运动而不是工作，我们总还是需要一点休息的时间来享受我们的成果。以这样的方式生活，时刻都有乐趣。生命的良药就是热爱和享受我们的事业，否则它就会变成一种痛苦的无期徒刑。

我们需要稳定而和谐的家庭生活，周围有乐观、向上、事业有成的好朋友，而不是一些无聊、闲聊的人。我们应当不停地学习，总是设法找到更好、更安全的投资策略，并诉诸行动，或者同一位专家结盟，来分担风险和成本，这样在一天的工作之后，我们不会再有其他的烦恼。总是要诚实，这是最好的政策。总是要微笑，以表达感恩之心，并从错误中吸取教训。一切发生在我们身上的事，都是我们人生的礼物，关键是要找到这个礼物是什么。

总是带着一颗真诚、善良的心去爱护和尊敬你的家人、同事、朋友和他人。感激一切并尽一切努力享受工作，把所有的同事和客户当作家人来对待，不然的话，生活将是很可悲的，因为我们的大部分时间都必须在工作场所度过的；总是要对家人、同事、朋友和事业忠诚；总是要存慈善之心；不要拖延，而要立即采取行动；“今天”而不是“明天”，“马上”而不是“等一会”；做事要有条理，有体系，这样就会减少精力；对我们所作、所说的要有热情；不要闹分裂，不要引人气恼，不要随意当面指责别人，而要多鼓励和赞赏；不要酒后驾车，不要让自己感到无聊；不要冒不必要的风险；不要过分投资贬值的东西，比如大船、飞机、过于昂贵的汽车和豪宅；不要有意去赌博，不要有不正当的男女关系，更不要去吸毒，因为其后果更痛苦；最要紧的事，不要早早地就退休，然后每天坐在电视机或游戏机的前面，等待死亡的来临！让我们自己在真实的世界里做实战游戏会更有趣得多，回报也更高得多，而不是坐着看人家表演，帮别人创造财富，同时让计算机的屏幕把我们弄得头昏目眩。

在我们的人生中，如果我们先把大岩石放进去，带着人生的目标和意义过活，这样，哪怕我们在四十岁或者七十岁去世，我们已把自己的生命延长了一百到二百年。

在新的一年开始之前，我会把我单页的“年度计划表”更新，然后让我的助手帮我事先记录在新年手机的电子日记本里。这种每年半个小时的计划，会改变我们的人生，对自己健康的身体、幸福的家庭和成功的事业的最好策略是和善与诚信，对他人提供有益的建议和服务，这样我们的生命也会变得更有价值，我们也会感到更加开心，同时也有助于我们的自尊心。下面的“理想的一年一周和一日”，正是我自己长期所遵循的。

在我理想的一年里，作为一名基督徒，每个礼拜天是休息的一天，除非在某些星期天里，我有事先安排好的、真正必要的同工作有关的约会。有些宗教容许星期天工作，但星期六必须休息，所以至少每周一天用于休闲是必要的。不少房地产顾问每星期工作七天，却收入不多，有些人则三天打鱼，两天晒网，或三心二意，其收入更少，所以这种平衡的白天全力以赴的工作和晚上宁静愉快的休息是十分重要并受益匪浅的。在这个休息的日子里，如有可能应该尽量没有预约的活动。手机应当处于关机的状态，让所有打进来的电话留言。我通常要求我的首席助手记录所有其他重要的日子，包括每年的销售年会、行政人员、物业管理人员培训、我个人的超级团队、商务分部和房地产开发分部的培训等等，还有每周的各种培训、会议，每月的公司培训、每月一次的家庭日、高尔夫球比赛日、每周两次的排球日、每星期日的家庭时、高尔夫球练习日、其他周年纪念、公司家庭日或运动会的日子、家庭和公司成员的生日、公共节假日、年假、教会的时间以及每年给我奶奶和父亲上坟的时间等等。所有这一切的日子都被事先登记在我手机的电子日记里，这样绝对不会忘掉，永远不会让人失望。

我在白天可能是世上最忙的人之一，然而，整个晚上都是属于我的家人和朋友的，从来没有手机的干扰。我的妻子也几乎不用手机，或最多用于临时打电话。我看到不少新西兰的房地产公司强制要求房地产顾问必须将他们的家里电话号码也印在他们的名片上，这是一种很不明智的做法，因为这些人员中的好些人很快就会筋疲力尽，家庭生活会受到影响，工作效率不高，精力不够充沛，其事业也不一定会长久。

我依靠一个良好的体系来掌控各种大事，使企业能很顺利地经营。如果我需要重复任何一件事情，哪怕是一次，我就会把它变成一个系统，或有一个清单，不管是工作还是旅行。它会使我们的生活更加轻松、容易，因为它把事情变得做起来更有效率，而错误也可以不犯或少犯，压力也可以减少很多。我为我们的销售团队所设计的理想的一周日程如下：

星期一：在下午四点钟，每位房地产顾问的“业绩指数单（KPI）”的总数需要填好，里面总结了整个星期的营销情况，并在星期二早晨培训时把它交给销售经理。他们需要在下午四点钟到六点做业务拓展，同时给独家代理的卖主，在平时每天的口头汇报以外再做每周一次的书面汇报。我的加盟拓展经理们、行政总监（COO），征地和开发经理、物管经理以及其他的经理，包括我自己，都有不同的“业绩指数单”。在每天回家之前填好，就像写日记和商店的每日盘点一样，这每天一分钟的工作绝不会影响每个人的生活，但肯定会帮助我们提高效率，少走弯路，库存丰富。

星期二：从早上八点到十点，是销售培训和室内参观最新房源。其余时间做业务拓展。

星期三：做业务拓展。

星期四和星期五：做业务拓展。

星期六：上午八点到十点做业务拓展。其余时间开放参观和拍卖。开放参观的时间共有五个时间段，所有其他的时间均需预约安排。

我们每天至少有两小时的时间用于新业务的拓展。对于一个公司内部的小型团队，如果要每个月销售十个物业，主业务员必须每天有两到三个新房源的约会。新的业务员每天花六到八小时的全力拓展业务，或者先从助手或买家代理做起。

虽然我最初每星期在公司工作至少六天，但在过去的几年我通常只在公司工作五天半：星期一到星期五从上午八点到下午六点，星期六从上午八点钟到中午，以便我有更多时间在家完成中英文自传及多一些时间做市场调研和总体规划。时间管理是我们人生最大的一个技巧之一。我的书桌上随时有两个钟来提醒我在电话上讲了多长的时间，这样可以保证我准时参加我的各种会议和约会。如果我迟到，我会打电话。我每天在回家之前填写我自己的业绩指数单，我也不时参加由我的行政总监、销售经理们和总经理主持的管理、销售或物管培训，不时也顺便去视察我的分公司和加盟公司。

除了彻底地享受我工作的成就和乐趣之外，其他最快乐的时间就是同家人和朋友一起运动。通常，每个星期三和星期天的晚上我和我的妻子、朋友们，包括有时有总领事馆的商务理事杨领事和李领事夫妇，一起打排球；我原来每星期二晚上打乒乓球，后来改成高尔夫练球，星期五、六晚上和星期日饭后都与朋友和家人一起打几圈台球。书本也是我最好的朋友。在其他业余的时间里或者在周末，我最喜欢的就是看书或看一会闭路电视的体育频道，特别是足球比赛。我每星期在业余时间里都快速浏览相当于一本到两本的书，作为我自己继续不断培训、充电的一部分，主要专注于商务或房地产方面的内容。我每周末都浏览《快递邮报》，每星期看《每周商务评论》周刊，其他成功人士的自传、《昆士兰房地产协会月刊》、《售出》杂志、《房地产开发商协会》杂志、《南十字星》、《家庭地产》杂志及其他物业书刊、电子新闻、四份中文报刊，主要是看看标题，除非它是有关真实的商务或者房地产有关的故事或报道。当然我也每年必读《澳洲200首富》、《昆州100首富》和《昆州400强私营企业》杂志。阅读给了我更丰富的管理经验，也给了我更好、更广泛的机会购买更好的物业。从自己和其他人的成功和失败教训中，我学习到了更多宝贵的经验，抓住了更多绝佳的机会，并避免了更多不必要的风险。

在星期天和公共节假日，除了完成我的自传和参加我每周的拍卖之外，我至少每天在我家里遥控检查一次公司电话录音留言和电子邮件，看一些书，做一些市场研究，从我的家庭办公室处理一些紧急事务。对于紧急的电话，我会回电，以确保约会时间总是在工作时间进行。其余的时间是用于我整个家庭和朋友的。我们会出去做短途旅行，或在家打麻将、玩乐器、打乒乓球、台球、网球、足球、篮球或做其他游戏，如“垄断”、“殖民者”等等这些房地产游戏，教会我的孩子们物业投资的乐趣和技能，有时也在家里的私家果岭练习高尔夫球、游泳或者打理花园。

我最享受的时间是静静地坐在我以前凉棚变成的私人书房里看书，透过玻璃墙俯视我的两个游泳池、网球场和儿童游乐场，并享受世界上最成功的企业家或房地产开发商的故事。他们是真正的有远见、勇气和魄力的人。我用周六下午的时间，开车上班的路上或出差的机会去思考公司发展的策略，寻求新的生意机会，而利用平时六天的工作时间实践我的策略。我在厕所里、私人书房里、家庭房里和床头上都放着粘纸本或会话录音机，可以随时将所想到的好念头马上写下或录下来，这样我可以不用一直想这些念头。我的孩子们也已经开始习惯他们自己的理想的一周并努力完成。尽量早睡早起，有时间就去锻炼，与家人一起娱乐，而不是像他们从前那样，一直在互联网上或者在电视机前浪费太多时间直到很晚，然后第二天早上一直睡懒觉。

以上是我所遵循的基本日常规则，这种常规安排也同我公司的团队成员和我的家人一起分享。我从前每星期日下午在库帕斯平原（Coopers Plains）区的布列顿公园（Britain Park）踢足球。后来我把我的运动改变为打排球，每星期两次，在格利菲斯大学（Griffith University）室内运动中心或有时在我家里的网球场，同我的妻子，还有十多位现在一起打球的其他的朋友，比如陈南华和他的太太王玉萍以及赵晓齐、刘西安、杨爱君、王建平、王步天、王雁章、林圃、钟正华、张亚运、郑干明、比尔·张、凯蒂·洪及四川老乡李锋等等。中国驻布里斯班总领事馆的商务杨领事和他的太太李领事有时也加入。赵晓齐在过去十年是勇地产的信托账户经理，我们是朋友、球友又是同事。我有时也去台湾中心或在家同一帮朋友们像施先生、陈先生和李先生等等一起打乒乓球，后来我又提议并促成成立了“澳华商会”的“澳华高尔夫球俱乐部”，每月第二个星期天大家一起打球、比赛和联谊。除了来自我工作场所精彩的挑战之外，运动无疑也是我的其他最幸福的时间之一，因我喜欢有竞争性的氛围和团队精神，我喜欢通过我不懈的努力成为赢家，而不是输家，成功者而不是失败者，对社会和家庭有益的人，而不是一个只会索取或闲聊的人。

我理想的一天是这样过的：

我一般从早上五点钟开始我的一天。起床后先是称一下体重，然后喝一杯净化水，冲一个淋浴，然后像台湾企业家之神——王永庆一样，用干毛巾做一个短短的按摩练习，他在2008年去世时，高寿九十二岁。然后，我会做一些与排球和高尔夫有关的运动以防受伤。下楼后，我会简单做一些跳绳运动，然后很快地阅读或完成我的英文和中文自传，之后就回微信、短信和电邮。

我不管是否肚子饿，都会在早上六点四十分吃一顿健康的早餐。我妻子是个健康和美容专家，因她读的所有的书几乎都是与健康和美容有关的。我的早餐包括高钙牛奶，一个鸡蛋，各种不同的坚果或种子、新鲜的蔬菜、麦片混合稀饭，再加上一些多元维生素丸或鱼油等。不管我们的碗是由我们的管家或孩子们洗，每个人都必须在吃完后将碗放进洗碗槽，以表示对别人的尊重和照顾，并马上用清水漱口。吃完早餐后我会花十五分钟和我的妻子一起散步，八点之前到达公司，开始每天与我部门经理或我个人超级团队的会议或培训。我们绝大多数会议都不会超过半小时，所以在大多数其他同事上班之前，我已开完所有的会议。一旦开完会或回到座位，我会马上检查我的电话录音，它总是我的首要任务，然后快速查阅我的私人助手打印出来的重要电子邮件和其他文件，并把他们分类，重要的马上处理，或用手握式录音机录下我的回复以便助手打印并送出。后来为加快交流的速度，我也开始直接回电邮。

上午大约十点钟，是我的早茶时间，我会吃一些水果，并且散步两分钟，呼吸些新鲜空气。在同客户、同事重要的会议中，或公司培训中，我不接手机或把手机关闭。一旦开完会马上回电话和电邮。如果可能的话，在打手机或回答手机电话时，总是用扬声的功能，离头部较远。在驾驶时，总是用我凌志混油汽车的蓝牙扬声功能。在办公室里，我总是将手机放在书桌旁较高较远的地方，而不是放在身上。我始终把电话设置成如果响了四次，还没能回答，或在关闭的情况下，电话会自动转到我办公室的专线电话，让打电话的人可以直接留言，而我只查看一个留言信箱。如果我方便接的话，我会尽量在铃声响后的一声之内接电话，以节省别人和自己的时间，这也是勇系统六星级服务的要求之一。

吃完午餐后，我会花五分钟散步，帮助我的肠胃消化。以往每天中午我都在餐馆吃，后来医生查出我已开始有轻微的脂肪肝，因而我改成了每天带家里做的健康食品。散步后按照我理想的一周时间表处理其他重要文件或做业务拓展。在每天工作的时间里，我至少喝三到四杯净化的水或茶，从不喝咖啡、含糖的饮料或吃其他垃圾食品。下午三点钟左右的下午茶时间我会同样吃些水果，然后快走两分钟，呼吸一些新鲜空气。

我通常在六点过一点离开办公室，除非我有重要的预约。如果我需要晚回家，我总会尽量设法打电话回家给我的妻子，让她知道发生了什么事，因为我全家八口人总是尽可能在一起吃晚饭，这是我们最值得珍惜的时刻之一。与客户或朋友的聚餐我会尽量安排在中午作为工作餐边吃边聊。回家之前，我会填好我自己的“业绩指数单”。一回到家，我们的手机就全部关上了，自动转接到公司直线电话的语音信箱。到家时孩子和家人们会主动与我打招呼，欢迎我回家，我也不时问他们“今天过得怎么样”？或“今天最大的收获是什么”？

我们餐桌碗碟的设计融合了西方和亚洲的风格。虽然所有的菜都像以前那样放在可转动的桌子中央，我们每个人都会有一个小碗、小盘和筷子。小盘里先装好不同的菜肴，个人的筷子是韩国式样的，为了卫生的缘故，我们用不锈钢做成的筷子。在做了餐前谢饭祈祷和祝酒之后我们一般在晚上六点半左右进晚餐。

晚餐包括足够的蔬菜，也有一点鱼或肉，最后有一大碗汤。晚餐之后，除了打排球、乒乓球、台球或曾经一度勇地产特有的“演讲俱乐部”活动以外，我和我的妻子原来会看一会儿卫星电视节目，比如凤凰台、星空以及其他中国各省的卫星电视节目，最近几年，主要看租的或朋友之间借的韩国或中国的电视连续剧DVD。尽管我们装有英文的收费闭路电视，我通常只是看一点足球比赛而已。到八点，我们会吃一些水果，再散步三十分钟，然后冲凉。冲凉后继续看一些轻松的DVD连续剧，直到九点三十分以前准时入睡。

我们之所以很多年以来都不再看免费电视，而是看DVD或收费电视，是因为在里面我们不会被广告打断，所以我们在一起有更优质的时间，同时也帮助我放松和睡眠。我每晚睡前都会检查我的闹钟，如果因打球等原因上床太晚，我就会重新设定闹钟的时间，这样我每晚总是会有七个半小时的睡眠时间，这样，我能得到重新充电，第二天才会有充足的精力去工作。

如果我们认为工作中的纪律、系统和生活中良好的习惯难以做到的话，那么，由于没有良好的纪律和好习惯而对我们的事业和家庭的影响要糟糕得多，一个成天被客户、同事或家人抱怨的人生，绝不会是一个快乐和有自尊的人生。我们的客户和我们家庭成员们的满意，会使我们的生活变得更好、更简单而且更愉快得多。有效地工作和沟通会立刻将效率和收入提高两倍、三倍甚至更多，并能由此而间接地延长我们的生命。有了有效时间管理的帮助，我总是在我的书桌上放一个额外的钟，在电话上也有一个，这样可以帮我提示谈话时间，使下一个约会不会迟到。准时、守信、及时回电话和及时给予回馈意见是做人最重要、最基本，也是最容易让我们成功的原则，因为它是任何一个人都会欣赏的优点。如果我发现自己赴下一个约会可能迟到，我总是打电话通知对方，并在到达时再次道歉。

经常保持微笑，对人热情并主动与人打招呼。经常扪心自问："今天我能做些什么可以使别人的一天充满阳光？"从每一个错误中学习，改正并马上分享给大家。每件事需要重复两次，就把它变成一个系统。永远记住，勇系统的3W即卖主赢，买主赢，我们才会赢，永远记住我们应该像对待自己最好的朋友或家人那样来对待客户，这样才能创造信任和三赢的结果。

我培养我的孩子们从小就要有理想的生活方式。以前他们总是看电视、玩计算机游戏，一直玩到晚上很晚才睡，第二天上午全部睡懒觉。现在，这些年轻的孩子们都已经养成了早睡早起的习惯。我的大女儿黄永恒，从十三岁起已经在勇地产开始了她的临时工作经验，从接待做起。她总是平静而又放松，美丽而又端庄，为人极为友善、礼貌，边学习，边兼职工作，很少上过任何额外的补习课，却也考到了OP 3，这正是我们期望她要达到的。我们对孩子们的要求是至少达到OP 5，尽量争取OP 3。我们并不要求他们达到OP 1，因为这样他们很可能会放弃很多获得快乐的现实生活经验的机会。

虽然我们在功课上只要求他们达到OP3，可是对于他们的性格、行为举止、乐观向上的态度、努力工作的操守和真实问题的解决能力，却期望他们能完美无缺。孩子在他们对事业的选择中，需要得到家长的指导。放任让只有有限知识的孩子们来选择他们的学科和事业，是不负责任的家长行为。儿童的选择通常只以他们或朋友的最初兴趣为基础，而这个兴趣可能离现实中的实际性或实用性相差太远，因而让他们的一生碌碌无为。如果完全由他们自己来选择而没有父母的引导，他们中的大多数人，会选择成为演员、音乐家、运动员或者画家，不少人只会虚度时日，因为只有极少数的人能够成为出名的演员、明星或艺术家。比如，我最初问我的儿子，你将来的目标是什么，七岁的黄永丰说他要当邮递员。可是在八岁时再问他想当什么，他说要做园丁。

当他刚刚过了九岁生日的时候，我再问他，他说他要成为勇地产的顶级房地产顾问。我所有的孩子们包括侄儿都会在大学里学习商务课程，专修“房地产和房地产开发”，我们带大的我太太的侄儿张小义于 2012 年大学“房地产”课程毕业后也马上加入了我们的总公司，并很快成为公司销售冠军。

作者儿子（后排左二）的全班照——华人在当地已占大多数。

我们在他们的生活经验方面每天都辅导他们，即使是我的最小的女儿黄永翠，在她五岁的时候，就在晚上八点三十分上床，早上六点三十分醒来，参加我们的常规体育锻炼，围绕我们的网球场跑十圈，然后冲刺、跳高二十次和跳绳一百次。早上，我们八个人的大家庭，每人都忙着做某种形式的运动或学习，不是在网球场、在有草皮的花园区域，就是在我们健身区，全家都生气勃勃，精力充沛，充满希望、笑声、愉快，最重要的是和谐，因为我们有意识地避免任何打人、骂人、叫喊、悲观或懒惰行为，这就构成了我们乐观和谐的家庭文化。

为了进一步加强我们的家庭价值观，巩固家庭成员之间的联系，除了晚餐时的祈祷谢饭，我又发明了家庭日和家庭时。家庭日是在每个月的第一个星期天，家庭时是每星期天下午三点到四点四十五分。在这期间，除非是同紧急的工作有关系，我们家没有人（除了我的岳父母之外）允许看电视，听收音机，或玩计算机游戏，因为这些东西封闭、疏离家庭成员。如果有什么十分特殊情况不能参加，我们也尽量把此时间改到另一个大多数人都能参加的时间。这种“原始”的生活帮助我们彼此结合在一起，一起游玩，打牌，打麻将或一起做一些更有益于和谐家庭的事。

同时，我也从皇家防止虐待动物协会（RSPCA）买了一头室外的看门狗。我把它叫做“天使”，因为它似乎是像我们另一个年轻的女儿一样。我的孩子们和其他家庭成员都非常喜欢它。我们分担有关护理它的责任，我每天早上负责喂它，我的女儿和外祖父负责为它洗澡并且收拾它的粪便，我的妻子负责买狗粮，并带它去兽医诊所那里打预防针并做每年的检查。狗是最聪明和忠实的动物之一，它们既勤劳又忠心耿耿。每次我想到“天使”，我就想到人类的关系，也以此来教育我们的小孩为人之本。

我个人信仰永恒的爱，这也是绝大多数现代男女的梦想，而不仅是我们祖父那一代的人才有的。我知道这对每一个人来说并不是容易的事，可是只要我们相信并且尽我们最大的努力，总会有成功的机会。如果我们一点也不相信，不为之而努力，机会就会是零。永远不要匆忙地进入男女关系，永远要学会控制。我和我妻子都希望我们的孩子们在大学毕业之前要专注于学业，到了大学快毕业或毕业以后才交男朋友或女朋友。到了那个时候他们才会对人生和人品有较好的理解，并对自己的终身伴侣有较好的自我判断，因为我们不希望包办他们的婚姻。一旦一个深思熟虑的决定在父母的指导和认同下决定了，我们希望他们双方都能投入无条件和永恒的爱，在人生的过程中专注解决方法，不自私，不背叛，多包容，善理解，并且随时把对方的利益放在第一位。

为什么有些过世的西方人选择把他们的遗产传给慈善机构甚至留给狗，而不是他们的配偶、儿女、亲属或其他的人？如果没有信仰、忠诚或爱护，生活将是不完善的，也会因此而失去很多。看到像西方的电视连续剧《人人都喜爱雷蒙》，其中孩子们对待他们的父母的自私和不尊敬行为，还有《家和离家》以及不少西方和亚洲电视剧节目里年轻人成天的幼稚行为，每天无所事事、昏天暗地地混日子，和纠缠不清的男女关系的确让人感到无聊或可悲，这也是为什么多年来我不再刻意地去看免费电视的原因之一。所谓百善孝为先，难以置信的是大多数西方人，甚至不少海外出生的华人连孝是什么意思都不知道，大多数人都不认识英文 Filial 这个字，因为在日常生活中几乎没有澳洲人用这个字来教育孩子和他人，还有个别好逸恶劳、目光短见的儿女为贪眼前利益，在父母去世之前就把父母告上法庭争夺财产，实为愚蠢或不明智的做法。

我理解，有时确实是会有足够的理由让家庭和婚姻破裂，比如有人有了婚外情，或者是毫无希望地懒惰、自私而引起的麻烦和家庭的不和谐。然而，只要另一方是一个诚实、勤劳、正面的人，有前瞻性和有诚信，有好的信仰，是一个“实干的人”而不是一个光说不干的人，专注于“解决方法”，而不是“问题本身”，始终正能量积极思维而不是消极思维，不管家庭背景怎样，不管其有没有钱，只要有足够的爱、忠诚、上进、宽容，全心付出和奉献，很多婚姻是可以长久、和谐的，永恒的爱的梦想也是完全可以实现的。

回到中国，记得在2006年，我看过一部四川卫星电视的纪录片，报道《成都日报》的最佳记者、销售员，他几乎每天晚上都陪客户在外面吃饭。如果他的太太想要同她的丈夫一起吃一餐晚饭，还得跟他约时间。我看到新一代中国人的这种努力工作的态度，印象非常深刻，然而，如果我们能够更有效率地计划安排，尽量把应酬在白天完成，晚上同自己的家人、朋友分享更多的时间，我们的生活就会更加平衡、持久和有意义。

我理解，虽然在中国这个崛起的时期，人们不得不付出更多来取得更多的成就，但我同时看到现在，随着财富增加，不少中国人，从有些政府官员到成功的企业家都开始意识到，他们的个人健康和家庭生活是比金钱和权力还更重要得多。这些烟和烈酒不可避免地正在慢慢地伤害他们双方，相当于慢性自杀。通过放弃同他们的“客户”或政府官员们过分的喝酒或吸烟，他们正在把他们的生命和事业提高到另一个更高的层次。

最后，我们也许不会变成世界上最富有的人，可是通过实施勇系统六星级的服务、六星级的家庭、六星级的友谊，我们理所当然会是世上最成功和幸福的人之一。

第二十章　勇系统超级办公室概念和六星级服务

2002 年

一个人会死，一个国家会亡，可是一个主意会长存。

——约翰·肯尼迪

驾驭着千变万化的房地产市场，我不但建立了我个人的大规模房地产投资组合，也亲自出租或出售了亚太中心的物业，同时还在我公司建立了一个强劲的物业销售团队，光总公司就拥有60名团队成员！

2003 年，《昆士兰商务评论》（Queensland Business Review）杂志接管了《昆士兰商务》（Business Queensland），并且在停顿几年后重新颁发了“昆州 400 强”的名单，可惜此杂志在 2011 年后再次停刊。澳大利亚最大、营运历史最久的会计事务所之一 BDO 肯多（后来是 PWC）、昆士兰科技大学（QUT）和昆州政府被该杂志委任来做昆士兰州私人公司的排名。这个排名是以这些公司力量的三个主要指标来做基础的：公司的营业额、公司雇用的员工数和公司的资产。这同昆士兰房地产协会专为房地产公司排名的方法很不相同，在他们的方法中，公司的销售表现和公司的强劲程度只占所有的排名因素的百分之十五，其他的因素基于在报上登了多少由卖主付的广告费，参加了多少次由昆士兰房地产协会开设的培训课或会议，或者获得了多少客户的见证信等等。

昆州 400 强的排名包括昆士兰州所有四十万家私营企业或公司，不限于房地产公司的范围，这是我真正有长期兴趣的排名。与昆州一流的企业看齐，这样我可以着重于我能改进的区域，可以把标杆提得更高。我的目标不会是马路对面街角上的小型房地产中介公司，而是与昆士兰州最大的企业，比如“超级 A－市场”和“金菠梦”等等竞争。“超级 A－市场”的创立者，约翰·凡·利使浩是昆士兰州第一个十亿澳元富翁，在 2006 年他已拥有十一亿六千万澳元的财富。他在整个昆士兰州和新南威尔士州的北部拥有二十二家大型家具店，他的生意自从在 1970 年建立以来就一直是一家私营企业，在那之前他拒绝了很多的提议想把他的公司变成一家股票上市。此公司后来也被一家专业私人投资公司收购。

我公司的真正目标类似于丰田汽车公司（Toyota Motor）、三星（SAMSUNG）美国快邮（American Express）、喜来登（Sheraton Hotel）和麦当劳（MacDonald）。从 2006 年开始，丰田汽车公司不仅是最成功的，而且也是世界上利润最丰厚的汽车制造商，其净利润占世界所有汽车公司的净利润总额的三分之一。日本的其他汽车制造商的净利润总和又占了世界所有汽车公司的净利润总额的三分之一，而剩下三分之一的净利润由世界所有其他汽车制造商们分享。丰田也是澳大利亚汽车市场上最盈利的汽车制造商，其净利润是 5000 万澳元，而 2007 年福特汽车公司在澳大利亚市场上的亏损是两亿澳元。福特购买的英国 Jaguar 和 Landrover 汽车厂的项目，花了他们 100 亿澳元，最后他们在 2008 年 3 月把这两个车厂以半价卖给了印度的塔塔汽车公司（Tata Motors）。塔塔公司同样会面临一个十分强劲的挑战，就是打破英国强大的工会对企业的控制，希望此企业能由此而扭亏为盈，并避免关门。

我去世界各地考察，参加各种研讨会和大型房地产中介和开发会议，不光是学会了最好的市场营销的策略，同时也学会了物业投资和开发的策略。每次旅行都会花去我 3000 到 20000 澳元，以便我所有的团队成员们可以免费分享我所有的经验。我要求我所有的孩子在全职加入我们的家族企业工作之前都去麦当劳、中国餐馆或专业的清洁公司打工，目的是让他们学会吃苦和有效的管理方法，让他们亲身体验到运营一家公司并非是一件容易的事。他们将会发现自己得面临很多的挑战，并且需要速度和效率。

作者女儿在麦当劳打工时与家人合影

同丰田和三星的品牌一样，因其在汽车和电器行业中的优质、可靠和合理价格的声誉而著名，我也想让勇品牌在房地产业中被看成是世界上最好的系统，其质量、可靠性、努力工作的德行和只有勇地产才能提供的、全面的、当地和国际市场营销，全

作者（左一）与当时布里斯班市长 Jim Soorley 等人的合影

方位的服务能深受大众喜爱。每当人们想到房地产，我希望他们只想到勇地产的六星级服务以及百分之百的买家来源。

勇给它的房地产顾问们的报酬更合理，更灵活，从 50%到 80%，同时也给他们、他们的家庭提供永久的商誉和利益，因此为我的特许经营“加盟连锁店”以及他们的“内部加盟业主”创造了一个长期双赢的局面。这也能使他们对他们自己的行动变得更可靠和更负责任。在勇地产，我不允许把任何人称为“销售员”，也不允许任何人称我为“老板”。我们的关系更多的是一个“加盟盟主”和“加盟商”之间的关系，“教练”同“冠军”之间的关系，或者是“服务提供人”同“朋友”和“客户”之间的关系。我们之间没有因为上下级别划分所造成的冲突。我的信仰永远是，一名成功的“员工”之所以会成功是因为他们总是把“老板”当作第一位、也是最重要的“朋友”和“客户”来对待，而一名好的“老板”之所以会成功，也总是因为他们会把他的“员工”当作第一位、也是最重要的“朋友”和“客户”来对待的。他们才是能真正改变我们命运的朋友，而不是那些小时的孩童和成年以后的个别酒肉朋友，这也是我自己的亲身经历。个别人之所以失败和永不快乐，就是反其道而行之，把自己的“员工”或“老板”不当成好朋友和好客户，而仅是一种得过且过的谋生工具，所以他们在人生不可避免的谋生或工作期间都痛苦不堪或平淡无聊。

勇地产并不仅仅是另一家加盟房地产公司。它是一家完整的房地产公司，将房地产的营销、管理、投资和开发有关的服务结合在一起，是全世界最独特、最完整的房地产公司，因为大多数其他房地产加盟公司仅局限于代理或者物业管理。勇地产额外的物业投资和开发有关的相关服务的培训，让我们的加盟商和他们的团队更多、更好地了解房地产。这就加强了他们对物业投资好处的信仰，并使他们能通过完整的营销服务，包括最初的购地、产品的组合和设计特点等帮助他们的卖主和开发商，通过团队营销使其物业或开发项目的促销达到成功，对任何买家或投资者来说，甚至对房地产顾问本身也是一个最重要的通过房地产投资来创造财富的方法。

如果中介商们自己并不拥有相当的物业，不能透彻地知道如何算成本、回报、长期好处和风险，他们如何能给房东和买主们以正确的忠告呢？他们如何能说服买主或投资者，房地产投资是创造财富的最好方法呢？他们又如何能深入理解并有效地为一个项目作全面有效的市场营销呢？我在 1997 年开始的第一个小型开发项目就是从我的客户台湾来的罗杰·廖先生那里购买已经分割好的土地，在克雷斯梅德（Crestmead）开发房屋加土地的套餐，因那时没有人愿意购买。我在这个新小区里建造了四睡房、双车库的投资物业，来为开发商带动市场，建成后马上被曾借给我房地产投资书籍的同事保罗·金德买去。从那以后他继续在勇地产工作了十年直到几乎完全退休，而此物业的价值也在同一期间涨了三倍。当时廖先生开发的几十块地首先给当地一家西人地产公司"雷恩和浩恩地产"，但他们在整个一年中没卖出一块土地。在我接手后，在几个月内帮廖先生卖掉了所有的土地。

勇系统总是相信，市场营销的优秀性在于重视培训，包括我们整个行政和销售团队，并以此来达到和谐的家庭生活和六星级的服务，为我们的客户获得更好的结果。这一点不仅被包括进了勇系统，而且后来也被加进了我们的房地产顾问的雇佣协议和加盟公司的特许经营协议之中。在每一个办公室里，都有一名"六星级服务干事或经理"来服务于公司的客户和销售团队，使整个公司都习惯于这种六星级服务的文化，比如，如果可能的话，像在听到电话铃声响了一次就回答电话，为我们的客户做一些他们所没有预期的事情，或者是一些其他人所不愿做的事，这就是勇地产所立足要做到的。我们的目标是在工作场所提供六星级的服务，在家里创造六星级的家庭，同朋友和他人一起享受六星级的友谊。

六星级的服务是我们持之以恒地努力达到的目标，不管这个过程多么曲折，多么困难。不仅我们对新进员工有两星期的就职书面培训，接下来还有每星期的公司培训和每年的年度大会。我们也许是全世界少有的加盟公司，由公司而不是员工支付年度大会的会费。

勇系统是我的梦想，目的是向我们的客户提供六星级的服务，给我们的房地产顾问提供世界上最公平的薪酬结构。他们不仅只付很低的加盟费，同时其相当一部分加盟费又是被用于全球和当地的慈善事业！这是我将终身追寻和不断完善的全球最有道德、最理想的系统。

我想有一个系统，在这个系统里，人们是同教练、领队和行政后勤团队一起工作，而不是为老板工作。我想让这个系统提供世界上最公平的薪酬结构，可以充分地体现真正共产主义的理想——“男女平等，多劳多得，少劳少得，不劳不得”，所以我们永远不需依靠换公司来得到更高佣金比例，而是可以自动随业绩而增长，因而可交更多的税，同时得到更多银行的支持。这样一个有效的体制可以避免“平均主义”带来的惰性和灾难，因而可以建设一个更公平、强大的国家和家庭，因而也才有能力去更好地照顾老人、儿童和其他真正完全不能生活自理的人。

我想要有一个系统，这个系统可以提供公司内部的免费培训，每星期一次，培训内容包括拍卖商业和民宅的销售、项目工程营销、物业投资和开发相关的服务，还有一年一度的年度大会，全部是免费提供的。

我想有一个系统，它给房地产顾问提供永久的商誉，这样，任何今天通过名片和发出去的信件而建立的联系，客户们甚至会在二十或三十年之后，仍然可以通过专线电话直接找到我们的房地产顾问。在那时，每个电话对我们来说都可能价值 5 万到 10 万澳元；我想有一个系统，在这个系统里我们可以从起初就学习耕种或捕鱼的技术，这样整个大洋都可以成为我们的市场，而不是为了几个苹果和几条小鱼，我们需要把一辈子的所有余下的时间，都一直得通过降低我的佣金来偿还它们；我也想有一个系统，这个系统能够提供有相对开放的办公室，但又仍然是半开放的，有助互动和沟通。在这个系统里，每个人都有一台公司提供的私人的计算机，而不是大家浪费他们的时间和金钱去分享一台计算机或维护自己的计算机；我希望有这样一个系统，公司可以帮我们做新房源和卖掉物业后的传单派发，而不是浪费我们无数的时间和精力去自己挨家派发。

我想有一个系统，每季度都会颁奖，每星期都会收到公司新闻和活动的最新消息，来让我们保持上进；我想有一个系统，这个系统会每个月庆祝每个人的生日，并且每年有团圆的家庭日，真正像一个大家庭；我想有一个导师，他不仅是教会团队成员怎样销售房地产，同时更重要的是有真实的能力和技巧来教会我们有一个健全的通过房地产投资来创造财富的策略和一个如何维持一个和谐家庭的技巧；我想有一个系统，在这个系统里，所有相关的信息是用电子文件继续不断地更新，又有基础版本来支持，包括所有生意方面的重要知识和有价值的经验和策略。这些信息从第一天起就可提供，而不是像我一样，花了十年到二十年的时间才逐步积累起来。

这个思想使我想到要将勇系统以文件形式记录下来，我们现有和未来的销售团队都会从我个人的经验中学到东西。经过二十多年的微调，勇系统光是销售团队，就有近一百五十页的主体文件，用电子记载在一个公用的硬盘上，或可通过我们公司的内网进入。它在第一款中包括了一个分类指数，同另外三十多个文件相连接，这样就可以给予勇地产销售团队全部四百到五百页的整体系统。此外，我也设计了一个完整的物业管理系统，一个行政管理和招聘系统，还有一个通过物业投资和开发创造财富的系统。这些完整的信息和秘诀，对每一个房地产顾问、物管经理和行政管理团队的成员提供了良好的策略和解决办法，使他们可以把知识尽快应用于实践，以便对我们的客户提供六星级的服务。

包括在其中的是一个六十页的文件，里面包含着所有顾客问答，此问答也被录音在CD片上，免费给予总公司的每一位勇地产顾问，让他们可以重复地在汽车中听这盘CD。同时勇系统也包括一个三十多页的拍卖手册，六十多页的标准信件，十五页的座右铭手册，还有“勇的物业投资的七条价值百万澳元的秘密”和许多表格的样本、空白窗体，比如综合表现指数单和未来房源表等等。勇系统在前面有一个目录单，后面有全部文件的清单，这样，如果任何人要想查询任何特别的信息的话，他们就只需要翻到后面字母表的索引那儿，找到有关条目的号码，就能立刻找到他们想要寻找的条目了。

这个系统使整个公司的运作变得比我以前受雇的两个传统的加盟公司里的操作要容易得多。那种传统的公司通常只提供一张书桌和一部电话，那里没有像我为勇地产的房地产顾问所设计的那种前两个星期的在职培训，也没有手册可以供查询和参考。公司老板也许会有一个美观的硬面市场销售手册，它躺在书架上，满是灰尘，可能已是很久之前的手册，现在已经过时。在我开始从事房地产行业的时候，我几乎是处于黑暗之中，不得不在多年中屡犯错误之后自己悟出答案。在勇地产，所有的答案在第一天就提供给我们的新进人员了。

我曾经面试过数以百计的房地产顾问。他们来自所有其他主要的房地产加盟或独立地产公司，他们中的许多人是公司老板、销售经理或者是顶尖的房地产顾问。我问他们三个关键问题。第一个问题是，在他们从事房地产业的很多年份里，他们学会了多少个寻找房源的策略？他们大多数回答说，他们知道五条到十条的方法。几乎没有一个人知道十五条以上的方法（在勇地产，我们从第一天开始就教会我们的人员五十条不同的方法）。第二个问题是：他们有多少方法，来为他们的卖主找到买主？他们几乎所有的人都讲有三条到七条方法（在勇地产，我们的团队从第一天开始就学习二十条不同的方法）。第三个问题是：他们能不能大胆地猜一下，如果每天存一澳元，以百分之二十年利的复利回报，他们一生能有多少钱？只有两个人给出了正确的答案！在勇地产，如果有任何问题产生，或者有新的资讯出现，它就会被包括在我们每周的要闻简讯里，在星期二或星期三用电子邮件传送到我们的整个团队，同时也进入我们的勇系统，让我们的整个网络长期分享。这样，我们未来的房地产顾问们也可以避免犯错误，其服务也更专业。

在过去的二十多年里，几乎每天，我都要对我们的勇系统作出一些改变，将所有的漏洞填补，并防止不必要的错误。我的目标是创造一个世界上最公平、慷慨和完整的系统，它能够在极大程度上减少销售合伙人之间的错误、争吵或者冲突，这种情况经常在传统的房地产公司发生，其中一个例子是149表的提醒。我一直在房地产业工作了十四个年头，才发现当我们在澳洲出售纯粹商业或工业用地时，我们得给买主一份“149表”通知，以此告诉他们，这块土地不能用于住宅区的目的。如果房地产顾问没有给买主这份通知，买主就在法律上有权在六个月之内中止合约，并且可以为他的损失提出控告。幸好，我当时所出售的商用土地正好是有开发申请的批准作商住两用的，否则买主可以无条件地退回一笔二十五万澳元的押金，而房东也可能因为损失合约或订金而控告我们。事实上，勇地产也是少有的一家从1995年创始以来，从来没有因过失而被客户诉讼过的相对大型的房地产公司。

当时，我们的商务部门有十多名成员，他们很多是从雷华、霍克和其他商业房地产公司来的，可是当这个事件发生时，他们中间居然没有一个人知道上述要求。我打电话给昆士兰房地产协会的负责人，连他也对此不是很清楚。然后我问我的律师之一克利斯·图古（Chris Toogood），他说，他从来不记得在他20年的律师生涯中是否有任何的房地产顾问使用过这个条款。当他检查有关法案时，他发现，尽管大多数的人已经忘掉了这个条款，但它当时仍然写在法案里面，而且有效。因此我赶紧要求他设计一份表格，并且请他用电子邮件发给我，这样我可以将它放进我们的勇系统中去。我公司内部的信息技术经理杰森·兰以及平面设计员和网络主管樱桃·王也在不断地完善我们的互联网的内网，确保我们的加盟公司也可以随时得到最新信息。昆士兰房地产协会的培训手册从此以后也将这一重要的条款包括了进去。一旦这些事件中的任何一件发生的话，一条提醒通知就会马上直接地进入勇新闻和勇系统之中。我们的整个团队也可以直接从办公室或家里进入电子邮箱、语音邮箱和物业（RP）信息库。我们的物业信息库几乎覆盖了整个昆士兰州，而很多传统的房地产代理商通常仅仅覆盖他们公司附近的二十个住宅区，或只是一个城市或郡。

勇系统开始只有固定薪酬的结构，可是，当我同我的妻子一起周游全世界，参加了不同的房地产大会，参观或访问了来自美国的鲍勃·勃伦，来自新西兰的温娣·亚历山大，来自巴福特和汤普森公司的加斯·巴福特和彼德·汤普森，及来自新加坡的普老朴讷特以后，我进一步地扩展了我的系统，其佣金可浮动从50％－80％。当我和我的妻子在旅行的时候，我们会直接从一个城市飞到下一个城市，有时候在半夜开始，会见全球房地产行业中成就最高的人们。

作者访问新西兰奥克兰市最成功的中介公司的巴福特和汤普森

作者夫妇访问美国最成功的中介公司的鲍勃·勃伦

作为勇地产超级办公室概念的一部分，只要以佣金为基础的房地产顾问在当地的法律下被允许，每个勇地产公司都可能雇用几十个到几百个员工，以创造更多的就业和创业机会。勇系统相当于房地产顾问从一开始人人都是自己当老板，但公司承担了绝大多数的责任、风险和运作费用。他们之中有很多人的生活也由此被大大改变了。

佛兰西斯科是当地澳洲人。他在 2004 年参加到我们新开的黄金海岸的办公室，当时他在房地产行业中只有几个月的经验。他后来离开我们去加入了几个其他的房地产公司，包括雷华公司、黄金海岸房产公司、21 世纪房地产公司，然而，一年之后，他又回到了勇地产公司。不久之后，他就成为勇公司的顶级代理，在太平洋松树地区每个月平均销售四到五个物业。我们刚开始发起我们的全球加盟业务时，佛兰西斯科就举手成为了勇地产的加盟店店主。

艾琳是在 1990 年从马来西亚移民来的。她在澳大利亚的头七个年头里，她不十分清楚应该从事什么事业。自从在 1997 年参加了勇地产之后，她的整个生命都改变了。她在 2003 年里的销售成就大约是 3000 万澳元。在 2004 年，她的销售额达到了 3800 万澳元，而我们这里的平均房价当时仅是 35 万澳元。在 2000 年初，她也加入我的投资家俱乐部，自从参加以来，她买了很多的物业。她的两个儿子本和琼纳斯，都加入了她的个人团队。琼纳斯在 2003 年时辞退了他会计师的工作，加入了房地产。她于 2003 年被额外地授予一辆奔驶牌的公司车，这辆车的注册费和保险费都由公司支付。第二年，她还收到一笔额外 20000 澳元的奖金，让她同她的家庭作环球旅行。她先后也成为勇地产的分公司销售经理和加盟店店主。金融危机期间，她又重新回到我的总公司，至今已在勇团队十七年了。

塔尼娅是 1994 年从俄国来到澳大利亚的。当时她几乎身无分文，也基本上不懂英语。在 2000 年加入勇地产之前，她在市中心的一家零售店当助理经理，年薪大约是 35000 澳元左右。她的梦想之一就是加入勇地产。当她来到我们公司作了面试之后，我能真切感到她的热情和信心，因而不久后打电话给她，欢迎她加入我们的公司。她感到如此的高兴，居然对着电话尖叫起来："勇，您让我的今天充满了阳光!"这种对我们公司的热忱和信仰，把她领向了房地产事业的成功之路。在 2006 年，塔尼娅赢得了我公司的个人销售第一名的奖项，后来也被提升为分公司销售经理。

尼古拉是从韩国来的。她在 2006 年加入勇公司。之前他仅仅在 21 世纪地产公司工作了两三个月，一无成就。她在勇地产从事房地产工作的第一年里，虽然以前几乎没有任何经验，她的毛佣金收入就达将近 30 万澳元。远在那个财政年度结束之前，她的佣金比例积累已经从 50%上升到 80%了。

我妻子的侄儿张小义从高中开始就来澳洲留学，吃住在我家。大学主修房地产和房地产开发，毕业后马上加入我们总公司，至第二年，他才二十四岁，其毛佣金收入就达 40 万澳元左右。当年我们悉尼加盟店的香港来的曼玉的毛佣金收入更是超过了 100 万澳元。

我们的超级办公室概念允许我们的房地产顾问们能在公司的生意范围内经营自己的生意，相当于将行政管理的责任和开支外包给公司。他们相当于是他们自己的公司总裁。除了佛兰西斯科的个例之外，我们还有很多顶尖的代理人，他们在离开我公司总部三四十分钟车程的区域里主导着不同的市场，那里传统上没有亚洲买主，而我们在这以前在那里也没有房源。比如，克拉伍·法农，在我的建议下，曾一度主导二十五分钟的车程之外的马斯顿（Marsden）区开发大地的销售；安德鲁·林，目前正主导帕拉腊（Pallara）开发大地的销售，这离我们总公司有二十分钟的车程；阿美莉娅·梅丽和我自己，一直主导伊普斯维奇市的利普雷（Ripley）地区的开发物业的销售，她离公司有三十分钟的车程。我本人在此地区也拥有近一百万平方米的可开发的土地。我们也有这个地区相当一部分代理物业的房源，那里绝大多数地主都是好几代住在那里的农民，他们中没有人同我有任何交流和语言的问题。事实上，他们全都很高兴，我们有潜能将更多的亚洲买主带给他们，因为当地的其他房地产顾问很少能取得他们所期望的价钱。大多数在卡布鲁克（Carbrook）靠河边的物业也是由我售出的，此地区离我的公司有三十五分钟的车程，我在那里打败了那些在当地已建立了很长时间的房地产公司。

此上仅仅是勇地产为我们的房地产顾问们开创终生事业的几个例子，使他们能够经营自己的生意。他们可以用公司“内部加盟”的方式，不需要有任何的支出，可以将省下的钱投资在物业上，也可以将他们的钱直接投资于勇地产的加盟店上，用我们公司的品牌、辅导、支持、财富创造、国际网络、市场营销和巨大的购买力和影响力，来进一步增进他们的业务，减少他们的风险。

第二十一章　最初的三家分公司

2003年—2004年

反正要想，还不如想大一些。

——唐诺德·土伦普

在2003年，布里斯班的房地产市场很热火。为了给我们的团队成员们正确的策略和市场营销的技术，我们每星期都有培训，不断地激励他们。每个月销售的记录都被打破，其中一个月，我们光在新利班山的总部就达到了3700万澳元的销售额，在我们的33名房地产顾问中，本月每人都平均达到了一百十几万澳元的销售额，而这个地区的中位房价当时仅35万澳元。勇地产大多数的房地产顾问都买了好几栋房子，其中有些人每人累计买了六到七栋房产。

与此同时，即使在如此火爆的年代，我们同一地区的部分房地产公司却在挣扎之中，有三家公司甚至被迫关门。在2003年，建立了很长时间的澳亚（AAD）房地产公司突然关闭了他们在新利班商场的办公室，而那时正是市场高峰的时候。那家公司于1995年成立，就在我不得不退回新利班山之后不久。有趣的是，此业主用不寻常的手段把我挤出了这个地区，但在她失去了几名优秀的销售人员之后，她把自己也挤出了这个地区。

在同一年，永信（Evertrust）房地产公司也关闭了他们在新利班山的办公室。业主曾是勇地产的顶级销售员之一。她在2001年离开公司，在卖掉她的投资房之后，同我们的拍卖员一起，希望趁房地产景气的浪尖弄潮。她为昆士兰地区协调了国际华人小姐的选美，这为她赢得了很多的客户，然而要运营一家成功的房地产公司并不容易。

与此同年，霍克地产公司在罗伯森的办公室也关闭了。这令许多人感到意外，因为它在这个地区已经运营了二十多个年头，而当时的市场又是那样的火爆。这个生意是由一位台湾的千万富翁林先生拥有的，他的侄子保罗帮他管理生意。在那个生意关门之后，保罗加入了勇地产在新利班山的总公司，而没有去霍克地产公司新利班山的办公室。同时，他想把他在扎米亚街12号的那个关闭的办公室租出去，因为它的租约仍然还剩两年半。新利班区的租金很贵，他那时要付每平方米每年700澳元的租金。在保罗加入勇地产六个月之后，他仍然还没法把他的办公室租出去。2003年8月，他要求单独会见我。在同我的会见中，他提议，如果我能够把租约顶过来，他会很感激我的帮助，并会帮我建立勇地产的分公司。

1995年由于蔡莹捣乱性的租约，我公司不得不搬出罗伯森区，不得不改变我的策略，在房地产市场上只专注于集团发展，专注于销售、管理、投资和开发，这个策略被证明是成功的，也是大有收获的。八年来，我没有兴趣在生意上投入任何的金钱，而只把所有的钱投资于物业。虽然保罗是诚恳的，但我谢绝了顶租他的办公室来建立另一个勇地产分公司的建议。他然后又进一步提议要给我租金补贴，我只付每年每平方米450澳元的租金，由他或他叔叔的公司来付差额。

那个周末，我对他的提议作了再次的思考。我知道在我内心的深处，我并没有任何兴趣在生意上作更多的投资，因为那会有很多的开支和挑战。政府几乎不会给私人公司以任何支持，除了各种各样直接和间接的税收。这就是为什么上述三家由顶级销售人员主持的房地产公司都在市场的顶峰时期关门了，而在市场低迷的时期，当地更有好几十家房地产公司倒闭。

保罗以前的霍克地产公司办公室实在是太小了，不符合我的超级办公室的理念。它就像很多开在繁忙购物中心里面的澳大利亚传统房地产公司，只有 61 平方米的面积，雇用着几名职工。很多传统的房地产代理商，宁可付贵得离奇的租金，把办公室开在那些热闹的购物中心，以为他们会有持续、川流不息的顾客走进他们的办公室，主动给他们生意。可是有了现代科技和市场的扩张，这个时代已经过去了，至少在澳大利亚这个地大人稀的国家。房地产业是个服务性的行业，它同零售行业很不相同，信用以及与客户之间的个人关系更为重要，因而我们绝大多数的交易都是靠回头客、朋友介绍和广告宣传。我们应当永远不要坐在办公室里，等待生意上门。只要公司在大马路上，不管是在一楼还是二楼，有很好的车辆曝光度，这比购物中心的行人曝光度更重要，特别是要建立一个超级办公室的话。

我确信自己目光远大，又脚踏实地，就像美国房地产大王唐诺德·土伦普（Donald Trump）所说："反正要想，还不如想大一些。"当然，扩大得太快，没有足够强大的资金链是会有很大风险的，但是对我来说，挑战和乐趣就在于此！我的目标是做得"又快又好"，这也是我对公司同仁和子女不断的提示，公司的口号也是："勇做得更好！"此口号后来被提升为："全球房地产超级办公室联盟"。在许多情况下，要经营一个小生意，比经营一个大生意来得更加困难。比如，在勇地产成立的初期，我妻子必须亲自打扫公司厕所，因为我们雇不起更多的员工，而我也是什么都得事必躬亲，因为澳洲的人工费的确太贵。对于想向金牌冲击的运动员来说，金牌只有一面，而在房地产领域里，每个人都有机会，成功的几率更高。风险永远不会阻挡我们，只要我们有正确的态度、策略和导师；人生的失败不是倒下去，而是倒下去后不愿马上爬起来；是历程，而不是结果才是人生最重要的，我们所要做的一切只是坚持不懈；如果要犯错误，应在我们生命的早期就犯，并从中学习，当然，最好是从别人所犯的错误中学习，而不用多付太多不必要的学费。

虽然我当时并不在意要扩大房地产代理的业务，因为与蔡莹的经历，加上保罗已是我团队的成员，我感到有责任帮助他并回到那个我曾经被逼走的地方。我告诉自己，如果我这次回去，我同时也会建立更多的勇地产超级办公室，因此我订出了最初的一个策略性的计划，要在昆士兰东南部建立三十六个超级办公室。我重新调整了我的目标，将黑板上 8.88 亿澳元的销售目标改成 58 亿澳元，后来是 2500 亿澳元，最后是全球加盟后的 10000 亿澳元的目标。我是个快速决策者，一旦下了决定，我马上就打电话给保罗，第二天就接受了同他的交易。他非常高兴，马上叫来了他的律师姜丽丽，准备转租的文件。

澳大利亚的人工很贵，从一家公司很快地发展成多家直营分公司的风险很大，因我需要改变我的管理结构，从传统的由我一个人控制一切，所有人员都在一间办公室，人员很好管理，成本很好控制到一个新的结构，即必须任命更多的分公司销售经理和办公室经理，因而失去了规模效应的优势。调控整个运作，我需要专注于建立和微调勇系统，同时还得照顾我个人的客户，以及我个人在房地产投资和开发方面的业务。我一直以来在公司总部都有一位销售经理或助理销售经理，从最初的罗杰·维克斯，到后来葛雷戈·侯斯特、保罗·金德，再到目前的苏·爱莉斯。在那之前的八年中，我总是在新利班山区的总部经营的，除了1995年有一个月在新利班区。我知道我必须像经营一家股票上市公司那样来经营我的公司，尽管事实上它是私人拥有的。我任命了约瑟芬·林作为我的首席营运官（COO），我的妻子作为我的首席财务官和董事主席（CFO/CHAIR），我自己则作为首席执行官（CEO）。我的物管总经理威尔伯·熊、其他的办公室经理、销售经理、投资、开发、征地经理及后来的加盟店业务拓展经理和加盟店店主们，则代表我的董事会，因为我们的管理阶层至少每个月都有一次集体会议和培训。

约瑟芬是从新加坡移民到澳大利亚来的，之前在另外一家房地产公司服务，做销售和物业管理的工作，不久后就加入了勇地产，作为广告部经理。以后她成为我的私人助理，然后被提拔为办公室经理，因此她知道公司运作的各个方面。作为我的首席营运官，她会帮助我取得报价，按我的总设计图建立分公司。建立位于罗伯森区的分公司是一件相对容易的事，因为所有的桌子、椅子都是从以前霍克房地产公司里遗留下来的，保罗把它们全部免费地送给了我。我们改变了原来的电话系统，因它只局限于一个公司号码，而用我们新的数字100电话号码系统，作为勇系统的特点，对我们的销售顾问们提供直线电话，因此他们就像是在经营他们自己的“内部加盟”房地产公司。我们也替换了他们原来唯一的一台计算机，为每一名勇地产团队成员都配备了一部新计算机。

2003年8月30日，我们的罗伯森分公司正式开张了。联邦政府的多元文化事务部长盖里·哈德格雷伏，还有很多的市议员和部长们都来参加了剪彩典礼，卢子昌师父的多元文化舞狮队作了舞狮表演，我也很高兴看到我们的生意运作重新回到了罗伯森区的同一条街——扎米亚街。

在罗伯森区的分公司开张之后，我马上开始寻找我们在布里斯班市中心和黄金海岸的分公司地点。我在布里斯班和黄金海岸之间来回奔跑，考察街上所有的“招租”标志牌，不久后就签署了我们在布里斯班市中心的和黄金海岸市中心的超级办公室租约。

布里斯班办公室有310平方米的面积，可以容纳30名团队队员。它虽然位于市中心，处于中心街面的地位，但是马路对面的伍尔沃斯超市的停车场允许顾客们整天免费停车。这个位置非常显眼，因为沿着特伯街和码头街的交通流是单向的，连通布里斯班市的南北面。通过谈判，房东也同意在街角上让我们设置了一个很显眼的招牌。

黄金海岸的分公司位于二楼，就像我们在新利班山区的总公司那样。那座大楼有三个入口，一个是从底楼进入，一个是通过电梯，从地下停车场上楼，还有就是通过黄金海岸公路边的地面层的门厅进入。办公室里有我们公司自己的厕所和厨房设施，有潜力容纳45到50名团队队员，使它成为黄金海岸地区最大的房地产公司之一。

勇地产的每一个超级办公室都借鉴了麦当劳的模式。作为勇地产超级办公室的一个重要特点，它们都有自己公司内部的培训室和拍卖室，加上两个额外的会议室。此培训室也能用作开会的地方，如果那两个会议室已经被占用的话。我们的每位销售员都有一个自己的书桌，另有一台分开的计算机桌，上面放着一架崭新的计算机，完全给销售顾问或他们的私人助理使用，还有他们自己的档案柜。每一个单元中间用一道分割板同隔壁的单元分开，既提供了隐私感，又是半开放的，鼓励团队成员之间的互动。

在早期，我在我们集团的计算机信息技术和网络技术方面就花了约 50 万澳元的支出。计算机公司在 2003 年的圣诞节期间努力工作，确保我们在 2004 年的新年过后能马上进行正式的开张仪式。两个超级办公室都在 2004 年 1 月 5 日开张了，即在 2003 年的 11 月房地产市场达到了顶峰时期之后的一个月。2003 年 11 月份也是多年以来第一次政府的利息上调，目的是为大幅上涨的房价降温，因而导致房地产的成交量也大幅下降！在开业后一个月左右，这两家分公司都已雇用了 20 到 30 名员工，在当地形成了相当的阵容。

第二十二章　投资媒体的沉浮

2004 年 3 月

不管你在错误的道路上走得多远——回头是岸!

——土耳其谚语

物业价格的飙升，在澳洲储备银行于 2003 年 11 月的第一次增息之后突然就停顿下来了。接下来就是连续几个月的继续增息，目的在打压房价。在上个世纪里，澳大利亚的物业价格是经过每七到二十年一个周期，周期性地增进的。不管什么时候，房地产市场仍然在某些地区、某些产品为资本增值提供了相当的机会，如果我们仔细地观察，不自以为是，不把市场的变动简单化，并且仔细分析潮流和漪涟效应的话。

尽管我当时忽略了解物业的周期，并且坚信物业投资的长期价值，在当时销售突然减慢，房价在我们的区域突然开始滑落的期间，我却没有去仔细调查新的机会、区域和产品，或有什么漪涟或重新改变土地用途的机会。银行对贷款也变得更为小心谨慎，因为不少人简单地预测，包括我自己，房地产在以后几年不会有太大的涨幅，因为我所有的物业都已在几年之内翻了二、三倍!我作为他们的 VIP 顾客，从汇丰银行、澳洲国民银行、澳纽银行、城市银行、昆士兰银行和 GE 银行里通常可以得到很好的利息折扣，可是一旦贷款的金额达到一定的额度，批准的权力就从他们通常的分行经理那里被转到了总部办公室，这是银行信贷控制的一个重要策略，这样就拖长了批准的时间，并且需要显示能否支付还贷款利息的更多、更可靠的证据，而不仅仅是用物业本身中所占有的自有资产的份额来做抵押。我从2003年地产高峰期起就几乎完全停止了继续购买物业，因为我当时以为我应该让自己的投资变得更多元化一些，在其他生意中赚一些快钱，然后使用从此生意中赚取的现金流动，来驾驭下一波物业的兴旺期。

在2004年早期，四名布里斯班的投资者，包括布尔巴（Bulimba）区的雷华房地产公司的老板，发行了一本很漂亮的杂志，称为《布里斯班热销物业》（Brisbane Hot Properties）。它的发行量是每周40万份，几乎是《快递邮报》在布里斯班地区发行量的两倍。从星期一到星期五，《快递邮报》的发行量是24万份，在星期六，它在全国的发行量也只有34万份，可是它星期六在布里斯班的发行量也只有24万份左右。

在《快递邮报》星期六版刊登整版（窄型张）的彩色广告需要2万澳元左右，如果登在宽型张的版面上，则需要4万澳元。它们是印刷在传统的、廉价的新闻纸上的，带有浓厚有毒的油墨气味，还经常会把我们的手指弄脏。那份新的出版物，是印在蜡光纸上的，全彩色，使用了最新的印刷技术，它所产生的效果相似于那些彩色杂志。它不但把卖主的房子用更有吸引力的光鲜的颜色显示得更加漂亮和诱人，而且，更要紧的是，他们每版只收我们大约6千澳元左右，比《快递邮报》所收价钱的三分之一还少，难怪有人叫路伯特·默多克（Rupert Murdoch）的《快递邮报》是他的“黄金河流”！如果广告费是由房地产公司支付的话，我相信，没有一个人会在此《快递邮报》上打有图片的广告。可是，在澳洲，由于西方文化对促销重要性的认同，很多传统的房地产公司会很使劲地敦促他们的卖主在此昂贵的英文报打图片彩色广告。

前面已经说过，默多克是新闻公司的控股人，也是《快递邮报》的业主。他的家庭由英国移民，在澳大利亚长大，但他后来成了美国公民，以追求他的美国媒体梦。后来，当已经七十多岁的时候，他娶了一位年轻的中国女士，并且开始追求他的中国梦，花了近十亿元买下了原香港李嘉诚的儿子控股的星空卫视。虽然是美国人，他通过新闻公司对澳大利亚的传媒仍然有很大的控制。当他不得不同悉尼的费厄菲克斯传媒公司一起分享悉尼和墨尔本的市场时，他在布里斯班和黄金海岸的传媒市场却保持着完全垄断的地位，既控制着收费日报，又控制着当地的免费地方报纸。他在这儿简直没有竞争对手，大多数曾经试图同他竞争的人都输得很惨。他是一个非常有律已能力、有决心的人，据说他是犹太人的后裔。对他的竞争对手来说，他会使尽现代社会允许的合理手法，对他们毫不留情。随着他所积累起来的巨大财富，他也聚集了一支坚强的管理团队。他们善于利用自己强大的财政实力，及时消灭任何潜在的竞争对手。

在《布里斯班热销物业》刚推出不久，这份出版物的一位合伙人来找我，希望我在他们的杂志上打广告。尽管我的有些同事希望我等等在说，可是我在看到它对我们客户的长期利益之后，很快就同这份杂志签了约。虽然我仍然在说服我们的销售团队，要他们接受这份新的刊物，并且准备修订公司标准的广告方案，我却突然被告知说他们已经停止用这种全彩形式来出版了，原因是他们没有得到足够房地产公司的支持，他们赔不起每星期五万澳元到 10 万澳元的损失。他们来找我，说是改用了新闻纸来出版，并通过报刊代理商来出售。我对此没有兴趣，因为我不相信它会成功，原因是发行初期很少的人会买它，除非发行商有相当的实力，能大规模地打广告，并能长期坚持下去。一个月之后，这份改了版的刊物也停刊了。

我觉得像他们最初发行的这样好的一本彩色杂志都会消失，真是很伤心的事，所以我打电话将一位销售合伙人请来我的办公室，跟他聊聊为什么这样一本杂志会失败。我被告知，首先，这是由于《快递邮报》的长期垄断以及它强力反击的缘故。第二，他们需要比他们所预算的更多得多的资金，才能让这个项目运行下去，达到收支平衡。大多数的人都害怕变化，这本刊物需要在那里坚持下去直到足够长的时间，让人每天都能看到，才能让人们逐渐接受它。他们没有足够的资本，或者是不愿意将他们所有的资本都拿来作冒险，这样他们就只能在他们的刊物刚开始后不久就拉上了开关！他们依然对他们的刊物有相当的信心，只是为打广告的房地产公司们不接受他们而非常伤心。

我意识到要挑战默多克相当不容易，他可以丢得起一亿澳元而把人家弄得倾家荡产，可是我不愿意看到由于他垄断着传媒业而让我们的卖主不得不付出这样昂贵的价钱来打广告。我知道，很多房地产公司会尽其一切努力，敦促卖主在《快递邮报》的彩色版上打广告来出售他们的物业，因为出钱的不是那些中介商自己，而广告费逐年都在增长！默多克控制着昆士兰州的很多主流传媒，包括《快递邮报》、奎斯特报业集团（Quest）、《黄金海岸新闻报》（Gold Coast Bulletin）、黄金海岸的地方报纸以及《昆州商务评论》。《昆州商务评论》每年对昆士兰州的 400 强私营企业，包括我的公司进行排名。在几十家同我们的房地产生意有关的供货商里面，他们是唯一的一家在每个财政年度都要给我们发上一份通知，告诉我们广告费又要上涨百分之四到五的公司。这些费用的上涨当然都被转嫁到了我们客户的头上，即物业的业主头上了，因为在澳洲，广告费通常都是房东付的。有时他们甚至连发一份通知给我们或签一份新的合约都嫌麻烦或忘记了，在当年的 7 月 1 日之后，广告的价格自动上涨，我们在收到他们广告账单之后才知道。

不久之前，在新闻公司控制了他们对我们的主要房地产买卖的互联网之后，我们的月费立刻开始飙升，并变着花样收取各种额外的广告费用。我们的房东被迫出这样高的费用才能将他们的信息传送出去，这令我心中不安。我想另找别的打广告的出路，但选择性又很有限！《快递邮报》和其他地方性传媒的员工们工作也很尽力，可是我不是很服气，为什么绝大多数澳洲传媒的净利润都非得送到一个精明的美国犹太人那里呢？

我想，如果没有其他的选择，为什么不出版我自己的报纸呢？我喜欢有价值、有目的的挑战，而我心中的那份杂志，会给我们所有的人一个公平的机会，给卖主们一个更好的选择。像一位登山运动员所感受的那样，这挑战也会给我以激励去实现我的梦想。除了当时相信办这份杂志是一个在商业上可行之外，我同时想创造一个不仅仅是为我自己的东西，也是一个可以留给后人、一个可以改善别人生活的东西。

脑子里这样想着，我静悄悄地开始准备推出一本新的刊物——《快邮周刊》。我选择“快邮”这个词，是因为这是一个在全世界和澳大利亚都很受人欢迎的报刊的名字。我的计划庞大，想把它办成是昆士兰最大的小区刊物，直接同默多克的小区刊物竞争，然后向全国发行，虽然我非常尊敬他作为一名有勇气的人物，他在商业上有远见，有魄力，但我想为昆士兰人民创办一个更好的、更合理的媒体。我看过很多伟人的自传，比如弗兰克·露卫（Frank Lowy）、凯利·帕克（Kerry Packer）、理查德德·伯兰森（Richard Branson）、捷利·哈维（Gerry Harvey）、贾克·维尔叙（Jack Welsh）以及路伯特·默多克本人的传记，默多克的父亲正是那位最初声言要给澳大利亚人更好选择的人。当时他和他的父亲吉思（Keith）在1900年代早期开始进入传媒业，要挑战以前那些传媒业主们在这个领域里的垄断。多年之后，他却成了澳大利亚最大的传媒垄断者！

我当时在传媒领域没有任何经验。我认为一份成功刊物的关键是要有一位好的总经理来经管整个出版过程，还要有好的编辑和新闻记者将好的故事编辑出来。在我出差到悉尼、墨尔本、新西兰、新加坡、美国参加房地产方面的会议时，我也同时调查，在这些地方，房地产公司一般使用哪些主要的传媒。在悉尼，我发现那里有两家日报，很少有房地产公司使用新闻公司的《每日镜报》(Daily Mirror)，他们大多数使用颜色光鲜的报纸，比如《文特沃斯快报》（Wentworth Courier）以及新闻公司的其他当地的报纸。如果他们要使用日报来打广告的话，他们大多数会使用费厄菲克斯公司《悉尼信使早报》（Sydney Morning Herald）的黑白分类广告，因为要使用全彩色图片广告实在是太昂贵了。即使是用悉尼的标准，那里房屋当时的中位价是50多万澳元，也是太贵。那里的中价位在2014年就达到了80万澳元。在互联网引入之后，那些昂贵的日报彩色广告的重要性也相对变得更小了，因通过互联网来查询物业要方便得多，也全面得多。

在新西兰，情况也相似。那里大多数的房地产公司在当地都使用《物业新闻》(Property Press）做画报式的广告，很少有人在日报上使用彩色画片式的广告。当地的光鲜彩色报纸《物业新闻》的发行量在 4 万份和 10 万份之间。

有了这个想法和各方面成功的验证和实例之后，我最后选择了用《快邮周报》作我刊物的商号名，那是在公平交易办公室否决了我所想到的好几个其他不同的商号名字之后采用的名字，因为其他的名字同别人的商号名字太接近了。我决定同时发行两份，每份每期计划出版的发行量是 10 万份左右，等于默多克所控制的传统新闻纸印刷的小区报纸发行量的二至三倍，而价格却贵不了多少。

我原来的计划是覆盖昆士兰所有的家庭，然后到其他州去发行，涵盖全澳洲，之后扩展到国际发行，光在昆士兰全州的投资可达 1500 万到 2000 万澳元。当时我相信单凭我自己一人就可以做到这一点，而不用任何股东。我相信，这会是每一位聪明、正直的房地产公司和其他商家都会急切地想使用的刊物。这种刊物在其他州和其他国家的出版和销售都已成事实，所以我不认为这会在昆士兰州有任何问题，特别是，我们的内容既有电视节目指导、当地和国际新闻，又有房地产和汽车栏目，而不是像新西兰的《物业新闻》，纯粹是房地产栏目。

因为我既没有传媒业的经验，也没有传媒业的联络，找到恰当的经理、编辑和记者是非常重要的，因此我花了很多时间来物色妥当的人选。我开始打广告找编辑、记者和图像设计人员，从 2004 年 6 月直到 12 月的六个月时间里，我对很多可能的雇员们进行了多次的面试。我觉得不可思议的是，有那么多的年轻人喜欢在大学里学习新闻和图像设计，可是却找不到像样的工作。很多青年们都抱有同样的壮志要成为一名记者或图像设计员，但是雇用机会却很少。在缺乏竞争的市场主导下，媒体垄断者的重点集中在如何减少他们的人工开支，来进一步增加他们的纯利润。

在澳大利亚，传媒业高度集中在几个主要的玩家手里，比如，新闻公司、费厄菲克斯公司、农村印刷公司（Rural Press）、ANP新闻和传媒（ANP News and Media），还有詹姆士·帕克的巩固出版社（Consolidated Press），每个公司都控制着不同的传媒产品，或者不同的领域，有些是电视，有些是电台，有些是报纸，有些是杂志。在过去的几十年里，各领域没有多少拥有相当规模的直接挑战者。我被告知，在这些大的玩家之间有一些君子协定，每家新闻集团只控制着一个领域，以此来避免彼此间的直接竞争，这就可以让他们的净利润达到最大，并且保留着相当的实力，可以对较小的、新浮现出来的竞争者进行扼杀，尽管在现代社会已没有什么武力的扼杀，而是通过财力和法律手段来打压对手。

在面试期间，我对于这个行业如何运作，其竞争又是如何，获得了更多的内情和深入了解，尤其是从其中一位申请人比尔那里得到了很多的信息。在2004年6月他寄给我第一份申请之后，我们在接下来的几个月里会见了无数次。他很有资历，拥有大约二十年当编辑和记者的经验，可是，即使拥有这些媒体经验，他在最近四到五年的时间里，也不能找到一份像样的全职工作。他告诉我，他相信默多克是犹太人的后裔。由于他对犹太人负面的看法被人知道了，他们把他放在了黑名单上，让他无法在昆士兰找到工作，因为在昆士兰州，几乎所有主要的印刷传媒都是由默多克的新闻公司控制的。

比尔是一位温和的人，他很健谈，对传媒界的里外了解得很透彻，因此，无论何时，当我想要了解更多的关于这个行业的情况时，一打电话给他，我们就会在我的办公室里见面，或者在我开发的亚太中心的一家租客的饭店里，谈上好几个小时。

比尔告诉了我传媒业里的许多负面的消息，特别是默多克的报纸怎样将所有其他的竞争对手进行打击直到他们无法生存。他给我列举了默多克传媒用来挤出竞争对手的十几种方法，包括运用他们强大的财力对新刊物的广告客户提供免费广告，或用很大折扣的方法将他们吸引过来，通过合法但不合理甚至非法的手法，把竞争者们的原始资本都消耗光，因为默多克能输得起一亿澳元的资金，然后，当竞争对手关门之后，他再把广告价格提高，因为那时已经没有竞争对手了！我对他说，“比尔，这是不合法的，因为它明显的是反竞争的行为，澳大利亚竞争和消费者委员会肯定会调查他们的!”

比尔回答说：“他们实际上已经控制了昆士兰州的整个印刷、媒体和发行，谁会公开地报道这些事实？再加上，即使有这样的投诉的话，法律斗争有可能拖上几年才解决，到那时，你的生意很可能已经关门了！特别是，正因为他们很聪明，他们通常不会将这些东西留下笔据，所以在法庭很难证明其不当行为。即使他们最终被证明是有罪的，被罚上 50 万澳元，那对他们来说也只是大洋里的一滴水而已!”

“这样的话，如果我担当起挑战的任务，有什么机会可以赢呢?”我问他。

“几乎没有，彼得!”比尔微笑着，很诚实地回答。与任何其他的职位应征者不同的是，他们为了想要取得工作，会说几乎一切的话让我相信此挑战没有问题；而比尔说的是真话，他真的是太了解默多克和他的新闻公司了。

在我的整个生命里，我始终坚持一条信念，即“没有什么事是不可能的”！他的评论触发了我的勇气，给了我更大的动力，要去接受困难和挑战，同垄断作斗争！我对比尔坚定地说：“我实在是非常感谢你所说的所有的内情，它很有价值，能让我重新考虑我的决定。最终我还是下定了决心，愿意同默多克较量一下。”

“这是你的钱，彼得，我很钦佩你在这么短的时间里取得了那么多的成就。但我相信，这将是一件非常艰难的任务，可是如果你准备同他们较量，我会百分之百的支持你。”

“在我生命里的一切，没有一件事是很容易的，让我们担当起挑战吧！如果我失败了，我至少会得到相当一些有价值的人生经验，这些经验可以帮助我在下一次做得更好。我来到这里时一无所有，所以我也就一无可失。在生活中，失败是不可避免的，只要它发生在我们生命的早期，当投资还很小的时候，只要我们继续不断地努力和改进，永远不放弃，并从失败中学习，倒下去后马上爬起来，而不是躺在地上，怨天怨地，我们最终会赢得大胜利的。”我以这样的结语结束了我们的会见，心里甚至有了更大的决心要去做好这件事。这个机会将会通过一场非常艰难的斗争来得到，而我也知道，如果它是容易的话，其他的人很早以前就已取得这个机会了！

我需要克服的第一个障碍是印刷和发行。在昆士兰州只有两家印刷厂有能力做我们的印刷：一家是 PMP，还有一家是印谱林特（Imprint）公司。因我从出版的第一期开始就要印刷 20 万份光鲜的彩色印刷刊物，每星期消耗的纸张量将达到 20 吨以上。在澳大利亚这样一个国家，要找到一家能完成我的刊物印刷任务的印刷厂，还有纸张的供应，就是一个巨大的挑战，因为单从海外订购纸张，就需要提前三个月才行。尽管事实上我没有经验，可是印谱林特公司的销售员和销售经理都非常热切地想获得我的生意，只是其总裁并不那么热衷。他有足够的经验知道在传媒业有着非常高的失败率，因而他的风险也很大，因为经常有新媒体因付不起他的账单而倒闭，特别是这么大的订单，而我又毫无经验！最后，在经过一些具有挑战性的谈判之后，我选择了 PMP，并被迫提供了个人担保和物业担保。

虽然这是一家大型的股票上市公司，可他们的工作量几乎已经达到了满负荷运转的状态。作为一家大型的全国性的公司，他们能够把他们的一些印刷工作拿到其他州去做，如果当时昆士兰州的运行已经达到满负荷的话。他们提出既要做我们的印刷工作，也要做我们的派发工作！

从全国范围来说，除印刷以外，也只有两家主要的发行公司能够承担我们的派发工作，即 PMP 公司和萨尔马特（Salmat）公司，这两家公司也都是上市公司。默多克的新闻公司是萨尔马特公司的主要控股公司。为了避免新闻公司故意干扰我们的发行网络，我也同意一并选择将印刷和派发都交给 PMP 公司去做，尽管 PMP 公司对我们的派发工作的报价要比萨尔马特公司的报价要高。在我任命了 PMP 公司之后，他们发现甚至他们的发行网络都有一些暂时的问题，无法应付我们的印刷发行量。他们对他们的发行网络的力不从心感到极其地尴尬，PMP 公司的经理随即打电话要求他们的竞争对手萨尔马特公司来做派发工作。如果他们能够较早地同我商量，我就能够使用萨尔马特公司比较低廉的报价，即每千份杂志 44 澳元，但是当萨尔马特公司发现我是付给 PMP 公司每千份杂志 48 澳元时，他们也要收我同样的价钱，因为他们那时已经知道，没有其他的对手可以做这个派发工作了。

在我将所有这些重要的印刷和派发工作都搞定之后，我很快地任命了三个主要的职位：罗索·洛根担任总经理，特莱佛·埃莱特担任销售经理，比尔担任总编辑。在2004年的圣诞节之前，罗索在市中心地区经营着他自己的两份比较小的杂志。当他关闭了他自己的杂志之后，来到我的《快递周刊》；特莱佛拥有多年的销售管理的经验，也有传媒销售的经验；上面提到的比尔在编辑方面更十分在行。

我最初的意向是在马葛雷格（Mac Gregor）区的曼思路和凯索尔斯路（Kessells Road）的拐角上租两间面积共700平方米的店面，可是我所打交道的代理商布鲁斯（Bruce）对关于租赁这两间店面的工作开展得太慢，结果这两间店面被另一个卖电器产品的公司通过另外的代理商捷足先登。我原先的计划是将我在新利班区的办公室进一步扩大，把勇地产公司在罗伯森的办公室搬进这里，占用街角上的那间400平方米的店面，把剩下隔壁另一间300平方米的店面用作《快邮周刊》的编辑部办公室。

在失去马葛雷格区的办公地点之后，我跑到“花园城”这一带去查看“出租”的招牌，很快就通过代理公司考廉安斯租到了一间200平方米的办公室，以后还可以另外加租300平方米，位于上格拉瓦山区的洛根路，就在花园城购物中心的对面。这是一个位置中心的很好的地点，我们的销售业务员开车到任意一个方向都很方便。那个办公室的第一层楼面原来是阳光银行（Suncorp Bank）分行的办公室，可是现在差不多半个大楼都是空着的。

同时，我也在准备我们出版社的装修和配备。我购买了所有特别要求的图像设计的软件、计算机设备和特殊的照相机，还有五百个我自己特别设计的报架。

我的策略是办一份优质的杂志，在杂志中央有电视节目指导，通过信箱分发到各家客户，同伍尔沃斯（Woolworths）和柯耳斯（Coles）超市集团的发行管道一样。在同时，我们还通过我专门设计和定做的报架来分发额外的杂志，这些报架将被放在各个购物中心和主要广告商的店面门口。

我开始设计市场推广的材料，并雇佣了更多的记者、行政管理人员和销售员工，来填充我们总容量可达25名全职雇员组成的《快邮周刊》南区、东区和海湾地区两份报纸的出版。

那时，为了把我们在罗伯森的房地产公司扩大，我租下了新利班区曼斯路309号的一间600平方米的办公室，那地方是由菲利浦·杜布阿斯（Dr Phillip Dubois）医生所拥有的。当时我每天工作超过十二个小时，设法要使每一件事都按照我的宏伟计划发生，每一天都像是打仗一样，一个战役紧接着另一个战役。我以前的秘书纳塔丽·斯丹讷（Natalie Stanner）每个星期六都帮杜布阿斯医生做账。一个星期天的下午，在杜布阿斯医生和我在那个楼里碰头之后，我们当场就达成了交易。当我们签好了租赁协议的初步文件之后，我很快地画好了此办公室平面图，叫约瑟芬去订购所有的设备并组织互联网的连接，我的意向是让它成为新利班区的另一个超级办公室，比我们在新利班山区的办公室还要大。

正式租约的签订将在租约开始的那天之前，以房东收到以前租户的清债监护人的批准为前提。以前的租户是我在马葛雷格公园区的邻居之一，名叫罗伯，他的公司也是昆士兰州400强私营企业之一。为了扩展他的生意，他已经把他的办公室从新利班区搬到了布里斯班市中心商业区去了。他在那里租用了一间更大的1000平方米的办公室，享受两年的免租期，用来补偿他还剩下的两年同杜布阿斯医生的租约。像有些精明的会计师或企业家一样，在他搬到市中心区的时候，他在同一个生意的名字底下注册了一家新的控股公司来开展生意，而把旧的公司清盘，以避免他的债务责任。

我的邻居罗伯很愿意让我马上接手他的租约，可是由于某些理由，清债公司的同意信没有及时来到，其结果是使签好字的租约没有约束性，使我在收到了来自杜布阿斯医生的律师信之后，能中止租约。罗伯当然会责备杜布阿斯医生的疏忽失责，造成他失去了几十万澳元的钱，而杜布阿斯医生则为他的行为辩护，声言这是破产监护人的责任，是他们没有准时将同意文件送到。

这个问题的开始发生是在杜布阿斯医生去海外的时候，因为他死板的私人助理和他律师的傲慢态度造成的。通常地主都会让他们的租户在租约开始日之前做他们的装修工作，这样可以帮助他们把生意更快地建立起来。这对地主通常不会造成任何损失，因为一名租户越早能在他所租赁的地方做装修上的投资，他就越有可能保持租约。地主和租户的关系应当是彼此互利的。在我同自己的租户洽谈生意时，我总是采取这样的立场，以双方共同的利益为基础而我从来不会纯粹以律师的忠告来做决定。这种忠告通常缺乏情理，总是以最坏的前提为基础，因而往往会把事情弄得更糟。有时我偶然也会同一位律师和一位会计师交换一下意见，在绝大多数的情况下只是通过电话，然后我会给他们指示，要他们按照我自己的决定去做。我永远不会让他们来掌握我的生意，那样做会非常危险，也很费时、费钱。

在租约签字之后，杜布阿斯医生交给我一把保安钥匙，这样我可以开始安排我的装修。我是一个行动十分神速的人，喜欢将事情高效地办好，所以，一当我收到了钥匙，我就告诉从中国来的刘师傅开始装修。当即，分隔墙就被打穿，以连接内部空间，包括一个室内拍卖室。

在我们开始装修的几天之后，我从杜布阿斯医生的助手那里接到了一个电话，说我们还不能马上就开始装修。这是一个挺奇怪的声明！我告诉她，正式的租约已经签好，目前只有清债公司批准的一个前提，我们应该能被允许开始装修，特别是考虑到我会在今后五年的租约期间给他们支付超过一百万澳元的租金。当我问她有什么问题时，她说："杜布阿斯医生目前在海外，我要问问他的律师才能给你答复！"

一小时之后，她又打电话回来说："按照我们律师的指示，在租约正式开始日之前你还没有权利开始装修，而现在离租约的开始日还有三个星期的时间。"

在批准了约瑟芬取得的装修报价之后，我已经组织了所有的供货商和装修工人。一旦刘师傅完成了他隔间的初步改装工作之后，其他装修和安装工作马上就会全面展开。当然，像其他的租户一样，我想在租约开始之日进行正式的开张仪式。在租约开始日之前进行装修是很通常的事，我简直无法理解他的律师的愚蠢，担心我们花大钱做了装修之后却又不租他客户的办公室！

我想这个问题纯粹是由于那位私人助手的无知而造成的，所以我要求约瑟芬继续装修，严格地按照日程表进行。可是第二天早上，刘师傅突然打电话来说，保安卡已经被弄失效了，他没法进入大楼。我打电话给杜布阿斯医生的私人助手，可是她仅仅冷冷地说："很抱歉，我只是按照我们律师的指示办事。"

这对我又是一次羞辱。对于很急切地想在以后的十年内付几百万澳元租金给他们的我，他们也许会在这个很小的新利班区再等好几年才能找到像我这样的租户，来租赁这么大的一个场所，它甚至也会花上我好几年的时间来填满恰当的员工。在澳洲离开市区 14 公里的人烟稀少的地方，很少有什么生意可以租得起这么大的空间！

我一挂断电话，就决定终止租约。我总是相信，每件事情的发生都有一定的理由，这也许是上帝的旨意。在2005年上半年，房地产业的迅速攀升已经停止，市场很明显地放慢了。我在新利班山区的总公司办公室已经雇用了50名员工，如果我按照我所计划的那样，继续大举推动前进，再在新利班雇用65名员工的话，我可能在这个离开市区14至16公里之外的当时不太兴旺的市场里，使公司处于太大的压力之下。

我马上取消了那张两天之前作为保障金而寄给他们的18883.33澳元的支票，并叫来了我的律师洛德，告诉他终止租约，并且要确保终止信务必在清债公司同意信到期那天的五点钟之后的一分钟之内传真出去。我同时告诉他，这件事必须在租约终止之前严格地保密，因我知道有些律师很忙，有可能忽视到期的那天，或者不能把一件任务准时完成。在最后的时间里，他们往往会要求延期，其商业后果，可能会很严重。

同时，我通知约瑟芬马上停止订购所有的供应品，包括价值4万澳元的电话系统、2万澳元的复印机、超过10万澳元的信息技术设备和计算机，还加上更多的东西。在到期的那天，我再次打电话给我的律师洛德，提醒他发出中止租约的传真件。他在五点过两分钟时精确地发出传真！杜布阿斯医生的律师，马克拉·洛伯春（McCullough Robertson）律师行的斯蒂芬·琼斯（Steven Jones）甚至忘记了在到期的那天要求延长时间。他想当然地认为，尽管他这么糟糕地对待我，我仍然别无选择，我仍然会很愉快地成为他客户的租户，并且还会支付他为了准备那些不受约束的租约的法律费用。

我对租约的终止对杜布阿斯医生并没有什么短期利益上的影响，可是，它对我的邻居罗伯却是灾难性的。他由于对以前的租约提供了个人担保，因此，他后来将杜布阿斯医生告上最高法院。我决定继续待在扎米亚街，把生意的规模保持在相对较小的水平，这样比较容易控制，也能让我集中精力于《快邮周刊》的业务。这件事前后让我损失了近两万澳元和不少的时间，可是却有可能让我在以后节省100万澳元。

我想把《快邮周刊》的开张放在2005年2月18日，即在我的第一家房地产公司开张后的十年纪念日。我已经同我的总经理罗索、销售经理特莱佛和总编辑比尔开过了好几次管理会议，设计我们杂志的模式，并为我们的第一期准备文章。在一个很短的时间内，招聘所有的记者和图像设计员们并把他们聚集在一起并没有什么问题，但是要在短时间内，在所有的印刷和发行都落实之后，招聘到十六名好的广告销售人员却是一个挑战。最后，我只能聘用能在市场上找得到的相对合适的销售业务员，并让他们在2004年圣诞节之后马上开始推销广告版面。

我打算在同一天同时推出两个刊物。第一个刊物将覆盖整个布里斯班市的南区，从西端区（West End）和袋鼠岬（Kangaroo Point）区起直到南面的帕金森（Parkinson）区和特鲁谷地（Drewvale）区，其审计后的发行量是99477本。它覆盖了新闻公司的奎斯特报业集团的刊物《南十字星报》（Southern Star）和《南区新闻报》（Southern News）的发行地区，还覆盖了《东南广告报》（South-East Advertiser）一部分的区域。我们的广告费比他们的广告费只多一点，加上我们的刊物是印刷在光鲜的全色纸上的，对消费者来说要比印在报纸上更有吸引力。对我们的房地产代理商、房东和其他广告客户来说，这也意味着一个梦想的实现，如果他们全力支持此刊物的话。

我们的东区刊物会覆盖《东南广告报》区域的另一部分，再加上奎斯特报业集团的《温嫩信使报》（Wynnum Herald）和农村印刷公司（Rural Press）的《海湾边布告栏报》（Bayside Bulletin），总共覆盖了整个布里斯班的东部地区和红土郡（Redland Shire），其审计后的发行量是97516份。这两份刊物都将在每星期二出版，比竞争对手的星期三出版刊物早一天。

如果我们每星期能够得到十六个整版的广告预定的话，我们的刊物就能收支平衡。我当时认为这是十分容易达到的目标，考虑到在新西兰的《物业信息》和悉尼的《文特沃斯快邮报》（Wentworth Courier）上，单是房地产这部分的广告就占了大约100页。《物业信息》开始时是几个大的房地产加盟公司，同杂志的创始人一起合办的。因为我自己独资创办了这个刊物，而且它是在我房地产公司的地盘内出版的，其他的房地产公司有可能害怕我发展壮大，因此我将我个人的参与严格保密，以便万一他们目光短浅，不以他们客户的利益为前提。

可惜这个秘密没能保持得太久。我首先不得不告诉我自己的房地产团队这是我的刊物，而且对他们解释他们可以从这样一个刊物中得到什么利益，以便让他们能先订购广告，因为一般的人都不适应于新的改变，包括我自己公司的人。整个《快邮周刊》的25名员工也知道，因为是我本人在我位于新利班山区的勇地产公司总部里亲自面试了他们每一个人。也有很多的人是我面试了，但不够资格而没有被录用，他们有可能会把消息散布开去。大多数的供货商也知道我的参与，因为他们的报价和账单都寄到我的房地产公司。

最初两个星期广告版面的销售是令人鼓舞的。这个刊物的前途看来良好，有鉴于积极正面的回馈。然而，两个星期以后，我参与的消息开始散布开来了。在过去的十年里，我的房地产公司的发展非常快速，这就在传统的房地产公司中造成了一些嫉妒和恐惧，因为他们丧失了很多优秀的房地产销售顾问，都加入了勇地产，这是因为我的勇系统理念，即将更多的利益回馈给我的团队成员，给他们提供更加公平的佣金以及更多的公司培训和行政支持。事实上，我公司大多数的员工起先都是来自其他的房地产公司。霍克地产公司的总部也正在挑战我的商标“勇做得更好”的注册，他们向商标注册办公室上诉，可是在收到了我的律师信之后，最后撤回了他们的反对。

在他们失去了想封锁我的商标注册之后，位于新利班山的霍克房地产公司的头号加盟店就成了封锁我杂志的先锋。我们这两家公司都位于同一个郊区，他们声言在过去的十年里一直是他们自己的霍克地产公司网络中的头号加盟店，然而现在，他们正面临着一个来自中国留学生的真正的挑战。自 2003 年起，我们在昆士兰州 400 强私营企业中的排名在进入的少有几家房地产公司中已属于最高。我们的销售业务员罗斯（Ross）告诉我，他们最初有兴趣在我们的刊物中订三个版面，可是当他们一发现我是这个刊物的业主时，就撤走了全部的广告，而且还对罗斯讲他会告诉所有其他的霍克房地产公司不要使用我们的刊物。很不幸的是，这些人将他们自己的利益放在他们的员工和客户的利益之上。许多其他的房地产公司，包括加盟连锁店和独立小店，都有类似的反应。

尽管有这样的挫折，我还是下定决心坚持下去。我们的员工们很努力，确保所有的工作都做得完美无缺。图像设计师工作到深夜，有些一直工作到凌晨两、三点钟，把一切的图版和美工都完成，到工作不那么紧张的日子里才补休。分类广告和彩色图片广告的销售业务员们不管情况有多困难，总会充满热情地与客户联络。报架一个接一个地被送出去，布满那些订购广告的主要客户那里以及每个主要的购物中心。每天早晨，在销售业务员们出去工作之前，我们总有半小时的培训。我最初也参与了一些这样的培训，帮他们加油、打气，同时也主持每星期一早上七点半开始的管理会议。一切都在快速向前推进，很快已经接近我们刊物令人振奋的第一期的出版了。

突然我接到一个电话，是从我的总经理那儿打来的，他要求紧急地同我碰头。我马上赶到了我们位于上格拉瓦山区的《快邮周刊》办公室！我一走进办公室，总经理罗索，还有销售经理特莱佛，把我拉进会议室，他们的脸上露出严肃的神色。他们把门关好，并把一个很大的、厚厚的信封放在我的书桌上，然后告诉我："我们刚刚从信箱里收到这个信息。请你看一下！"

我很快地浏览了一下，但是停下来对他们说："直接告诉我发生了什么事，让我省些时间。"

"这里的数据是从反犹太人网页下载的一些选段，说比尔是一个反犹太人组织的成员。他的一些评论被公开地张贴在网页上。"他们让我看了一些聊天室的纪录，记载了比尔和反犹太人组织的其他成员们的会话。

比尔的评论反驳了其他个别成员们所作的有关亚洲人和其他少数民族群体的不太卫生，不与主流社会合群等等评论。他说，从他的个人经验来看，亚洲人努力工作、谦卑、良善，而犹太人则是世界问题的根源。也许是因为他是个编辑，又没有工作的原因，他的评论又长又尖锐，滔滔不绝，是爆炸性的种族歧视言论。

我从我们以前的私人谈话中就知道比尔对犹太人的观点，可是澳大利亚是一个允许言论自由的国家，他有权利保留自己的观点，但我从来也没有料到他会如此公开地将自己的思想张贴到网上，让全世界的人都看到，而且还用了他的真实名字。

我问他们两人:“你们确定这是真实的吗？我们应该怎么办?”

他们回答说：“我们两人今天都上网去查看过了，看看这些指控是否属实。很不幸，那些评论确实是张贴在网上！这很明显的是从我们的竞争对手那里来的一种威胁。如果他们将这些内容透露给公众，说我们雇用了一个右翼的反犹太人极端分子作为我们的总编辑，那么我们今天就应该关闭我们的刊物！”经过很长时间的讨论，我们全体同意有必要在杂志出版之前替换比尔。

作者创办的大型英文杂志创刊号

这真是难以相信，因为他看起来是一位如此可亲和谦卑的人，你绝不会把他和纳粹以及其他极右分子联系起来。这也许是因为他那么长时间地失去工作，并且相信传媒是由犹太人控制才作出这样的评论。可是在网页上这么做，会使问题变得更加糟糕，因为这会给那些希望毁灭他的人提供更直接的证据。

在最初会见他并且同他一起工作的前后十个月里，我们成了朋友，因为他总是支持我，提醒我可能会面临的来自那些被他称为“半犹太人、半英国人”群体的挑战。在同我的两位高级经理会面之后，我把比尔叫进会议室，让他看过我们刚刚收到的东西，并向他传达了我们的共同决定。虽然他感到深深地失望，但还是能理解我们的决定，并且同意辞去他的职位。我给他付了一个星期的额外工资，彼此遗憾地告别了。

比尔几乎已经完成了我们第一期刊物的编辑和排版，可在这个关键的时刻，我们却不得不调换我们的总编辑。我打电话给候选人名单上的第二位，由塞丽亚·菲尔来接任比尔的位置。

2005 年 4 月 12 日星期二，我们的首期杂志成功地出版了。整个团队都很高兴和兴奋，因为它像一个婴儿，是我们经过很多个月的集体努力，从无到有地创造出来的。

第一期的封面故事就是报道宝玲·汉森成了房地产顾问。我虽然对于极端的政治动机并不赞成，我仍然同意将她的故事放在封面上，目的是保持杂志的独立性。

宝玲·汉森为了她的政治生涯而指责和牺牲那些勤劳的、无辜的人民。她原是一家炸鱼和薯条店的业主，她显然以为当政治家是一条更容易和风光的道路，要比艰苦劳动的小生意业主来得更有报偿。

宝玲·汉森后来因为选举舞弊被判刑，因她在注册她的“一族党”中弄虚作假。她在监狱里蹲了十一个星期，在上诉法庭撤销了对她的判决之后被释放了。在她出了监狱之后，按《快递邮报》的报道，她秘密地将20万澳元的党费，转入了一个她和她的朋友联合控制的户口，来避免对使用公款负责。她以前的财务人员格拉姆·麦克唐诺德声称，她对她的花费甚至没有缴纳收据。

昆士兰人毕竟是公平、公正的，她很快就被选民抛弃。看到她在丢失权力之后成了一名房地产中介顾问觉得挺有趣的。鉴于我在这个领域里的经验，我很清楚她不太容易有对于为买主和卖主服务所需要的耐心和众口一致的声誉。我知道，她不大可能在这个生意中坚持太久，所以我允许将她作为我们第一期的封面特写故事。我的看法果然被证实了，即宝玲·汉森不久后就离开了需要工作时间长又要求很高的房地产服务行业。

为了重新恢复她原来的地位，并帮助她再次参加参议员的竞选，她在2007年推出了她的自传。在自传里她透露了她在她男朋友背后的不道德的行为，及同她的政治搭档、现在成了她的大敌人的戴维·澳尔得费尔德（David Oldfield）不正当的关系。戴维对他目前的妻子公开否认他同汉森之间的关系，然而，七号电视台的测谎仪证明他在说谎。看到这些政治极端分子如此低的道德水平，却能上蹿下跳，公开蛊惑民心，这也是民主的悲哀之一。

再回到我的出版生意。《快邮周刊》从它的第一期被放上报架之后，得到了不少正面的响应，尽管有很多想打广告的人，在他们做出在这本刊物上打广告的最终决定之前，还坐在那里静静地观望那些打广告人的动静。同时，我主要的竞争对手则开始寻找不同的办法来摧毁我们。除了最初的闹剧，即关于我们主编的匿名信息，在出版前还出了一件事情，我从发行审计局收到了一封信。这封信说，我们不可以提到这本杂志是经过发行审计局的审计的，甚至不能提它正等待审计结果，一直要到过了六个月的审计期才行。我对于遵守这一点是没有问题的，但很明显，我的主要竞争对手正在很密切地监视着我们的一举一动。很奇怪的是，发行审计局的很多委员实际上是来自各主要的传媒公司的部门主管。

不久之后，我又几乎同时收到了两份联邦法院的诉状。一份是从布里斯班的《快递邮报》那儿来的，另一份是从悉尼的《文特沃斯快邮报》那里来的，他们两家报纸都声言我们的《快邮周刊》侵犯了他们的商标权。我突然开始警觉到这场战斗的巨大性，我已被卷入这场战争。澳大利亚是一个相对非常安全的国家，很少有暴力，可是它在世界上也是诉讼案最多的国家之一，仅仅次于美国。虽然法律诉讼是现代文明的象征，代替了早先时代的暴力，可是法庭往往被大的财团所滥用，因他们都懂得如何使用他们强大的财力，来压垮他们的竞争者。

有一些罪犯和诈骗者们，也利用法律的漏洞，从别人那里或从保险公司那里敲诈钱财。房地产是其中最有可能发生法律诉讼的行业之一，可是在我超过二十年的房地产业生涯里，从来没有被任何房地产客户或任何竞争对手起诉过。我所经历过的唯一几次打官司的案件，都是我们自己或通过律师起诉某些企图不付我们费用的人。现在，我还只在传媒的生意中干了几个月，就要对付两个联邦法庭的诉讼案。《快递邮报》雇用了最好的高级大法官来递进他们的诉案，这意味着，我也必须按此作出反应，让我付出很高的代价，来为自己辩护，尽管平时我最不愿见到的事就是动用律师打官司。一旦动用律师，一点小事都可能变得旷日持久，耗时耗钱。

尽管在起初看来的确有点可怕，可是因为我的主编比尔在几个月之前就已经警告过我，我对他们的攻击并不是太惊奇。我知道他们仅仅是恐吓我！根据“快邮”名字的商标报告，早在1978年，《文特沃斯快邮报》实际上已经对《快递邮报》的注册进行过上诉，这场法律诉讼持续了四年，直到《快递邮报》在1982年最后将它注册为一个商标，尽管这样的事实，即《快递邮报》的名字已经被用了85年左右。这仅仅是所有这些文明游戏的一部分，即大的传媒集团玩这种文明游戏来压垮竞争者的扩张，而不是使用暴力。在现代澳大利亚的政治和商业中，暴力已经成为过去的事情了，因为每个人都把他们生命的价值看得比任何其他的东西更重要，然而有趣的是，在中国台湾仍然可以时而看到政客们大打出手。

“快邮”是个大众性的名词，已经在澳大利亚乃至全球被几十个刊物用作刊名。《快递邮报》和《文特沃斯快邮报》之间的斗争定出了一个先例，在一个相似的案子里再次反对别人的注册，不大有可能取得成功。可是，作为他们策略的一部分，他们仍然会想法把竞争对手带去法庭，仅仅是为了挫伤和削弱他们的竞争者。

我有信心赢得这个案子，但我不知道会拖多久，会花多少钱。我把这个档案送去我的律师之一彼得·坎普贝尔，由他来处理，可是他明显地对于这么一个大案的辩护能力没有把握。他要求我雇佣一名大律师来支持我们。一当我们任命了一位大律师，这位大律师又说他需要一名高级大律师来指点他。此律师每小时收费250澳元，大律师每小时收费300澳元，高级大律师每小时收费500澳元。这就是说，让他写上一封信，或者开上一个会，就会花费一名普通律师四倍以上的钱。大公司想要做的，恰恰就是将他们新的竞争者放进这样一种困难的处境。

与一个在布里斯班的财团和另一个在悉尼的财团同时作战不是一个好主意，因此我们决定先同《文特沃斯快邮报》要求庭外和解。我们知道，《文特沃斯快邮报》要赢得这个案子的可能性比较小，因为在二十多年前已尝试过但以失败告终，因此我们对其施加财政压力，把我们的大律师派去悉尼的联邦法庭，申请把这个案子转到布里斯班来。这就意味着他们的整个法律团队不得不飞到昆士兰州布里斯班来出庭。等到我们被法院批准把这个案子转移到布里斯班的联邦法庭来处理之后，我们给他们发了一封信，许愿我们不会主动去寻找他们的广告客户，各方支付自己的法律费用，在开庭之前了结这桩案子。《文特沃斯快邮报》的法律小组很快就同意了，知道他们不大会赢这个案子，因为它是跨两个不同的州，在我们两个刊物之间的直接竞争是完全不可能的。有趣的是，在三年之后，当我在勇地产 2008 年的销售年会中遇见汤姆·帕诺斯（Tom Panos）、新闻公司的房地产广告和业务开发主管，他被邀请作为一名客座讲解员来出席年会时，他告诉我，悉尼的《文特沃斯快邮报》和其他姐妹刊物在 2007 年也被默多克的新闻公司吞并了。

在同《文特沃斯快邮报》的案子了结之后，我们就集中注意力于《快递邮报》的官司。我的法律顾问的意见是，从总体来说，我们有很强的机会可以赢，可是，由于对方法律团队的阵容非常强劲，什么情况都有可能发生。那时，我的律师费迅猛地上升，因为双方都在来回地发出成堆的要求和响应。

在这个时候，他们又开始攻击我们的主要广告客户。我们最大的广告客户之一是温嫩区的雷恩和杭房地产公司。他们通过我们的销售代表麦克·韦雷特（Mike Willet）同我们签了一年的广告合同，在《快邮周刊》—东区和海湾边的刊物上占用封面和封底的版面。几个星期之后，麦克报告说，雷恩和杭想要退出，他们声称《快递邮报》派了他们的一名高级销售经理，名叫保罗·央，去招集我们所有的当地广告客户召开了一个会议，对他们许诺说，他们会做一切可能的事，来得到他们的生意，还说不会让我们的刊物在市场太久。他们有选择地只给我们的客户免费广告到其他两份兄弟报上，最终提供一个比我们的刊物更便宜的价格，而通常他们会每份多收大约70％的额外费用。

这明显是违反澳洲《反竞争法》的行为，按照公司法来说，这是高度不合法的，因为这个优惠不是延伸到他们所有的广告客户，而仅仅是那些在我们的刊物打广告的客户。在那时，消息已经传到了我们所有的广告客户那里，说勇地产是《快邮周刊》的创始人，雷恩和杭决定退出他们和我们签订的合约。麦克想办法要从雷恩和杭那里得到一份关于保罗·央向他们提供上述优惠的书面声明，可是他们不愿意这么做。他不想把他们同《温嫩信使报》的关系搞僵，因为如果我们关掉的话，《温嫩信使报》就会成为当地唯一的地方刊物。我们曾考虑过对雷恩和杭采取法律行动来强制他们遵守这个已经签约的一年的合同，可是最后，我们决定不要损坏同他们的长期关系。

这件事很快就通过我们的销售经理用它的书面声明向澳大利亚消费者和竞争委员会（ACCC）作了报告。很不幸，他们把我们的报告打了回来，甚至没有费心思去调查一下，或者去找我们的广告客户面谈一下！他们声言说我们没有足够的证据，因为说到底，我们自己的销售经理写的声明是不够的。我们的整个销售团队对于澳大利亚消费者和竞争委员会的反应感到震惊。我们不能理解他们为什么从新闻公司那里退却，并开始怀疑，这些政府的官僚们是否是惰于职守，或仅仅是漠不关心。

最后，我们又被新闻公司所属的《南方之星》重重地一击。《南方之星》在他们的报纸上发表了一个声明，这个声明是由一位叫贾克·格理姆的房地产中介个体户所发表的。那个声明说："对那些至今仍然不知情的人，请注意，《快邮周刊》是勇地产所拥有的，我个人不会支持这个刊物。"

贾克本来是美国的一位汽车销售员，后来他回到澳洲，从他在罗伯森区家里的车库里来经营房地产生意。不管是出于什么原因，他同新闻公司结成了联盟。这个联盟把他们自己的利益放在卖主和客户的最佳利益之上，这是违反昆州房地产协会（REIQ）的操行守则的。一般来说，任何有操守的报纸是不会发表这样针对个人或同行的声明的。然而，他们却这样做了。

在这个声明发表之后，几乎百分之百的在我们南区版的刊物上打广告的客户都撤出了这份杂志。因为大多数的勇地产公司都在布里斯班的南边，就在《南方之星》的发行范围之内，那些同行房地产公司无疑是害怕了。不幸的是，由于他们思想的狭隘，他们客户们的利益将受到损失。我的这份杂志理应成为昆士兰最受欢迎的地方免费杂志，正如新西兰的《物业新闻》和悉尼的《文特沃斯快邮报》那样，尽管《文特沃斯快邮报》发行量只有大约五万份。

作为要赢回我们主要的房地产加盟公司支持的最后努力，我决定采取新西兰的《物业新闻》的模式，对主要的加盟店主们和昆州房地产协会提供免费的股份。我会见了他们所有的总裁，或者总经理，并且用书面声明，如果他们支持我们自己的行业服务杂志，我将不会扩展我自己的房地产网络。我的理由是，这是为了我们的客户和我们的房地产行业最大的利益。我对每一家主要加盟店主免费提供了百分之一到百分之二的股份。

他们大多数都很愿意接受我的提议，没有一个人当场拒绝。哈考特房地产公司的总裁显示了最大的兴趣，因为他们正是新西兰成功的《物业新闻》原始股东之一。那以后，他们甚至还主动打电话给我，问起其他的公司是否也参加了。

我对昆州房地产协会的访问也是成功的。除了百分之二的免费股份之外，当时的会长唐·麦肯兹（Don Mckenzie）对这份刊物很感兴趣，他问我，昆州房地产协会是否可以再多买些股份。我告诉他，这有可能。唐·麦肯兹很喜欢我们的刊物，并且相信它对于我们的行业会是有益的。他答应在下一次昆州房地产协会的管理会议上呈现我的提议，看看他们对这个提议是否有任何问题。

昆州房地产协会的管理委员会成员几乎都是主要的加盟公司和独立公司的总裁或老板。最后，会长通知我，那些人还是选择不要支持这本刊物。对我来说，这个结果是一个致命的打击。我本打算把15％的股份送给本行业的同行，然而，这个百分比对他们来说也许还不够有吸引力，也许是他们完全不想支持他们的一个竞争对手，或者还有其他什么我不了解的原因。

任务变得越来越艰难，可是，每天我还是勉励我的销售团队。这个团队正变得越来越强大，因为我们逐渐地替换了某些表现不理想的销售业务员。不久以后，又替换了销售经理，由新的经理哈维·哈金森取代了特莱佛·阿伦的位置，而且从那时以后，工资也进一步提高。

哈维曾经是《记者报》（The Reporter）的总经理。在我们创刊之前，《记者报》被认为是昆士兰州的第二大的小区报，发行量达到每星期87000份。他在不同的媒体公司工作或从事管理二十多年，是个真正的斗士和鼓动人心的将领，特别是考虑到他已经是接近退休年龄的人。在他来到之后，我们重新调整了薪资策略，改掉了在基本工资上付广告佣金的做法。我们决定将销售业务员的薪资改为更高的无佣金的基本工资，直到广告收入达到每周8000澳元。当时政府规定的销售代表的年薪标准大约是27000澳元，我们选择支付35000澳元的年薪，每星期再额外给150澳元的汽车补贴，加上养老年金和广告佣金。这是一个很好的薪酬，可以吸引更好的销售人员。同时，这也大大增加了我们的固定开支。为了使我们的刊物更有吸引力，我们又进一步降低了广告的价格，降到同一份单一的奎斯特报纸一样。

就在我要为我刊物的生存而部署我们的新策略来进行绝地大反击的关键时刻，我一生中最悲伤、最黑暗的时刻之一到来了：我父亲在中国突然去世了。

在过去的几年中，我的父母亲在任何时候，都必须有一个人待在我妹妹的身边，因为她正遭受精神疾病的折磨。她的病情还没有重到必须长期入住精神病院的程度，可是她不能独立生活，因为需要有人来提醒她服药，并指导她料理每天的生活。这对我年迈的父母亲来说是很困难的事，但又没有别的选择，因为在中国当时还没有那种像我在布里斯班的新市场区打工那样的供轻度精神病患者居住的我们能放心的特殊住所，尽管我父母徒劳无功地找过。

我母亲是一个极其老实和内向的人。由于她的家族成员们在1949年之后悲剧般的经历，她永远对致富感到害怕。她不同意请一位家庭保姆来照顾她和我妹妹，不管多少次我对她提过这个建议，因为她不愿意在家里有一位陌生人住着。尽管她是一名有资格的医生，多年来她甚至不知道如何开关电视机或者收音机，直到后来才学会。不管我多少次提出过要给她买一个比较大的、全新的楼房，她总是打断我的话，用绝对肯定的语气对我说“绝对不要，不要再提”。她想过一种非常简朴的生活，唯一的理由是这样她会感到安全。如果周围没有老邻居，没有熟悉的店铺，她很难适应生活。除了够她开支的基本生活费，她决不要我给她更多的钱，因为她担心，在中国不断变化的环境里，有钱对她来说是会带来危险的。在那里，有些人会为了几十元、几百元钱而杀人，而她又只能待在中国。因为我妹妹患有精神疾病，她不符合移民澳洲的健康条件，我母亲必须全日陪我妹妹，她也只适应老环境的生活。

在到澳洲探亲三个月之后，1999 年我母亲回到中国继续照顾我的妹妹，同时我父亲在 2001 年移民来澳洲同我们一起居住。他同我们一起居住了四年。这四年是他一生中最开心的时间之一，在我们平静、温馨的豪宅里笑得更多了。这段时间也是我一生中最开心的时候之一，特别是在星期天，当我有时间向他挑战中国象棋的时候。这也是我整个一生中同我父亲在一起过得最长的一段时间。在我来到澳洲留学之前的人生最初二十八年中，我同我父母在一起生活的时间加起来总共也才只有四年左右。

我父亲在澳洲的身体是蛮好的，很强壮，而且很少生病，甚至当整个家庭都感冒或咳嗽了，他是家里唯一的一个不会受到感染的人。他参加每年一度的常规身体检查，每次健康状况都很完美。可是，在 2004 年 7 月，他意外地被发现患有肺癌，而且已经发展到了晚期，没有任何事先的警告。这个消息对我妻子和我来说是一个非常大的震惊，但我们没有对父亲透露这个诊断结果，免得他在精神上一下子垮下来。医生说他可能再活六个月，这对我们是悲剧性的消息，因此我们对他说这只是一个肿瘤，但是需要马上进行治疗，不然它可能很快地转变成为癌症。

我父亲得到了最好的医疗，因从一开始我们就给他买了私人保险。在作出诊断的一个星期之内，我父亲就在新利班私立医院开始了化疗。我妻子放弃了她大部分的工作，确保我父亲能够在最短的时间内受到最好的治疗。她每星期都带他到医院，做他的护理和翻译。她总是在白天带着勇敢的微笑来做这件任务，可是在晚上，她不时在我们的睡房为他伤心流泪。她把能找到的有关癌症的每一本书籍都看了，并且从不同的医生那里努力寻求他们的意见。她通过布里斯班的《生活情报》买了各种的药品，比如灵芝之类，也从中国购买草药。

最初三个月的治疗非常有效，我父亲的精神很好。他一生中第一次在他的饮食上开始注意和控制了。作为土生土长的四川人，以前他喜欢吃很咸、很辣和很油腻的食品，又很少喝水和吃水果。他不习惯听我妻子的劝告吃那些相对无味的健康食品。我妻子在健康和美容上是一名业余专家。尽管她生在辽宁抚顺，长在四川泸州，她却不会讲四川话，饮食多为北方习惯。在过去多年中，我们在澳大利亚吃的食物，都逐渐变淡了，包含相对较少的肉、鱼、海鲜，但有很多的蔬菜、水果，可是我父亲仍然坚持每餐都要加上些肥肉、额外的盐、辣椒和泡菜等。在他被诊断患有“肿瘤”之后，他马上意识到了后果的严重，允许我妻子来指导她，不管吃什么，只要在她看来是妥当的，他就听从。

在经过了三个月的化疗之后，我父亲的头发一点也没有掉，体重也没有减轻，也没有感到任何疼痛。那真是一个奇迹，甚至连医生也感到吃惊，他看到癌块的体积也稍稍有了减小，尽管在发现癌症的时候，癌已经扩散到了全身。三个月之后，我父亲无意中从我母亲那里得知他的“肿瘤”实际上是癌症。他马上要求停一下化疗，同时用我母亲寄来的中草药进行治疗。

过了一个月没有进行化疗，我父亲开始感到疼痛了，因为癌细胞已经慢慢地渗透了他的身体。在我们的要求下，后两个疗程的化疗又重新开始了。我父亲一直让自己保持着高昂的斗志，每星期继续同我下象棋。又几个月后，我父亲提出回国治疗，我和我的妻子都不断地劝他留在澳洲，同我们住在一起，因为我们觉得澳洲的医疗条件相对要优越些，可是他的个别朋友们还是建议他回中国去治疗。

2005 年 4 月初，就在我的《快邮周刊》创刊号推出之前最关键的时候，也是在他进行了近九个月的治疗之后，我父亲再次坚决要回中国去进行不同的治疗。在劝说他继续在澳洲进行化疗无效之后，我们不得不同意他的要求。我们赶紧为他买了商务舱的机票，并且安排了全程轮椅服务，对他提供全面周到的服务，从机场接人到乘务员在到达成都机场后把他送下飞机。4 月 14 日夜间，在《快邮周刊》创刊号刚推出之后两天，我们全家伤心地看着空姐把他推进飞机。这是我一生中第一次看到他的眼睛里有泪光，也是我第一次看到他坐在一张轮椅上。

虽然飞机上有空姐对他贵宾式的服务，十五小时的飞行，使我父亲大伤元气，病情进一步恶化了。在他上飞机之前，他走路、说话都没有任何问题，可是当他到达成都之后不久，整个精神似乎都垮了。正是因为这个缘故，澳大利亚的癌症治疗医师劝他留在我们澳洲的家里，让他的日常生活能够继续保持正常，除了在医院进行化疗的几个小时之外。一旦当癌症病人坐上轮椅，或者躺在床上，他们的精神就会垮掉。

我的母亲，还有姑姑们都到机场去迎接他。在成都家里的第一个星期，他还能高声地说话，身体机能也还可以。一当他长住进癌症肿瘤医院，并且开始了新的治疗方法之后，他的声音就哑了，并且只能挣开一只眼睛。我母亲在医院里有一位很亲近的朋友李医生，是医院的主治医师，对他进行了额外的照顾，可是他的健康还是一天比一天更糟。

我开始向堪培拉的中国大使馆递交了签证申请，以防万一，但是我万万没有料到，对我父亲道别的日子来得这么快。

2005 年 5 月 5 日，我再次打电话给李医生，问她医疗情况进展如何。我告诉她，如果她需要发出“病危”通知的话，必须提前通知我，因为我需要时间签证和购买机票。她马上告诉我说，她认为应该发此通知了，并会安排在第二天就发给我们。

第二天，在 2005 年 5 月 6 日星期五大约午餐时间，我得到了我妹妹的电话，说我父亲已突然去世了，我感到天堂倒塌在我的头上了。我知道这一天终于会来到，可是我从来没有意料到它会来得这么快，否则我会早在三个星期之前就同他一起回中国去，陪他度过他一生中最后的三个星期。

当我接到我妹妹的电话时，我甚至还没有收到中国大使馆的签证，这样我就不能购买机票。大使馆的工作时间通常是上午九点钟到中午十二点钟，在那以后，没有人会接电话，因此我甚至不能打电话给他们，要他们加速办理我的签证申请。那时，中国政府已经做出决定，在布里斯班设立一个领事馆。当时领事刘斐和我的四川老乡费明星领事一起找到我，让我为中国领事馆找一个官邸和馆址。我安排他们参观了圣·卢齐亚（St. Lucia）区一栋价值 1000 万澳元的粉红色的房子。这是他们最喜欢的一栋房子，正当他们几乎已经达成协议时，领馆的调查部门认为房主葛雷戈·拉斯佛多（Greg Lasvodo）的背景不完美，因他从前曾经拥有两个色情的网址，所以领馆决定退出此交易。

由于我参与了那个过程和以后领馆的很多活动，我同这些领事们从一开始就很熟悉。他们都能说很好的英语，年轻而精力充沛，工作努力，主动，积极参与当地政府部门和华人社区的活动，就像所有其他好的澳洲政治家一样。具体负责设立新领事馆的领事费明星来自四川眉山县，离我的老家什邡县和成都市很近。他的年龄同我相仿，可是已经在中国外交部工作了差不多二十年了。

我同我的妹妹讲完话，一挂上电话，我所想到的第一个人就是费领事。我马上打手机给他求助。他立即通过他们的内部电话线给堪培拉的中国大使馆挂了电话，并指示他们马上给我签发签证。同时，我组织了快邮公司去取申请，因为当时已是周五下午，一般的邮件要到下个星期一才能到达。我要求我的个人助手阿拉娜去组织周末工作的快邮公司，它的收费要比一般周日隔夜投递的快邮公司高出七十倍。堪培拉的领事马上给我回了电话，答应在当天下午五点之前就将签证准备好，等快邮公司来取件，这样快邮公司就可以搭夜班的飞机，将邮件在星期六早晨送到布里斯班。

同时，我的妻子从亚太旅行社的珍妮·刘那里安排了机票，因亚太旅行社是我们亚太中心的一名租户。我早期通常是乘坐澳航旅行的，可是有两件事情使我对他们完全改变了看法。我总是坐经济舱飞行的，就像宜家（IKEA）创建人英格瓦·坎普拉德（Ingvar Kamprad）的哲学思想。他是世界上最富有的几个人之一，拥有360亿美元的财富，可是他总是坐经济舱飞行，开的是一辆有十五年车龄的Volvo旧车。我可能永远不会坐商务舱或头等舱飞行，因为它的机票是经济舱票价的四到五倍。这是一种很糟糕的投资，也是很坏的公司和家庭文化，让人变得不能吃苦、虚荣和华而不实，类似于我前面提到的开奔驰车的经历。我宁愿把那钱捐助给我的慈善基金。

再回到前面的签证和飞机票问题。新加坡航空公司的飞机票是在星期六晚上十一点五十分，我必须事先确认方能保证有机票，同时又在等待签证和护照的来到。没有护照，我甚至不能申请一份电子的落地临时签证进入中国。

为确保快邮公司已经准时取到了我的签证和护照，我在星期五下午五点三十分之后亲自打电话给他们，可是我却发现，在付了他们 200 澳元之后，他们取到的是一份别人的护照。难以相信的是，快邮车的驾驶员甚至没有好好地检查邮件的目的地及收件人的名字。这是一个我无法承受得起的错误，因为我已经确认了我的飞行航班，而且必须马上赶回去见一下我父亲的遗容。幸运的是我打了这个电话！

我马上打电话给大使馆，请求他们再次开放使馆接待处的大门，让这位快邮车的驾驶员回去取我的签证。最后，我终于在星期六的午餐时间收到了我的签证，离飞机在晚上起飞只有不到半天的时间。我们的生命好像是一场战争，在任何特定的时间、地点，任何事情都有可能出问题。我所能做的，就是尽量留心我个人以及生意上的每一个细节，力争做到尽善尽美。

我在星期六半夜离开澳大利亚，星期天午餐时间，回到成都。吊唁堂已经在我父母亲所住的那个大楼前的院子里设立起来。我叹问苍天，为什么这么一位谦卑的好人不得不这么快地离开这个世界，他才只有七十二岁啊，尽管他的不少同事和战友比他还先离去！如果他的死亡是发生在澳大利亚，很可能会为此而与政府大打一场官司做理赔。这是因为，除了他在部队时的马匹给他感染了肺结核，他个人的饮食习惯和轻度的抽烟，他转业到工厂工作时工厂大批致癌的石棉网对他肺部的伤害，这些很可能是引起他肺癌的主要原因，因这种肺癌会在长达二十多年的时间里会逐渐发展起来。他的很多同事和战友，在更年轻得多的年龄就去世了，这正是任何发展中的国家，包括发展中的中国必须面临和经历的一个令人伤心的过程。

在那五年之前的 2000 年，我母亲就在新都县的宝光塔公墓购买了一块夫妻合葬的墓位。我父亲对我母亲的这个决定并不十分赞同，但我母亲这么做，是为了心里有平安感，因为这个殡葬公司提供全套的葬礼服务，从设立吊唁堂、安排火葬、处理殡葬礼节，然后到骨灰的最后安葬等等。

这个公司的服务，以及他们的服务代表黄先生的表现，真算是十分完美。与我在 1991 年离开中国那时相比，顾客服务标准已有了很大的改进。葬礼是以他们最高规格的标准进行的，就像国葬一样，有一个穿制服的仪仗队在很大的广场游行，还有二十一响的礼炮。在我父亲的葬礼结束之后，我和我的姑姑们一起回我奶奶的老家洛水镇，去给她扫墓，尽管我知道在澳大利亚，我的刊物《快邮周刊》正需要我去紧急处理无数的事项。给我奶奶扫墓一完毕，我马上就飞回澳洲，来拯救我的出版事业。

我在 2005 年 5 月中旬回到澳洲，之后，消息进一步恶化，其他房地产中介公司对我们的支持越来越少。对于在南区发行的版本，几乎每一家房地产中介公司都撤出了，但我决定在没有任何房地产中介公司的广告，只有我们自己的广告和其他行业广告的情况下继续出版。我取消了我们所有奎斯特报业集团的地方报《南方之星》上所登的广告。我们在此报纸的房地产版面中多年来一直长期订购着封面广告。

为了争取其他零售广告的客户，特别是大的媒体代理商和政府客户的广告，我们需要发行量审计局的结果。我们从第一天开始，就将每一期出版的资料寄给他们，但他们要审计满六个月后，才能发给我们最后的证明书。另一个比较快就能够证明我们信用的方法是通过独立的调查。我同 AC 尼尔森（Neilsen）独立调查公司作了联系，可是他们至少也要让我们的刊物在市场上发行三个月才能进行上述的独立调查，目的是为了作出一个公正独立的比较，所以，一到三个月，我就要求他们做独立调查。这个调查最后又花了他近三个月的时间，才将结果收集齐全。

就在焦急地等待发行量审计局的审计报告以及 AC 尼尔森公司的调查结果时，我们继续反击。我们同《文特沃斯快邮报》的庭外和解是我们的第一个胜仗，而且，不久之后，我们又收到了霍克房地产公司的律师信，通知我们，他们撤销了对我们注册“勇做得更好”的商标的反对。

霍克房地产公司创办人的真正名字其实是雷斯理·约瑟夫·廷·勇（Leslie Joseph Ting Yong），是一名早期中国移民的后代，他后来把名字改为霍克，因为在 1900 年代早期，澳洲的中国移民相对较少。如果霍克生长在今天的时代，而且又有中国人的骨气和自豪感，他很有可能也会将他的公司称为“勇地产”，因为勇是他在中文里的姓氏（也是我的名），而在澳洲，大多数的人都用他们的姓氏作为他们公司的名字。我之所用我的名“勇”作为公司名称，一是西方人很难把“黄”字发音准确，二是真切地希望在全球创造一个我们华人的品牌并为此而自尊、自豪！如果霍克的创始人仍然活着，他大概不会在乎承认“勇做得更好”，考虑到在短短的几年里，在这个竞争非常激烈的市场中，勇地产很快成为了昆士兰州私营企业 400 强中排名最高的房地产公司，此排名以直营公司的营业额、员工人数和资产为基础的。

《快邮周刊》继续在稳定地发行，没有任何妥协的迹象，尽管它每星期要亏损 5 万澳元左右，或者每月 22 万澳元！与此同时，我在亚太中心开的方便店和录像带租用店也在亏钱，每星期亏损 6000 澳元左右，或者每个月亏损 26000 澳元。这对我的核心房地产生意增加了不少财务上现金流动的压力，同时我自己也没有时间来专注于房地产生意。我的心思全部被《快邮周刊》所占有，每天要设法找《快邮周刊》的新生意，同时还要同《快递邮报》打那昂贵的法律仗。除了我的妻子张源、两位财务经理莫妮卡・王、赵晓齐及办公室经理阿拉娜之外，没有人知道我所受到的真正压力。阿拉娜是我一位很虔诚的基督徒姊妹，她从十六岁高中毕业就加入了我的公司。

他们都知道在这个特别的时刻，现金流非常紧张，所以到了当年的工资复审，阿拉娜和赵晓齐两人都坚持不接受任何工资的增加。然而，我妻子和我都坚持要给他们加工资，她们两人都感激得甚至流出了眼泪。这是我的信仰，从 1995 年我的生意开张的第一天开始，我的员工的利益就是我最高的利益。不管公司面临着多大的困难，我们所有员工的工资、佣金和所能享受的其他权益，都必须准时支付，一天都不能拖延。几乎每一名行政员工都能保证每年有一次加工资，其幅度大小取决于市场以及他们的表现，哪怕我必须从一位朋友、亲戚或私人投资者那里去借钱，使用信用卡的现金，或者作第二次房贷抵押，哪怕我因此得付 16％－20％的利息。

尽管如此，我过去总会借钱或预支给真正需要钱的员工，而从来没向我的员工收取任何利息。唯一例外的一次，是当我借了 17，000 澳元的钱给我的物业管理助理阿佛尔去完成她房子的整修，那是因为她的贷款申请被银行拒绝了。那时候，《快邮周刊》正承受很大的亏损，而我是用我的信用卡借钱给她的，要付约20%的利息，所以我收取了她7%的利息，作为她在三个月里还款的动力。通常，如果借款没有任何抵押物，其利率应至少在百分之十六到二十，特别是对她这样没多少资产和偿债能力的人。在这三个月的借款期到期之后，让我惊奇的是，她忽然从公司辞职，不久后声称，她在两个月之前在她帮我管理的一处投资房那里摔倒过。她先是要求领取政府工伤赔偿，然后去最高法院控告我公司，要索取20万澳元的工伤赔偿。

阿佛尔同时声称，在我借款给她时，我没有按银行的法规给她妥当的“文件声明”，这意味着，按照她律师的“钻空子”式的不道德思维方式，她有可能不用付还我任何的钱！在她第一次提起在两个月之前摔倒的时候，很明显的是对她的故事感到尴尬。在过去两个月的时间里，她就同其他的员工一样工作，没有人感到她有任何的不同，除了向另一位物业管理部的员工丽萨·魏金丝提到她正和她的丈夫一起一手一脚自己做装修，包括她自己亲手搬动大石块。对于她的摔倒，既没有证据，也没有记录，甚至在这两个月里，她没有一点行走的困难，甚至也没有要求请假去做治疗。

在阿佛尔的辞职信里，她称赞我对她的帮助，从来没有提到她要控告公司，也没有提到因此而不想付还借款。然而，她在给一位同事的信里提到，她离开公司是为了去做一件“有趣的冒险”。政府工伤赔偿部门和我的保险公司都对她所声称的故事的可靠性产生严重的怀疑，因而全力反控她的上诉，其法律斗争延续了一年，这实在是非常糟糕的经历。最后，双方达成庭外和解，她欠我的钱也全数连本带利归还了。

对另外好几个员工，我则不是那么幸运了。这使得我后来对那些“极需要钱”的人不得不采取一些谨慎的措施，因我以前曾先后借给该26000澳元、劳伦斯4000多澳元、阿德里亚3000澳元。之后，他们全都离开并躲了起来，不再露面，希望有朝一日警察会在澳大利亚或者新西兰的某处找到他们。这就是为什么不少人一生贫穷的真正原因。他们不想或不屑“赚钱”，而只想轻松“混钱”，或伸手免费“要钱”，其后果很难会真正轻松、愉快和幸福。

西方法律系统有一个严重的缺点和不公平之处，就是有时在同等情况下或双方都没有证据下，法官偏向于所谓的弱者。它允许人们在个别情况下不提供有效证据就可提出诉讼，而当这个诉讼被否决或被证明是虚假的之后，也不需要对其后果负责任，除非他们有做伪证，或对对方造成严重的经济和信誉损失。这个漏洞鼓励律师和他们客户的不诚实，造成在和谐人际关系上以及对澳大利亚经济的极大的损害。在过去的十几年里，我公司终止了好几个雇用合同，比如费尔、丹尼、安东尼、埃达、琳娜，还有其他很多人，都是因为他们欺诈或者偷窃。在签了一份普通买卖合同之后，费尔出示一份上市拍卖授权者，想领取更高的佣金。我对这份突然的拍卖表感到惊奇，就打电话给卖主核实，卖主确认说，他从来没有意向要拍卖他的物业。对丹尼来说，他在买卖全部合约上没加公司名称和地址，而是他个人名称和地址，要求卖主将佣金的支票寄到他私人的地址。知道他在欺骗，那个诚实又精明的澳洲房主在交割房产之后寄给他一张空头支票，同时又向我报告了此事。这样，房东既避开了丹尼的纠缠，又避免了我们的佣金诉讼。安东尼、埃达、琳娜等等做的也是类似的事。我也中止了一名助理物业经理、一名前台接待生和一名录像带租赁店经理的合同，他们都有偷窃行为，被我们的保安录像机拍了下来了。澳大利亚是一个幸运的国家，无可避免的是，就像任何其他国家的一小批人那样，包括少数的亚洲人因为懒惰、自私或急功近利而失去自己的人格和前程。

幸运的是，受到上帝的祝福及我个人为人的公平和慷慨，公司绝大多数团队成员都十分忠诚、友好，他们有的是土生土长的当地澳洲人，也有不少新移民。这些人诚实、勤劳、忠诚，分享我们的志向，是大多数诚实、善良的澳大利亚人的骄傲。如果我周围没有这些人，我早就放弃了我的十分具有挑战性的理想，即勇地产加盟店最终在全球雇用 30 万名团队成员。

同《快递邮报》的官司还在继续着，律师费一直在飙升。我本想要一直打到最后，可是律师费的支出，还有每个月在媒体生意上的亏损，都在严重地影响着我的现金流动。我开始考虑我的撤退策略，同几个主要的小型传媒公司联络，讨论建立一个合资公司的可能性，或者完全出售我的刊物。

有趣的是，就在同时，《家居画报》和《记者报》的创办人，都主动来同我联系，希望我要么直接把它们买下来，要么就是组成合资公司。他们这两位都算得上昆士兰州最富有的人之一，他们俩都在最近刚刚以将近 600 万澳元的价钱分别卖掉了他们的房子。这两份刊物都已经在那里生存了 20 年左右，每个刊物的发行量分别为 25000 份和 87000 份，可是两者都想退出传媒界。《记者报》的创办人迈克·瑙里斯拥有四家报纸和一个无线电台。他以用大约 200 万澳元的价钱买下 4BH 无线电台而出了名，两年之后，他又以 900 万澳元的价钱把这个电台出售了。他在他的下一个投资生意中却不那么走运，使他的好几家公司卷进麻烦。最后，我们的谈判也未能达成协议。

尽管有很多挫折，我在同《快递邮报》的斗争中从来没有显示出任何示弱的迹象。在我们不理会所有大、小律师的威吓之后，上庭听审的时间快到了。很明显，我会有一个很好的机会赢这场官司，因为有《快递邮报》同《文特沃斯快邮报》打官司的先例。但是这一次，《快递邮报》是在同一家当地主要的杂志打官司，此杂志的发行是有20万份，覆盖着半个布里斯班的人口，加上红土郡的全部人口，共有50人万以上。如果《快递邮报》打了败仗，丢了这场官司，这个新闻就会被刊登在我们《快邮周刊》的两个刊物上，他们的行为就会被暴露在50万人口之中，这个人数在中国众多的人口中也许是一个小小的数字，可是在澳大利亚，这是一个相当可观的数字。

很明显，在《快递邮报》的高级管理层中，对于失去这场法庭斗争有着相当的恐惧。在2005年的8月初，我接到了《快递邮报》总经理坎贝尔·李德的一个电话，提议跟我面对面地作一次调停，可是我当场就拒绝了。几天之后，他们的律师发来一封信，希望在上庭之前由第三方的一名独立的律师来主持一次正式的调停。这次他们将这封书面的要求发给我的律师彼得·坎贝尔。我通过我的律师发给他们的最初响应仍然是“不”。《快递邮报》的律师然后打电话给我的律师，建议说，这次和解调停是至关重要的，如果我同意进行这次调停，他们会考虑给我提供一个价钱。

我的律师强烈地建议，说我应该出席这次调停，以便将这件案子和解。他说，因为《快递邮报》再次反复地要求开这次协调会议，它可能会产生最好的财务结果。如果不是因为《快邮周刊》每星期亏损5万澳元，如果不是我的律师强烈的建议，我永远也不会同意调停，因为我的个性是不会放弃任何一次挑战。与此同时，万一如果让《快递邮报》发现我的生意在推出五六个月之后仍然还亏损这样大的数目，他们也许不会给我提供这个调停的机会。基于所有以上的因素，我最终同意了参加调停会议。这次调停也锁定了《快邮周刊》的命运。我心里知道，一旦我坐在调停桌旁，《快邮周刊》的品牌也就会消失了。这是我一生中最困难的一个决定之一，可是由于大多数广告客户目前仍然骑在墙头观看和等待，使这个刊物严重亏本，我已经没有能力和精力再继续下去了。很悲伤的是，我不得不让我那些现有广告客户再次回到这个传媒界的“独裁者”那里去，而这个决定也就导致了本书前言中所叙说的整个故事。

就在 2005 年 8 月 22 日举行调停之前不久，我终于拿到了 AC 尼尔森公司的调查报告，它显示出，《快邮周刊》的“阅读和保有”率比我们主要的竞争对手、新闻公司的奎斯特报业集团高出两个百分点。这对《快邮周刊》的所有员工来说是个极大的好消息。发行量审计局的审计结果也几乎同时完成，可是它们都来得太晚了一点，因为对我来说，继续发行的风险实在太大了。调停的谈判进行得非常艰难，它持续了整整六个小时，从下午两点钟一直到晚上八点钟。我同他们签订了秘密和解协议，我把我的《快邮周刊》的名字、正在等待中的商标，还有我们的网址 www. courierweekly. com. au 都转让给了《快递邮报》。

2005 年 8 月 29 日，在最后一期如常地、一本不少地印完了之后，一当我的律师确认来自《快递邮报》的付款已经在他的账户里收到，我不得不宣布《快邮周刊》关闭，而当时销售经理哈维还在享受他在一个海岛上的两星期的豪华假期呢。当然，所有 24 名员工的工资和福利都马上被全数支付了。

澳大利亚以其“打工者的天堂”的名声而著名，因为澳大利亚不仅工资高，货币硬，自然资源丰富，居住环境和空气质量上佳，特别是布里斯班，其员工每年有144天的假期或者年假，包括周末、公共节假日、病假和个人事假，几乎是一年时间的40%。这就是说，很多员工，哪怕是那些全职工作的勤勉的好员工，每天工作满八小时，仍然每工作一天半就有一天的休假。

对很多的企业业主来说，一面要支付日益变得越来越高的工资和税金，一面还要辛苦地对付所有的风险和责任。不像有些中国的大老板，时间多用于打高尔夫球，陪客人和政府官员吃饭、抽烟、喝酒直到深夜，澳洲的业主常常要工作更长的时间，不少人每周工作六到七天，每天十到十二个小时，包括在家里的工作，相对较少的假期，几乎没有病假。他们要做所有的工作，并且把他们终生的积蓄都用来冒险，在大多数的情况下，最后绝大多数的人都会赔上大笔的钱或时间，因为80%的小企业在6年内都会失败。即使是那些以佣金为收入基础的销售员工们，也很少会要求请假，不管他们是房地产销售员、广告销售员，还是任何其他行业的人员。但好处是除了自然生活质量的得天独厚以外，其他好处之一是通常晚上不用出去请客送礼，可以与家人一起共进晚餐。

那是一个黑色星期一。我清楚地记得，两位年轻的平面设计师迪夫娜（Divna）和尼基（Nikki）的反应。当他们听到这个坏消息的时候，都流着眼泪跑开了，然后又回来听我的告别词。我知道在这个被垄断者所控制的行业里，当然不会有太多其他的传媒工作机会找得到，他们不得不再次开始寻找工作机会。这损失，对我的雄心壮志，对所有的员工，对现有的广告商，以及对大多数的消费者来说，都是非常巨大的。

第二十三章　重新专注于房地产
——开张第五家分公司

2005 年 10 月—2007 年 2 月

胜利者并非因为他们不断做不同的事而胜出，而是他们以不断完善的方式持之以恒地做同样的事而胜出。

——英雄之见出版社

正如柯耳斯（Coles）超市集团在自己被西方农民公司（Westfarmers）以 220 亿澳元的价格收购之前，它先出售了旗下的美伽市场（Megamart）和迈尔斯（Myers）百货公司以专注于食品超市，我也决定关闭我的录像带出租店和便利店的生意，以便专注于房地产业务。这同《快邮周刊》的关闭差不多是同时发生的，它花费了我另外 100 万澳元，因录像带店和便利店生意分别损失约 50 万澳元。我的战线拉得太长，铺得太开，所以我决定长痛不如短痛，立即削减损失，仅仅专注于赢利的核心强项业务：房地产业。

《快邮周刊》向我的广告客户发出的广告账单，还有大约 30 万澳元尚未收到，而我亚太中心的一些租户，也拖欠着他们的租金。虽然我通常会给他们适当的时间偿付欠账，可是在这个特别的时刻，我必须尽快催还这些欠款，因为我需要足够的资金支付账单。约瑟芬、维尔巴和我的其他助手们帮助我比以前更频繁地去催还欠款。一知道我们的刊物关闭了，有些欠款的人以为他们可以逃避责任，拒不付钱，所以我们不得不将他们送上荷兰公园（Holland Park）区的法庭，以便收回欠款。至于我的租客们所欠的租金，他们绝大多数人马上就付了，只有一名租户干脆就关了他的店，提出要用他剩下货品的库存来抵还他的欠租和租约上剩下的租期。看到在短时间里不可能从那里回收任何的欠租了，我不得不接受他的提议，最后是让我住家的每个角落都放满了他剩下的一千多件景德镇的瓷器，其标价达 40 多万澳元。

历史让我对我的物业投资极具信心和专注。在我忙于媒体生意筹备和运行的一年半时期，我完全分心，不太透彻地熟悉房地产市场，因为后来事实证明，即使在这段房地产萧条期，也有很多可以值得投资的物业，只是当时我只把眼光放在了那些普通住家房屋，没想到还有其他特殊类别的物业值得投资。这进一步证明了，哪怕是一名伟人或十分强大的专业公司也会犯错误，一旦他们的注意力离开了自己的核心生意。即使专注于他们的核心生意，美国的各家银行也在 2008 年损失了 10000 亿美元，而星巴克咖啡店的经营连锁店也关闭了 800 多家表现不出色的直营和加盟咖啡店，包括几乎所有澳洲的直营星巴克咖啡店。星巴克咖啡连锁集团应该被认为是行业的精英，可是他们在澳大利亚几年快速的直营店扩张也让他们亏损了 6300 万澳元。我想他们应该能把这些店用加盟连锁的方式盘出去，而不应该只是把它们关了，这在各方面来说都是最坏的决定，因为它们的租约还没有到期。这些店的关门造成六百多澳洲人失业，更不用说直接的经济损失了。明显的是，他们不想再等待，也不能再继续亏损下去了。

我从这些别人和自己的亲身经历中所学到的教训是无价的，

而这些经验的本身对我来说就值一亿多澳元。我确信，在我今后的任何事业中，我会懂得零售、传媒和房地产业之间的真正区别，确保最高的成功率。我选择写这本书，正是因为我希望我的子孙后代们，以及其他的朋友、同事们，从第一天起就做出正确的决定，因我们的一生实在是太短暂了，没法亲自去犯每一个错误，而这些错误的代价又实在是太昂贵了，但有些人也许永远都不能汲取教训重新开始。

在我的传媒生意结束之后，出版刊物所租的场地租约还余下两年的时间。要找一个替代的租客并不是一件很容易的事，因为这栋楼几乎有一半是空着的，而且有些已经放空五年到十年了，因此我决定将它变成勇地产的另一家分公司。地主是一名早期华人移民，是一位已从大学退休的投资者，由代理公司考廉安斯公司管理着这座物业。当我告诉那位年轻的经理，我们的租户名可能会从《快邮周刊》改成勇地产公司上格拉瓦山·花园城分公司，但她却说这是不可能的。她的理由是，在原始的租约中写的不是一家地产公司，而且，她和房东都认为，因为地产公司是属于零售业的生意，它有可能对这座大楼带来更多的客户，对大楼会带来更多的磨损。

这是一个令人无法置信的无知、无理和无情的态度，因为这个租户选择的是负责任，想尽其他方法改变经营类型以便可以继续给他支付租金的办法，而不是像许多其他的租户那样，在生意遭到困难时就把公司关闭，一走了之。

为了使我们能够尽快将生意转型，我不得不对地主采取法律行动，因为管理公司将责任推给地主和律师，说他是按照他们律师的指示办事。我很快地让我的律师同我的城镇规划师核对了市政府的政策。他印出了一份有关的市政府文件，文件说明，以房地产中介为主的公司，是一种“专业服务”公司，有权让我们继续留在二楼。这其实是一种常识，可是这位把什么事情都交给律师的地主和地主的律师不愿理会租客的立场，只是死板、简单、粗糙地待人，因为地主的律师费也是由租客支付，直到我们证明我们的案子，而不是由他自己来提供证据证明我们所提议的用途符不符合市政府的要求。这不仅是浪费了我们的钱，还有我们的时间，这也使我更加下定决心如有可能一定要拥有我们自己的大楼，而不是再去租赁场地。

2005 年 10 月 8 日，勇地产公司的上格拉瓦山·花园城分公司正式开张了。它是由当时的警察部长朱娣·斯密斯、当时的副市长格拉姆·魁克和从布里斯班中国领事馆来的杨领事、朱领事主持开幕的。从我们的总公司选派的顶级房地产顾问之一塔尼娅·科兹洛夫被任命为这家分公司的销售经理，而约瑟芬·林则作为办公室经理。

同时，我很快就同上格拉瓦山区的洛根路 1852 号的那栋二层建筑物的物主签了买卖合同。这栋楼房大约在三十年前曾被用作为一家房地产公司的办公室，最近这栋楼房被用作一个修理割草机的家庭公司。目前的城市规划使它受到限制，不能用作商业用途，因为它位于主要的商业区之外。可是我想挑战这个规划，所以让我的城市规划师肯·拉姆塞递上一份新的申请。很不幸，就在我们递申请的预备会议的前一天，他被告知市政府将要在这一带拓宽这条交通繁忙的马路，这栋楼房前的大部分土地将被征用，这样就会把我新设计的停车场划走，因此我不得不放弃这个计划。

与此同时，就在 2005 年的圣诞节期间，当我刚读完童贞航空公司（Virgin Airline）的创始人世界级富翁之一，理查德德·勃兰森的自传《丢失了童贞》，还有澳大利亚名列第二的富翁佛兰克·露卫的自传《挑战极限》，这两部自传都是在他们相对年轻的时候写的，因此我也作出了一个决定：撰写自己的自传。理查德德开始写自传的主意是他在一次环球热气球挑战旅行时几乎丧生之后产生的，佛兰克也是在一次重病之后开始写他的自传的，目的都是在有生之年为后人多留一些更有价值的东西。我写这本自传的理由也是为了停下来想一想，总结一下过去，然后铺设我未来和我子孙后代的更大、更光明的家庭和事业计划。虽然我对英语的掌握还是有限，我总是喜欢更大的挑战，所以我决定先把这部自传用英文发行，然后我再把它翻译成中文，然后再由他人把它翻译成其他语言在其他国家发行。就像日本后裔《富爸爸和穷爸爸》的作者罗伯特·基育萨基那样，我计划通过纸版印刷的书和电子书，使它成为在全球出售的一本畅销书之一，使更多的人能从我的经验中得益。

在那段艰难的日子里，不管我的现金流是如何紧张，我也从来没有停止过支持慈善事业和社区活动，特别是帮助那些年长的、学校的、癌症基金的和那些有真正需要的人，包括我的员工。常言道，救急不救贫！我们不应把钱拿出来交给那些不想工作、不思上进、不求给予、只想索取之人，那样只会让他们变得更依赖、更懒惰、更贫穷。教会他们怎样钓鱼，而不是免费送给他们鱼吃，这会使他们的一生受益无穷，因为给他们的鱼，只能救他们于一时，这也就是富爸爸和穷爸爸家庭的差别。

我一直是布里斯班皇家妇女医院基金会的长期捐助者和支持者，同时也是很多其他慈善组织和慈善活动的捐助者和支持者。当最初华人联合会来找我，希望我把亚太中心的一间办公室租给他们的时候，在确认这仅仅是用于社团活动，同时也会同昆士兰的益壮之友会和其他华人组织分享这个办公室之后，我很愉快地同意了。我先给了他们六个月的免租期，当免租金的时间过了之后，我又免除了他们后来几年的租金。如果我没有这么做的话，他们也许会深深地陷入财务困难之中，因为他们在一年之内就把所有的会费在各种不同的场合用完了，使其协会不得不马上改组。

与此同时，我还必须亲自参与销售并管理公司的业务，并且应付其他很多房地产业特有的挑战，有些挑战是我从来也没有预料到的，其中一个是促销新利班山区的宁庭街上的物业。这个物业上市已经有六个多月了，是通过霍克地产公司销售的，后来又通过雷华公司的莱斯莉·斯密斯和素·王把它转为雷华公司的独家代理，可是他们仍没法把它卖出去。汇丰银行的经理赵商孜打电话给我，说他的客户之一需要帮助，希望我将他们的物业尽快地售出，因为他们已经搬进了他们在肯普山区的新家。他然后给了我业主的名字：梁先生和梁太，还有他们的电话号码。

我马上打电话给他们，并且提出我本人会亲自与我的另一位团队成员一起联合促销这个物业，因为这是来自我银行经理的一个特别委托。我已经有好几年没有直接地参与销售了，通常都是把代理的生意直接介绍给我一位可靠的团队成员，但在那个特别的时候，我需要马上有更多一些的现金注入我的生意。为了改善在《快邮周刊》关闭之后的现金流通状况，我有选择地亲自做一些以物业房源的营销策划为主的工作，通常是至少100万澳元以上的物业，尽管此物业不足100万澳元。一旦参与，我总是对我接受的任务全力以赴，以最高水平，最快速度完成任务。听到我会亲自去帮他们营销策划这个物业，他们非常高兴。他们说他们正好也要给我打电话，因为汇丰银行的另一名高级职员，克丽斯汀·苏，也已经向他们做了推荐，建议他们应找勇地产公司帮忙。

这是一栋不错的两层楼的现代化房子，有1，009m^2的一块大地，还有一个游泳池。这栋房子应该可以更早地售出，如果它的市场营销从一开始就做得妥当的话。我建议他们参加我们每月一次的室内拍卖，时间在2006年的2月11日。那时，勇地产是在布里斯班南区唯一有能力长期举办室内拍卖的地产公司，拍卖数量也比其他公司多，时间在每个月第二个星期六早上十点钟，当时已有十三个房产预订了拍卖。

按照昆士兰房地产协会的统计数字，在昆士兰州，有平均80%通过拍卖出售的物业可以在最初的三个月内售出，而在这同样三个月的时间内，普通独家代理只有40%—50%的成功率，一般代理则只有20%—30%的成功率。拍卖有效地使用了其他传媒的强力推销，以吸引更多的买主，同时因此而造成了物业通常会成功卖出的紧迫感以及买主之间的竞争，因为他们可以亲眼通过物业开放时间和拍卖现场真实地看见其他买家的存在。几乎我们所有的顶级房地产顾问都会做拍卖，我们也有我们自己的拍卖员德拉岗·姆拉德诺维奇。

拍卖有四个市场营销的阶段。第一个阶段是打广告前的阶段，它是通过公司注册的买主和网页进行的，这是在物业还没有开始在印刷传媒广告的时候，平均有5%—10%的物业可以被出售；此后是通过印刷媒体在拍卖前的广告，这是第二个阶段，大约有20%—30%的物业可以在这个阶段出售，我们公司因为超级办公室的理念，通常有比很多传统的代理商有更多在拍卖前就成交的可能；拍卖日是第三个阶段，在通常的市场上，在拍卖槌底下成交的大约只有10%—15%的物业，但是在一个兴旺的市场上，这个出售率就会高得多；拍卖后售出是第四个阶段，大约有30%—40%的物业会在这个阶段售出。我们有时候在拍卖日和拍卖日之前可以达到接近90%的清仓率，例如，我们在2007年2月10日的那次拍卖会上提供的九个物业，其中七个在拍卖日之前就被我们出售了，另一个也在拍卖槌下成交，我们新利班/新利班山区勇地产 2007 年 3 月一个月的成交量就达到了创纪录的 5500 万澳元。

2006 年是澳洲房地产的淡季，宁庭街的那个物业在拍卖现场没能卖出，可是我有信心，能在那以后很快把它卖出。在拍卖前我们仅有短短的三个星期的推销而已，因为把它预订上拍卖的名单时已经比较晚了。通过拍卖前三周的促销，我们已经吸引了几乎所有的买主，其中大多数人需要时间来组织贷款，或者做更多的对比，因此在拍卖现场不能竞标。拍卖以后我很快地就得到了浩立·周（Holly ZHOU）医生和丈夫贾克·马（Jack MA）先生的出价：63.8 万澳元；通过继续的谈判，我让他们把出价增加到了 64.3 万澳元。我的第二个出价是来自朱娣·徐（Judy XU）和先生约翰·曹（John CAO），他们在当时开了一家方便店。奇怪的是，这两个非常合理的出价都被卖主当场拒绝了。我后来才发现，由于他们被误导，已将他们的房子通过雷华公司在我拍卖的当天以普通代理的方式售出了，只卖了 63.25 万澳元，比我的买家的出价低了一万多澳元。

当我最初将我的出价出示给他们时，他们的反应很尴尬和异乎寻常。当我在下午把第一个出价出示给她时，梁太起先告诉我，她的丈夫不在家；当我说我可以在晚上来会见他们时，她说她的丈夫要到十一点钟之后才能回来；当我说我可以在第二天跟他们碰头时，她又说她丈夫会在第二天早上就离家出差，而且会离开几个星期；当我说我们可以通过传真促成交易时，她又说他每天都得旅行，没法收到传真！

到了几个星期之后，她的丈夫应该已经回来时，她再次找了借口，说她想在我们两个月的独家代理期终止之前，就要从我们那里取回钥匙，因为她的一位朋友想要从她那里租借这栋房子。大多数的澳大利亚人都是诚实而可信任的人，不管他们的宗教信仰是什么。尽管我觉得他们的行为有点异常，在澳洲生活了多年的我仍然想要信任他们，因此就马上把钥匙归还给了他们。

一个星期之后，当我正好与一位邻居物业霸道尔富（Bardolph）21号的房主开会时，我注意到了有人在宁庭街的那个物业做装修。所有的地毯都被替换了，房子正被重新粉刷。我想，如果买主的一位华人朋友如临时租借这栋房子，他们怎么会那么好意，一下子花那么多的钱将房子全面装修？我于是走进那栋房子，去查看一下到底发生了什么事。那位粉刷工说，一位叫克利波（Cribb）的人买下了这栋房子，请他来做装修工作。

我很快就发现，买主是在我们的独家代理期间，通过雷华地产的素和莱斯莉偷偷成交的。这是一种有违于卖主最大利益的行为，也违反了昆士兰房地产协会的职业道德。我打电话给我在新利班雷华地产的熟人，要弄清这栋房子被卖了多少钱，可是，奇怪的是，所有其他已被出售的物业，都记载在白板上，唯有宁庭街的那个物业没有被记在白板上。这个情况似乎更可疑。很明显，卖主和这家公司都做了些不寻常的事，他们应该有秘密的交易，可是我当时对此也没有什么其他办法，只能等到销售的结果出现在RP数据库上。

大约两个月之后，当更新的RP数据库被我的私人助手打印出来之后，我很惊奇地发现，它是在2006年2月11日被出售的，这是我举行拍卖的同一天，难怪那尴尬的卖主要避免接受我的买主的出价，同时找那么多不真实的借口。为了掩盖雷华地产的素和莱斯莉的行为，她们两人甚至鼓励和误导卖主向公平交易办公室递交一份投诉书，声称我们的销售授权书不完整。在公平交易办公室访问了我公司并咨询了他们的法律代表之后，这个投诉很快就被否决了。

在这件事件之后，我不得不将素、莱斯莉和他们的老板保罗·考吞告上昆士兰房地产协会的仲裁法庭。此仲裁法院很快要求双方达成了一个保罗要求保密的协议。我的律师克利斯·图古德（Chris Toogood）同时非常有信心，说我有很好的机会还可以从我的卖主那里索取另一份佣金，可是，考虑到梁先生和梁太太是我主内的弟兄姐妹，又是早期华侨，是他们被另一名代理误导，而且他们由于另一名代理的行动已经由此而受到了经济损失，我决定不对他们采取法律行动。他们自己已经付出了代价，他们应当起诉雷华地产，索取差价损失，而此家在新利班的雷华公司几年后也被关闭了。

另一类似的事件是由我公司将罗伯森区的尾直安纳（Woodsana）街上的一栋有30年历史、4个睡房、坐落在一块600平方米的土地上的房子上市拍卖的。在我们拍卖之后不久就取得了创纪录的价钱：82.5万澳元。可是卖主却颇令人怀疑地说，他们想把房子撤出市场，留着自己用。不久之后，我们从RP资料中看到，这位香港房东只卖出了80万澳元！

同时，作为全国顶尖的专业销售员，我马上参与了为我以前客户进行的一些较大营销活动，这就很快地补上了现金流通的短缺。作为勇地产公司的总裁，在我管理公司整个运营的同时，包括招聘、对整个系统作出微调、培训及其他行政管理的工作，这些工作花去了我近80%的时间，用剩下的20%的时间，我个人在绝大多数的时间段里仍然保持着我公司最高创收者的位置，最高时我个人创收每年400多万澳元。

我很快在短短的时间内成功地售出了大批高价物业，包括以

帮台湾客户及朋友林贤富先生管理开发而申请的中国城项目蓝图

598万澳元的价钱出售了槟雷村购物中心（Beenleigh Village Mall），卖给我过去的台湾客户林先生，他于1992以近300万澳元的价钱买下了斯必灵菲尔德（Springfield）区700英亩的大地；我又以440万澳元的价钱卖掉了在卡布鲁克（Carbrook）区的一个沿河边的高尔夫球场，包括它隔壁的3个物业；再以270万澳元的价钱卖掉了凯伦威尔（Calamvale）区的一个5.7英亩的大地；我也以创纪录的415万澳元的价钱成功地售出了印度鲁皮理（Indooroopilly）区的一个河边物业，以570万澳元的价钱售出了洛旭戴尔（Rochedale）区的一块13英亩的土地，加上许多其他的物业。洛旭戴尔那块土地的买主简先生，是我以前的客户，他刚刚卖掉了他的伽德讷路的一块8英亩的土地，卖了1800万澳元的价钱；凯伦威尔和印度鲁皮理两个物业的买主也是我从前的客户李总，她是从中国深圳市来的最杰出的开发商之一。

布里斯班中国领事馆的首位领事刘斐和后来的总领事任共平也都亲自打电话给我，让我寻找合适的地点，作为布里斯班中国总领馆的馆址。我还同时签订了几个独家项目营销权，并和我的同事提娜·埃德伍兹和素·叶一起，出售了位于希尔克雷斯特（Hillcrest）区近千万澳元的希尔克雷斯特之星的项目，以及和同事塔尼娅·考兹洛夫一起，出售了位于上格拉瓦山区的价值1100万澳元的范都（Vento）项目和旁边的价值2000多万澳元的项目，还有其他许多的物业。

李总在事业上的历程，也和马哈·辛纳坦比相似，是一个奇迹。她起先是中国改革后最早的女律师之一，后来成为中国最大的开发商之一。通过多年艰苦的奋斗，她将深圳西区的一大片废地变成了一个有50000万人居住的新村，融合了住宅、办公楼、零售商店、体育馆和清华附中等等。这个新村曾被联合国评为最适合于居住的新村。

在李总送给我的一份电台采访她的DVD盘片里，李总透露出在创业初期，为了拯救她的公司，使之免于被银行接管清盘，她甚至跑到银行总经理的办公室，以死力谏银行不能清盘！她以她的生命作为赌注，这是何等的勇气和魄力。最后，银行总经理聪明地选择了只是由银行来对她的账户接受监管的提议，而她本人仍然拥有对自己项目的全部管理权。当然，这就最终导致了这个项目在2000年以后中国楼市出现兴旺时的完全成功，而不是在1990年代，在楼市最不景气的时候被银行清盘，因为那只会使银行和她的客户都遭受重大的损失。

马哈和李总是两位激励我的英雄。她在1997年移民澳洲后经好友吴振宇和沈敏敏的引荐通过我买下了新利班山吉斌斯（Gibbins）街的物业，并在过去的十多年里一直同我保持着联系。每年当她回到布里斯班来度假的时候，即使是在她最困难的时候，她也从来没有向我们透露过她的任何挫折，直到她的新村取得了完全的成功，直到她从银行那里取回了全部的财务管理权，归还了银行巨大的债务和利息，银行和她都成了大赢家。她在作出她所有的决定和行动中，始终是非常豪爽、决断和慷慨的。在购买价格为 415 万澳元的河滨豪宅时，她总共仅仅花了近半个小时，就结束了这笔交易。当我把她带到那栋豪宅那里，她当场同卖主进行了谈判，三言两语，毫不犹豫就以现金合同成交，付了我的卖主宋女士满意的价钱。宋女士当然十分高兴，因那个物业已经在市场上一年多，内城区的两家“大牌”房地产公司都帮她代理过，让他们在《快递邮报》上登广告，花了好几万澳元。我后来想将这个物业介绍给任共平总领事，作为他的官邸，可是李总最终不愿意出售。她在家具和装修上又花了 100 多万澳元，而她使用的时间也有限，因为她目前大部分的时间都还必须在中国管理她在深圳和重庆的开发项目。

第二十四章　世界金融危机、勇慈善基金和每天买一个开发物业

2007年8月—2014年9月28日

为什么只去蜻蜓点水？要去就应去掀起大浪！

——麦克尔·诺兰

在2007年，当我的流动资金有了很大的改善之后，我开始贯彻我的全球扩张计划，通过直接加盟、指定总加盟主，以及进一步的项目投资和开发，把勇地产变成一个在房地产业家喻户晓的名字。我相信，勇地产品牌在房地产业里定会有一个世界市场，就像丰田汽车、三星电器以及中国制造的货物在世界各超市里所占的主导地位一样，因为其他世上的两万家房地产公司的品牌都大同小异，而勇地产是少有的一个带有独特特征（USP）的、独一无二的、定将成为一个真正国际性品牌的房地产公司。澳大利亚拥有全球最先进的加盟连锁系统。按人口平均的加盟店的数目，澳大利亚占世界第一位。将澳洲最先进的特许连锁加盟模式同亚洲人努力工作的道德完美结合，它定将变得更加独特和强大。

我总是将房地产业中的勇地产品牌同丰田汽车和三星电器的理念相挂钩。我欣赏日本人和韩国人的团队精神，以及他们努力

工作的道德。我们必须取人之长，方能比他们做得更好。我在30年前的大学学习时就自学了全套日本现代工业企业管理的书籍。在2006年9月，我从澳洲最权威的商业杂志《商业周刊》（BRW）读到一篇文章，它显示丰田汽车公司一家公司在2006年的净利润占了全世界整个汽车制造业总净利润的三分之一，其他日本汽车制造公司的净利润加起来，又占了世界汽车制造业净利润的另外三分之一。这就是说，世界上所有其他国家，即欧洲、美国及其他亚洲国家的汽车制造公司净利润的总和，才等于丰田汽车公司这一家汽车公司的净利润。

作者从开欧洲车到日本车

我早就知道丰田汽车公司是十分成功的公司，可是我从来没有意识到，它是如此的盈利。我一直以为丰田汽车的边际利润要比欧洲车和美国车低得多。这进一步加强了我的信仰，即不要专注于短期超级利润，而是专注于为他人带来长期最大利益；不专注于结果，而是专注于过程、解决方法，以及对别人带来的好处，最终双赢。如果我们关心公司员工及消费者的长期利益，给他们提供优质、可靠的服务、优良的工作环境和超值的服务和质量，他们最终一定会接受我们的产品和服务。当然，丰田汽车的成功来自于全世界丰田经销商的成功。每当人们想到汽车燃料的低耗油量、可靠性和超值价值，就会想到丰田汽车。我希望创造一个品牌，每当人们想到工作勤劳又有很好职业操守的、可靠的房地产顾问，他们就只会想到勇地产。

我任命了我们总公司的办公室经理作为我们的全球“六星级服务经理”。当我的英文自传在2009年初于澳洲出版之后，我们就开始继续扩展，计划于2014（或2015）年中文自传在中国发行后，我们就会向全球扩展，目的是将勇地产打造成全世界最大的房地产网络，包括勇地产、勇慈善基金、勇物业管理、勇高端物业促销、勇项目营销、勇投资、勇开发地促销、勇商业、勇生意、勇酒店/汽车酒店买卖、勇信贷、勇保险、勇建筑、勇资产管理等和房地产开发管理，这些直营和加盟机构最终将雇用30万人以上，给客户提供全方位的六星级服务，此六星级服务将成为我们所有团队成员们和加盟店店主们的“行为标准”，也是我们雇佣或加盟协议的一部分。

勇系统不仅仅是给客户提供一个物业营销、管理、投资和开发服务的完整系统，也对其房地产顾问提倡生活质量的平衡、财富的创造，同时也给他们提供最公平的报酬结构，以吸引并保留最佳的团队成员。它为全球有志者提供创业机会，志在将来打进并主导全球不同国家的房地产市场。全球的连锁加盟将会通过总加盟主的形式在全球招贤纳士，每个国家的总加盟权只需2万到5万澳元这样一笔小小的费用，在每个地区或城市的分区总加盟权，只需付5000澳元，而对于那些直接经营的加盟店，则不需付任何的前期费用，只需付未来经营收入的4.95％作为加盟费，便可获得国际性的品牌、营销网络、公司的集团购买力以及完整的勇系统培训，从市场营销、物业管理、行政管理、招聘、物业投资和开发服务，包括我给加盟店主免费提供的“二十八条不投钱或投小钱的点石成金投资策略”。此4.95％包括1％的费用自动捐入勇慈善基金。勇地产是世界上唯一的房地产加盟公司，不仅仅是给每位加盟商一个纯粹的品牌和销售培训，而更是一个完整的房地产公司，包括国际性的市场营销、管理、投资、开发和开发服务，正如我们的网址 www. yong. com. au 和 www. jhcholdings. com. au 上所概述的那样。现实是，如果我们看一下世界上最富有的人，其中很少是纯粹做房地产代理的。他们大多数不是物业投资者，就是开发商、基金管理者或者是成功生意的业主。勇地产要帮助我们的房地产顾问和加盟商，让他们不仅拥有一个成功的房地产中介事业，同时帮助他们利用成功企业的利润和房地产专业知识充分理解如何通过房地产投资来创造财富，因此他们能够更好地帮助他们的客户和他们自己。

在2007年初，由于澳大利亚房地产业的空置率和失业率都达到历史的最低点，分别是2％和4％，在各银行预言储备银行不会较大幅度地增加利率之后，房地产业继2003年后经历了又一次上涨。这次在2007年初的市场复苏给了国际和州际投资者们更大的信心，都大举投资于昆士兰州的房地产。人们把澳大利亚看成是一个全球相对安全的投资避风港。

2007年3月，光是勇地产在新利班山区的总公司一个月就达到了创纪录的5500万澳元的销售纪录。同时，我们网页的点击率在整个昆士兰州的房地产公司中也达到了第一位，击败了所有其他主要的房地产连锁加盟店，以及其他主要的独立代理商，仅2007年3月，勇地产总公司的网页就有超过115000点击者。

同时，从2007年开始，在勇地产直营店的基础上我们开始了在澳洲的加盟业务。尽管从2008年开始全球的金融危机席卷澳洲，我们还是先后签订了十多家加盟店和总加盟店。从昆士兰州的各大城市到新南威尔士州的悉尼市，不少加盟店都是从原来的21世纪地产、雷华地产、雷恩和浩恩等老牌地产公司转到勇地产来的。

在家里，我有一个和睦、快乐的八口之家，三代同堂，周末更有十一口人，另外还有一只非常忠心的狗和不少下蛋的母鸡和几百条鱼，更有岳父母和我妻子都喜欢的菜地和果园。在我父亲过世之后，我们的家庭成员们彼此更加珍爱了。只要我有可能，我也选择同他们一起花更多的时间交谈和娱乐，并进一步完善了勇地产体系，专门设立了“家庭日”、“家庭时”。同时，正如前面所提到过的那样，为了加速完成我的自传，我决定星期天和晚上尽量多的时间在家与家人在一起，平时也早睡早起，晚上九点三十分以前就寝，早晨五点左右起床完成英文自传及以后的中文自传，以此书来总结我的过去，规划我的未来，同时与家人和排球队、高尔夫俱乐部的朋友们一起度过周末的其余时间。

除了我和我的妻子及我们三个可爱的孩子之外，我的家庭还包括我妻子的父母和侄儿，他们是在我的父亲过世之后与我们团聚的。通常他们没有机会能够移民到澳洲来，因为移民部要求他们至少有一半的子女是澳大利亚的永久居民，或者公民才能办理申请移民。他们有四个孩子，但当时只有我的妻子在澳大利亚，其余的子女当时都在香港和成都。我妻子的姐姐之后也从香港移民到了澳洲与我们团聚。

2005 年回国庆祝母亲七十大寿时与家人、高中及大学同学一起合影。

作者 2013 年与母亲一起过春节时的留影

虽然我的妻子拥有移民执照已经有很多年了，她却实际上从来也没有亲自处理过任何移民申请的案子。我们以前的移民经理威尔伯·熊在我把他升职为总经理负责我们的商业物业管理之前，处理我们所有客户的移民申请。我妻子后来所作的唯一的一个申请就是为他的父母申请移民。

在那个时候，勇集团已经不再直接处理移民申请了，因我们的房地产业务实在太忙了，直到 2014 年后我们重新开始移民、法律及信贷业务。我妻子打电话给我们地区的好几个移民代理，看看是否有任何新的可能性让她的父母可以申请。回答是：没有。不仅是他们的子女人数使他们没有移民的资格，即使他们是在那两万名有资格申请的父母类别以内，其审理和等待的时间也是非常的长，有些情况下，得花十年到二十年时间，因为当时父母团聚的名额每年只有一千到三千名，而等待的父母则达两万名左右。

虽然我的妻子在她从研究生毕业之后就不喜欢再去上课，她的移民课程却给了她一个非常稀有的、特殊的知识：一个“特殊照顾”签证。虽然这通常只适用于那些身体上有残疾的人士，我们两人都认为这也应该适用于那些有做心理咨询的人。在过去的几年里，从她流产后于 2002 年去看林达尔医生，到我的父亲过世后去看外德海医生，我的妻子一直在看心理咨询医生。她是一个非常敏感的女人，而我父亲的过世对她是一个巨大的打击，迫使她去精神科医生那里寻求新的心理帮助，而澳洲的心理和精神健康的咨询是世界一流的，就像成功的世界冠军一样，除教练以外通常都还有一位心理医师、一位理疗师和一位营养师。

她的父母最初以旅游者签证来探访她，这对她的恢复起了重大作用。在他们的签证到期之前，我们在 2006 年为他们申请了“照料者”的签证。申请过程花了一年多，我们最后在 2007 年的 5 月 15 日得到了他们的永居签证。移民部的决定是很人道的，也对澳大利亚的经济不会有负面的影响的，因为我们有很好的纳税记录，也从一开始就很少接受政府的任何社会保障金或者是抚恤金。事实上，我们整个家庭，包括我们的父母，一直都有私人医疗保险。他们在这里会真切地照料他们的女儿，给她以精神上的支持，这样她就可以充分地得到恢复，对社会和家庭作出更多的贡献。

对我妻子的父母亲来说，他们的移民也是一个梦想的实现。在移民批准前的七年里，他们已经来澳大利亚三次了，他们俩都渴望留在澳洲，同我们住在一起。他们热爱用钱买不到的澳洲新鲜的空气、明媚的阳光、安全、自由和友善，这能防止他们生病，而在中国，特别是在冬天，他们经常住医院。昆士兰，由于冬天暖和，是老年人的天堂；浪漫海滩，是年轻人的天堂。我的岳父母也喜欢住在我们宽敞、自由的大屋子里，照料他们的女儿和外孙儿女们。他们希望在澳大利亚和我们一起度过他们的余生，我们也喜欢和他们住在一起，也非常愿意照顾他们的晚年。他们的移民是个奇迹！我岳父的绝大多数同事和亲戚们都已经过世了，而他目前已快八十五岁了。他比以前更加健康了，不仅是笑得更多了，头上的头发也变得越来越黑了。我岳母也已八十多岁了，其精力和精神状况与六十多岁的人差不多！通过治疗，我的妻子也逐渐从焦虑症中恢复，这种病症在过去的几年里折磨着她。现在，她已恢复到了正常、健康的状态，过着愉快的生活，尽管偶尔还要去心理医生那里做一些咨询。目前她每周只上三个半天的班，检查一下账目等等。

作者大家庭十一人合影：岳父母张全昌、钟立英，妻子及三位儿女，侄儿张小义、姐姐张雄、姐夫 Michael Pagidas 及小侄儿 Jerry。

我们还有我妻子的侄子张小义从 2005 年起就与我们同住。他是作为全自费的海外学生来到澳洲的，吃住、学费全由我们来支付，成为我们不断壮大的大家庭的一员。从学习和行为这两方面来说，他在中国都是一名真正的“顽皮的男孩”，身体也不太好，而在澳大利亚，他很快地变成了一个优秀的中学生和大学生，不管是学习成绩、品行还是身体，赢得过很多的比赛。最重要的是，在这个大家庭中，他变得更加成熟和关心别人，因在澳洲他是大家族中一位懂事的“老大哥”而不是在中国时的一个宠爱有加的“独生子女”。他大学毕业加入我公司后，在不到两年的时间里就已成为公司的销售冠军。

既然我已经在家庭和事业之间获得了更多的平衡，我的下一个目标则是能让世界上更多的人受惠，用澳洲最先进的管理系统拓展勇地产，将它变成一个在每一个国家、每一个角落都可看到的国际品牌，就像丰田汽车三星电器一样。勇地产在此金融危机中进一步发展壮大，在昆士兰州 400 百强私营企业的排名也从 2010 年的第 58 名提升到 2011 年的第 32 名，其排名远远超过其他房地产中介公司。勇地产已经在昆士兰奠定了一个好的基础，一旦我的英文自传被翻译成各种语言并出版，世人将会对勇系统、勇地产和我个人的真实历程有更好的了解，从而使更多的人受益。

同时，我本人将继续让我的投资组合增长，并且独资进行更多、更优质的投资、开发和管理服务，或者参与一些大型项目的合资或合作开发。我在将来的投资，会专注在质量方面，而不是在数量方面，目标是较大型的高收入的商业物业，或者是在一个相对中心地点的综合性开发场址，而不是那些较小的民用住宅物业，以此来克服银行偿债能力的局限。目前我在翠丰恒开发集团名下动工兴建和成交后正在规划项目的最终完工价值已近 20 亿澳元左右，几乎都是独资，只有一个项目到目前为止有 2%的小股东。

翠丰恒集团于 2007 年投资的 Redcliffe 区海边开发项目蓝图

我开始计划的下一个较大的开发项目是洛旭戴尔区的伽德讷路 315 号。虽然我在 1997 年错失了位于洛旭戴尔区伽德讷路 260 号，当时只卖 38 万澳元的那块 12.4 英亩（50213 平方米）的土地，七年之后，我付了 270 万澳元买下了只有 8.05 英亩（32600 平方米）的洛旭戴尔区伽德讷路 315 号的土地。尽管我付的价钱要高得多，可是，伽德讷路 315 号的地点更中心，容积率也高得多。在澳大利亚，大多数开发商签署的合约都要以开发能被批准为先决的条件，只投下一笔小小的能够退款的订金，我却在 2004 年 5 月 26 日以现金无条件的合约买下了洛旭戴尔区的物业，并且付了不可退款的 27 万澳元的定金，直接付给卖主凯尔文·陈。

凯尔文在很多年之前是勇地产的一名房地产顾问，也对当地的城镇开发计划充分了解。他后来决定专注于照顾他的家庭事务，并且做些台湾小区的义工。他在 1993 年只付了 32 万澳元就买下了这块土地。虽然事实上这块物业从来也没有正式地放在市场上出售，他起初在 2001 年只以 110 万澳元同维尔波公司签署了出售合约。在 2003 年，新的洛旭戴尔区的总体计划出笼了，可是维尔波公司却没法履行合约，所以凯尔文取消了原来 110 万澳元的合约，而转手 270 万澳元卖给了我。

我在 2005 年初曾经想以 380 万澳元的价格出售这个物业，想回笼一些资金，因为我当时发行的媒体《每周快递》需要相当多的资金，可当时没有人想要碰这块地。在那时，由麦克基所作的银行估价只有 230 万澳元。由于特来佛·来德克力福的突然去世，他是市区城市复兴开发特别小组的主席，洛旭戴尔区的总体规划提议被搁置了，这也是我当时想以相对于目前很低的市场价格出售这块土地的意图。

到了 2007 年，洛旭戴尔区的总体规划开始有了进展。我的几位邻居和老客户简先生将他 8 英亩的土地以 1800 万澳元的价格卖给了瓦特帕克上市公司；罗先生也将他 3 英亩的土地卖给了此公司，卖了 450 万澳元；内富·帕斯科 8 英亩的土地卖了 1400 万澳元。内富也是我多年的老客户，他的身价在 2008 年就已达 8.75 亿澳元。在 2000 年，我将十二名业主联合起来，将在凯伦威尔区的超过100英亩（40多万平方米）的土地组合在一起，卖给了他。而瓦特帕克上市公司总共付了近3900万澳元，买下了此洛旭戴尔区城镇中心的三块大地加两块小地，包括通过我以120万澳元把中间一块原来割下来的1000平方米的土地和原来的旧房子收购了下来，其房东也是我原来的台湾老客户刘太太。

我买下的土地是此区城镇中心区五块大地之一，被分类为“高密度商住混合用途”，允许在底层作商业零售、办公室，而上面的层面作为公寓，最高允许建成八层楼房。市政府鼓励在该地区供应更多的较低价位的高密度楼房，因为距此城镇商业中心步行之遥就有南区公共汽车中转中心，还有通向布里斯班市中心、黄金海岸和飞机场的高速公路。其容积率可达1.8，这样在此32600平方米或者8英亩的土地上，我的总建筑面积最多可达大约58680平方米，可造大约560间单元房和商店。若以正常情况下每间公寓的土地价格为50000澳元，我整块地光土地的潜在价值为2800万澳元左右，尽管当时银行估价师看不到此价值潜力，因为市政府正式的分区计划直到2007年才出来，而且在那以后，还需要一段时间才能得到州政府的最后批准，它又在总体计划图的第二个阶段，所以要到2012年以后才能开始申请开发。在2010到2011年间，我在布里斯班给州政府所建的一个卧房的社会保障房光土地的价格也已达到每间公寓85700澳元。

上帝似乎总是在保护着我，让我确定不要出卖我的有价值的物业。最终，我没有选择容易的方式，把那地块廉价出卖，以求短期利润，而是选择了将这个物业退出市场长期持有，接受挑战。此项目一旦开发出来，其完工价值将达3亿澳元左右。随着物价的逐渐上升，在我正式动工，到最后一期于多年后完工时，

作者于 2010－2011 年金融危机期间为州政府在布里斯班、黄金海岸、洛根市、依普斯维奇市和红岩郡所建的五栋社会保障房之一（11－13Henry St，Redcliffe）。

澳洲的物价也许又将进一步上涨二至三倍。

同时，为全面拓展我的房地产开发业务，我将我开发公司名下的顶峰物业公司（Paramount Property）升级到了翠丰恒房地产开发集团（JHC Holdings）。正如我前面提到的，翠丰恒是我奶奶那一代的家族生意商号，JHC 是我的三个孩子 Jade（翠）、Harvey（丰）和 Constance（恒）的名字的首写字母。自此以后，我开始了大规模的房地产开发和土地储备，包括购买了昆士兰州北至雷德克理富（Redcliffe），南至黄金海岸的平帕玛（Pimpama），西抵伊普斯维奇市的利普雷（Ripley）等地区的可开发大地，与东南面的卡布克（Carbrook）和洛旭戴尔区的大型开发项目四面呼应。我预计利普雷将成为另一个热点。在州政府鼓励低价商品房的策略之下，以及随之而来的70亿澳元的基建投资，主要都投在了西部区域。在2007年，联合国投票选出伊普斯维奇市为世界上中、小型城市中最适宜于居住的城市。利普雷区，离前面所提到过的斯必灵菲尔德才五分钟的车程，就在布里斯班市旁边，将会成为澳大利亚最大的总体规划的小区，最终人口可达12万人。州政府正在快速地进行基础建设并加速审批的过程。2009年6月，穿过斯必灵菲尔德和利普雷的百年大庆高速公路延长线正式完工，此区土地的分割、单元房、连体别墅和高层建筑的建筑于2012年底前开始动工，由州政府专门为此成立的快速开发审批部门（UDLA）直属。2013年，到斯必灵菲尔德的铁路开通，预计2017年以后此铁路也会延伸到我持有近100万平方米土地储备的利普雷区。

在2007年底，我在利普雷区以现金无条件的价格买下了四块大地，一个是利普雷路627号，另外三个是秉尼斯路（Binnies）84号、114号和122号。在我买下后的两个月里，伊普斯维奇市政府将秉尼斯路114号和122号物业的密度近一步提高了，从以往每公顷15个地块增加到35个地块。我仅在秉尼斯路这个项目就有67英亩，或者27万平方米的中等密度的土地，从三层楼的单元房到二层楼的连体别墅，还有独立别墅，大约有800个地块，目前行情下的完工价值为两亿澳元，到正式开发动工时其价值又会增加至少2－3倍。作为我投资开发项目组合的一部分，我也同时以现金无条件的合约买进了位于波兰布尔湾（Bramble Bay）的克隆塔福（Clontarf）区的浩尼布洛克大道（Hornibrook Esplanade）92号的一块物业，一个开发已经被批准了的八层楼的海湾边上的开发场址，再加上其他物业，这使得在2008年当我的英文自传截稿时，我土地储备的总数已达到

2000块左右。

正如前面我提到的在我建亚太中心的初期，我希望有几位投资者或股东联合开发，但当时因我还没有足够的资产和专业开发经验，大家都不愿意参加。在完成了亚太中心的项目之后，不光是各个银行都很愿意借给我更多的钱，而且不少新移民和当地的投资者也都想要投资在我的公司里，然而，在过去多年，我总是婉言谢绝，因为从银行借到的钱会更便宜，尽管风险更高，但我当时并不怕风险，所谓“一无所有，也就一无所失”。很多成功的海外移民不得不每周工作六至七天，每天工作十二个小时运营一个小的外卖饮食店、中餐馆或者是一家杂货店，而这并不一定是他们的澳洲梦，特别是他们中不少最后还关了店，赔了本，正如澳洲和全球其他的小生意者一样，80%的生意都会在六年内失败。因为澳洲的人工和其他成本实在太贵，其最低工资是美国的两倍，实为打工者的天堂。他们把投资我们这样有诚信和相当实力的房地产公司和个人看成是最好的选择，无论从生活质量、投资的安全性和超高回报率来看都是这样。

直到在美国的2008年的次贷金融危机之后，为了加速使勇地产和翠丰恒房地产开发集团成为一个10亿澳元净资产的公司，为了进一步减少我未来项目的银行债务比率，确保我现有的资产不会流失，我开始有选择地接受几位有担保回报的投资者，参与我们翠丰恒房地产开发公司一些较大的开发项目。

从1991年到澳洲直至2014年此书截止日的三个月以前，我一直都是独资投资或开发，其贷款比例初期都在80%到100%，除了一次免费送给我的销售经理25%的股份，另一次例外是2008年的一年期短线投资，有几位朋友一起投资，我给他们都提供了20%的固定担保年回报。然而，在汲取了散特洛物业公司的经验教训之后，因这家公司的股票在2008年的金融危机中掉了99%，为确保我的总资产万无一失，我将保持自己长期的物业投资和房地产生意早在利率达到其顶峰之前就将其综合贷款比率保持在20%到30%之间。对于短期的项目，或者对于马上就确定能取得资产增值的项目来说，可以有例外，在这种情况下，贷款比率可以在短期内暂时达到50%到70%之间，而且每个项目都将用不同的公司和信托来投资或开发。这样的话，我们的公司在任何情况下都不会遭到来自银行、个别不道德建商或个人的行为时整体造成金融压力而导致全军覆没，特别是在利率有可能达到的9%到21%的高利率期间，以及由其而引起的信贷紧缩。完全了解物业和经济的周期、政府的更替、利率的变动、信贷的紧缩和偿债能力等等对以后的投资和开发是十分重要的。

对房地产有专业透彻的了解，确保土地是否处于正确的地点，买卖价是否妥当，设计是否正确，能否使建筑成本保持在预算之内是至关重要的。鉴于在过去的几年内建筑成本已经增加了一倍，加上政府的前期基础建设收费从每个地目平均收费3000澳元增加到了目前高达20000至28000澳元，还有高额的消费税，而对于民用住宅项目来说，这是不能作为减税而将它扣回来的额外费用，加上为了得到市政府的批准而有长期的持有土地的开支，以及开发商自己必须先花钱建设配套的三通基础设施（而这以前是由政府负责的），十分准确的选地和可行性定位和分析报告就是十分重要的。政府的收费加上消费税，将开发商以前的开发利润几乎都拿走了相当一部分。他们能够开发的唯一办法是将此开支转移给消费者，否则就只能放弃，因为世上没有人愿拿自己的钱做亏本生意。

这就是澳洲除供求不平衡以外的房屋短缺和价格上涨的主要

原因之一。这些政客们为买选票而宣称的所谓由“开发商”付费的反开发、短视的“平均主义思维”只能导致普通劳动人民支付越来越高的价格，最终使他们变得相对贫穷。在过去的两个世纪里，澳大利亚在没有消费税的情况下成功地取得了长期的增长和发展，老百姓安居乐业，成为世界乐园。然而现在，巨大的消费税被直接地加在每一块出售的民用土地上，政府又强迫开发商和消费者支付比原先多近十倍的基建费，这是明显错误和不道德的，因为开发商已经在购买土地、银行融资和公司营运过程中同时支付了各种的印花税、公司税和个人所得税等等。从地方、州到联邦政府，总共有一百多种不同的税收，其地方有一种，州有十多种，其余都是联邦政府的。

世界上没有一位开发商会愚蠢到承建一个项目，直接投入几百万、几千万澳元，让他们的家庭承担全部风险，而在项目的整个开发期（这个开发期可能是二、三年或更长）没有总共百分之十五到二十的风险利润，来覆盖价格变动，建筑成本的超支、营销市场的变化、持有土地的成本（此土地成本因没有基础设施和市政府审批有拖延而有可能增加两倍或三倍）以及其他不少变数和若干年的努力工作，他们还不如将钱放在澳洲银行，来得到每年5%左右的回报，或者远不如投入我的开发公司，从而在几乎没有任何风险、不用花费任何时间的情况下得到高几倍的每年15%到17%或更高的有资产担保的回报。

到头来，消费者和开发商都为此付出了巨大的代价，尽管政客们为拉选票，把它说成是由开发商直接支付。我们不可能造一扇门，阻挡其他州的人大量进入昆州。在2007年，昆士兰州是全国唯一的一个州际移民有净增长的州，净增了27000人；接下来是西澳，人口净增为4200人；其他州都在州际移民上出现人口负增长。新南威尔士州丢失了 26700 人，很明显，这些人大多数来了昆士兰州，因为在过去几十年的历史中，昆士兰州是始终保持着人口增长比例最高的州。在 2003 年到 2007 年间，新南威尔士州总共丢失了 130621 名工人，而与此同时，由于矿山自然资源的丰富和得天独厚的天气和热情友好的人民，昆士兰州净增长了 141，978 名人口。净增长第二名的州是西澳，它的人口才增加了 13，069 名。很明显，阳光之州物业的增值有最大的潜力，这是由于那些新到来的州际移民，还有越来越多的海外移民，必然对住房有无法阻挡的、持续不断的需求。

在 2000 年，由于我当时只有 100 多万澳元的毛资产，其净资产仅 20 多万澳元，又缺乏开发的经验，没有投资者或合伙人敢来参与我的第一个开发项目——亚太中心，因而让我因祸得福，迫使我独资开发、自己独自承担全部的风险和利润。包括我白送的 25％干股股东都要退出。

在 2014 年金融危机以后，为了进一步减少风险以长期实现我的银行贷款综合比例不超过总资产的 20％目标，我会给有选择的几位朋友、投资家或海外开发商，提供几条有弹性的合伙、合作选择，包括有担保的高回报，与我一起分享我在物业投资和开发中的点石成金秘诀，与地主或投资家联合开发或我纯粹只是帮他们开发管理。我相信，我设计的独一无二的合伙、合作方法是全世界最好的投资选择，我从来没有看到过任何比这更加负责和安全的合作方式。对那些不愿意做合伙人，不愿意承担任何风险，不愿花时间精力，只求最单纯的高回报投资者，我也将提供每年 15％到 17％的长期有多家公司和个人有上千万资产担保的回报。

从我过去投资于山姆海鲜上市公司、AMP 上市公司以及

Centro上市公司的经验教训可以看出，所有这些总裁在管理别人的钱时，他们当中没有一个人对于股东的亏损会负任何的责任。在西方国家里，那些在贵族学校或者大学读过几年书，取得了一份财务顾问的证书的人就可建立一个两元钱的公司合法地通过股票掮客，或其他的财务规划师，将一个高风险的生意或投资项目，在市场繁荣兴旺的时候上市，赚取高额的管理费而不需对其他股东承担任何个人责任。由于市场的周期性，在市场情况开始变坏时，如有临时的资金链短缺或临时资不抵债，为了不承担任何个人责任，他们通常会毫不犹豫地将公司清盘，或者宣布公司破产，使投资者的钱大多血本无归。

我们的投资者或合伙人可以选择"不用付现钱"的策略来投资，赚银行的钱，而不是让银行赚你的钱，翠丰恒开发集团有价值上千万澳元以上的公司和个人担保，而投资者不需要从腰包里掏出一分他们自己的现钱，也不会消耗他们的任何时间和精力，每年则能得到15%到17%的担保回报，如果参与开发分享利润，则有潜在的30%到50%以上的回报，而这个本金有千万资产担保的利润分享而且其股东又不需做任何事情的投资才能算得上真正以钱赚钱的投资，而不是靠有限的时间或牺牲自己的生活质量去额外打工式的赚钱并且冒极大的风险。我最近设计的这种独特的投资方式，是未来投资者最安全、最简单、最容易和最持久的办法来快速成为一位百万或千万富翁。一个投资的永远成功，其公司总裁的执行能力、人品、财力和担保实力都至关重要，缺一不可。

对于土地的地主们，或者有相当实力的投资者们，如果他们有足够的后备资金并愿独自承担100%的开发和银行信贷风险，翠丰恒开发集团的全职开发经理和我本人可以帮他们管理整个过程，来大大减少风险，给他们以高得多的成功率。用这样的办法，他们就会避免像1980年代的日本人、后期的韩国人、中国台湾、中国香港以及最近大批的中国内地开发商或投资移民在澳洲发生的情况。当时很多自认为聪明的日本人和其他亚洲人在昆士兰亏损了大量的钱，他们在不妥当的时机建造了很多大规模的度假村，因为他们用的是不适用于澳大利亚的亚洲本土知识。他们很多人因早期贷款太多在金融危机期间最后不得不以成本价的10%—20%低价出售这些物业。比如，位于黄金海岸和布里斯班昆州风景旅游区的考拉苿山谷（Korralbyn Valley）度假村。刚开始时，澳洲首富凯利·帕克都在那里打马球。有私家飞机场，原五星级度假村，澳洲一流的高尔夫球场、马球场和国际学校，占地5000亩，可开发高尔夫旁边的地及建大型退休村等等。此国际学校是澳洲唯一一所培养出了两名“澳洲杰出青年”即世界冠军CATHY FREEMAN和科学家SCOTT HOCKNELL的学校。同时学校在课余还设八门专修课程，包括飞行航空、高尔夫、马球、网球、游泳、田径、音乐等。这个度假村在几十年前花了日本人及其他房东大约2—3亿澳元来开发，最后我从清债公司那里独资以不到1000万澳元的价格买到，即不到10%的成本。成交后，这也是我此生第一次引进投资股东，我大学的班长罗文中后来于2014年6月成了我第一位股东，我在布里斯班的朋友简·江成为我的第二位股东，分别占1%的股份。罗文中留学美国，现在上海外资企业做主管，简和她西人先生在布里斯班经营酒店。我将增设葡萄园、酒庄（考拉苿山谷红酒）、伊甸园、小型动物园、温泉、非洲鱼按摩等等，打造全球独一无二的集“水陆空”一体的综合性生态旅游、休闲养生、退休养老的大型度假村，并加盟全球最大酒店集团“华美达”，使我所有开发项目的最终完工价值达20亿澳元左右。

考拉苯私家飞机场

考拉苯私家马球场

华美达·考拉苯大型度假村及考拉苯高尔夫球场——坐落于5000亩可开发的大地之上，“水陆空”应有尽有，集生态旅游、休闲养身、退休养老为一体，最终完工价值可达20亿澳元左右。

任何有担保的高于每年12%到14%的回报，从复利的观点来说，都非常有可能是虚假的，或者根本不会持久的。澳大利亚的传媒多次报道了一些没有正当、持久和成功经营企业的空壳公司诈骗者，他们对运动明星们、演员们和其他无辜、无知的投资者们应许每个月10%到20%或年回报120%到240%的回报。现实是，本金为10万澳元的投资，如果每个月的回报是20%，用复利计算，那么，5年之后，它就会变成8.5亿澳元，所以，毫不惊奇的是，这些“推销者们”只有一条路可以走：用新的钱来付还最初的旧债务，一旦当他们弄到了足够的钱，拿着钱就逃跑。用他们两澳元的公司和有限的个人资产来长期保持他们的诺言是不可能的。

昆州北部的兰古拉（Languna Quey）度假村也是一样。日本人在很漂亮、很有诱惑力，但又很偏远的占地六千多英亩或两千五百多万平方米的海边大地上，在经济高峰期的1990年代投资了两亿八千多万澳元于此项目。最初也是名噪一时，后来也是因为澳洲人工太贵，客源稀少，竞争激烈，而被银行清盘，也是以大约两千万澳元或不到原成本的10%的价格于2002年被卖掉。澳洲人新买主戴维·麻利拉开发商多年以来也是一直亏损，经常连政府的地价税都付不起，几次差点被政府拍卖。2010年中国一家大开发商打算先后投入1.13亿澳元占50%股份。当这位中国开发商最后找到我来征求意见时，为时已晚，他已与此澳洲人开发商签约。相信我的建议能帮他们在未来大幅减少损失，大幅增加成功几率。

在2011年的全球金融危机后期，美国大慈善家和10亿富翁卡克·芬利（Chuck Feeney）在黄金海岸先后投资了3亿澳元的可润湾（Couran Cove）度假村也被清债公司以不到2000万澳元的价格卖掉，这让我们更是从中学到了不少的经验教训。在房地产开发领域，不仅是亚洲人、大批当地或海外有相当经验的西人开发商也不断翻船，如果他们投资或开发的产品不对、经营不力、营销不强或负债比例太高。不管再有钱，有经验，有胆识，不同的地区、不同的产品、不同的投资策略，其回报的确相差甚大，所谓失之毫厘，差之千里。

虽然这不是我喜欢的选择，但毕竟还是有很多人与我的理念不同，他们喜欢股票并短线操作，而不是长线投资。为了同那些喜欢房地产的安全性，但同时又喜欢股票的灵活性的股东们分享我物业投资复利回报的魔法，我的那些低风险、低贷款、有稳定高收入的长期保守投资物业也许以后会在时机成熟的时候在澳大利亚的股票市场上市，就像澳洲弗兰克·露卫（Frank Lowy）的维斯菲尔德和美国华伦·巴费特（Warrant Buffet）的伯克夏·海萨威（Birkshire Hathaway）一样，而我的房地产开发和中介业务将永远保持私有，或仅有少量的可以信赖的小股东，因为房地产开发的风险太大，利润随市场波动也太大，一般投资客都不会喜欢。如果我的纯投资的公司上市，它只会向巴菲特的公司一样，永远没有红利，或派最多50%的红利，贷款任何时期都不超过50%，以实现真正的复利回报，而且任何人不能以股票作抵押贷款，以确保他们的投资永远没有风险。而现在，至少在可预期的将来，尽管股票经纪商特利康（Tricom）在好几年前就主动找上门，希望将我的公司上市，我始终没有同意，因为我不想浪费我的时间，同繁文缛节打交道，同时去取悦传媒、股票分析师和紧张、保守的传统投资者们，同时受制于无情的对冲基金和其他“专家”对市场的操纵。

同时，为了让我的妻子、银行和未来可能的合资企业的合伙人或投资家们放心，我提高了我的人寿保险，从150万澳元调高到近700万澳元，并每年按生活指数递增。我总是相信，我们任何时候都必须为人正直，绝对诚信，但同时也必须有相应的措施预防小人或不可控制的突发事件，这是唯一可以让我们有永远的成功、幸福以及和谐生活的方法。

虽然奥运会于2008年8月8日在北京成功举行，它对我以及全球所有的华人来说都是为之自豪之事，就像中国五千年的历史过程，以及西方过去两百年的变迁，在这个世界，我们每天都面临很多突发事件，没有什么事情是可以不经挑战而轻易得到的。除了同年缅甸的旋风造成大约十三万人死亡，我妻子的姐夫麦克·杨在2008年4月于香港突然去世，年仅五十一岁，还有2008年初中国的雪灾，随着全球金融海啸的到来，2008年最令人悲痛的事件是发生在四川省的地震，其地震中央就在我的老家什邡市洛水镇附近的汶川。

在2008年5月12日下午两点二十八分，中国现代史上有记录的最大的地震发生在了四川，震动了全世界，造成八万多人死亡。几个月之后，一个6.6级的地震又发生在西藏，又造成不少人死亡。虽然震中在汶川县的小山沟里，那里没有什么高楼，死亡人数不多，但死亡最高的地区，实际上却在绵阳市和德阳市的北川县、什邡市等。很悲伤的是，同1976年9月的中国唐山地震相反，尽管这次总体死亡人数相对较少，但这次大多数的受害者是青少年学生。唐山地震的级别是里氏震级7.6级，造成二十四万人死亡，由于震中在大城市唐山和天津的附近，而这次汶川地震的震级是8.0级（比唐山地震强三倍），其能量相当于大约四百颗原子弹的威力。

地震开始于汶川县，沿着龙门山脉，随着一条300公里的断层带，一直延伸到我的家乡什邡市的洛水镇，距离四川省的省会成都市80公里。虽然传媒在那时纪录的此县的死亡人数大约是七千名，最大的伤亡却不在那座城镇的市中心地区，也不在什邡市的中央商业区，而是在洛水等小镇上。

洛水是我从出生六个月到十五岁以前度过的一生早期年份的

地方，就在龙门山断层区的末尾。我仍然能清楚地记得，在我年少的时候，我的整个家庭和当地人民不时会在临时的地震棚里避难，有时在我奶奶的大内院里，或者在我小学的大操场上。很不幸的是，在2008年的地震期间，我奶奶以前的家，还有我的小学和中学都被完全毁坏了，当时所有的学生和老师们都在上课。据报道，仅仅是我以前的小学，就至少有四百名年轻的学生一起死去，他们的尸体被放在同一个操场上，而我们就曾经在这个操场上搭地震棚躲避过地震。

2006年作者全家在老家洛水镇的房屋前（2008年在四川汶川大地震中已倒塌）留影。

幸运的事，当我全家五人在2006年回洛水镇的时候，尽管我奶奶的房子在1985年就已经出售了，我还是拍了几张这座房子的外部照片。当时我家绝大多数亲戚都已经离开了洛水镇，搬到了广汉市、广元市、成都市或者澳大利亚，这样我的家人没有人在地震中丧生。虽然如此，我对这次发生在我家乡的地震仍然是十分的震惊和悲伤。我干妈的房子，还有她女儿的房子，都在地震中整个地倒塌了。我八姑坚固的三层楼房也变得不能居住了。此次大地震预计有八到十万人在这场灾难中丧生，超过二十万人受伤，四千五百万人受到影响，一千五百万人无家可归，或者需要迁移到其他地方，因为在地震后有超过一万多次的余震和因此而发生的洪水等地震灾害。

这场地震也震动了全世界所有的海外华侨。在灾情发生之后仅仅几天，海外华人和来自全球各国的捐款已经超过 100 亿人民币，包括国内人民的捐款，其总的捐款最后达到了 500 亿人民币。布里斯班也举行了多次各种募捐活动，而仅仅在五月十八日晚上枫林大酒家的那次募捐餐会上，就有三百人参加，代表二十六个华人组织，一共募捐到了好几万澳元。仅在那个晚上，我代表勇地产公司就捐出了 13100 澳元。在短短的几个星期里，布里斯班当时仅几万华人的小区就捐出了 70 多万澳元，昆士兰州政府和布里斯班市政府又另外捐助了 60 万澳元。

2008 年也是我新历程、新经验的开始。在六月份，我以现金无条件的条件，连物业也没有去看过的情况下，在新兰威尔市州的矿区断山小城市买下另外六个价格低廉但需要很多修理的物业，随着矿区关闭，人口逐步减少，目前人口仅有万余以上，但它被研究员特理·莱德预言为澳大利亚具有潜力的“热点”。买后一直找不到人修理，也没人管理，至今仍空置在那里；同时我也在他预言的昆士兰另一仅有三百多人的另一“热点”——万通区买了一个物业。此万通区也找不到人修理，一直也租不出去，最后只好亏钱卖出，这是我目前为止最失败的投资；在 2008 年 6 月这同一个月，我又在美国的底特律市一口气买下九个小的投资物业，结果还是得不偿失，因为美国中介公司人员相比澳洲来说极不可靠或服务不全面。他们的中介公司通常不提供物业管理服务，寄去的钱不像澳洲一样必须进入国家信托账户，结果我寄去的钱进入了中介的私人账户，不少钱都消失了。后来把钱转到公司的信贷账户后也是被公司老板公开挪用，多年来也是一直空着，其投资也被每年昂贵的政府物业税吃掉，唯一租出的只是那家由卖给我物业的中介道尔顿向我租的物业，但他也在只付了一个月的租金后就一直耍赖，不付租金。由于投资不大，不值得我花太多时间、精力去法律诉讼，所以其美国的投资也是完全失败，我因而下定决心，从今以后只买昆士兰州布里斯班附近我熟悉又可控制的物业，其他澳洲偏远地区和外国的小投资实在是得不偿失。

通过在长期不断地投资过程中我碰到的那些懒惰或者不负责任的房地产代理们的行为，我不断地告诉自己，世界上的每一个国家、每一个城市、每一个居民区里，都真正地需要勇系统和勇地产——一个敬业、百分之百地专注、可靠并且努力工作的房地产公司。我过去的经历，给了我更大的决心，要将我的房地产网络向全世界扩展，提供全方位的房地产营销、管理、投资和开发有关的服务，这样，房东、买主、投资者或开发商就能够得到更可靠、及时、更好的全方位服务。我坚信勇系统在世界的每一个角落都有其全球性的市场。人们需要它。我相信，越来越多的人会欣赏世界上最先进的澳大利亚综合性房地产中介和物业管理系统，同时与勇地产崇尚的良好的亚洲人的工作道德质量相结合。

我们在2008年8月8日8点零8分迎来了北京奥运会的开幕式。澳洲国民银行、澳洲赌场、勇地产和翠丰恒房地产开发集团是在布里斯班南岸公园举行的奥运会庆祝活动的主要资助者。我们同两千名观众一起在南岸公园表演大厅的大屏幕上观看了奥运会壮观的开幕式实况转播。

这次开幕式，被所有主要的传媒广泛地认为是“叹为观止的”、“历史上最好的中国制造的”最佳产品。那天晚上在鸟巢运动场有大约十万人观看，花了两亿美元，而整个运动会，包括建筑，一共耗资400亿美元（约2450亿人民币）。它是人类最大的聚会之一，几乎每一个国家都参加了。在参加奥运会的204个国家里，超过80个国家的领导人，包括美国、俄国、日本、法国和澳大利亚等等出席了壮观的开幕式。闭幕式也在鸟巢运动场举行，也是同样的壮观，有英国首相和许多其他国家的领导人出席。

在此奥运会中，中国取得了前所未有的51枚金牌，打败了传统上最强大的美国队，它只获得36枚金牌，俄国队获得23枚金牌，英国队获得19枚金牌，德国队获得16枚金牌。澳大利亚，一个人口如此少的只有两千多万人的国家，也取得了伟大的成绩，金牌总数达到了14枚，名列第六，而澳大利亚的不少运动员都不是职业运动员，国家平时不养他们，也没有职业俱乐部养他们，所以他们平时还不得不找其他工作谋生。在204个参赛的国家里，只有84个国家的运动员得到了奖牌，但奥林匹克的精神永存。

国际奥委会主席贾克斯·洛格（Jaques Rogge）总结说，北京奥运会是奥运历史上组织得最好的奥运会。此“中国制造”的运动会，具有最好的质量。中国人民努力工作的道德和纪律性肯定是在奥运会的巨大成功中扮演了一个重要的角色。

在接下来的残疾人奥运会上，中国再次创造了历史，获得了绝对多数的89枚金牌，余下的国家是：美国36枚金牌，澳大利亚出色地名列第五，获得23枚金牌！2008年开始西方世界的金融危机，促进了中国领导人在世界舞台的领导地位。趋势是明显的，中国因改革而带来的发展和对其产品的需求将会在整个世界的经济发展中起到一个重要的作用。勇地产和翠丰恒房地产开发集团也已经做好了准备，去拥抱精彩的未来，以我们强大而可靠的布里斯班的基地为基础，把澳洲先进的管理模式和中国人勤劳刻苦的精神相结合，通过其全球的扩张，为各国人民创造更多就业的机会，把勇地产建立成全球最大、最成功的加盟连锁房地产公司。

在这一年的奥运会期间，澳大利亚奥委会主席约翰·科兹(John Coates)，昆士兰州的州长安娜·布赖（Anna Bligh），布里斯班的市长坎布尔·纽曼（Campbell Newman），都支持一个为布里斯班争取未来主办奥运会的计划。如果这个计划成功的话，我们这个美丽的河边城市布里斯班，它曾经在1982年主办过英联邦运动会，并且在1988年举办过世界博览会，将成为这个幸运国家、幸运州里的一个更幸运的城市。

建立在布里斯班旁边的黄金海岸市已争得了2018年英联邦运动会主办权的势头上，预计澳大利亚布里斯班对下一个对奥运会的主办权将在2017年就会提出，着眼于在2024年主办奥运会。同附近著名的黄金海岸、阳光海岸及内陆新规划的风景旅游区内的世界级自然风光和运动设施相结合，这都将会使布里斯班变成奥运会历史上最美、最令人印象深刻的场址。

从我父亲在2005年因肺癌去世的经历，以及过去十多年以来我一直对布里斯班皇家妇女医院基金会等机构始终如一的支持，还有对台湾及四川大地震救灾活动等等的捐助，同时也看到世界上许多人都需要更多的帮助，我在2008年就决定成立一个永久性的勇基金会，用于全球性的慈善活动，特别对癌症的研究，以及对影响老年人、儿童和妇女的其他疾病的研究，同时也捐助受重大自然灾害影响的地区。我的妻子和儿女们都将成为基金会的负责人。虽然我生意的拓展、物业的投资、开发都需要大量的资本投入，而且当时对我的投资伙伴们付以最初高达20%的有担保的回报，我仍然乐意当时就捐出更多现钱给慈善基金。我相信我们都应该在活着的时候，在我们还需要钱的时候就乐意捐献，而不是等到我们去世之后，或是当我们不再需要钱来付高利息或账单的时候才付出。

此基金于2009年正式成立，我在其初期几个月亲自注入种子资本39.7万澳元，其后从以后所收的加盟费中自动扣除相当一部分比例，使它最终成为澳大利亚最大的慈善基金之一。虽然起先我有意让澳纽银行的信托公司来管理整个基金，在同他们开过会之后，我发现他们的管理费高达2.2%包括外包的管理公司费用，而且就像其他绝大多数基金管理公司一样，他们始终只是将它投资在银行的定期存款和股票市场中，因此，我决定亲自管理，对全部的服务只收取0.95%的管理费，包括处理日常收支账目，根据金额大小亲自选择最佳投资方案和审批分配每年的拨款申请等等，而不仅仅是通过其他的基金管理公司，将它们大多投资在股票市场。因为初期资金有限，慈善基金又不能抵押贷款，所以刚开始时我只能把它放在银行做定存；到一定金额，在市场合适的时候放入股票市场的蓝筹股，一旦有相当金额时，马上投入商业物业，因为政府规定每年基金总金额的5%必须分配给慈善机构，因而此基金没法投资于传统的低回报但高增值的民用住

作者于金融危机期间的2009年成立的勇慈善基金，主要用于帮助老人、妇女、儿童、自然灾害的受害者及癌症等病的研究。

宅或大地物业上。如果可以抵押贷款，我不会放一分钱在股票上，也不会放一分钱在银行作定期或活期存款，而是全部放入有零存整取功能的物业抵押账户，在最差的情况下也马上相当于挣取了7%左右的银行活期贷款利息回报而不是通常银行1%—2%的活期存款回报，同时又有物业增值的潜力。到一定金额，我会取出此钱作为订金买另一个投资物业，从而尽快建立一个强大的物业资产组合。

澳洲传统的加盟店通常会收前期两万到五万澳币的加盟费，以及后期经营收入8%的加盟费，再加上2%的广告费，总共10%。勇地产的加盟没有前期费用，后期总共也才只有4.95%，其中3.95%作为加盟费，0.2%自动由勇地产捐献给勇慈善基金，让全世界更多有特别需要的人受益。在我跑遍世界到目前为止二十一年的房地产生涯中，据我所知，我们是第一个，也是唯一一个用这样的方法来自动捐献的房地产公司，即作为一个全球性的网络，自动将总公司4.04%到10.26%的加盟费毛收入捐献给慈善基金，而不只是从纯收入中捐献一定比例，或临时捐一点。也就是说，在昆州，勇地产总公司实际只收4.75%的加盟费，但在其他州和海外，在勇地产的总加盟店经营模式下，总体4.95%的加盟费中总加盟主和分区加盟主共享3%，剩余1.95%总公司收入的0.2%将捐给勇慈善基金，因而勇地产总公司只收1.75%，包括有的广告费用和每年给客户送至少两部汽车等。

我不想贪心于过大的边际利润，而宁可将此好消息、好利润、好理念和好系统传播给尽可能多的人。爱心、宽容、慷慨和乐观（LFGP）是我家族和个人人生的原则。

我并不只专注于一年或五年计划，而是着眼于我的终极目标——将勇地产变成全世界最大的全方位房地产加盟公司，聘用至少 30 万员工，使更多的人受益，同时让翠丰恒房地产开发集团成为澳大利亚最大的房地产开发公司之一。像一名世界冠军运动员一样，我的目标和我子孙后代的目标是成为一个世界级的房地产冠军。

作为一个有价值的人生，即使我们在四十岁去世，我们也相等于一般人几百年的平庸生活，如果我们在有限的时间里有意识地去多给社会和子孙后代作出应有的贡献，这样，只要我们尽了全力，即使我们没有达到目标，也并非是可耻的事，唯一可耻的事是我们的人生没有一个目标可以去瞄准，一辈子只图自己安逸享受或只向别人索取而不予回报。

我为我的子孙后代们，还有其他与我相关的人们工作和生活，而不仅仅是为自己。一个自私、懒惰和只知道索取的狭隘人生对我说是毫无意义的。在我原有 150 万澳元的人寿保险的基础上我又多买了 500 万澳元的人寿保险，另外 100 万澳元的疾病险，因为我知道，即使我在明天去世，我家人、员工、银行和未来的投资者或合伙人都将永远不会承受任何财务困难和损失。

我的希望是我的人生经历可以鼓舞更多的人从逆境和误区里走出来，通过奇妙、完整的事业和房地产投资生涯，使他们的家庭和人生更加美好。我们可以选择成功，也可以找借口，但我们不可能两样都拥有。我们的家庭、事业和财富创造成功的基本要素，就是找到一条能够每年达到 15％－17％长期复利回报的方法，正如我在前面的图表上所显示的那样。我们毕竟不能像动物那样，来去无踪，做一个虚无缥缈的过客。我们应当并且值得得到纯洁永恒的爱、完美和谐的家庭、精彩有趣的事业及丰足持久的财富，使我们的人生成为一个美妙的、永恒的、难以忘怀的旅程！

要得到最终的复利回报，我们应该对我们的家庭和子孙后代负有更大的责任，而不仅是为了我们自己短暂享受的狭隘私心。我们应该彼此保持忠诚，特别是当我们变得更加富有之后。如果我自己，或者是我的孩子们，在以后选择写这本自传的续篇的话，这将只会是因为我们希望它将会对数以百万计的他人带来好处，以我平衡生活的哲学思想，我的勇地产系统以及我的点石成金的房地产投资策略为基础。这本《四川人在澳洲》的副标题将会被叫做“澳洲梦·中国梦”。我不光是希望此书能够拯救更多的婚姻、家庭和事业并创造更多的财富，更希望让他们的生活更加和谐、平衡、精彩和愉快。

不要轻易去跟随现代社会家庭四分五裂的离婚风潮，或者永远独身，因为他们对真正的爱已失去了信心。我希望在我自传的续集里能看到，我在家庭和事业都非常繁忙的情况下所挤出的时间和精力，用三年时间完成的英文自传，又花了另外六年时间完成的中文自传的时间没有白费，因这是我五十多年人生的真实历史写照。我希望看到，这部自传能使后人，包括那些我所深爱的，那些我希望能让他们的生命作出巨大改变的人，能分享我的人生哲学，能分享我谦卑、感恩、诚信、乡村人的生活方式，这种生活方式总是以健康、家庭、事业、财富为优先，并把事业当成我们人生最大的娱乐享受之一。

我们成功的关键是相信、行动和持之以恒！今天，而不是明天！现在而不是将来。如果我们对准目标射击十次，哪怕只打中一次，我们也是赢家。如果我们静静地坐着，什么也不做，或者只是观看别人表演，说三道四，评头论脚，我们注定就是输家。世界上只有三种人，那些变不可能为可能的人；那些观看事情发生的人；还有那些问“发生什么事了”的人。如果我们把工作变成了我们的爱好，我们热爱的游戏，我们就永远不需要再“工作”一天了，因为我们会觉得其他的不少那些“打发光阴”的“业余爱好”实在是很肤浅和无聊，除非那些是与身体锻炼和健康有关的体育运动或爱好。

这是我的澳洲梦：不仅是丰富的财富，而且还有很多钱所买不到的东西——万里晴空、碧蓝的天空、明媚的阳光、清新的空气、浪漫的沙滩、世外桃源般的山谷，自由、安全、和谐、友好、纯洁、真诚的人民的友爱，还有更重要的是，一个平衡的优质家庭生活。因为这里除了社团义工和社团活动，通常晚上不用应酬，大多只是工作午餐，总理、州长宴客通常也只是鸡尾酒会、三明治午餐或周末烧烤（BBQ），健康、随意，而不是一定要双方喝得酩酊大醉或影响健康才能做朋友、做生意的原始、愚昧的方式。

2008 年 9 月 28 日，在我的英文自传完成的这天也是我和我妻子结婚二十周年的纪念日。我们在太平洋上坐游船游览了一个多星期，乘坐排水量四万七千吨的游轮“太平洋太阳号”。尽管游轮是英国的，它的整个餐饮运作却都是包给菲律宾人，他们的服务和敬业精神超常。

六星级的服务并不仅仅来自“硬件”，更来自发自内心的、真正有感激之心的友好和关爱，一种心甘情愿地多走一段路去帮助人，并持之以恒。他们的专职客舱员工每天都记得我和我妻子的名字，甚至是在过道里。每当我们在正式的晚餐时要求一杯热的巧克力奶，尽管它并不在他们的菜单上，服务生也会为了我们而专门跑到船上不同的餐厅里去取到它。作为四川人，当我们需要辣椒酱时，他们会特别给我们拿一瓶，而且从此之后，每天晚上都主动在我们的桌上放上一整瓶的辣椒酱，不需要我们再去提

作者与妻子结婚二十周年于太平洋游轮之旅留影

出要求。这才是六星级的服务！在参加全国、全球性的房地产业会议期间，我在很多五星级或六星级的酒店住过，可是他们的服务从来没有能超过这种游轮上的服务。我希望我们所有的客户现在或在今后，都能从我们的勇超级房地产加盟连锁店以及我刚买的华美达·考拉苯山谷大型综合度假村及养老村那里享受这种六星级的服务，因为此六星级的服务已成为勇地产和度假村的文化，也是其团队成员雇佣协议的一部分。

同样在 2008 年 9 月 28 日这一天，驾驶着神州七号宇宙飞船的中国宇航员在成功地完成了他们突破性的空间行走的任务之后返回地面。世界上至今只有三个国家即美国、俄国和中国能够完成这样的空间行走，而此时，我也开始了我的下一个旅程——尽快完成英文自传的中文翻译，并使我们的公司业务和家庭生活更上一层楼。

2009 年，我们再次乘坐游轮旅行，并且计划今后每年至少作一两次不同国家的海外旅行，加上每个月同家人一起作短途的国内旅行。买了度假村后，我们全家每周可去生态旅游，休闲养身，最后在此世外桃源退休养老。

2010 年 10 月，我们全家回国参加在上海举行的历史上最大、人数最多的世界博览会，同时作了一次江南游，第一次有机会参观了我父亲作为中国共产党第一批炮兵学院毕业生所在地的南京炮校等等城市。

2011 年 5 月，受澳洲房地产开发商协会之邀，我带领澳洲全国近二十名大的开发商作了“中国之旅”，通过中国南方航空公司考察了深圳、三亚、上海、北京和天津的大开发商们，包括中国的万科以及我的老客户和多年老朋友如深圳有近五万人的大开发小区桃源居的李总等等。万科目前每年建筑 1700 万平方米的高楼，而预计不久的将来提升至每年建筑 3000 万平方米，其规模堪称世界第一。同年 7 月，作为华人联合会终身名誉会长，澳华商会和澳华高尔夫球俱乐部会长的我受昆州政府邀请，与全体商会理事们和其他兄弟协会一起成功举办了昆州第一届昆州州长的华人出口奖。

2014 年 9 月 28 日，我中文自传截稿的这一天，标志着我和我妻子结婚二十六周年。我把此度假村的交割时间从 2014 年 9 月 19 日提前到 6 月 2 日成交，希望 20 国首脑会议在 2014 年 11 月 15 日的布里斯班举行后尽快装修开业。我们在一起打球已三十二年，至今我们仍一起每周打两次排球近四小时。过去几年，在此西方金融危机最严峻的 2010 年，在大批富人都被迫卖掉房地产或被银行清盘的大环境下，我个人仍创收 400 多万澳元并独资购买近千万澳元的物业，集团公司在昆州 400 强私人企业中的排名也大幅提升，从 2010 年的 56 名提升到 2011 年的 32 名。2012 年中我又从清债公司那里低价购得距离布里斯班市中区最近、最大的一块 200 英亩（80.9 万平方米）的洛根河边大地，仅几公里就可出海。此地我于 2006 年以 383.8 万澳元的价格代表房东高价售出。2013 年 9 月 19 日，我又从清债公司那里以不到成本 10%的价格独资买下了原日本人修建的“水陆空”——应有尽有的世界独一无二的大型度假村，从空中跳伞、热气球到马球、高尔夫、水上运动、温泉、葡萄园、伊甸园、小动物园、四轮车越野、热带雨林爬山、剪羊毛及国际学校等等，包括后期几千亩地的开发和退休养老社区，以真正实现原来日本人未能做到，但最终中国人能做到的中国梦。我旗下翠丰恒房地产开发集团独资拥有的土地储备的完工价值也达近 9 亿澳元。同时为了进一步避免不必要的风险，让家人更安心，我也把有些完全没有贷款的物业都转在了我妻子的名下，或在她名下的物业只买高回报的商业物业，实现我们的长期 20%综合贷款总额的平衡计划，以长治久安。此次全球金融危机是我们最有价值的人生经历，我从别人和自身的经历中都学到了很多平时我们不可能学到的经验和做到的事！

正如我在前面提到的，全球性的金融危机从 2007 年美国开始，到 2008 年很快蔓延至欧洲和其他西方国家，2009 年至 2014 年此危机全球化，使澳洲和其他国家特别是高福利的西方国家身受其害，澳洲全国房物成交量平均大幅下降了 50%，不少高价位的物业和可开发地价格也大降 50%或更多，大批房地产开发商和中介公司倒闭或被清盘，有好几家澳洲的老牌大型中介公司一年亏损 500 万澳元，包括悉尼的表格拉斯房地产和被清盘的雷华地产在黄金海岸的加盟店等等。21 世纪房地产中介在 2011 年第一个季度在全球就亏损 2.37 亿美元。为巩固实力，减少不必要的开支，我也当机立断，明智地把我在新利班区的两家小分公司合并回我在新利班山区的总公司，全力发展勇地产十分成功的“超级房地产公司”的模式，在我的销售团队没受任何影响的情况下，每年节约近40万澳元的额外租金、行政和经理等等的附加费用，同时让我的总公司壮大成有近六十名团队成员的强大阵容，光总公司就有八百多个销售房源，包括民宅、商业物业和生意等等，远远多过澳大利亚任何其他房地产公司。我们物管部门同时管理近五百个民宅和商业租客，包括十六家购物中心和商业大楼。在买下原日本人的大型度假村后，勇集团的管理经验又会进一步扩大到度假村、高尔夫球、马球、餐馆、酒吧、国际学校等等。在很多传统大小房地产公司都危机重重的情况下，越来越多的房地产顾问和房东转向勇地产，因为我们除了众多当地人买主以外，还有大量亚洲人买主，而且我的中西兼备的管理团队具备很好职业道德和严格的标准。

在昆士兰州，尽管我们只有几家房地产中介公司，总公司成立也才十多年的时间，但我们的房源数量已与一百二十多年历史有好几十家分公司的Raine&Horne公司相当。光我们总公司包括商业和民宅的房源就有八百多个，居于单家公司全国之首！当时布里斯班的房价由于2011年初罕见的水灾后开始全面下跌，英文商业版的广告，近一半都是银行指定的清债公司在出售，实为人间悲剧！而与此同时中国内地的房地产市场却很火热，房价不断快速上涨，迫使政府不断推出新政策限定中国人买第三套投资房，新婚的人买第一套住房也必须有5年的当地纳税纪录，以防止房地产泡沫的产生而造成社会问题，但这给中国的不少开发商造成了相当的资金和信心压力。据报道，这也是为什么中国最大房地产开发公司、不懂英文的万科总裁王石在六十岁的高龄于2011年3月也突然宣布要到海外长期留学、取经的原因之一。

人生如战场，不胜就败；又如逆水行舟，不进则退！在顺境中生存和发展，并不代表此人有多大的本事，能在逆境中持之以恒，反败为胜，变危为机，才是考验人基本素质的重要因素，所为富贵险中求，乱世出英雄，有拼才会赢！

在此全球金融危机初期的2008年，我当时的几个小投资也几乎全部失败，包括在美国、澳洲的偏远地区如新南威尔士州的断山矿区和昆士兰州的万东矿区，好在我只是做了实验性的小投资，所以总损失也就只有20多万澳元。

在2008年中，由于金融危机导致银行缺钱，全面撤资，房地产开发市场也明显下跌，致使不少甚至是一流的开发商，包括上市的开发公司拉普特斯都被银行清盘，大批开发商被迫亏损出卖其可开发的大地，我于2008年中也以低于一年前行情30%多的价格通过我的买家代理买下了红山岩区的一块可建十一层楼的海边开发地以及通过别家中介公司买下了黄金海岸市一块19英亩（约7.7万平方米）的可开发大地，其价格分别为100万澳元和420万澳元，并都先支付了10%的不可退还的定金。由于我能明显地感到市场的变化，所以我决定不作开发，而是将它们尽快转手卖掉以降低风险。我独资购买的红山岩的土地在成交后六个月内顺利以158万澳元转手卖出，获利58%，但黄金海岸的投资我却个人亏了18.5万澳元。

由于2008年初我第一次大举投资股票市场在一年之内亏掉近100万澳元，原本打算拿来买大地的部分资金不翼而飞，加上银行又把贷款比例从以往的70%降到50%以下，因而我不得不在到达澳洲十七年来第一次于2008年邀请了几位短线投资者加入，并给他们提供20%的有个人和多家有上千万资产的公司担保的年回报，定期为一年。他们大多是我的好朋友，包括吴振宇夫妇、罗蒙夫妇、陈南华夫妇、俞疆夫妇、栗民鲜夫妇和龚欣夫妇。最后经过两次拍卖，我把此黄金海岸的物业以 471 万澳元的价格在成交后的一年内于 2009 年卖出，一年获毛利 12%共 51 万澳元，这本应是相当不错的成绩了，但扣掉政府的印花税、广告费，并准时支付了银行利息和投资者高额的担保回报等等之后，我本人反而亏损了 18.5 万澳币，而我的每位投资者在此澳洲罕见的市场大跌的情况下也安全、轻松地赚到了 20%的年回报。这是我在澳洲最失败的一次房地产投资之一，也是唯一一次有投资者的投资，因而我决定从此以后不再轻易提供 20%的担保回报，最多提供 10%－12%的担保回报，或者最好是作为股东风险共担，利润共享，而且通常最短期限必须至少 3 年，以便能有足够的时间开发和销售，因那些靠短线买卖增值赚钱的机会的确很难把握。

每一天，我都在学习和成长，所谓危机，有危就有机，只是看谁有这方面的信息、勇气、胆识和恒心，并在失败中能马上吸取经验教训。在此全球，特别是西方国家的金融危机中，为了避免类似美国的房价大幅下跌，澳洲政府也实施了一系列的救市计划，包括从 2009 年开始大量增建政府公房，以帮助建筑、开发和相关行业。昆士兰州政府计划花 12 亿澳币兴建 4000 套公房。消息一传出，我马上就发电邮给我整个勇地产连锁加盟网的销售团队，包括总公司同事，让他们尽快与我们开发商客户联络，尽快向我们买土地并向政府提出申请。一个月过去了，竟没有一个开发商的买卖成交，大家都在观望和担心，所以我马上决定用我的开发公司——翠丰恒房地产开发集团大批收购土地并申请建政府公房。一下定决心，我马上让我的助手把我公司和其他中介公司代理的所有在市上销售的、一直卖不出去的可开发土地打印出来，我直接按照政府对公房土地的要求通过电话出价、议价并通过传真或电邮签约，平均每天花近半小时的时间调查、谈判、签约，平均每天签成一块土地，一个半月下来我签成了四十多块土地，全部报给州政府。整个过程我都以极高的效率进行，因而不会影响我的主业——总公司的管理和协调我旗下 22 家子公司，(包括投资和开发公司）并帮助我的一些老客户和开发商们作策划、营销、开发管理与合作。在征地过程的自始至终，我没去现场考察过一块土地，也没跟任何中介见过面，一切都是通过电话、传真和电邮完成，因为政府有专门的部门来评估此地是否满足他们的要求并作市价的评估，后期管理也都由我的全职开发经理马克负责。到目前为止，在所有项目都已完工的情况下，也只有 4 个项目我在旅游或公差的过程中顺便花 5 分钟时间参观了一下。红山岩郡 13 号 Henry 街的 5 层楼开发项目到目前为止我还没去参观一次，尽管此项目早已如期保质、保量地按时完工。十分有效的时间管理是我们人生事业成功与和谐家庭生活相结合的最基本要素。

当然，此政府的评估漫长又繁琐，一直到了 2010 年 2 月，政府才正式批准了我四十多个申请中的五个项目，分别分布在昆士兰州东南部的 5 个城市或郡，包括布里斯班市、黄金海岸市、洛根市、依普斯维奇市和红岩郡。一旦批下来，我马上发包给建商，建筑准时动工，并于 2010 年底和 2011 年中先后完工，使 2010 年我个人给公司创造的纯收入超过 400 万澳币，为我公司顺利度过此生罕见的金融风暴，并因此对公司进一步的发展奠定了坚实的基础。与此同时，在整个美国、欧洲和澳洲大批上市公司和私营企业的富翁们都在铺天盖地的卖他们的大型资产之时，

作者与会讲流利中文的
澳洲前总理卢克文合影

作者与澳洲第一位女总理吉拉德及社团侨领们合影

作者与澳洲前总理霍克合影

作者与黄金海岸市市长 Tom Tate
在中国城开幕会上合影

作者与前澳华商会会员、现布
里斯班市长 Graham Quirk 合影

我在2010年底和2011年初先后又独资购入四个大型商业物业或可开发的大地，包括一个有10000多平方米建筑面积的商业物业和一块168英亩、近68万平方米的可开发大地，总价值近1000万澳元；到2012年我又独资购入离大海和我公司不远的洛根市的200英亩（80.9万平方米）河边大地以及2013年的大型度假村，第一次引入战略合作伙伴和股东，我大学班长罗文中和校友黄为民（派安集团总裁）成为我的首批股东。同时，我于2014年又聘用了有昆士兰州和澳大利亚高级法院上庭经验的中国台湾来的孙律师全职作为勇集团的公司律师，主理法律、移民事务所，为我们的海内外客户进一步全面提供买卖交割、法律和移民事务，为我们的全球拓展打好基础。同时，我也参股成为了“HILLCREST室内手枪”的大股东，并获得持枪证，拥有自己的手枪。

与此同时，大批澳洲开发商和商业投资家，甚至几乎所有投资银行或信贷基金都被大银行清盘。通常，房地产不像股票，银行不会轻易要求“填仓”（Margin Call），但此次却是例外，特别是对那些没有收入的可开发地和收入不稳的商业物业。此西方国家最严重的金融危机使美国于2009年就有140家银行倒闭，2010年157家倒闭，2011年又有另外92家银行倒闭。澳洲除了四家大银行，其他小银行和信托机构都几乎被清盘或被迫关闭商业贷款，包括原来给我贷款的Allco Finance、City Pacific、Colonial First State & Citi Bank等等，我也被迫要找其他大银行或海外银行再贷款，而此时，不仅银行估价大幅下跌，其贷款比例又进一步下降，如果不能根据实际交税的纳税纪录证明银行调高的还款能力（商业物业的偿还能力从原来的1.1倍调到了现在的1.5倍），其银行贷款的机会几乎是零。我于2010年底刚买下来的168英亩（68万平方米）的一个可开发大地的银行贷款仅为

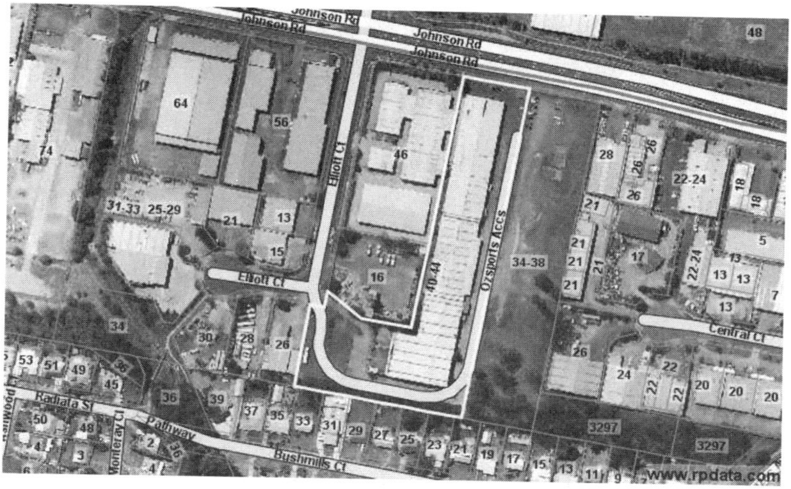

作者2010年于洛根市投资的一万多平方米建筑面积的商业物业图

2014年作者正式成为澳洲“HILLCREST室内手枪”的大股东和会员

36%，这是我此生经历中从没有发生过的事，但也是好事，使我能够尽快实现我的目标：即银行贷款总额不超过我整个集团公司潜在总资产的20%。

其他不少开发商或商业投资家之所以被清盘或被迫贱卖，要么是因为资金链断掉，开发的物业卖不出去，因为有些地方开发出来的房价大跌了20%到40%；要么是因为买的物业价格太高或在太偏远的地方，本身物业贬值；要么就是太单一经营，唯一的收入就是靠卖掉开发出来的产品或租金收入，而原来的贷款达到了极限，银行一旦全面降低了贷款比例（LVR），再加上物业本身贬值，如像双刃剑，他们也就只好被银行迫卖。作为这次全球金融危机的幸存者和弄潮者，我从中学到的经验教训的确价值连城，也定会受益于我的子孙后代和其他那些一起与我打拼并愿意分享我的人生理念的人。

此中文自传总结了我过去五十多年很多失败和成功的经验教训，并为我和我的子孙后代和有缘的亲戚、朋友们规划出未来的生活和事业蓝图。我希望我的亲身经历特别是海外创业的历程，能勉励全球华人在任何情况下都不要放弃希望和追求，所谓世上无难事，只要肯登攀，人间自有真情在，人间自有桃园绿，同时也希望全球华人能珍惜和感恩大地给我们人类提供的美好的一切。从农村到城市，从小城市到大城市，从国内到国外，到处都可以看到我们华人完美的身影，使我们的人生达到最完美的和谐，即我个人和勇系统一直倡导的家庭和事业平衡的对社会和家庭都有价值的人生，并总以健康、家庭、事业、财富为优先，同时，勇集团旗下的勇地产、移民、留学全球加盟业务将从昆士兰州走向全球，像丰田汽车、三星电器和王健林、马林的全球梦一样，把勇的品牌延伸到世界的每一个角落。

从 2012 年起，勇地产每年圣诞节派对时送两部汽车给客户，20 个现金包、假期奖卷给客户和同事。

我能安全度过此前所未有的西方金融危机，并能独资买下自己私家岛屿等等，关键取决于以下四个十分重要的因素：

1. 因为我点石成金的房地产投资和开发能力，我买的绝大多数的物业都有相当的增值空间，这让我最终减少了银行贷款的比例和风险，大大增加了我的回报和安全性。

2. 我始终保留了在勇地产全球超级房地产联盟成功经营模式下独资经营的位于布里斯班亚太中心的总公司及其全球性的加盟网络，使我的资金链永远不会断。

3. 我个人有相当营销和业务拓展的能力，是全澳大利亚个人创收最高的房地产顾问之一。

4. 在任何时候，任何困境下，我都能保持正能量乐观思维，感恩包容，专注于解决问题的方法，不断学习和进取，永不言弃！

下面我将以自己写的一首一直以来作为我本人和勇地产团队成员、家庭生活和事业进取的座右铭的中文诗，来结束我的中文自传：

忠孝仁爱　信义和平
感恩包容　谦卑志远
处变不惊　临危不惧
豁达开朗　大将风范

愿上帝祝福您和您的家人！

编辑语

这是一个白手起家的故事。

也是一个怀揣梦想的追梦人的故事。

本书作者黄勇二十多年前举债赴澳大利亚留学、工作。为实现心中的梦想，以中国人特有的吃苦耐劳的精神、坚忍不拔的意志和聪明的才智，在不断地创造财富和积累财富的过程中，实现了自己的人生梦想和人生价值，如今，已成就了一片天地。我为他鼓掌，分享并感谢他精彩的人生创业故事。

人生的梦想五彩缤纷。每个人每个年龄段都有自己不同的梦想。只要心中有梦，人生就不会迷失。

愿您的梦想之花，绽放出绚丽的人生。